Frithard Scholz

Freiheit als Indifferenz

Alteuropäische Probleme mit der Systemtheorie Niklas Luhmanns

Suhrkamp Verlag

Erste Auflage 1982

Druck: Georg Wagner, Nördlingen
Printed in Germany

CIP-Kurztitelaufnahme der Deutschen Bibliothek
Scholz, Frithard:
Freiheit als Indifferenz : alteurop. Probleme mit
d. Systemtheorie Niklas Luhmanns / Frithard Scholz.
– 1. Aufl. – Frankfurt am Main : Suhrkamp, 1981.
ISBN 3-518-07599-3

Inhalt

Vorwort 9

A Hermeneutisches Vorspiel 13

1 »Indifferenz« im Horizont von Freiheit als Selbsterhaltung 15
2 »Indifferenz« als Strukturmodell der Theorie Niklas Luhmanns 18
3 Empirische Gehalte des »Indifferenz«-Modells 23
4 Modalitäten der Freiheit: eine spekulative Zwischenbemerkung 26
5 Systemtheorie und die Schwierigkeiten der Kritik . . . 29

B Thema: Niklas Luhmanns Theorie 33

1 Zu Darstellbarkeit und Darstellung 35
2 Funktionalismus 41
3 Systemtheorie 46
4 Konstitutionstheorie 55
5 Grundlagenrevision 62
6 Auf dem Weg zur Gesellschaftstheorie: Theorie der Komplexität 70
6.0 Methodisches 70
6.1 Retraktationen 73
6.2 Religion und Wissenschaft 83
6.2.1 Komplexität als Problem der Welt 83
6.2.1.1 Der Begriff »Welt«: Genese und theoretischer Ort 83
6.2.1.2 Religion – Problembezug und Inadäquanz . 97
6.2.1.3 Supertheorie 101
6.2.2 Steigerung und Erhaltung 112
6.2.2.1 Steigerung: Lösung als Problem 112
6.2.2.2 Religion und Wissenschaft: funktionale Äquivalenz? 114
6.2.2.3 Das Angebot der Wissenschaft 119

7 Theorie als Praxis 127
7.1 Status der Theorie 127
7.2 Intention und Grundoperation 131
7.2.1 Bestandserhaltung 132
7.2.2 Die Grundoperation 138
7.2.3 Krisenvermeidung 154
7.3 ›Theorie‹ der Welt 166

C Theologisches Nachspiel 181

1 Luhmann unter den Theologen 183
1.1 Zur Diskussionslage 183
1.2 Ein Beispiel 189
1.2.1 Rendtorffs Luhmann 189
1.2.2 Ingeniöses Mißverständnis 195
1.2.3 Systemtheorie – Subjektivitätstheorie? 198
2 Freiheit und »Subjekt« 204
2.1 Kontingenz als Paradigma? 204
2.2 »Subjekt«: Notwendigkeit und Selbstdestruktion . 207
2.3 Unfreiheit aus Selbstbezüglichkeit – eine theologische Erinnerung 212
2.4 servum arbitrium: Aufhebung von »Subjekt« – Jenseits der Theorie 222
2.5 Indifferenz als Freiheit? 228

D Literarische Zugabe 233

Leben im Konjunktiv
oder Über die Schwierigkeit Ich zu sagen 235

Literaturverzeichnis 263

Personenregister 284

Christiane

Vorwort

»Theorien pflegen sich als fertig zu präsentieren – bescheiden im Anspruch und hypothetisch im Charakter, aber doch als Objekte, die stehen, als Aussagen, die gemacht sind, diskutiert werden können und sich während der Diskussion nicht unversehens verändern.«

Dieser fast allzu flüssig zitable Satz, mit dem Luhmann (1969k: 253) seinen Aufsatz über »Die Praxis der Theorie« eröffnet – für welche Praxis der Theorie hätte er, gar als Vorschrift genommen, mehr zu gelten als für eine Dissertation? Und so präsentiert sich nun die meinige, »bescheiden im Anspruch und hypothetisch im Charakter«, aber eben – nolens volens – »fertig«: selber zurücktretend, muß und kann der Autor das Weitere dem Leser überlassen.

Und auch ich tue das hier – indessen in dem Bewußtsein, mit diesem »Fertigen« nichts anderes aus der Hand zu geben als einen Zwischenbericht. Beginnt das Vorliegende schon in Teil A mit (bei aller thetischen Ausformung) höchst probeweisen Überlegungen, die die eigene Orientierung für den Zugang zum Thema artikulieren, so versagt es sich am Ende Erwartungen an einen ›runden‹ Abschluß: vielmehr mündet es – so die Teile C-2 und D – in die Benennung weiterer Probleme, deren Behandlung späterer Arbeit überwiesen bleiben muß. Ja sogar im Umgang mit ihrem zentralen Gegenstand, der Theorie Niklas Luhmanns, ist die vorliegende Untersuchung Zwischenbericht: hinsichtlich dessen freilich kann sie auch nichts anderes sein, denn der ›Gegenstand‹, im ganzen genommen, ist selbst ja nicht »fertig« – ein Sachverhalt, der vor besondere methodische Probleme stellt, deren Erörterung in B-1 und B-7.1 hier nicht vorweggenommen werden soll.

Was die nun aber doch ›objektiv‹ stehende, »fertige« Gestalt des hiermit vorgelegten Zwischenberichts angeht, so zeigen sich auch an ihr mancherlei Spuren störender Unfertigkeit. Im Januar 1979 abgeschlossen, ist die Erstfassung der vorliegenden Untersuchung im Frühjahr 1980 von der Theologischen Fakultät der Ruprecht-Karls-Universität in Heidelberg als Dissertation angenommen worden. Für den Druck wurde sie gekürzt (um ein Kapitel über den ontologischen Gottesbeweis und seine Problematik im Horizont gegenwärtigen Denkens), bearbeitet (in C-2) und um den Teil D erweitert (den hier wieder abzudrucken die Forschungsstätte der Evangelischen Studiengemeinschaft Heidelberg freundlicherweise erlaubt hat). Die Teile A und insbesondere B blieben im wesentlichen unverändert, namentlich die Arbeiten Luhmanns ab 1979 konnten nur durch vereinzelte Hinweise Berücksichtigung finden: Folge der anderweitigen Auslastung des Autors durch ein Dorfpfarramt. Doch wird sich über das Gewicht dieser Mängel, die niemand schärfer sieht als der Autor selbst, der – geneigte und weniger geneigte – Leser selbst sein Urteil bilden, und so mag das hier auf sich beruhen.

Beim Blick auf das nunmehr fertig Vorliegende bekümmert mich indes am meisten etwas anderes. In Ausführung des wohlbegründeten Vorsatzes, die Theorie Niklas Luhmanns nicht anhand externer Kriterien zu qualifizieren, sondern ihr eine solche Darstellung angedeihen zu lassen, daß darin deren eigene Gesetzmäßigkeit hervortritt, ist die vorliegende Arbeit in einem noch anderen, nämlich sachlichen Sinne in eine ›Zwischen‹lage geraten – in eine Zwischenlage nämlich, in der sie nirgends ›paßt‹, sondern vielen mißfallen wird: den Theologen, weil der Bezug auf die Tradition christlichen Denkens zu wenig ausgewiesen ist; den Philosophen, weil die begriffliche und argumentative Strenge mag zu wünschen übriglassen; den Soziologen, weil die materielle Breite ihres Arbeitsbereichs kaum berücksichtigt ist. Ad bonam partem könnte es zwar heißen, gerade so sei der ›Zwischenlage‹ auch des Gegenstandes am besten entsprochen. Aber nur Kehrseite dieser Meinung ist der Vorwurf des Selbstdenkerischen, Solipsistischen, und er läßt sich nicht leicht abweisen. Und so gibt es wahrlich Anlaß zu hoffen: Die vorliegende Arbeit ist Beitrag zu einer fälligen Diskussion über das Verhältnis von Religion/Theologie und Gesellschaftstheorie – nicht der erste und nicht der letzte, aber hoffentlich einer, der deutlich genug ist, um solchen Widerspruch finden zu können, der alle Beteiligten dabei auf neue Gedanken bringt.

Daß über mehr als acht Jahre hin aus einem sehr vorläufigen Entwurf ein Buch werden konnte – dazu haben viele durch Zuwendung von Rat und Tat, Zeit und Geld das Ihre beigetragen. Heinz Eduard Tödt hat mich beim Entstehen der Arbeit in einfühlsam förderlicher Weise – je zu seiner Zeit durch Fordern oder Gewährenlassen – begleitet; in der Schule Michael Theunissens lernte ich theoretische Texte peinlich genau lesen; beider Gutachten mit dem von Wolfgang Huber halfen der Arbeit dann zu akademischer Anerkennung. – In zahllosen Gesprächen mit Wolfgang Lienemann und Horst Folkers konnte ich leitende Fragestellungen der Arbeit erproben; ohne Hans-Richard Reuter endlich, seine Ausdauer beim Mitlesen des entstehenden Manuskripts, seine klärende Kritik und seine freundschaftliche Ermutigung wäre die Erstfassung wohl nicht zum Abschluß gekommen. – Das Evangelische Studienwerk Villigst und die Fritz Thyssen Stiftung erlaubten mir durch großzügige Gewährung von Stipendien über Jahre Konzentration auf die eine Sache; die Benediktiner der Erzabtei Beuron und der Abtei Stift Neuburg boten wie selbstverständlich Gastfreundschaft für manche ungestörte Woche; die Evangelischen Kirchen von Westfalen und von Kurhessen-Waldeck zeigten, wo nötig, hilfreiches Entgegenkommen. – Irmhild Plenkers schrieb das Manuskript mit Umsicht und Verständnis für Text und Autor. Jürgen Habermas überzeugte mich schließlich von der Publizierbarkeit des Ganzen.

Ihnen möchte ich meinen herzlichen Dank aussprechen. Hier unaussprechlich bleibt der Dank für die, deren Verdienst es ist, daß in all der Zeit Lesen und Schreiben umgriffen blieb von lebendigen Beziehungen: Frauen zumal, die es selbst am besten wissen. Ihnen und namentlich der einen, mit der ich nunmehr verheiratet bin, sei das unfertig-fertige Ergebnis gewidmet.

Reinhardshagen, im August 1981 Frithard Scholz

A Hermeneutisches Vorspiel

1 »Indifferenz« im Horizont von Freiheit als Selbsterhaltung

1.1 Der alteuropäische[1] Begriff von »Freiheit« meint die Unabhängigkeit des als frei zu denkenden Menschen von einem Bestimmtwerden durch ihm Fremdes. Er ist ein Begriff der Selbsterhaltung, die praktisch, nämlich als Selbstbestimmung, ausgelegt wird. Das Denken von Selbstbestimmung hat sich in zwei Gestalten ausgeprägt, die strukturell als offensive und defensive Form unterscheidbar sind: Selbststeigerung und Selbstbeschränkung.

1.1.1 Hauptmerkmal von Selbststeigerung ist die Offensivität eines Verhältnisses des Selbst gegenüber der Welt, welches das Eingebundensein in realen Weltzusammenhang zunehmend zu einem sekundären Moment macht, indem es die der Welthaftigkeit des Selbst anhaftende Notwendigkeit zu einem bloß mitlaufenden Moment davon unabhängiger Selbstverwirklichung herabsetzt.

Nur stichwortartige Hinweise seien gegeben: Für Aristoteles ist der Mensch frei, sofern er »um seiner selbst willen und nicht um eines anderen willen ist«[2]. Diese Freiheit als Autarkie hat der Mensch als die Unabhängigkeit von einem Außer-ihm, welche (kollektiv) als der βίος πρακτικός des πόλις-Angehörigen oder, in noch höherer Vollendung, als der βίος θεωρητικός des Weisen wirklich wird. – Bei Kant gründet die praktische Freiheit, die im kategorischen Imperativ ihren Grund-Satz moralischer Selbsterhaltung hat, in der transzendentalen, dem »Vermögen, einen Zustand von selbst anzufangen«[3]: Freiheit als Bedingung der Möglichkeit vernünftigen Selbstseins. – Fichte radikalisiert dies

1 Mit diesem Ausdruck will der »Jungeuropäer« – wie er sich von Hübener 1975: 475 in umgestülpter Ironie nennen lassen muß – Luhmann (erstmals Luhmann 1968e: 9) den Unterschied zwischen nicht-systemtheoretischem Denken (in Vergangenheit und Gegenwart) und seinem eigenen pauschal als Unterschied von ehrwürdig-unzeitgemäßem und sachgerechtem Denken zu verstehen geben. Die entironisierte Übernahme dieses Etiketts soll gerade das Recht der damit verbundenen Qualifikationsverteilung in Frage stellen.

2 Aristoteles, Metaphysik 982 b 26.

3 Vgl. Kant, KrV B 561 f. (Werkausgabe IV, 488 f.).

Verständnis von Freiheit als Selbsterhaltung, indem er sie – über Kant hinaus – zum absoluten Prius macht: »ich *bin* frei, Freiheit ist das einzige wahre Seyn, und der Grund alles anderen Seyns«[4]. – Bei allem kritischen Urteil über Kants und Fichtes privative Akzentuierung des Freiheitsbegriffes, das Hegel fällt, teilt auch sein Begriff »konkreter Freiheit« das Interesse an Selbsterhaltung durch Selbstbestimmung – so ist die legendäre »Einsicht in die Notwendigkeit« dem Menschen Freiheit, weil sie Anerkenntnis allein der Vernünftigkeit des Wirklichen ist, in welcher Allgemeines und Besonderes, substantielle Vernünftigkeit und Recht der Subjektivität versöhnt sind.

1.1.2 Eine andere, vielleicht komplementär zu nennende Linie des Denkens von »Freiheit« verfolgt dieselbe Intention. Dabei ist sie umgekehrt charakterisierbar als ein defensives Weltverhältnis des Selbst, das sich der bis in seine Körperlichkeit hineinreichenden Verstrickung in und durch Fremdes zu entziehen sucht: durch drastisch dargestellte Verachtung zivilisatorischer Bedürfnisformation und Befriedigungsmuster in der animalischen αὐτάρκεια der Kyniker[5]; durch asketische Distanzierung von den partikulären Impulsen der eigenen Sinnlichkeit, die den Menschen seiner Übereinstimmung mit dem kosmischen λόγος entfremdet – so das ἀπάθεια-Ideal des stoischen Weisen; durch überschwenglichen Rekurs auf ein Vermögen ästhetischen Weltverhältnisses jenseits der Nötigungen des Menschen durch Sinnlichkeit *wie* Vernunft[6]; durch spekulative Rekonstruktion eines Indifferenzpunktes, in dem stehend der Mensch seine Freiheit als Unabhängigkeit von Natur *und* von Gott hat[7]. Das Gemeinsame dieser Versionen des Denkens von Freiheit liegt darin, Indifferenz als Selbstbeschränkung und mithin als Form von Selbsterhaltung durch Selbstbestimmung zu denken.

1.2 Von diesen Gestalten von Indifferenz – der ethischen von Kynismus und Stoa, der ästhetischen Schillers, der metaphysischen von Schellings Freiheitslehre – ist eine radikalere Art von Indiffe-

4 Fichte, System der Sittenlehre ... von 1798, WW IV 54.

5 Vgl. dazu Heinrich 1966b: bes. 139 f.

6 So bei Schiller im zwanzigsten der Briefe über die ästhetische Erziehung des Menschen (Schiller 1801: 371-373).

7 Vgl. Schelling, Stuttgarter Privatvorlesungen, WW 7, 458.

renz zu unterscheiden[8], die ich, diesseits von Heidegger, »existenziale« zu nennen vorschlage. Die Benennung »existenzial« soll die schon angedeuteten Verständnisse von Indifferenz übergreifen und gleichsam in eins zusammenschließen sowie diese integrale Indifferenz mit dem historischen Index wesentlicher Gegenwärtigkeit auszeichnen; dabei sind zwei Unterschiede dieses gegenwärtigen Begriffs von Indifferenz zu den überlieferten Bedeutungen festzuhalten:

Existenziale Indifferenz ist ein Habitus des Menschen im Sinne eines Syndroms nicht nur von Handlungsweisen, sondern auch von Einstellungen (Erwartungen), welches sich gerade auch auf solche Lebenszusammenhänge erstreckt, die nach dem gesellschaftlichen Common sense wegen ihrer alltagsweltlichen Ubiquität kein sinnvoller Gegenstand moralischer Erwägung (mehr) sind. Zum anderen ist damit keine erst zu empfehlende (oder auch abzulehnende) Haltung des Menschen gemeint, sondern eine Weise des Teilnehmens an gesellschaftlichen Beziehungen, der wir »immer schon« folgen – und wir tun dies wohlweislich, indem wir mit Grund (wenn auch vielleicht nicht: mit Recht) befürchten, unsere Teilnehmerkompetenz zu desavouieren, falls wir auf stärkerer Bestimmtheit von Beziehungen insistieren.

Die Gegenwärtigkeit existenzialer Indifferenz liegt darin, daß die moralischen ἀδιάφορα – deren bestimmte Eingegrenztheit noch dem Stoiker das Bewährungsfeld seiner ethischen Indifferenz sicherte, die ihrerseits an deren Gegenteil, den καθήκοντα, orientiert war – zumindest im Begriff sind, universell zu werden, und normative Integration der Gesellschaft nicht nur empirisch verschwunden ist, sondern auch funktional obsolet geworden zu sein scheint. Wenn in dieser Lage, in der solche Obsolenz naturwüchsig auch das Selbst ergreift, Indifferenz gegenwärtig hält, was in alteuropäischem Verständniszusammenhang als »Freiheit« gefaßt wurde, so bedeutet das: Selbsterhaltung ist nicht mehr als Selbststeigerung und auch nicht als Selbstbeschränkung, sondern als Selbstauslöschung zu denken[9].

8 Anregungen dazu bietet Heinrich 1966b: 152ff. Umfängliche (literarische) Vorstellungsgehalte zur Bedeutung von existenzialer Indifferenz, gut für eine quasi induktive Definition des hier nur formal bestimmten Begriffs, finden sich unten im (übrigens auch unabhängig vom Ganzen der vorliegenden Untersuchung zu lesenden) Teil D.

9 Vgl. auch die Präzisierung zum Auseinander-hervorgehen der drei Gestalten von Freiheit unten A-5.1.

2 »Indifferenz« als Strukturmodell der Theorie Niklas Luhmanns

2.1 Zu den zentralen operativen Begriffen der Systemtheorie[1] gehört der Begriff »Differenzierung«; er meint das Gesetztsein eines Unterschiedes, durch welches zugleich ein Aufeinander-bezogen-sein des so Unterschiedenen gesetzt ist bzw. wird – verstanden als Strukturbegriff bzw. als Entwicklungsbegriff. Dabei bezeichnet »Differenzierung« (als *Strukturbegriff* verwendet) je nach Problemreferenz: Ausdifferenzierung, nämlich die grundlegende Innen/Außen-Unterscheidung, die *als* System gesetzt ist; Innendifferenzierung (und zwar segmentäre, funktionale u. a. m.) von Systemen in Form von Subsystemen, welche in wechselseitiger Entsprechung bezogen ist auf Umweltdifferenzierung, d. h. einer vom System geleisteten Innendifferenzierung seiner Umwelt zu Teilumwelten. Diese Differenzierungslinien bilden flexible und (unter jeweils bestimmten Bedingungen) durchlässige Grenzen und sind, insofern konstitutiv für Systembildung, Strategien der Reduktion von Komplexität; inwiefern sie gerade deswegen »Schwellen der Indifferenz«[2] markieren, sei in einigen Hinweisen angedeutet:

»Soziale Systeme gewinnen eine über die Situation hinausreichende, die Systemgrenzen definierende Systemstruktur durch Generalisierung der Erwartungen für systemzugehöriges Verhalten. Generalisierung bedeutet im Kern unschädliche Indifferenz gegen Unterschiede [. . .]«[3]. Insofern sich ein System durch Strukturbildung aus Welt und gegen (s)eine Umwelt differenziert und so ist, was es ist, fungiert Systemstruktur als Indifferenz in doppelter Richtung: als Relevanzfilter gegenüber Ereignissen der Umwelt ebenso wie als Distanzhalter des Systems als solchen gegenüber allen seinen Einzelzuständen. Im heute (normalerweise gegebenen) Fall von funktionaler Innendifferenzierung und Umweltdifferenzierung vermehren sich die Funktionsrichtungen von Indifferenz

1 Im Blick auf die ausführliche Behandlung der Theorie Luhmanns in Teil B der vorliegenden Arbeit werden hier nur wörtliche Zitierungen belegt.

2 Luhmann 1969k: 265.

3 Luhmann 1967d: 121.

um ein Vielfaches – allerdings auch die Folgeprobleme, von denen hier nicht die Rede sein soll.

Deutlich dürfte aber schon sein: Durch Differenzierung, namentlich Innendifferenzierung, erreichen Systeme Ultrastabilität (wie Luhmann mit Ashby formuliert), die als Indifferenz wirksam wird. Die Fähigkeit zu solcher Indifferenz macht die »Autonomie« des Systems aus, seine Freiheit[4].

2.2 »Differenzierung« als *Entwicklungsbegriff* zu betrachten lenkt den Blick auf den Prozeß der Innendifferenzierung, die Bildung von Subsystemen. Der gegenwärtig vorherrschende funktionale Modus der Innendifferenzierung sozialer Systeme bringt es mit sich, daß Menschen sozialen (Sub-)Systemen nur aspekthaft, in Hinsicht auf den spezifischen Funktionszusammenhang des jeweiligen (Sub-)Systems angehören. Dabei ist »angehören« eine irreführende Redeweise: da ein soziales System – so eine erste, vorläufige Bestimmung – ein Zusammenhang sinnhaft aufeinander verweisender Handlungen ist, sind Menschen nicht Elemente, sondern Umwelt des sozialen Systems. Umwelt des Sozialsystems sind Menschen freilich – wie auch die sozialen Subsysteme des innendifferenzierten Systems – *als* Systeme, nämlich als personale Systeme. Personale Systeme integrieren ihre vielfältigen Umweltbeziehungen, d. h. ihr sozialen-Systemen-»Angehören« (was die Form von »Rollen« hat), wie soziale Systeme durch Generalisierung, durch die Bildung der Struktur »Persönlichkeit«[5]; auch diese Struktur ist charakterisiert durch die Indifferenz des Systems gegenüber seinen einzelnen Zuständen. Die Entkoppelung von Person (»Individuum«) und Sozialordnung zur Gestalt wechselseitiger System/Umwelt-Beziehungen zwischen (sozialen Systemen und ihren Sub-Systemen nicht nur, sondern auch) sozialen Systemen und personalen Systemen ist Steigerung von Komplexität, notwendig als deren Folge und Voraussetzung (je nach Systemreferenz): ist Vollzug von Differenzierung und erscheint als Indifferenz. Auch hierzu einige Erläuterungen:

»Bestimmte Institutionen der Differenzierung müssen dafür sorgen, daß die Untersysteme der Gesellschaft füreinander disponibel bleiben, denn nur dadurch wird wechselseitige Interdepen-

4 Luhmann 1967d: 117.
5 Luhmann 1965d: 48.

denz möglich. Dies geschieht [. . .] durch Institutionalisierung von Freiheiten in den einzelnen Untersystemen. Wo die Institutionalisierung von Freiheiten gelingt, ist damit ein Bereich der Indifferenz geschaffen, dessen Ausgestaltung fremden Interessen folgen kann, ohne durch deren Auswahl dem institutionalisierenden System zu schaden. [. . .] In diesem Sinne wird in differenzierten Systemen Freiheit zur Notwendigkeit.«[6] »Soziale Differenzierung führt [. . .] zur Individualisierung der Persönlichkeiten«; personale Systeme gewinnen abgrenzbare Konsistenz nur durch De-Sozialisierung, während die sozialen Systeme darauf angewiesen sind, die Umweltbeziehungen der ihnen korrespondierenden personalen Systeme wieder zu de-individualisieren. »Zwischen soziale und personale Systeme müssen daher generalisierende Transformationen und Mechanismen wechselseitiger Indifferenz dazwischengeschaltet werden, die einerseits persönliche Motivierungen neutralisieren und andererseits soziale Determinierung so weit abbremsen, daß der einzelne genug Spielraum hat, um eine persönliche Verhaltenslinie zu entwickeln«[7]. So gilt also nicht nur Luhmanns Feststellung, daß »in differenzierten Sozialsystemen Freiheit zur Notwendigkeit« wird, sondern auch das Umgekehrte: unter Bedingungen »dazwischengeschalteter wechselseitiger Indifferenz« bleibt Notwendigkeit als Freiheit.

2.3 Lassen sich die im Vorstehenden aufgewiesenen Bedeutungen von Indifferenz als der Luhmannsche Reflex der ethischen Fassung ihres klassischen Begriffes auffassen, so findet sich, tiefer noch in die Fundamente der Systemtheorie eingelassen, ein – cum grano salis gesprochen – Analogon der ästhetischen Variante.

»Sinn ist die Ordnungsform menschlichen Erlebens, die Form der Prämissen für Informationsaufnahme und bewußte Erlebnisverarbeitung, und ermöglicht die bewußte Erfassung und Reduktion von Komplexität«, definiert Luhmann[8]. Nicht nur terminologisch hat für den Sinn-Begriff Husserl Pate gestanden[9] – worauf hier aufmerksam gemacht werden soll. »Sinn« wird bezogen auf »Reduktion von Komplexität« als Ermöglichung dieser Leistung,

6 Luhmann 1965d: 35f.
7 Luhmann 1969f: 250.
8 Luhmann 1971g: 61.
9 Vgl. dazu B-7 Anm. 14. 37.

die, für Luhmann funktional äquivalent, durch Erleben oder Handeln erbracht wird. Bei diesem Dualismus von Erleben und Handeln hinsichtlich der Konstitution von Sinn stellt sich aber trotz der unorthodoxen Äquivalenzthese ein Primat des Erlebens heraus, in dem die Husserl-Dependenz durchschlägt. Diese zeigt sich nicht nur darin, daß Luhmann noch, wenn er die Charakterisierung des »Erlebens« als »passive« Form von (sinnhafter) Reduktion von Komplexität zurückweist, implizit auf den Husserlschen Begriff der Kin*ästhese* zurückgreift, sondern mehr noch darin, daß die Unterscheidung von Erleben und Handeln überhaupt, die eine der Zurechnung der Komplexitätsreduktion auf Welt bzw. Systeme ist, eine »Steuerungsebene« erfordert, auf der (durch entsprechende Zurechnung als Erlebens- oder Handlungssinn) bestimmter Sinn – *erlebt* wird[10].

Den so übergewichtigen Begriff des Erlebens (hinter dem man noch Husserls Begriff der »passiven Synthesis« aufspüren könnte) teilt Luhmann jedenfalls mit der transzendentalen Phänomenologie; die dortige Prävalenz des Erlebens spiegelt freilich ihrerseits das seinem »Gegenstand« sich verdankende An-sich-früher der θεωρία unter neuzeitlich-transzendental philosophischen Bedingungen: Indifferenz (wie die phänomenologisch-methodisch geleitete Handlungsaskese unter dem hier interessierenden Gesichtspunkt genannt werden soll) in der Grundlegung der Systemtheorie als Hinnahme vorgegebenen Sinnes im Dienste sinnhafter Konstitution von Welt – durch Reduktion von Komplexität.

2.4 Höchste Tugend Luhmannscher Systeme ist es, ihre Tätigkeit der Reduktion von Komplexität so auszuüben, daß dabei die reduzierte Komplexität möglichst erhalten bleibt. Der hierbei vorliegende Begriff von Reduktion heißt nicht, wie umgangssprachlich, »Verminderung«, sondern, präzise wie von Husserl übernommen, »Dahingestellt-sein-lassen«. Komplexität, dem ständigen Objekt von Reduktion, eignet in Gestalt des Unentschiedenseins ihrer Zugehörigkeit zum Modus der Möglichkeit oder der Wirklichkeit dieselbe Indifferenz, die auch die Zugangsweise (epoché) charakterisiert und die »transzendentale« genannt werden könnte; insofern nämlich ep-oché die Figur des Sich-Zurückhal-

10 Vgl. Luhmann 1971g: 77; 1971a: 306.

tens eines Vermögens (so hier: als seiend zu setzen) ist, wie sie in der Potenzenlehre des späten Schelling sich findet, läßt sich transzendentale Indifferenz des Reduktionsbegriffes als Wiederaufnahme der metaphysischen Bedeutung des klassischen Indifferenzbegriffes auffassen.

Für Husserl war Reduktion (nämlich Verminderung der Wirklichkeit um ihren Anspruch auf Seinsgeltung, darauf, wirklich zu *sein)* nur Forschungs*schritt zur* Ausarbeitung des transzendentalen ego, das in der Umkehrung der Reduktionsrichtung *dann* die Konstitution der Wirklichkeit samt allen Seinsgeltungsansprüchen leistete – im Medium des Sinnes freilich. Für Luhmann dagegen *ist* Reduktion Konstitution – ebenfalls durch Sinn ermöglichte Strukturbildung; damit übernimmt er aber (konsequent im Rahmen seines subjektfreien Ansatzes) die dem Reduktionsbegriff anhaftende Unschlüssigkeit in die ipso facto gebildete Struktur. Wenn Systeme also, Komplexität reduzierend, tätig werden, so bedeutet das: sie überführen Mögliches in Wirkliches, jedoch nie ohne sich den Rückzug aus der so gebildeten, für Wirklichkeit erklärten Struktur, der Verwirklichung des Möglichen in einer oder mehreren Hinsichten, offenzuhalten in das Ensemble des Möglichen und anders Möglichen.

3 Empirische Gehalte des »Indifferenz«-Modells

3.1 »Alles könnte anders sein – und fast nichts kann ich ändern«[1]. Diesen Grund-Satz subjektiver (zumal politischer) Gegenwartserfahrung entfaltet Luhmanns Systemtheorie, dabei nachdrücklich unterstützt von der normativen Kraft des Faktischen, hinsichtlich seiner objektiven Angemessenheit.

Der transzendentalen Auszeichnung der Zuschauerhaltung in den Grundlagen der Systemtheorie korrespondiert eine praktische: Der Primat des Geschehen-lassens ist als Habitus verbunden mit der Hoffnung, alles möge gut ausgehen, d. h. das Geschehen der Welt werde trotz seiner subjektunabhängigen Rücksichtslosigkeit die Integrität des Ich wahren. Dieser Hoffnung kann das Ich sich nur versichern, indem es als Einzelnes dem Geschehenszusammenhang der Welt sich selbst subsumiert: Rettung seiner Identität, die ja gerade Nicht-Identität ist, durch vorlaufende Aufgabe dieser Nicht-Identität mit seinem Andern. Diese Konstellation begegnet der Sozialpsychologie als Indifferenz-Syndrom: seine Momente sind Angst vor der unabsehbaren Kontingenz der Ereignisse, Apathie gegenüber den ich-einschränkenden Zumutungen der Welt und Anpassung an das als unterschiedslos unbeeinflußbar Antizipierte[2].

3.2 Das durch Indifferenz bestimmte Persönlichkeitssystem ist vom vielfach verflochtenen (eben: kom-plexen) Verweisungszusammenhang sozialer Systeme als mitspielendes Korrelat gefordert. Um nicht a limine auf asymmetrische Begründungsmodelle oder die Annahme einer prästabilierten Harmonie beider als Deduktionsgrundlage dieser Korrespondenz zu geraten, werde die Frage nach der Möglichkeit solcher Korrespondenz in der ermäßigten Form gestellt: Gibt es einen Typus der Persönlichkeitsbildung, der dem von Luhmann in der Form von Systembildung

1 Luhmann 1969e: 44.

2 Vgl. dazu als Beschreibung eines Extremfalles Bettelheim (1964: 144); Horn (1968; 1972b: 63ff) und immer noch die anschauungsreichen »Ideen zur Sozialpsychologie« von Mitscherlich 1963. Für den Zusammenhang mit dem Folgenden vgl. auch die – freilich problematische (vgl. die Kritik von Joas 1977) – Studie von Ziehe 1975.

vorgetragenen Typus der Bildung von Sozialität strukturell so analog ist, daß diese Analogie die Aufstellung der Hypothese einer Interdependenz beider plausibel macht?

Die Bildung von Systemen reduziert Komplexität. Systeme grenzen sich aus Welt *aus,* sich selbst *ein,* von einer Umwelt *ab* und erhalten diese – flexible – Grenze stabil; die Grenze markiert dann das zwischen System und, in die Form (systemrelativer) Umwelt umdefinierter Welt bestehende Komplexitätsgefälle. Man darf Systemtheorie pointiert als Theorie der Grenze auffassen, dies freilich nur, wenn Grenze als Modus der Grenzenlosigkeit aufgefaßt wird. Dafür zwei belegende Hinweise:

a) Das notwendige Gegeneinander-unterschieden-sein von System und Umwelt sitzt einer fundamentalen Unterschiedslosigkeit beider auf, weil Bestimmungen eines Systems als dies gleichgültig sind, insofern sie zugleich unter anderem Gesichtspunkt Bestimmungen von Umwelt, nämlich: anderer Systeme, sein können.

b) In einer seiner frühesten Arbeiten stellt Luhmann in einer metakritischen Auseinandersetzung mit der einschlägigen Parsons-Kritik fest: »[...] den Sozialwissenschaften [fehlt] das klar geschnittene empirische Problem des Todes, das in der Biologie als Kriterium für den Fortbestand dient. So verschwimmt den Sozialwissenschaften das Problem des Fortbestandes eines Systems ins Unbestimmte«[3]. Wie die System/Umwelt-Unterscheidung erweist sich auch die Diskontinuität von Bestand/Nicht-Bestand als sekundär gegenüber einer fundierenden, freilich ganz bestimmungslosen Kontinuität von Welt überhaupt.

Mit aller Vorsicht, die schon der in diesem Punkt erst ansatzweise konsolidierte Stand der psychoanalytischen Theoriebildung gebietet, sei auf das Konzept der narzißtischen Persönlichkeitsbildung als strukturelles Analogon und womöglich auch empirisch verifikationsfähiges[4] Korrelat der Systembildung hingewiesen. Unstrittig ist an den Narzißmus-Konzepten wohl die Konzentration auf den sogenannten sekundären Narzißmus, der als eine sehr frühe Störung der Persönlichkeitsbildung angesehen wird, die eine

3 Luhmann 1962b: 18f.

4 Habermas' (1968a: 83) These über die »Entstrukturierung des Über-Ich« (mit der Kehrseite regressiver Persönlichkeitsbildung) wird bestätigt durch die von Psychoanalytikern – vgl. nur Calogeras/Schupper 1972 – beobachtete Zunahme (narzißtischer) Charakterstörungen relativ zum Anteil der Neurosen.

Reaktion auf den Verlust der perinatalen Realgrundlage des sogenannten primären Narzißmus, der extrem engen symbiotischen Frühform der Mutter-Kind-Dyade, darstellt. Die narzißtische Störung besteht in Schwierigkeiten der Selbst-Abgrenzung gegenüber der Welt der Objekte, die entweder zu einer phantastischen Ausdehnung des Selbst über die Objektwelt hin oder zu einer Identifikation mit einer idealisierten Eltern-Imago führen[5]. Beide Fälle lassen sich unter dem hier gewählten Gesichtspunkt als Indifferenz gegenüber dem Unterschied von Selbst und Objektwelt begreifen.

5 Vgl. Jacobson 1973; Kohut 1973.

4 Modalitäten der Freiheit: eine spekulative Zwischenbemerkung

4.1 Im Absprung von einer zentralen These der philosophischen Freud-Interpretation Marcuses[1] läßt sich die Perspektive auf eine Konstellation von Weisen der Freiheit gewinnen, in denen sich Freiheit dem bis hierher umrissenen Transformationszusammenhang von Gestalten der Freiheit – als Selbstbestimmung ausgelegte Selbsterhaltung – nicht vollständig fügt, sondern über ihn hinausweist.

Marcuse arbeitet das Narzißmus-Konzept als metapsychologischen Reflex der Ahnung einer neuen, einer Gegen-Realität zum Vorhandenen heraus und bezieht es zugleich auf Freuds Begriff des »Nirwanaprinzips«. Diesen Begriff, der, dem Kontext buddhistischer Religiosität entlehnt, den höchsten und abschließenden Zustand des Menschen bezeichnet, indem er als Ent-Individuierung, Zurücklassen trennender Verkörperungen und Eintreten in erlösende Kontinuität verstanden wird, deutet Marcuse als Ausdruck für historisch verbotene Einsicht in den gemeinsamen Ursprung von Eros und Todestrieb. Faßt man den Todestrieb mit Freud als Tendenz des Lebendigen zum Abbau aller Spannungen (wie sie auch die Physik im Entropie-Begriff denkt), so bedeutet dieser descensus des Lebens zum Tode das schmerzlich Triviale, daß das Leben alles Lebendigen im Tode terminiert und in diesem Ende beschlossen ist. Demgegenüber läßt sich der auf dem Wege höchster Steigerung des Lebens erscheinenden Einheit der Pole Leben/Tod noch der Sinn einer komplementären Unterschiedslosigkeit abgewinnen: statt daß schon das Leben Tod sei, ist noch der Tod Leben. Das Modell ihrer Praxis ist nicht mehr das Opfer (des Lebens, welches die Übermacht des Todes unwiderstehlich fordert), sondern die Hingabe (des Lebens, in welcher dieses den Tod überwindet). Zwei Weisen des Redens von der Liebe mögen zur Erläuterung dessen dienen, was gemeint ist.

Bataille faßt die Unterschiedslosigkeit als diejenige, die in der Konvergenz von Erotik und Tod sich zeigt[2]. Beides ist für ihn

1 Vgl. Marcuse 1967.
2 Vgl. Bataille 1974: 12ff.

Eintreten des Lebens in die seiner Normalität fehlende Kontinuität, welche das Leben beendigt und es zugleich in seiner mächtigsten Ekstase erscheinen läßt. Dabei versteht er den Drang zum »Überschreiten« der Grenze (der Normalität) als das symbolische Bezwingen der Drohung, in der das Schicksal noch diejenigen bestimmt, die im Erhalten der Diskontinuität ihres Normalfalls von der Kontinuität des Schicksals sich gerettet wähnen. Daß er die Erotik mit dem Opfer assoziiert, bedeutet freilich die Verstricktheit auch dieser Auffassung erscheinender Unterschiedslosigkeit in den Schicksalszusammenhang.

Nur um ein Winziges anders als Bataille und gerade darin so unendlich von ihm unterschieden wie Kierkegaard von Nietzsche, interpretiert Benjamin die unterschiedslose Einheit der Pole Leben/Tod am Material der Novelle aus Goethes »Wahlverwandtschaften«[3]. Indem der Todessprung die rettende Entscheidung hervortreibt, öffnet sich die Verewigung des Getrenntseins der »wunderlichen Nachbarskinder« zur verborgenen Wahrheit ihrer Vereinigung, erfüllt sich an den Liebenden ihre Bestimmung jenseits von Freiheit und Schicksal. Ihrem Handeln eignet Freiheit in der nur paradox so zu nennenden Weise einer Freiheit des Müssens.

4.2 Solche Freiheit liegt im Tun des Einen, was not tut, welches seine objektive Qualifikation allein aus seiner Intentionslosigkeit gewinnt – wie sie die Gerechten im Urteil des Weltenrichters Christus in Mt 25 erfahren. Freiheit des Müssens unterscheidet sich auf der Ebene ihrer Konstituentien durch ihre Distanzlosigkeit zum Tun nicht nur von der hingenommenen und affirmierten Distanz existenzialer Indifferenz, die Freiheit des Könnens zu nennen wäre, sondern auch von der gleichsam methodisch erzeugten Distanz, die zu den klassischen Formen der Selbsterhaltung als Selbstbestimmung gehört, die man Freiheit des Sollens nennen könnte. Eine zweite Differenz besteht hinsichtlich der Weise inhaltlicher Entschiedenheit, die Freiheit des Müssens und Freiheit des Sollens gemein haben: fügt sich diese der Allgemeinheit einer Norm, so jene der Individualität der Bestimmung. Rückt damit Freiheit des Müssens als Sich-bestimmen-lassen, im Gegensatz zur

3 Vgl. Benjamin 1924/25: 170f.

Selbst-Bestimmung der Freiheit des Sollens, in die Nähe der existenzialen Indifferenz, so ist diese Nähe doch nur die des Nahewohnens auf getrenntesten Bergen: die dritte Differenz. Denn diese Hintergehung des Zwanges zum Selbstsein-müssen besteht nicht darin, die Konsequenz der Freiheit als Selbsterhaltung vorzutreiben bis zur Auslöschung des (individuellen) Selbst, sondern in einem Sich-anvertrauen an eine Macht, die in der Abforderung des Selbst dennoch nicht die Individualität zerstört. Zur Freiheit des Müssens verhält sich die Freiheit des Könnens wie das Ende zur Vollendung.

4.3 Die Freiheitsfigur des narzißtischen Selbst ist das phantasierte Omnipotenzgefühl, als das die psychoanalytische Theorie gut belegte Ergebnisse der Kleinkindforschung deutet: die Übermächtigung der in der Phantasie vom Selbst ungetrennten Objektwelt durch Selbst-Äußerungen – ebenfalls in der Phantasie. Diese ontogenetische Gestalt absoluter, d. h. an Verwirklichung nicht gebundener Freiheit im phantasierten Können hat, wenn man so sagen darf, ein phylogenetisches Gegenstück: die Freiheitsspekulation Schellings in der Potenzlehre der »Philosophie der Offenbarung«. Die »eigentliche Freiheit« besteht für Schelling, ganz im Gegensatz zu Hegel, »nicht im Sich-äußern-, sondern im Sich-nicht-äußern-können«[4]. Diese Freiheit des absoluten Könnens der Freiheit auch gegenüber sich selbst, ist als Freiheit des unvordenklichen Lassens ein Zurückgehen – re-gressio – noch hinter die Freiheit des Hegelschen Gottes: Indifferenz von Selbststeigerung und Selbstverzicht[5].

4 Schelling, Philosophie der Offenbarung, WW 13, 209.

5 In der psychoanalytischen Literatur wird öfters (z. B. von Argelander 1972; Kohut 1975a) auf eine Ambivalenz des Narzißmus zwischen gestörten Objekt-Beziehungen und schöpferischem Potential hingewiesen. Möglicherweise entspricht dieser Ambivalenz gerade der Umstand, daß die narzißtische Freiheitsfigur der Omnipotenzphantasie strukturelle Verwandtschaftsbezüge sowohl zur existenzialen Indifferenz systemtheoretischer Interpretation als auch zur Freiheitslehre Schellings aufweist – die ja eingangs (A-1) unterschiedlichen Formationen des Freiheitsdenkens zugeordnet worden sind.

5 Systemtheorie und die Schwierigkeiten der Kritik

5.1 Die bisherigen Überlegungen terminieren in einer Inversion des Sinnes alteuropäischer Freiheitsfiguren: ob sie nun Freiheit als Selbststeigerung oder als Selbstbeschränkung entfalten – in jedem Falle gingen sie auf die Erhaltung eines Selbst (eines Subjekts) aus, welches der es umgebenden natürlichen (Objekt-)Welt souverän gegenübertritt, indem es diese übermächtigt oder deren Drohung unterläuft (wie Brechts »Denkender«, der »in seiner kleinsten Größe« den Sturm überstand[1]) im Rückzug auf die unerreichbaren Provinzen seiner. Demgegenüber bedeutet die existenziale Indifferenz der Gegenwart, die nach dem Durchgang durch die Systemtheorie sich als Praxis eines subtilen Naturalismus erweist, (in sozialen Systemen) unendliche Expansion und (in personalen Systemen) unendliche Kontraktion des mit »Freiheit« Gemeinten zugleich: sie steht in der Kontinuität des »alteuropäischen« Denkens von Freiheit, insofern sie Selbsterhaltung als Selbststeigerung zu erfassen erlaubt (in der Erweiterung des Möglichkeitshorizonts) und bricht diese Kontinuität zugleich ab, indem sie die Selbsterhaltung in Form von Selbststeigerung durch eine bis zur Selbstauslöschung über sich hinausgehende Selbstbeschränkung zu bezahlen bereit ist.

5.2 »Die Einbuße an reflexionslos oder unproblematisch zu Tuendem wird nicht kompensiert durch die offene Unendlichkeit des möglich Gewordenen, der die Reflexion sich gegenüber sieht. Erweiterung zeigt in vielen Dimensionen sich als Schrumpfung«[2]. Dieses Unbehagen Adornos an der abstrakten Unendlichkeit von Selbststeigerung, deren Tendenz auf Selbstauslöschung hin diese einleitenden Thesen plausibel machen wollten, indem sie die Ablösung von Freiheit durch Indifferenz als Modus der Selbsterhaltung im Blick auf die Theorie des gegenwärtigen Zeitalters erörterten, die die Systemtheorie Luhmanns zweifellos ist, motiviert auch die hier tragende Denkbewegung.

Aber die mit Adorno geteilte Intention könnte die bloß tragische

1 Brecht 1967: 410.

2 Adorno 1970: 9.

Geste eines letzten Alteuropäers sein, der – pars pro toto – im »Grand Hotel Abgrund«[3] sein eigenes Überlebtsein beklagt, – und könnte dies so gründlich sein, daß der metaphorische Vorwurf nicht nur die ursprünglich gemeinte späte Frankfurter Schule trifft, sondern über seine Urheber aus dem Umkreis von Lukács hinaus auf die Positionen des Protests überhaupt unwiderstehlich zurückschlägt. Dies wäre dann der Fall, wenn Luhmann recht hat damit, daß die gesellschaftliche Evolution den gedachten Prellbock Habermasscher Universalpragmatik längst überfahren hat, vielmehr sich »die Anzeichen dafür [mehren], daß die gesellschaftliche Evolution über eine Lage hinausgeführt hat, in der es sinnvoll war, soziale Beziehungen auf den Menschen zu beziehen«[4]. Diese Anzeichen wären[5] in der fortgeschrittenen langfristigen Umstellung von normativem auf kognitiven Erwartungsstil zu finden, für die diese Thesen korrelative Hinweise geben wollten, und die sich vollzieht in der Beseitigung indisponibler Geltungsansprüche mit dem Ergebnis, daß, wenn alles gleich gültig ist, alles gleichgültig geworden ist. Das bedeutet: das Festhalten an normativem Erwartungsstil – Selbsterhaltung als Selbstbestimmung – ist sachlich nicht anschlußfähig, zeitlich instabil und sozial nicht generalisierbar, sondern bleibt seinerseits Habitus privater Regression eines trotzigen »Sei's drum«[6].

Gegenüber solch postulatorischem Insistieren wird man zugunsten der Systemtheorie Hegel ins Feld führen: »Was allgemein gültig ist, ist auch allgemein geltend; was sein *soll, ist* in der Tat auch, und was nur sein soll, ohne zu sein, hat keine Wahrheit«[7]. Wie Marquard überzeugend dargetan hat, wendet sich Hegels Kritik des abstrakten Sollens gegen Regressionstendenzen, die durch Trennung des Sollens von der Wirklichkeit ihres geschichtlichen Vermitteltseins in »Unterbietung des erreichten Stands« verfallen[8].

Freilich bleibt noch die hier nicht mehr zu behandelnde Frage: ob sich nicht eine Inversion des Sinnes von Evolution und damit

3 Eine Wendung von Leo Kofler (mündlich), der damit – Denkneigungen des alten Horkheimer exemplarisch nehmend – auf das Resumé von Lukács' (1973: 218f) Schopenhauer-Kritik anspielt.

4 Luhmann 1972d: 37.

5 Mit Luhmann 1972h: 323.

6 Habermas 1973: 196.

7 Hegel, Phänomenologie, Werkausgabe 3, 192.

8 Marquard 1964: 50.

dessen, was »erreichter Stand« und Regression hieße, vollzogen hat, die der analog ist, die am Freiheitsbegriff zu zeigen war. Kritik an Stand und Tendenz gesellschaftlicher Evolution wäre dann in dem Maße nicht regressiv, als die Tendenz evolutionärer Systemdifferenzierung mit ihrer Abkoppelung des Persönlichkeitssystems ihrerseits regressiv ist, insofern sie mehr Differenzierungsverluste als -gewinne macht. Vorerst aber erscheint die Lage aporetisch, so daß die »alteuropäischen Probleme mit der Systemtheorie« gefaßt werden könnten – in Abwandlung Marquards[9], Hegel gegen Luhmann eintauschend – in der Frage, ob »die Schwierigkeiten beim Versuch, ein Luhmannianer zu sein, nur noch übertroffen werden durch die Schwierigkeiten beim Versuch, kein Luhmannianer zu sein.«

9 Vgl. Marquard 1964: 51.

B Thema: Niklas Luhmanns Theorie

1 Zu Darstellbarkeit und Darstellung

Dieser zweite Hauptteil der Arbeit soll eine Darstellung der Theorie Luhmanns bieten, und zwar eine – so gut wie irgend möglich – sine ira et studio: Fragen der Kritik an Luhmann gebe ich an späterer Stelle der Arbeit Raum. Diese absichtliche Zurückhaltung bestimmt auch den argumentativen Einsatz der ›Sekundärliteratur‹ – als ein solches genus lassen sich die Arbeiten über ... wegen ihrer Vielzahl inzwischen bezeichnen – zu Luhmann, auf die nur selten hingewiesen wird als auf anderwärts ausführlichere Behandlung von hier nur Gestreiftem. Die Sekundärliteratur läßt sich ohnehin nicht mehr mit dem Anspruch auf Vollständigkeit übersehen, seit Vertreter von immer mehr Fächern jenseits von Luhmanns eigenem[1] sich seiner Theorie zuwenden, und sie tun es in ihrer weit überwiegenden Mehrzahl ablehnend[2]. Bei manchen

1 Nachdem sukzessive Juristen, Verwaltungswissenschaftler, Soziologen, Politologen, der »Poetik und Hermeneutik«-Kreis von Philosophen, Sprach-, Literatur- und Geschichtswissenschaftlern (vgl. Weinrich [Hg.] 1975) schon in die Auseinandersetzung eingetreten sind (zu den Theologen vgl. unten C-1), haben die von Luhmanns Theorie sich ausbreitenden Kreise inzwischen auch die biologische Grundlagenforschung (vgl. als seltenes Beispiel Richter 1975) und die Pädagogik (vgl. Fingerle 1973: 101-116; Blass 1978: 172ff.) erreicht.
Dieses disziplin-unspezifische Aufmerken ist durchaus beabsichtigt; daß Luhmann für seine Gesellschaftstheorie an »Vergleichsmöglichkeiten [...] bis in die Naturwissenschaften hinein« liegt, hat er erst jüngst wieder (1978d: 63) betont, und das Interesse der Pädagogen an der Theorie Luhmanns findet in jüngster Zeit noch leichter greifbare Anhaltspunkte: Die fortschreitende Arbeit an einer Allgemeinen Gesellschaftstheorie muß Luhmann vor Fragen der »Umweltkontrolle für die Gesellschaft« (Luhmann 1977d: 231) führen und veranlaßt eine Zuwendung zum bislang von ihm wenig beachteten Thema »Erziehungssystem« (vgl. Luhmann 1979c). Denn das Erziehungssystem ist dasjenige gesellschaftliche Teilsystem, das funktional darauf spezialisiert ist, personale Systeme dahingehend zu beeinflussen, daß sie sich als Umwelt des Gesellschaftssystems eignen.

2 Das gilt nicht nur für die, in welcher Abschattung auch immer, marxistisch orientierten (Sozial-)Wissenschaftler, die insbesondere nach Luhmanns literarischer Disputation mit Habermas in dem Systemtheoretiker einen Gegner sahen, an dem Ideologiekritik zu üben war: so, nach dem Vorgang von Tjaden (1969), etwa Meurer (1973), Prewo/Ritsert/Stracke (1973: bes. 21ff. 266ff.), Warnke (1974: 82ff.), Heidtmann (1974), Hegselmann (1976), Marwedel (1976), Beyer (1976). Es gilt für die Verfechter von (untereinander höchst differenten) normativen Orientierungen in der Theoriebildung (so z. B. Lipp 1972; Hartmann 1973; Busshoff 1975; Krewani 1975) ebenso wie für die, die Habermas (1971: 143) die »strammen Soziologen-

freilich ist die Ablehnung begleitet von Irritation, ja wohl gar die Form von deren Abwehr – Irritation[3] durch die Verbindung der Plausibilität, ja Überzeugungskraft verblüffend-neuartiger Phänomenerfassung mit der Undurchsichtigkeit von deren theoretischem Zusammenhang. Auch wenn es in der vorliegenden Arbeit selbst auf Ablehnung hinauslaufen sollte – diese Irritation nicht durch ein vorschnelles ›nichts-als‹-Argument zu ersticken, ist oberster Grundsatz meiner sich mit ihrem Gegenstand einlassenden Darstellung.

Freilich kann jene erhaltenswerte Irritation nur als Grundsatz der Darstellung wirksam werden: durch die Darstellung reproduzieren läßt sie sich nicht, denn sie entsteht an Luhmanns – in ca. 150 Veröffentlichungen der letzten 20 Jahre zugänglich – weitgefächerter Arbeit selbst. Mit Verkürzungen bezahlen muß den ggfs. erzielten Gewinn an Übersichtlichkeit eine jede Form der Darstellung, also auch eine, die als repräsentative auftreten könnte in dem Sinne, daß sie eine erscheinende Mannigfaltigkeit gegenstandsbezogener Aussagen reduziere auf den Ausdruck ihrer verborgenen Einheit, in dem dann das Wesentliche des Ganzen da, als konstruktives Prinzip erfaßt sei. Denn selbst wenn sich zeigen ließe, daß diese aufwendige »Theorieproduktion«[4] aufgefaßt werden kann – und daß dafür einiges spricht, ja sogar Luhmann selbst das nicht

Soziologen« nennt – was freilich den Fachgenossen Luhmann kaum wundert: »Man kann sich nach den Regeln, die gelten, durch Destruktion einer angesehenen Theorie in den Sattel schwingen, nicht durch bloße Nachahmung ihrer Architektur« (Luhmann 1969k: 263). Der »Praktiker der Theorie« (Luhmann 1969k: 265) schrieb dies 1969 wohl kaum ohne Reminiszenz an seinen eigenen Umgang mit Parsons; inzwischen ist er selber »angesehen« genug.

3 Artikuliert wird solche Irritation freilich eher von denjenigen Luhmann-Lesern, die (weil sie wissen, was sonst übrig bliebe?) nicht *nur* ablehnen: So bemerkt schon de Lazzer (1972: 360), der »größte Reiz« der »äußerst anregend« wirkenden Theorie »schein(e) weniger methodisch vermittelt als von der unerörterten, komplexen Spontaneität des Systems bedingt zu sein – und zwar primär des ›Persönlichkeitssystems‹ Niklas *Luhmann*«. Hejl (1974: 202) setzt zu einer »operativen Modellierung« auf der Basis Güntherscher Logik an, damit die Systemtheorie »nicht mehr nur von in ›geistiger Symbiose‹ mit Luhmann lebenden Wissenschaftlern verwendet werden« könne. Und Matthes (1978: 10) resümiert seine Ambivalenz in der Befürchtung, Luhmanns »systematische Unbekümmertheit in wissenschaftstheoretisch-methodologischen Fragen herkömmlichen Verständnisses« beschwöre »die Gefahr eines brillanten theoretischen Solipsismus« herauf. – Die Theorie präsentiert sich in einer Art, die die Frage nach dem Theoretiker provoziert und zugleich zu stellen verbietet (vgl. Luhmann 1969k: 253): darauf komme ich in B-7 zurück.

4 Ein Ausdruck von Loh (1972).

für ausgeschlossen hält, soll unten in B-7 noch angesprochen werden – als riesige Tautologie, Explikation etwa des Satzes »Es gibt Systeme«: so wäre damit allein wenig gewonnen für die Darstellung einer Theorie, die ihre Bedeutung hat (und jene Irritation erzeugt) gerade durch Daß und Wie der Explikation[5], durch ihr Vermögen, materiale Fülle der Realität in Form eigentümlicher Einsicht zu erschließen.

Dabei träfe der Versuch einer solchen repräsentativen Darstellung sogleich noch auf die nur scheinbar äußerliche Schwierigkeit, daß Luhmanns Theorie ein work-in-progress ist: Jede Erweiterung der Theorie durch neue Beiträge verschiebt die relativen Gewichte im schon Vorliegenden und verändert damit den Zusammenhang, in dem allein zu entdecken wäre, was in ihm und für ihn konstruktives Prinzip (und als solches ausdrückbar) ist. Da aber zu Recht *Prinzip* nur genannt werden kann, was als Prinzip des *Ganzen* ausweisbar ist, das Ganze der Luhmannschen Theorie in Anbetracht der faktischen Unabgeschlossenheit des Œuvre aber nicht zu erfassen ist, ist dieser ›deduktive‹ Weg einer Darstellung des Ganzen dieser Theorie in Form der Entfaltung aus ihrem Prinzip verstellt; es wird sich zeigen, daß der bloß faktischen Verhinderung einer an der Figur des Prinzips orientierten Darstellung gleichsam providentieller Charakter im Blick auf ein angemessenes Verständnis der darzustellenden Theorie zukommt.

Zum Ausgriff auf ein Vollständigkeit garantierendes Prinzip außerstande und dennoch an der Absicht festhaltend, einen Überblick über das in fortschreitender Ausarbeitung befindliche Ganze zu geben[6], wird sich die Darstellung am faktischen Gang dieser Ausarbeitung zu orientieren haben. Angesichts der Unvermeidlichkeit perspektivischer Verkürzung des Dargestellten durch jede Form der Darstellung[7], der Notwendigkeit des Kompromisses

5 Vgl. dazu Hegels Anfang der Vorrede zur Phänomenologie des Geistes, namentlich: »Denn die Sache ist nicht in ihrem *Zwecke* erschöpft, sondern in ihrer *Ausführung*« (Werkausgabe 3, 13).

6 Einen im ganzen recht gelungenen Versuch dieser Art bietet, für den Stand von 1970, mit dem damals sich noch eher anbietenden taxonomischen (statt des hier gewählten theoriegenetisch orientierten) Aufbau: Sievers (1971).

7 Gilt doch auch für die Darstellung der Theorie selbst, was in dieser über das Risiko der Reduktion angesichts steigender Komplexität gesagt wird: »Im Laufe der Evolution gewinnt mit steigender Komplexität alles Bestimmte eine höhere Selektivität; es wird, ob es will oder nicht, zur Auswahl aus mehr anderen Möglichkeiten. Jedes Ja impliziert mehr Neins . . .« (Luhmann 1971g: 97).

zwischen Gemeintem und Sagbarem, wird es darauf ankommen, daß die leitende Perspektive, da schon nicht die einzig mögliche, so doch für das Dargestellte nicht beliebig ist. Das heißt: Den im folgenden gebotenen Darstellungs-Kompromiß begleitet das Bewußtsein der Aussicht, daß Luhmann selbst, nach seinem Urteil darüber befragt, entgegnen würde »ja, so ist es – aber auch ganz anders«[8]. Die Nichtbeliebigkeit des Perspektivpunktes, dem die Darstellung zustrebt, muß sich dann erweisen im Maße des Gelingens der Absicht, gerade die systematischen Gründe dafür aufzuhellen, daß es »auch ganz anders« sein kann und zugleich doch »so ist«.

Im einzelnen ergibt sich daraus folgende Anlage der Darstellung: Ich biete eine Längsschnitt-Skizze, die Kontinuität und Selbstaufstufung der Theorie sichtbar machen soll. Dabei werden bei einiger Großzügigkeit im Übersehen von Abgrenzungsschär-

8 Hier mag der Ort sein, eine klassisch zu nennende Selbstaussage Luhmanns über (seine) Theoriebildung vollständig zu zitieren: »Um praktische Vertrautheit mit Theorien, eigenen oder fremden, zu erlangen, darf man sich nicht nur an die großen, einladenden Portale halten, durch die jedermann eintreten kann. Bei weiterem Vordringen stößt man auf andersartige, auch funktionale Einrichtungen, die der Stabilisierung des Ganzen, der Verteidigung der Errungenschaften, oder der Erleichterung interner Beweglichkeit und Einfallsproduktion dienen. Da gibt es Dunkelkammern, in denen man nur nach längerer Eingewöhnung etwas sieht. Nicht selten ist das der Ort, an dem der Theoretiker seine inneren Erfolge hatte und von dem aus er sich in seiner Konstruktion sicher fühlen kann. Und man ahnt, daß es Geheimgänge geben müsse, die die Insassen rascher als den Kritiker zu neuen Argumenten führen, findet Scheintüren, an denen man sich vergebens abmüht, und richtige Türen, die sofort wieder nach draußen führen. Die Darstellung der Theorie vermittelt keine ausreichende Vorstellung ihres Konstruktionsplans, den die weitere Arbeit zugrunde zu legen hat. Wer das verkennt, bleibt ein Kritiker« (Luhmann 1969k: 264).

Die Regenerations- und Sicherungsleistung von Dunkelkammern hat freilich ihre Grenze gemeinsam mit der Fähigkeit des Theoretikers, die selbsterzeugte Überlastung mit Komplexität auszuhalten und in Theorie zu transformieren (vgl. Luhmann 1969k: 262). Man darf sich fragen, ob Luhmann 6 Jahre (oder: 6 Bücher und 60 Aufsätze) später, nach der Andeutung tiefgreifender Theorieumbauten, den Druck dieser Begrenzungen spürt, wenn er formuliert: »In der Theorie selbst entsteht [. . .] eine Art Überangebot an Abstraktionsmöglichkeiten. Es gibt keinen voraussetzungslosen Anfang und kein erkennbares Ende. Die Selbstlimitierung nimmt im Nachvollzug der internen Interdependenzen zu, zugleich aber entstehen Querperspektiven und neue Abstraktionsmöglichkeiten, die das Erreichte wieder in einen unfertigen Zustand versetzen. All dies macht eine Präsentation mit klassischen Mitteln, etwa in der sequentiellen Form eines Buches, schwierig« (Luhmann 1975m: 202) – und erst recht (darf wohl hinzugefügt werden) in der einer skizzenhaften Abbreviatur.

fen fünf Phasen in Luhmanns bisheriger Theorieproduktion unterschieden, die sich im Blick auf zentrale operative Konzepte voneinander abgrenzen lassen. Deren Einführung in den Gesamtkontext leisten regelmäßig ›Schwellen-Texte‹, die als programmatisch für die jeweilige Phase der Theoriebildung in ihren Grundzügen vorgeführt werden. Das geschieht für die ersten vier Phasen – Abschnitt B-2 bis B-5 – der Übersichtlichkeit der Darstellung wegen unter Verzicht auf eine über bloßes Andeuten hinausgehende Mit-Darstellung der Verwendung dieser operativen Konzepte in materialen Analysen gesellschaftlicher Teilbereiche.

Dieses Darstellungsverfahren ›greift‹ freilich nur, indem es die Theorie ›elementarisiert‹, sie in Form von partiellen »Resultaten« präsentiert, die nur »der Leichnam« des Gedankens[9] sind; sie vermittelt somit die Kenntnis nur des Instrumentariums, das Luhmann sich auf schon zurückgelassenen Stufen seiner Theorie erarbeitet hat und nun in dieser voraussetzt, nicht aber einen zureichenden Eindruck der Theorie selbst. Das Letztgenannte zu tun, ist Aufgabe der Darstellung der fünften und vorerst letzten Phase von Luhmanns Theorieentwicklung: B-6. Auch dieser Abschnitt präsentiert theoriestrategisch zentrale Texte im Referat ihrer Grundzüge, verbindet dies im engeren Sinne darstellende Verfahren aber mit der Einholung der Voraussetzungen in den Konstruktionszusammenhang der Theorie auf ihrem letzten Entwicklungsstand. Einholung der Voraussetzungen – das bedeutet natürlich nicht bloße Wiederholung von schon Behandeltem mit verändertem Ausdrucksrepertoire, sondern Vorführung dessen, wie diese Voraussetzungen in einer selbst höchst komplexen Theorie der Komplexität ›funktionieren‹. Der dafür erforderliche Aufwand ist hoch und wird allein schon im übergroßen Umfang von B-6 sichtbar. Gleichwohl verfährt auch diese ›komplexe‹ Darstellung noch selektiv: ›mikrologisch‹ und nicht ›flächendeckend‹.

(Ein Beispiel: Ich nehme in B-6 laufend Bezug auf eine von Luhmanns letzten größeren Veröffentlichungen, seine Religionssoziologie [1977d] – aber dies in strikter Beschränkung auf die Frage nach deren [d. h. ihrer begrifflichen Instrumente und gedanklichen Operationen] Rang in und Beitrag zu Luhmanns Theorie im ganzen. Dahinter steht die für die gesamte hier

9 Um noch einmal die schon oben (B-1 Anm. 5) zitierte Hegel-Passage zu bemühen.

vorgelegte Untersuchung fundamentale Überzeugung, daß Luhmanns Theorie nicht deswegen die kritische Aufmerksamkeit des Theologen verdient, weil sie einen – ohne Zweifel diskussionswürdigen und -bedürftigen – Beitrag zur *Religions*soziologie hervorgebracht hat, sondern wegen ihrer problematischen Implikationen, mit denen sie als *Gesellschafts*theorie philosophischen Ranges das Verständnis menschlicher Freiheit präformiert.)

Daß die unausweichliche Selektivität dieser ›mikrologischen‹ Orientierung gleichwohl nicht beliebig ist, sondern ein Gesamtverständnis von Luhmanns Theorie (und nicht ein Gesamtmißverständnis) eröffnet, versuche ich schließlich in B-7 aufzuzeigen. Dieser Schlußabschnitt des zweiten Hauptteils soll den Perspektivpunkt der Darstellung aus dem Dargestellten selbst entwickeln – in Form zwar nicht eines namhaft gemachten Prinzips der Theorie, aber doch einer begründeten Hypothese über die Korrespondenz ihrer Intention und »Grundoperation«[10].

10 So mit einem auf Hegel bezogenen Ausdruck von Henrich (1976).

2 Funktionalismus

Nach drei verwaltungswissenschaftlichen Spezialuntersuchungen (die Luhmann noch aus der Position des Hannoveraner Ministerialbeamten schrieb) beginnt Luhmann mit »Funktion und Kausalität«[1] die Entfaltung seiner Version des sozialwissenschaftlichen Funktionalismus – zunächst noch im Windschatten von Parsons, dessen Theorie er weniger apologetisch als metakritisch aufnimmt, bis er fünf Jahre später seinen eigenen Entwurf als Gegenkonzeption zu Parsons' präsentiert. Doch ich greife vor.

Vier thematische Schwerpunkte aus Luhmanns Arbeiten der ersten Phase möchte ich hervorheben, als ersten die Umdeutung des Funktionsbegriffes. Der ältere, v. a. für kulturanthropologische und organisationssoziologische Forschung fruchtbar gemachte Funktionalismus hatte »Funktion« verstanden als Leistung, die soziale Sachverhalte (wie Normen, Institutionen etc.) für die Erhaltung (den »Bestand«) eines gegebenen Sozialzusammenhangs erbringen. Luhmann transferiert nun den Funktionsbegriff von der Ebene realer Sachverhalte auf die analytische Ebene: Funktion ist für ihn nicht mehr eine material qualifizierte (z. B. »sinnvolle«) Art von Wirkung – ein Verständnis, dem eine teleologische Auffassung der Kausalität zugrunde liege –, sondern wie im Sinne der mathematischen Funktionentheorie »ein regulatives Sinnschema, das einen Vergleichsbereich äquivalenter Wirkungen organisiert«[2]. Oder, wie er in einer späteren Formulierung noch knapper definiert: »Funktionen sind problembezogene Regeln der Vergleichbarkeit«[3].

Luhmanns Funktionsbegriff ist ein Schema der Abstraktion: Abstraktion zunächst von der Ebene faktischer Geschehensverläufe auf formale Beziehungen, Abstraktion sodann von der Individualität des konkreten Seienden (das ja nicht als es selbst, sondern in seiner Leistung für . . . in Frage steht) – aber nicht nach Art der klassifikatorischen Abstraktion auf Art- und Gattungsbegriffe, sondern perspektivisch, gesichtspunktbezogen. Funktionale Abstraktion dient also der Herausarbeitung nicht eines sozialen

1 Luhmann 1962b.
2 Luhmann 1962b: 14.
3 Luhmann 1971g: 89.

Sachverhalten an sich innewohnenden Gleichen, sondern der Gleichheit einer Relation – zu einem ihnen äußerlichen Dritten, dem Bezugsproblem, das Vergleichbarkeit des an sich Unvergleichbaren in einer Hinsicht ermöglicht[4].

Darin sind bereits zwei weitere, eng zusammenhängende Themenschwerpunkte angedeutet: Ersetzung von Letztbegründungen durch Bezugsprobleme und die Umstellung der Sozialwissenschaften von Kausalerklärung auf Vergleichsbildung[5].

»Funktion« ist eine doppelseitig variable Relation, was den Richtungssinn der Kausalbeziehung neutralisiert und so wechselweises Konstantsetzen von Wirkungen bzw. Ursachen ermöglicht im Dienste des Vergleichs wirkungsgleicher Ursachenkombinationen bzw. von Wirkungen, die als vorgestellte »Zwecke« gleiche Rechtfertigungsleistungen für gegebene Ursachen böten[6]. Funktionale Analyse geht also nicht darauf aus, Kausalbeziehungen festzustellen; sie setzt sie vielmehr voraus, um, von der Eindeutigkeit ihres wirklichen »wenn ..., dann ...« abstrahierend, den strukturierten Möglichkeitsbereich eines »wenn ..., dann ... oder ... oder usw.« sichtbar zu machen[7]. Sie dient damit der Disziplinierung der Phantasie[8] im Entwerfen von Alternativen zum Gegebenen und der angemessenen Erfassung des komplexen Kausalnetzes sozialer Wirklichkeit im Interesse einer vergleichenden Beurteilung. (Der Begriff der »Kausalkette« würde die vielfachen Verflechtungen analytisch viel zu stark reduzieren, da er, um empirisch triftig zu sein, alle Nebenbedingungen[9] mit der ceteris-

4 Wie das gemeint ist, mag ein bei Luhmann (1962b: 13f) selbst von Malinowski zitiertes Beispiel illustrieren: Wenn es die Funktion des Ritus ist, Anpassung an emotional schwierige Lagen zu erleichtern, so »tritt [er] in ein Verhältnis funktionaler Äquivalenz zu anderen Möglichkeiten, etwa ideologischen Erklärungssystemen oder privaten Reaktionen wie Jammer, Ärger, Humor, Nägelkauen oder Rückzug in imaginäre Fluchtwelten.«

5 Das kritisiert, als angeblich auch Luhmanns Erkenntnisabsichten abträgliche methodologische Konfusion, insbesondere Grimm (1974: 32-43); vgl. dazu Luhmanns Entgegnung (1975f: 213f., 220 Anm. 49).

6 Vgl. Luhmann 1962b: 17.

7 Vgl. Luhmann 1968h: 162: »Die funktionale Analyse dient also bei theoretischer Orientierung dem Vergleichen; bei praktischer Orientierung eröffnet sie Möglichkeiten der Substitution, des Austausches gleichwertiger Leistungen.«

8 Vgl. dazu die Bemerkung bei Landgrebe (1975: 35 Anm. 46).

9 Verbirgt sich doch darin die Verschiedenheit der konkreten Leistungs»träger«, die ihre Leistungen nicht nur erbringen als die zum Gesichtspunkt der funktionalen Analyse gemachte »Wirkung«, sondern darüber hinaus verschiedene Wirkungen,

paribus-Klausel neutralisieren müßte – ein in den Sozialwissenschaften noch nicht einmal als Hypothese brauchbarer Ansatz.)

In der Bestimmung von Funktion als doppelt variabler Relation, die sich aus der Gesichtspunktbezogenheit der Abstraktion ergibt, liegt weiterhin ein Moment unendlicher Beliebigkeit. Nimmt man funktionale Analyse als Gegeneinander-variieren der Pole der Kausalbeziehung, so läßt sich dies Verhältnis einer (relativ) Kostanten und einer (relativ) Variablen als das von Problem und alternativen Problemlösungen sehen; da Lösungen aber immer nur hinsichtlich eines bestimmten Problems äquivalent sind, »[bringt] jede Alternative [. . .], wenn sie gewählt wird, neue funktionale Bezugsprobleme auf einer sekundären Ebene«[10], auf der sich dann die funktionale Analyse wiederholt etc. Der Einwand des unendlichen Regresses liegt nahe. »Dieser Einwand trifft jedoch nur im Zusammenhang eines Denkens, das sich noch im Rahmen ontologischer Denkvoraussetzungen bewegt. Unendlicher Regreß ist ein Einwand gegen die Annahme eines Grundes dafür, daß etwas ist und nicht ist. Ein solcher Grund darf nicht ins Unendliche verfließen, weil das Unendliche nichts ausschließt. Eine solche Begründung wird im Rahmen der funktionalistischen Methode aber gar nicht erwartet. Im Gegenteil: Die funktionalistische Methode soll gerade die Feststellung begründen, daß etwas sein und nicht sein kann, daß etwas ersetzbar ist«[11]. Zwar kann man von einer Stufenordnung der Ausgangs- und Folgeprobleme reden, die durch funktionale Methode erschlossen wird, aber sie bleibt doch *Problem*stufenordnung: ihr Bild wäre nicht die auf die Spitze hin geordnete Pyramide, sondern viel mehr das wuchernde Netzwerk, und die Rede von Stufen läßt leicht übersehen, daß sie keinen absoluten Rang (des Problems) bezeichnet, sondern nur das Maß der Entfernung vom Ausgangsproblem – eine Lage, die sich schlagartig ändert (und mit ihr alle »Ränge«) mit einem Wechsel von Ausgangsproblem und Perspektive. An die Stelle der einheitsstiftenden Allgemeinheit eines letzten Grundes ist die universelle

die, ihrerseits zum Problem gemacht, die in der ersten Hinsicht als gleich nur Angesetzten (das heißt: funktionale Äquivalente) wieder differenziert. Die Ergiebigkeit einer konkreten Leistung als Problemlösung entscheidet sich an den aus ihrer konkreten Form sich ergebenden Folgeproblemen – man mag das an den Äquivalenten Ritus/Nägelkauen (vgl. B-2 Anm. 4) durchspielen.

10 Luhmann 1962b: 19.

11 Luhmann 1962b: 15.

Problematisierbarkeit aller Bestände (dessen, daß die Dinge sind, wie sie sind) getreten[12]. Nicht Unveränderlichkeit der Wirklichkeit ist Luhmanns Grundannahme, sondern ihre Veränderbarkeit – »es gibt vielleicht nur ein unausweichliches Ordnungsgesetz: daß nicht alles auf einmal geändert werden kann«[13].

Es gibt also doch, wie sich hier andeutet, eine Beschränkung der methodisch erzeugten Beliebigkeit der Wahl von Bezugsproblemen – sie ist aber keine immanente Grenze der Problematisierbarkeit aller Bestände durch etwas Unbedingtes, sondern liegt im lediglich Faktischen, dem Vorhandensein bestimmter Systeme. Denn »die Strukturentscheidungen eines Systems legen bestimmte Lösungen fundamentaler Probleme fest. Daraus ergeben sich bestimmte Folgeprobleme mit enger begrenzten Lösungsmöglichkeiten, die den Rahmen für weitere Vergleiche abstecken«[14]. Die Deskription solcher Strukturentscheidungen, die als schon vorgegebene Lösungen von Dauerproblemen[15] die Wahl der Bezugsprobleme des funktionalen Vergleichens steuert, ist Aufgabe der Systemtheorie.

Die Verbindung der äquivalenzfunktionalistischen Methode mit der Systemtheorie (zunächst in der Parsonsschen Version) und deren Variation zur System/Umwelt-Theorie ist der vierte Schwerpunkt der ersten Phase der Luhmannschen Theorieentwicklung. Da Luhmann hier nur ankündigt, was er später, mit nicht unwichtigen Präzisierungen, entfaltet, kann es hier bei der bloßen Nennung bleiben[16]. Besonders erwähnt werden muß freilich noch der Gedanke, in dem Luhmann den Grund der Zusammengehörigkeit von Äquivalenzfunktionalismus und Systemtheorie sieht – nämlich darin, »daß die vergleichende Methode und die System/Umwelt-Theorie, die sich um eine Interpretation des Handelns unter dem

12 Diese Transformation führt Luhmann exemplarisch vor in seinem Buch »Grundrechte als Institution« (Luhmann 1965d), in dem sich am Schluß die charakteristische These findet: »Das begründende Absolute, das im Wertbegriff postuliert ist, findet sich in der Funktionsfähigkeit der Systeme« (Luhmann 1965d: 216).

13 Luhmann 1964a: 140.

14 Luhmann 1964c: 37.

15 Diese können, als Problemlösungen, natürlich ihrerseits durch Perspektivenwechsel selbst wieder zum Problem gemacht und daraufhin Strukturen mit anderen Möglichkeiten verglichen werden. Diese theoretische Möglichkeit bleibt freilich in dieser Phase der Theoriebildung, in der die Systemtheorie noch nicht voll entwickelt ist, im Hintergrund.

16 Vgl. Luhmann 1964c: 39ff.

Gesichtspunkt von funktional äquivalenten Alternativen bemühen, den Handelnden im Lichte einer für ihn selbst möglichen Rationalität verstehen und dadurch besser in der Lage sind, die Einheit der Welt von Theorie und Praxis darzustellen«[17]. Diese Rationalität ist nicht Rationalität der Einzelhandlung, die die unzugänglich gewordene Rationalität orientierender Zwecke voraussetzte, sondern Systemrationalität, d. h. eine derartige »Generalisierung« (soll heißen: Einzelproblemunabhängigkeit, Entspezifizierung) der Bestandsinteressen eines Systems, »daß sich unter wechselnden Umweltbedingungen genügend Befriedigungsmöglichkeiten ergeben«[18].

Systemrationalität ist die »für ihn [sc. den Handelnden; F. S.] selbst mögliche Rationalität« in dem Maße, als der Handelnde am System nicht nur faktisch teil*hat* durch das Verflochtensein seiner Handlungen als Leistungen in deren Problemlösungszusammenhang, sondern am System teil*nimmt,* indem er die Auffassung des Handelns als Bewirken von als Zwecke vorgestellten Wirkungen als kategorialen Rahmen seiner Selbstauslegung verabschiedet zugunsten einer Abstraktion von der individuellen Bestimmtheit seiner selbst. Dann gilt es auch für ihn: »Der Gewinn an Rationalität besteht nicht in der Gewißheit, daß das Seiende in einigen Wesenszügen es selbst bleibt; es besteht vielmehr in der Gewißheit, daß es unter bestimmten Voraussetzungen nicht nötig ist, daß das Seiende es selbst bleibt. Er gibt dem Menschen eine libertas indifferentiae, die durch Erkenntnis erworben ist«[19].

17 Luhmann 1964c: 46.
18 Luhmann 1964c: 47.
19 Luhmann 1964c: 47.

3 Systemtheorie

Die Entfaltung von »Soziologie als Theorie sozialer Systeme« – so der Titel des entsprechenden Programmaufsatzes[1] – bestimmt die zweite Phase der Theoriebildung.

In einem ersten Schritt legt Luhmann den Problembezug von Systemen als Weltbezug aus. Dieser Schritt bedeutet zunächst eine entscheidende Abgrenzung gegenüber der Parsonsschen Version von Systemtheorie, die sich selbst strukturell-funktionale Theorie nennt, weil ihre letzte Problemvorgabe der Bestand eines umfassenden Systems, die Erhaltung seiner Struktur, ist. Diese prinzipielle (und viel kritisierte) Schranke der Problematisierbarkeit läßt sich nur niederlegen, indem die Frage nach der Funktion dem Feststellen einer Struktur nicht nach-, sondern vorgeordnet wird; dann läßt sich nicht mehr nur nach der Funktion einer bestimmten Struktur in bezug auf eine andere, sondern nach der Funktion von Strukturbildung überhaupt fragen.

Aber »alle funktionale Analyse setzt einen Bezugspunkt voraus, auf den hin eine Funktion erfüllt wird« (114). Die beabsichtigte Radikalisierung funktionalen Fragens bedarf eines Bezugsproblems, »das keine systemstrukturellen Voraussetzungen mehr impliziert« (115). Das gesuchte äußerste Bezugsproblem der funktional-strukturellen Systemtheorie muß a-systemischen Charakter haben, weil nur durch ein solches das Theorieprogramm der Ersetzung von Letztbegründungen durch die Figur des Problems erfüllt werden kann. Wie ein Begründendes nicht in selber Begründetes auflösbar sein darf, um Letztes, Einheitspunkt einer Theorie zu sein, so darf das äußerste Bezugsproblem in keiner Hinsicht als Lösung eines anderen Problems gelten können. Insofern Systeme konstituiert sind durch eine Innen/Außen-Grenze, die sie erhalten, findet Luhmann als gesuchten Bezugspunkt das Grenzenlose – die »Welt«, die »kein Außen hat, gegen das sie sich abgrenzt« (115). Welt gewährleistet die Permanenz und Unausschöpfbarkeit von Problemen für Systeme und besetzt so die Position des Unhintergehbaren, Letzten; sie tut es freilich als Problem, d. h. »unter dem Gesichtspunkt ihrer Komplexität« (115).

1 Luhmann 1967d. Im folgenden beziehen sich im Text eingeklammerte Seitenzahlen auf diesen Aufsatz, an dessen Gedankengang sich der Text auch anlehnt.

Komplexität der Welt, »in erster Annäherung« als »Gesamtheit der möglichen Ereignisse« verstanden, ist aber keine unabhängige Eigenschaft der Welt an sich, sondern vielmehr »eine Relation zwischen System und Welt« (115). Mit dieser relationalen Bestimmung von Weltkomplexität – nur so kann Komplexität als Leitproblem einer funktionalen Theorie problemlösender Systeme angesetzt werden – ist eine Gleichursprünglichkeit von Welt und System behauptet. Welt wird als Komplexität zum Problem für Systeme nur nach Maßgabe von deren Struktur und nötigt zugleich zur Lösung der Probleme durch Bildung von Systemen, die die von ihnen erfaßte Komplexität reduzieren. Zugespitzt formuliert: Komplexität ist das »durch System Mögliche«[2], System das wegen Komplexität Notwendige.

An dieser Stelle führt Luhmann den Begriff »Sinn« ein. Die »Verwendung von Sinn« setzt »organische Systeme« in den Stand, (1) Welt sich als Inbegriff unbegrenzter Möglichkeiten zu entwerfen, die die Reichweite jeweils aktueller Aufmerksamkeit weit übersteigen, (2) diese Möglichkeiten auf ein Maß zu reduzieren, das der jeweils leistbaren Aufmerksamkeit korreliert, und (3) dies in einer Weise zu tun, daß die Reduktion von Möglichkeiten die ausgeblendeten Möglichkeiten nicht vernichtet, sondern sie in Form sinnhafter Verweisung weiter zugänglich, reaktualisierbar hält. »Das Woraus der Selektion, die reduzierte Komplexität, bleibt im Sinn erhalten [...] Sinn dient der Erfassung und Reduktion von Weltkomplexität und erst dadurch der Orientierung des Erlebens und Handelns« (116). Unter Absehen von Sinnsystemen anderer Art (wie Symbolsystemen oder individuellen Persönlichkeiten) wendet sich Luhmann der Explikation seines Konzepts sozialer Systeme zu.

Soziale Systeme haben ihren Ort in einem »Zwischen«, das durch einen Doppelbezug zur »äußersten Komplexität der Welt« einerseits und der »sehr geringen, aus anthropologischen Gründen kaum veränderbaren Fähigkeit des Menschen zu bewußter Erlebnisverarbeitung« (116) andererseits[3] charakterisiert ist. In dieser

2 Luhmann 1969k: 257.

3 Daß er diese (zweite) »Bezugseinheit sozialer Systeme« ›unterbelichte‹, wirft Hondrich (1972b: 97ff) Luhmann vor und knüpft daran seinen Gegenvorschlag, Systemtheorie/Funktionalismus mit der Kriterienkonstruktion einer »im Prinzip variablen und empirisch ebenso wie normativ zu bestimmenden Hierarchie der Bedürfnisse« des Menschen zu einer ›bedürfnistheoretischen‹ Soziologie pragmatisch zu verknüpfen. Hondrichs Theoriemodell – ausgearbeitet und ›getestet‹ in Hondrich

Zwischenlage wird die Funktion der Erfassung und Reduktion von Komplexität zunächst durch die Grundleistung erbracht, eine Innen/Außen-Differenz zu stabilisieren, durch Systembildung also. Diese Differenz trennt das Außen[4] der Weltkomplexität vom Innen der (geringeren) Komplexität des Systems[5] selbst. Indem Systeme diese Differenz als Sinngrenze stabilisieren, erreichen sie zweierlei: zum einen bleibt die Differenz von Welt- und Systemkomplexität ein doppelseitig variables Verhältnis – höhere Systemkomplexität ermöglicht es, höhere Weltkomplexität zu erfassen, und diese erscheint wiederum als Steigerungsdruck auf Systemkomplexität. Zum anderen bedeutet die Auffassung der Systemgrenze als Sinngrenze, daß grenzüberschreitende Prozesse nicht abgeblockt, sondern gesteuert, d. h. als nach systeminternen Regeln kontrollierte Austauschprozesse behandelt werden – dieses Weltverhältnis von Systemen nennt Luhmann »Autonomie« (117).

Nimmt man Grenzerhaltung als formale Leistung von Systemen in ihrem funktionalen Bezug auf das Weltproblem »Komplexität«, so liegt die erste materiale Leistung in einer Umdefinition von »Komplexität« auf ein systemintern bearbeitbares Format. Diese Transformation macht »Welt« zur systemrelativ relevanten »Umwelt«, und das Problem der Komplexität erscheint, nach Weltdimensionen spezifiziert[6], in Ersatzproblemen: Bestand, Knappheit,

(1972a; 1973) – selbst kann hier außer Betracht bleiben; der Vorwurf ist berechtigt und gewinnt durch Luhmanns auch später nicht aufgehobenes Schweigen dazu an Gewicht: Habermas (1971: 156) – vor ihm schon Schmid (1970: 208ff) und nach ihm viele andere – nagelt Luhmann mit Recht (vgl. Schulz [1972: 188] zu Luhmanns [1971a: 308 Anm. 29] Abgrenzung) auf Gehlens Entlastungs-Konzept fest, und Streeck (zitiert bei Habermas 1971: 268) spitzt die Kritik auf die Interpolation eines »abstrakte[n] Bedürfnis[ses] nach Komplexitätsreduktion, gleich mit welchem Ziel auch immer« (sic!) zu.

4 Luhmann betont hier, daß die Stabilisierung dieser Differenz »zu den Normalanforderungen des sozialen Lebens [gehört]« und keineswegs nur »analytische Leistung der Wissenschaft« (Luhmann 1967d: 116) ist: die Unterscheidung möglicher Zurechnungen von Handlungen auf Systeme.

5 »Systeme sind komplex, wenn sie mehr als einen Zustand annehmen können, also eine Mehrheit von Möglichkeiten haben, die mit ihrer Struktur vereinbar sind« (Luhmann 1967d: 116).

6 Für die Begründung von Unterscheidung und Interdependenz von Zeit-, Sach- und Sozialdimension der Welt verweist Luhmann hier (1967d: 133 Anm. 20) nur auf prinzipiell mögliche »transzendental-phänomenologische Analysen«; man wird davon ausgehen können, daß er das hier Verschobene durch seine Abhandlung (Luhmann 1971g: 48-61) als nachgeliefert ansieht. Siehe auch unten B-4.

Dissens. Die Transformation bleibt regelmäßig latent, um die Orientierungsleistung, die sie für konkrete Systeme erbringt, nicht durch Reproblematisierung dieses Reduktionsschrittes außer Kraft zu setzen; sie bleibt aber, da sinnhaft vollzogen, weiter zugänglich und ermöglicht so (insbesondere für die soziologische Analyse) Problematisierung auch dieser grundsätzlichen Lösung des Komplexitätsproblems durch Vergleich mit funktionalen Äquivalenten. Die Strategie der Problemverschiebung durch Umdefinition bleibt im übrigen nach ihrer ersten Anwendung wiederholbar in bezug auf das als Bestand, Knappheit, Dissens schematisierte Problem der Umweltkomplexität: Reduktion von Komplexität durch »Kleinarbeiten« von Problemen (wie Luhmann das im Verwaltungsjargon nennt)[7].

Näherhin sieht Luhmann die Funktion der Reduktion von Komplexität durch soziale Systeme erfüllt durch deren doppelte Selektivität, wie sie in der Differenzierung von Struktur und Prozeß wirksam wird. »Doppelte Selektivität« will besagen, daß der selektive, andere Möglichkeiten ausscheidende Umgang von Systemen mit der von ihnen entworfenen Umweltkomplexität und ihrer eigenen Komplexität (die den Komplexitätsgrad ihres Umweltentwurfes bestimmt) in einem abgestuften Verfahren erfolgt. Dabei wird die Selektivität von Strukturen durch Nachschaltung von in Strukturen verlaufenden Prozessen ebenso verstärkt – »das Risiko, in der Welt zu leben, wird [...] im wesentlichen durch Strukturen absorbiert, im übrigen fallweise abgearbeitet« (120) – wie im umgekehrten Falle.

Zunächst: Systemstruktur ist eine »Vorauswahl des im System Möglichen« (121); über eine je gegebene Situation hinausreichend, definiert sie die Systemgrenzen. Soziale Systeme bilden Struktur durch »Generalisierung der Erwartungen für systemzugehöriges Verhalten« (121). Generalisierung von Verhaltenserwartungen abstrahiert von zeitlichen, sachlichen und sozialen Bestimmtheiten situativen Verhaltens auf typmäßig Erwartbares. Als Abstraktion ist solche Generalisierung freilich eine Täuschung über die wahre Komplexität der Welt – was in der Abweichung eintretender konkreter Ereignisse von der typisierten Erwartung sichtbar wird. Je nach Art und Grad der Abweichung, der Ent-Täuschung, setzen dann Prozesse der Enttäuschungsverarbeitung ein, die sich vonein-

7 Luhmann 1966b: 83f.

ander unterscheiden je nach der Dimension der generalisierten Erwartung, die als Struktur der Ent-Täuschung unterlag. Denn die Generalisierung von Verhaltenserwartungen vollzieht sich in zeitlicher, sachlicher und sozialer Hinsicht ohne eine Vorweg-Garantie der Kongruenz vollzogener und strukturierend wirksamer Generalisierungen[8]. In dem Maße, wie generalisierte Erwartungen dimensional divergieren und so die strukturelle Komplexität des Systems steigt, stoßen strukturimmanente Prozesse der fallweisen Enttäuschungsverarbeitung an ihre Grenzen; dann setzt die Selbstanwendung der Reduktionsstrategie »Struktur« ein: die Innendifferenzierung des Systems, die segmentierend (gleiche Einheiten abteilend) oder funktional (problembezogen spezialisierend) Teilsysteme im System herstellt. Dabei sind segmentierend differenzierte Systeme weniger störanfällig gegenüber Umwelteinflüssen als funktional differenzierte und diese leistungsfähiger als jene – in jedem Falle wird die durch Strukturbildung gegebene Selektivität des Systems gegenüber Umweltkomplexität potenziert[9].

Den anderen Aspekt des Potentials zur Reduktion von Komplexität, der Selektivität von Systemen, nennt Luhmann Prozeß und bezeichnet damit »die Faktizität des selektiven Geschehens« (125). Mit steigender struktureller Komplexität von Systemen steigen auch die Anforderungen an die Selektivität von Prozessen, die ihrerseits durch Strukturen verstärkt werden kann.

Zwei Formen der Selektivitätsverstärkung von Prozessen kennt Luhmann: Anwendung von Prozessen auf sich selbst oder auf Prozesse gleicher Art (Reflexivität) und »Sicherung der Übertragbarkeit von Selektionsleistungen (Medien der Kommunikation)« (126). In ihrer Selektivität durch Einschaltung einer Reflexivitätsstruktur verstärkte Prozesse sind ihrerseits geeignet, die Reduktionsleistung von Strukturen durch ihre Neu-Einstellung auf höhere Komplexität zu vergrößern; als Beispiel kann die Gesetzesänderung auf der Basis positivierten Rechts dienen. Wichtiger noch als die Ermöglichung von Strukturänderung durch Reflexivität von Prozessen ist, daß im sozialen System schon »irgendwo« reduzier-

8 Einen Mindestbestand an kongruenten Generalisierungen nimmt Luhmann als in allen sozialen Systemen gegeben an: das Recht. Außerdem sieht Luhmann »erinnerte Geschichte« und »Organisation« als mögliche Formen, in denen diese Leistung erbracht werden kann (vgl. Luhmann 1967d: 122f).

9 Kritisch gegenüber Luhmanns untergründiger Präferenz für funktionale Differenzierung Wagner (1970/71: 315f).

te Komplexität gleichsam aufbewahrt und so intersubjektiv übertragen werden kann, daß die Reduktion nicht noch einmal neu vollzogen werden muß.

Diese Übertragbarkeit gewährleisten verschiedene, den funktional differenzierten »Teilsystemen der Gesellschaft« (127)[10] zugeordnete Kommunikationsmedien: Wahrheit/Wissenschaftssystem, Macht/politisches System, Liebe/Familiensystem, Geld/Wirtschaftssystem[11]. Kommunikationsmedien (die im übrigen »Artgleichheit des Wahrnehmungsapparates und Sprache« voraussetzen) erbringen ihre Übertragungsleistung dadurch, daß sie durch die Art der Selektion (die sie mitanzeigen) durch den einen zur Annahme durch den anderen Partner motivieren[12]. Sie unterscheiden sich – wie erst eine von Luhmann später entfaltete Unterscheidung der Selektionsformen Erleben und Handeln plausibel macht[13] – nach der je spezifischen Kombination (von vier möglichen) von Erleben bzw. Handeln im Prozeß der Selektionsübertragung vom einen zum anderen Partner, die auch den zur Annahme motivierenden Sanktionsmodus bestimmt. »Wahrheit« zum Beispiel motiviert Übernahme des Erlebens anderer ins eigene Erleben (darin sieht Luhmann die Bedeutung des Postulats intersubjektiv zwingender Gewißheit); »Wahrheit« aber »kann niemand leugnen, ohne sich selbst als Mensch ohne Sinn und Verstand zu erweisen und sich damit aus der Gemeinschaft Welt tragender, Sinn konstituierender Menschen auszuschließen«[14].

Die so umrissene »Theorie sozialer Systeme« entfaltet Luhmann ab 1967 in zahlreichen Arbeiten zur Soziologie funktional differenzierter Teilsysteme, insbesondere zu Aspekten des Rechtssystems[15] der (öffentlichen) Verwaltungsbürokratie[16], aber auch der Sozialsysteme von Politik[17], Wirtschaft[18], Wissenschaft[19]. Hervorzuhe-

10 Vgl. aber zu »Gesellschaft« als Ganzem-als-Teil-im-Ganzen Luhmann 1970e.

11 Zur hier noch ungeklärten Beziehung von Medien und ausdifferenzierten Teilsystemen vgl. jetzt Luhmann 1974a: 180f.

12 Vgl. Luhmann 1970e: 213.

13 Vgl. Luhmann 1971g: 77ff.

14 Luhmann 1968a: 233. – Vgl. als fundierteste Kritik an Luhmanns Wahrheitsbegriff Habermas (1971: 221ff).

15 Z. B. Luhmann 1967c; 1967f; 1969g; 1970i. – Vgl. zur Kritik Münstermann (1969), Esser (1970: 205-216) sowie Rottleuthner (1973: 141-167) – dazu Luhmann (1975p: 8 Anm. 7) – und Zippelius (1973).

16 Luhmann 1968a; 1969a. – Vgl. dazu W. S. Schmidt (1971: 327ff).

17 Z. B. Luhmann (1968c; 1970h) und, als Antwort auf Naschold (1968), Luhmann (1969e).

ben aus den Arbeiten dieser zweiten Phase ist zum einen das Buch »Zweckbegriff und Systemrationalität« (Luhmann 1968h), in dem Luhmann den handlungstheoretischen Grundbegriff »Zweck« einer funktionalistischen Kritik unterzieht und ihn, nach Einrükkung in den Kontext der Systemtheorie, als *ein* Konzept der Rationalisierung des Handelns (nun nicht mehr von Einzelakteuren, sondern) von sozialen Systemen expliziert; man wird sagen dürfen, daß Luhmann damit einen Anspruch darauf angemeldet hat, mit Systemtheorie praktische Philosophie zu beerben.

Zum anderen verdient der Aufsatz »Gesellschaft« besondere Beachtung, und dies in doppelter Hinsicht. Er enthält zunächst Bestimmungen, die später in den religionssoziologischen Studien auf ihre gesellschaftstheoretische Relevanz ›getestet‹ werden: Luhmann konstruiert hier »das theoretische Grundproblem der alteuropäischen Tradition« von Sozialphilosophie nach, »wie die Gesellschaft als ein soziales System unter andern zugleich das umfassende Ganze sein könne«[20]. Er definiert Gesellschaft als »dasjenige Sozialsystem, das im Voraussetzungslosen einer durch physische und organische Systembildungen strukturierten Umwelt soziale Komplexität regelt – das heißt den Horizont des Möglichen und Erwartbaren definiert und letzte grundlegende Reduktionen einrichtet«[21]. Umwelt der Gesellschaft hat die »hohe, offene Komplexität kontingenter Welt, die durch eine Mehrheit sinnhaft erlebender Subjekte konstituiert ist.« Die Kontingenz der »äußeren Umwelt« von Gesellschaft ist mithin eine »doppelte Kontingenz« – »daß nämlich Menschen einander erleben als Subjekte, die anders erleben und handeln können.« Allerdings (hier kommt das Konzept der Gleichursprünglichkeit von System und Umwelt besonders prägnant zur Geltung) ist die so charakterisierte Umwelt keine unabhängige Vorgegebenheit des Gesellschaftssystems, sondern wird »durch die Konstitution des Gesellschaftssystems als dessen Umwelt mitkonstituiert«. Gesellschaft ist für andere – z. B. funktional differenzierte – (Sozial-)Systeme nicht ein diese als seine Teile übergreifendes Ganzes, sondern Umwelt, genauer: aufgrund seiner funktionalen Leistung schon Umwelt von reduzierter Komplexität, und ermöglicht diesen ihre Selektivi-

18 Luhmann 1970e.
19 Luhmann 1968b; 1969k.
20 Luhmann 1970e: 141.
21 Luhmann 1970e: 145.

tät, schlicht: ihr besonderes Systemsein. Diese wiederum verstärken die Selektivität des Gesellschaftssystems in bezug auf seine »innere Umwelt«, die sie selber sind[22].

Aus dem Sachverhalt, daß die Möglichkeitshorizonte, die funktional differenzierte Sozialsysteme entwerfen, sowohl untereinander inkongruent als auch komplexer sind als der des Gesellschaftssystems, zieht Luhmann die Nötigung zur Umkehrung der traditionellen Formel: »das Ganze ist weniger als die Summe seiner Teile«[23]! Gesellschaft, als Einheit ihrer Teilsysteme betrachtet, ist danach Einregulierung der Komplexität des Verhältnisses zwischen sozialen Systemen, die füreinander gesellschaftliche Umwelt sind, auf ein Maß, das den Systemen deren Interdependenz trotz jeweiliger funktionaler Abstraktionen zugänglich hält. Damit berührt sich eine letzte Überlegung zur Gesellschaft als demjenigen »Sozialsystem, das die soziale Evolution steuert«: »Unter der Bedingungung einer Pluralität von Systemen und eines Komplexitätsgefälles zwischen System und Umwelt setzen Änderungen mithin diesseits bzw. jenseits von Systemgrenzen unterschiedliche Wirkungsreihen in Lauf«[24]. Die damit wahrscheinlich werdende Tendenz der Welt auf Verstärkung des Komplexitätsgefälles zwischen Einzelsystemen und Umwelt ist für Luhmann »Evolution«, was aufs Gesellschaftssystem bezogen heißt: »Soziale Evolution ist Steigerung der Komplexität der Gesellschaft, das heißt Steigerung der Komplexität, die die Gesellschaft im Verhältnis der einzelnen Sozialsysteme zu ihrer Umwelt tragbar machen kann«[25]. Mit dem abschließend formulierten »Vorschlag [. . .], Gesellschaft als soziales System auf Grund einer Funktionsangabe im Hinblick auf Generalisierung, Differenzierung und Evolution zu erforschen«[26], kündigt Luhmann sodann – der zweite bemerkenswerte Punkt dieses Aufsatzes – Weiterentwicklungen seiner Theorie an, die erst in den beiden letzten Phasen der Theorieentwicklung in ansatzweiser Ausarbeitung sichtbar werden[27]. Zuvor jedoch unternimmt es

22 Luhmann 1970e: 144.
23 Luhmann 1970e: 149.
24 Luhmann 1970e: 150.
25 Luhmann 1970e: 151.
26 Luhmann 1970e: 152.
27 Dazu gehört nicht nur die Dreisträngigkeit des Theoriebaus, sondern v. a. auch die mit der These vom Sich-selbst-begreifen der Gesellschaftstheorie als Moment dessen, was sie zu begreifen hat (Luhmann 1970e: 153), angepeilte Selbstreferenzialität der Theorie (Luhmann 1973f).

Luhmann, seine systemtheoretische Konzeption von der Stufe einer Theorie mit fachuniversellem Anspruch, der durch Einzelforschungen integrierende Leistung schon einlösbar wäre, in den konstitutionstheoretischen Rang einer Grundlegung der Soziologie zu heben – die man eine ›transzendentale‹ nennen dürfte, teilte nicht Luhmann gegenwärtig viel vertretene Vorbehalte[28] gegen transzendentalphilosophische Denkform.

28 Insbesondere wegen der damit verbundenen Motive ›Ursprung‹ und ›Letztbegründung‹; vgl. dazu Luhmann (1971a: 219ff; 1971g: 51 Anm. 25), dagegen aber noch Luhmann (1968e: 11.15)!

4 Konstitutionstheorie

Dieser Versuch bestimmt die dritte Phase der Theoriebildung Luhmanns, die mit dessen bekanntgewordener Auseinandersetzung mit Habermas eröffnet wird[1]. Die Analyse, die Luhmann dem bislang schon operativ verwandten Grundbegriff »Sinn« widmet[2], sperrt sich mehr noch als das schon Dargestellte gegen das Referieren von »Ergebnissen«; ich beschränke mich deswegen darauf, fünf Momente daraus besonders zu beleuchten (ohne ihre Interdependenz mit darzustellen), die entweder ältere Vorstellungen Luhmanns verdeutlichen oder begründen oder Voraussetzungen zum Verständnis des Späteren, nicht zuletzt seiner Religionstheorie, sind.

(1) Luhmann knüpft an den Sinnbegriff der phänomenologischen Tradition an[3], trennt ihn aber programmatisch vom Begriff des Subjekts, gar des transzendentalen: »Der Sinnbegriff ist primär, also ohne Bezug auf den Subjektbegriff zu definieren, weil dieser als sinnhaft konstituierte Identität den Sinnbegriff schon voraussetzt.« Stattdessen verbindet er seine Definitionsbemühung, die, wie zu erwarten, die Frage nach der *Funktion* von Sinn ist, vorab mit der Feststellung, daß »die Erfüllung dieser Funktion sinnkonstituierende Systeme voraussetzt« (28). Die Bestimmung des Verhältnisses von Sinn und System als »Konstitution« soll aber nicht besagen, daß Systeme Urheber von Sinn seien, den sie hervorbrächten, herstellten o. ä., vielmehr ist es ein »Verhältnis einer selektiv verdichteten Ordnung zur Offenheit anderer Möglichkeiten, und zwar als ein Verhältnis des Wechselseitig-sich-Bedingenden, des Nur-zusammen-Möglichen« (30). Die in dieser

1 Der erste Kommentar zu dieser Diskussion, nämlich der von Brock (1971), gehört – trotz vereinzelter Übervereinfachungen – immer noch zu den besten und ist an sachlicher Einsicht vielem voraus, was dazu später mit wissenschaftlichem Apparat einherkam.

2 Eingeklammerte Seitenzahlen im Text beziehen sich im folgenden auf Luhmann 1971g.

3 Bubner (1973: 118ff) sucht das, freilich weniger überzeugend als die Selbstaussagen Luhmanns, die er hintergeht, auf eine »Rückbildung« der »soziologischen Kategorienlehre à la Weber« in Richtung Rickert hin zu ›durchschauen‹ (zustimmend dazu Riedmüller 1976: 61 Anm. 53) –, was Luhmann (1975f: 217 Anm. 17) in einer etwas ungenauen Entgegnung einräumt und zugleich trivialisiert.

Bestimmung wiederkehrende Figur der Gleichursprünglichkeit[4] erlaubt es Luhmann denn auch, »sinnkonstituierendes System« als »Sinnzusammenhang als solchen« (28f) – das bedeutet doch wohl die Schon-Vorhandenheit des erst zu Konstituierenden – zu bezeichnen.

(2) Ausgehend von der abgrenzenden These, Sinn sei kein welthafter Sachverhalt (etwa ein besonderer Bereich des »Sinnvollen«), sondern »Ordnungsform menschlichen Erlebens«, bestimmt Luhmann in erstem Zugriff Sinn als Form der »Erlebnisverarbeitung«, die die »Aktualität des Erlebens mit der Transzendenz seiner anderen Möglichkeiten« zu integrieren imstande ist (31). Bedient sich Erleben der Verarbeitungsform »Sinn«, so überfordert es sich selbst durch Komplexität und Kontingenz: dadurch, »daß es stets mehr Möglichkeiten des Erlebens und Handelns gibt, als aktualisiert werden können«, bzw. »daß die im Horizont aktuellen Erlebens angezeigten Möglichkeiten weiteren Erlebens und Handelns nur Möglichkeiten sind, daher auch anders ausfallen können, als erwartet wurde« (32). Die Erlebnisverarbeitungsform Sinn setzt aktuelles Erleben, mit Blick auf dessen begrenzte Kapazität, unter riskanten Selektionsdruck; sie ermöglicht die erzwungene Selektion aber auch, indem sie das nicht Selektierte »in der Form von Welt erhält und zugänglich bleiben läßt« (34) für immer neues, anderes Erleben. Der so, durch Sinn, ermöglichte Weltbezug des Erlebens beruht für Luhmann auf der Fähigkeit zur Negation, der ein »funktionelle[r] Primat [...] im sinnkonstituierenden Erleben« (35) zukomme. Den grundlegenden Beitrag der Negation zur Konstitution von Sinn sieht Luhmann in der der Negation eigentümlichen »Kombination von Reflexivität und Generalisierung«. Reflexivität ist dabei die Möglichkeit, daß die Negation auf sich selbst angewandt wird, begründet also die Vorläufigkeit des Negierens, Rücknehmbarkeit der Negation; Generalisierung bedeutet »sicherndes Begleiterleben bei allen Zuwendungen«, eine Art ceteris-paribus-Klausel der Nichtberücksichtigung (»Ich bestimme mein Ja und lasse die dazu notwendigen Negationen unbestimmt«) (36). Pauschale Ausklammerung und fallweise Wiederzuwendung stützen sich gegenseitig und machen das Selektionsrisiko tragbar.

4 Luhmann verwendet hier den Heideggerschen Terminus selbst (Luhmann 1971a: 298.307f).

(3) Luhmann begründet die schon früher herangezogene Unterscheidung der drei Dimensionen (sachlich, zeitlich, sozial) von Welt: »Die Konstitution einer Welt voll inaktualisierter Möglichkeiten hat zunächst Konsequenzen für die Form des Möglichkeitserlebens selbst« (46). Komplexität läßt sich praktisch nicht als Erlebensreihe, nämlich »als Ordnung auf der Zeitachse« erfassen, sondern muß vom subjektiven Bezugspol des Erlebens abgekoppelt und »objektiviert« werden. »Die Welt muß sozusagen perspektivenfrei geordnet werden – aber doch so, daß die Wahl der nächsten Perspektive meines Erlebens keine übermäßigen Schwierigkeiten erfordert [sic! F. S.], sondern nahegelegt wird« (47). Die Objektivierung von Möglichem geschieht durch Fixierung von etwas, »das identisch bleibt und seine Identität gerade dadurch hat, daß es Mögliches und Nichtmögliches zusammenhält«.

Sinn – der nun im Erleben »als Identität eines Zusammenhangs von Möglichkeiten« erscheint – kann aber die ihm zugemutete Erfassung und Reduktion von Komplexität nur leisten, wenn die im sinnkonstituierenden Erleben vollzogenen Negationen nicht den Welthorizont des Erlebten (und damit auch das Erlebte selbst!) zum Verschwinden bringen. Daraus ergibt sich für Luhmann die doppelte Forderung, daß Negieren sich differenzieren muß, worin »sich mehrere, aufeinander nicht zurückführbare Dimensionen des Welterlebens konstituieren«, und daß »Negationen in der einen Dimension nicht ohne weiteres Negationen in den anderen implizieren« (48).

Die Ausführungen, die Luhmann zur Konstitution von Sinn der Form »Identität« in den drei Dimensionen im einzelnen macht, müssen hier unberücksichtigt bleiben. Der »funktionelle Primat der Negativität« (35) kommt jeweils darin zur Geltung, daß sachlich Sinn im »Anderssein« erscheint, sozial darin, daß »ein Nicht-Ich als ein anderes Ich erkannt« wird (51) und in der Zeitdimension das immer aktuell gegenwärtige Erleben zwischen seiner eigenen Zeitlichkeit und der des konstituierten Sinnes unterscheidet und weiterhin sich mit dem Miterleben anderer synchronisiert (53ff.). Erwähnt werden mag noch eine in diesem Zusammenhang angedeutete Überlegung: Es ist evolutionär variabel, »wer überhaupt als miterlebendes Subjekt erlebt wird« und in welchem Grad von Abstraktheit das Mitsubjekt bei der sozialen Konstitution von Sinn fungiert (52). Diese Variabilität korreliert Luhmann mit Verschiebungen im Bild von der Zeit, nämlich der

Richtung der zeitliche Identität konstituierenden Negation zwischen der Beständigkeit des Sinnes und Beständigkeit des Erlebens.

(4) Der »sinnhafte Aufbau der Welt als Verweisungshorizont des Bewußtseins impliziert hohe Risiken, denn der Mensch lebt auf der Basis eines physischen und organischen Systems unter realen Bedingungen, die er als Welt interpretieren, aber nicht beliebig verändern kann – als sinnhaft konstituiert, aber nicht herstellt» (61). Das Negationsrisiko, die Enttäuschungsgefahr allen bestimmten Sinnes verweist zurück auf die Kontingenz der Welt, die in der Sozialdimension in Form der »doppelten Kontingenz« zu dem Problem wird, an dem sich das Selektionspotential des Erlebens zu messen hat in dem doppelten Sinne von Anpassen und Geprüftwerden. Doppelte Kontingenz meint, daß »alles auf andere Menschen bezogene Erleben und Handeln [. . .] nicht nur von mir, sondern auch vom anderen Menschen abhängt, den ich als alter ego, das heißt als ebenso frei und ebenso launisch wie mich selbst begreifen muß« (62f). Die erforderliche Reduktion sozialer Komplexität, die darin steckt, leisten einerseits soziale Strukturen, die die Form reflexiven Erwartens, von Erwartungserwartungen[5] haben und näherhin als »Befugnis zu Unterstellungen« (65) als Typen und Regeln sozialen Verkehrs institutionalisiert werden; andererseits bedarf es Formen der «Absorption von Unsicherheit und Angst« (66), die mit der Komplexität der Strukturen, d. h. der strukturierten Zulassung von Möglichkeiten, Schritt halten. Im Zuge der evolutionären Zunahme an Komplexität von Welt/Systemen läßt sich der Selektionsdruck nur durch Disposition auch über Strukturen abfangen, deren Kontingenz als Positivität bewußt wird; dem entsprechende Formen der Angstbewältigung sieht Luhmann in zunehmender »Indifferenz, Trivialisierungen und starke[r] Verstreuung der jeweils relevanten Unsicherheiten« (67).

(5) Schließlich führt Luhmann die Unterscheidung von »Erleben« und »Handeln« ein. »Sinnhafte Reduktion von Komplexität kann [. . .] in zweifacher Weise zugerechnet werden: auf die Welt selbst oder auf bestimmte Systeme in der Welt. Entweder wird die Reduktion als vorgegeben behandelt oder sie wird von einem bestimmten System geleistet. Im ersten Falle wollen wir von

5 Begründet bei Luhmann 1969h.

Erleben sprechen, im andern von Handeln«. Die Charakterisierung dieser Unterscheidung als einer der Zurechnung besagt zum einen, daß diese nur systemrelativ gilt, nämlich in bezug auf eine »Steuerungsebene [. . .], auf der die entsprechenden Zuordnungen erlebt und behandelt werden können« (77), kurz: auf ein (anderes) System. Zum anderen ist Unterscheidung eine im Prinzip bloß konventionelle, ihre Geltung kann umgegolten werden, wenn die Bedingungen sich ändern, z. B. Komplexitätssteigerung von Systemen Selektionsleistungen, die zunächst als Erleben erlebt werden, als Handeln auffassen (weil in ihrer Selektivität kontrollieren) läßt. Trotz der evolutionären Variabilität der Scheidelinie gibt es nach Luhmann Grenzen, zumindest solche der Praktikabilität, für das wechselseitige Überführen von Erleben und Handeln ineinander. Das ändert allerdings nichts daran, daß zwischen Erleben und Handeln (weil sie gleichrangig auf das Problem der Komplexität bezogen sind) »im Prinzip [. . .] funktionale Äquivalenz« (79) besteht[6].

Soweit das Referat der Abhandlung zum Sinnbegriff. Im Zusammenhang der Debatte mit Habermas wendet Luhmann sich noch weiteren Themen zu, aus deren Behandlung hier dreierlei erwähnt werden muß.

Am Begriff der Komplexität akzentuiert Luhmann zwei einander überschneidende Unterscheidungen (die bisher eher implizit vorgenommen waren), nämlich die zwischen Komplexität der Welt und der des Systems sowie zwischen unbestimmter/unbestimmbarer und bestimmter/bestimmbarer Komplexität. Diese Unterscheidungen lassen sich in einem Kreuzschema, das Luhmann (1971a: 301) selbst liefert, aufeinander beziehen (s. S. 60).

Mit der Nicht-Festlegung ›(un)bestimm*t*/(un)bestimm*bar*‹ möchte Luhmann »offenlassen [. . .], ob [er] den Begriff der Komplexität auf der Ebene des je Verwirklichten oder auf der Ebene des Möglichen definieren«[7] will. Man wird aber kaum fehlgreifen mit der Behauptung, daß sich aus der Begriffsbildungstendenz, die in seiner Konzeption angelegt ist, auch hier der Modus »Möglichkeit« eher in Frage kommt. Dafür spricht nicht nur die Abstraktionsmethode der funktionalen Theorie und der Zwillingsbegriff von Komplexität, Kontingenz, sondern auch der nur wenig weiter

6 Zur Kritik der Grundlagen dieser Äquivalenzbehauptung vgl. Habermas (1971: 205ff, bes. 210).

7 Luhmann 1971a: 301 Anm. 14.

		Umwelt		System
			Reduktion	
unbestimmt/ unbestimmbar	Bestimmung	unbestimmte/unbestimmbare Umweltkomplexität (Welt)	Bestimmung	unbestimmte/unbestimmbare Systemkomplexität (Bereich latenter Strukturen und Prozesse)
bestimmt/ bestimmbar		bestimmte/bestimmbare Umweltkomplexität (systemrelativer Umweltentwurf)		bestimmte/bestimmbare Systemkomplexität (Bereich manifester Strukturen und Prozesse)
			Reduktion	

unten gemachte (aber nicht weiter ausgeführte) Vorschlag, »Möglichkeit als eine Generalisierung von Wirklichkeit zu begreifen«[8].

Die Unterscheidung von Erleben und Handeln benutzt Luhmann dazu, die schon früher eingeführten Kommunikationsmedien zu systematisieren, wofür er ebenfalls eine Kreuztabelle gibt, aus der die jeweilige Richtung der Selektionsübertragung hervorgeht (Luhmann 1971a: 345):

	Egos Erleben	Egos Handeln
Alters Erleben	A_e - E_e (Wahrheit; Wertbeziehungen)	A_e – E_h (Liebe)
Alters Handeln	A_h – E_e (Geld, Kunst)	A_h – E_h (Macht)

Dabei belegt schon die Tatsache, daß die Vierergruppe der 1967 behaupteten[9] Medien um »Kunst« und »Wertbeziehungen« erweitert ist, daß Luhmann in der Kreuztabelle kein Deduktionsschema

8 Luhmann 1971a: 315, vgl. auch 311.314.

9 Luhmann 1967d.

sieht; schließlich kann er später auch noch, im Kontext seiner Religionstheorie, »Glauben« als das dem Religionssystem zugeordnete Medium in Erwägung ziehen[10].

Zum dritten entwickelt er bei der Behandlung des Evolutionsproblems die Unterscheidung »evolutionärer Mechanismen« der Variation, der Selektion und der Stabilisierung. »Variation heißt, daß gegebene Zustände ›mutieren‹ können, daß sie geöffnet werden für umweltbedingte andere Möglichkeiten [...], Selektion heißt, daß unter einer Vielzahl solcher anderer Möglichkeiten einige brauchbare ausgewählt werden [...]; Stabilisierung heißt, daß ausgewählte Änderungen als reproduzierbare Problemlösungen beibehalten werden können«[11]. Ausgehend von dem Vorschlag, die evolutionären Mechanismen »für den Fall des Gesellschaftssystems« in Weisen der Überproduktion von Möglichkeiten (primär Sprache, auch funktionale Differenzierung), Kommunikationsmedien und Systembildungen zu sehen, gelangt Luhmann zu der These von der wechselseitigen Voraussetzung von Systemtheorie und Evolutionstheorie. Mag diese auf zwei gleichrangige Theorien sich beziehende Interdependenz-These (die das eben eingeführte Thema der Kommunikationsmedien wieder fallenläßt und im ganzen hier noch vage bleibt) auch auf die Diskussion mit dem Evolutionstheoretiker Habermas zugeschnitten sein, so kündigt sich doch darin der Übergang zu den Problemschwerpunkten der vierten Phase der Theoriebildung an.

10 Vgl. Luhmann 1972d: 55; 1974h: 21.
11 Luhmann 1971a: 363f.

5 Grundlagenrevision

Diese vierte Phase ist dadurch charakterisiert, daß Luhmann seine als Systemtheorie entfaltete (und firmierende) Konzeption in eine neue Form zu bringen beginnt, in der sie aus nunmehr drei gleichberechtigt und sich wechselseitig einschließend nebeneinander entwicklungsfähigen und -bedürftigen Theorien besteht[1]: Theorien der Systemdifferenzierung, der Evolution und der symbolisch generalisierten Kommunikationsmedien. Um in dieser Form einer Trias von relativ selbständigen Theorien ausgearbeitet werden zu können, bedarf es »kleine[r], aber zentral gewählte[r] Operationen«[2] an der Gesamtanlage der Theorie, die Luhmann in dem Aufsatz »Selbst-Thematisierungen des Gesellschaftssystems«[3] exemplarisch vorführt: Überschreiten einer weiteren ›Phasenschwelle‹.

Hier rekonstruiert Luhmann »die Kategorie der Reflexion aus der Sicht der Systemtheorie« (so der Untertitel des Aufsatzes) als Relationierung von Relationierungen. »Relationierung« (72) bedeutet ihm die Ersetzung eines einheitlich Gegebenen durch eine Relation, deren Relata kontingent gesetzt, d. h. auch anders möglich sind. Die erforderlichen einschränkenden Bedingungen der Möglichkeit, die der Relation erst verständlichen Sinn geben, bietet der »Kontext«: er ermöglicht es, »Relationen als (für diesen Kontext) nichtkontingente Beziehungen zwischen Kontingentem zu konstituieren«. Im Maße der Abstraktion dieser sinngebenden Kontexte ergibt sich ein »Bedarf für Kriterien der Konsistenz von

1 Wobei *das* angesichts des auch in der Folgezeit noch höchst unterschiedlich bleibenden Grades der Ausarbeitung der drei Theoriestücke vorerst noch ein »Denkversprechen« (Luhmann 1971a: 384) ist und Habermas' (1976: 79) »Vermutung« trotz ihrer eher impressionistischen Begründung schwer zu widerlegen ist, nämlich »daß die von Luhmann angedeutete Dreigliedrigkeit seines theoretischen Gebäudes eine Differenzierung in verschiedene, sich wechselseitig voraussetzende Teiltheorien bloß vorspiegelt – in Wahrheit ist wohl die Systemtheorie die Nacht, in der alle Katzen grau sind« (Kursivierung aufgehoben; F. S.).

2 Luhmann 1975m: 194.

3 Luhmann 1973f; eingeklammerte Seitenzahlen im Text beziehen sich im folgenden auf diesen Aufsatz. Für das in diesem Aufsatz Behandelte gilt übrigens in besonderem Maße, was in B-1 über das Ungenügen bloßer Präsentation von Resultaten gesagt wurde; ihre zentrale Bedeutung für Luhmanns Theorie deutlich zu machen, soll freilich im Zusammenhang von B-6 versucht werden.

Relationierungen [. . .], für Relationierung von Reletronierungen auf einer Metaebene, auf der zugleich die zunächst nichtkontingente Beziehung zwischen Kontingenzen als ihrerseits kontingent behandelt werden kann«. Danach wird Reflexion bestimmt als »Prozeß, in dem ein System ein Verhältnis zu sich selbst herstellt«, kurz: als »Selbst-Thematisierung«, die »ermöglicht, daß die Einheit des Systems für Teile des Systems [. . .] zugänglich wird« (73).

Selbst-Thematisierung erläutert Luhmann zunächst am Fall der (System-)Reflexion und der (Prozeß-)Reflexivität: der Beziehung des Systems zu sich selbst und der Anwendung eines Prozesses auf sich selbst bzw. auf einen gleichartigen. Sinngebender Kontext der Relationierung ist in beiden Fällen Resultat von Negation, Grenzsetzung: Diskontinuität von System und Umwelt bzw. funktionale Spezifikation. »Ein Zusammenhang von Reflexivität und Reflexion ist demnach zu vermuten [. . .] Mit zunehmender Reflexivität [sc. der Erlebnisverarbeitung: der Selektion; F. S.] [. . .] wird jedoch die Identität des ihn tragenden Systems sichtbar und thematisierbar« (74). Die unendliche Iteration der so möglich gewordenen Relationierung wird zum Problem, das durch Hypostasierung des Zusammenhangs reflexiver Prozesse als Einheit eines Potentials oder als »Subjekt, das sich selbst nicht negieren kann« (75) zu lösen versucht wurde.

Um Selbst-Thematisierung nicht als Selbst-Hypostasierung fassen zu müssen, faßt Luhmann Reflexion eben als Relationierung (und nicht als Akt, als Intention). Soll Relationierung als Rekonstruktion einer »in bezug auf Position und Negation unqualifizierte[n] Vorgegebenheit« für Erleben/Handeln auftreten, bedarf sie der »Form der Unnegierbarkeit«, die aus der System/Umwelt-Unterscheidung gewonnen werden kann: »Erlebnisprozesse, die die Funktion von Prämissen des eigenen Erlebens mitthematisieren, erfordern, daß die Negierfähigkeit nach innen gerichtet werden kann« (75). Die gesuchte Form der Relationierung (welche »die Aufhebung des Subjekts in einer Generalisierung seiner Form« (72) leisten kann) ist also im Falle der Prozeßreflexivität die »Nichtnegierbarkeit der Fähigkeit zu selbstbezüglichen Negationen« (75) mit der Konsequenz für Systemreflexion, ihre Unnegierbarkeit in der Nicht-Kontingenz seiner (beiderseits kontingenten) Beziehungen zu seiner Umwelt zu finden.

Selbst-Thematisierung des Gesellschaftssystems als einer sinnhaft-konstituierten Identität, eines kontingenten Zusammenhangs von (durch Struktur und Prozesse geleisteten) Selektionen, hat ihren Kontext in der Vorstellung von Welt, welche die selbstthematisierte Relation von System und Umwelt übergreift. Sie muß sich, als sinnhafte, in den drei Dimensionen von Sinn artikulieren – Gesellschaft thematisiert sich selbst also in Hinsicht auf Systemdifferenzierung, auf Evolution und auf generalisierte Medien der Kommunikation (in der Sach-, Zeit- und Sozialdimension)[4].

Eine Zwischenüberlegung widmet Luhmann der Transformation der Vorstellung einer Mehrheit möglicher Welten zum Begriff der einen Welt, die Totalhorizont des Möglichen ist und damit Korrelat (und das bedeutet hier: Kontext der Selbst-Thematisierung) der Weltgesellschaft, als die Gesellschaft nur noch möglich ist. »So wie die Welt als Horizont, so scheint die Weltgesellschaft als System die Unnegierbarkeit einer zwangsläufigen Einheit zu sein, der die Bestimmbarkeit durch Grenzen des Möglichen fehlt« (89). In dieser Lage liegen die Bedingungen anderer Möglichkeiten, auf die Selbst-Thematisierung angewiesen ist, »in der Selbstabstraktion wirklicher Systeme. Reflexion ist ein Moment dieser Selbstabstraktion« (90).

Und Luhmann schließt: »Damit stellt sich für das Wissenschaftssystem die Aufgabe, zur Selbst-Thematisierung der Gesellschaft beizutragen nicht durch Hypostasierung von Wahrheit, sondern durch Reflexion der kontingenten Identität des Teilsystems Wissenschaft in einer ›domestizierten‹, evolutionär voraussetzungsvollen Umwelt« (92). Damit gewinnt Luhmann wieder Anschluß an seine Uminterpretation von Wahrheit zum einem gesellschaftlichen Teilsystem zugeordneten Medium der Übertragung von Selektionsleistungen und – wohl noch gewichtiger – das Selbstreferentiellwerden seiner Theorie[5], die systemtheoretische Thematisierbarkeit von Systemtheorie in ihrer Funktion für die Gesellschaft, die ihre Möglichkeitsbedingung ist.

Auf dem damit erreichten Reflexionsniveau (wie nun auch im Luhmannschen Sinne zu sagen ist), das zugleich einen Sprung im Komplexitätsgrad der Theorie markiert, entwickelt Luhmann seine Konzeption weiter, und zwar in jener schon mehrfach angeklunge-

4 Vgl. dazu Luhmann 1973f: 83ff.
5 Vgl. dazu die exemplarischen Ausführungen in Luhmann 1975m: 196ff.

nen Dreispurigkeit[6]. Diese Entwicklung im einzelnen zu referieren verbietet sich hier – nicht zuletzt wegen ihrer Unabgeschlossenheit im Sinne einer noch zunehmenden Divergenz. Nur schlaglichtartig können einige Bestimmungen und neu eingeführte Distinktionen aufgewiesen werden, die Richtungen erkennen lassen.

In der »Systemtheorie« (im Sinne nun einer Teiltheorie im Rahmen der Neukonzeption[7]) leitet Luhmann die Unterscheidung von Formen der Differenzierung – wobei er neben segmentärer und funktionaler auch noch »schichtungsmäßige« einführt – aus einer Differenzierung von Differenzen zwischen Systemen und Umwelten ab: »(1) segmentäre Differenzierungen auf der Basis der Gleichheit von Systemen und Umwelten; (2) schichtungsmäßige Differenzierung auf der Basis rangmäßiger Gleichheit im System und Ungleichheit im Bezug zur Umwelt; und (3) funktionale Differenzierung auf der Basis funktionaler Gleichheit im System und funktionaler Ungleichheit im Bezug zur Umwelt.«[8] Diese Differenzierungsformen ordnet er der evolutionären Abfolge archaischer, hochkultureller und moderner Gesellschaften zu. – Weiter löst er die System/Umwelt-Differenz in drei unterschiedliche »Systemreferenzen« auf, die alle ausdifferenzierten Teilsysteme aufweisen, nämlich »[d]ie Beziehung zum umfassenden Gesamtsystem, die Beziehung zu anderen Teilsystemen und die Beziehung zu sich selbst«, und nennt diese »Funktion«[9], »Leistung« und »Reflexion«[10]. – Schließlich ordnet er schon früher

6 Luhmanns These: wechselseitige Unabhängigkeit der Theoriestücke durch selbstreferentielle Begründung (Luhmann 1975m: 196).

7 Die Luhmann unter dem Titel »Gesellschaftstheorie« firmieren zu lassen beginnt (vgl. Luhmann 1974a: 171); hier wird aber weiter der eingeführte Titel »Systemtheorie« für Luhmanns Gesamtkonzeption verwendet (vgl. dazu B-5 Anm. 1).

8 Luhmann 1975m: 197.

9 Jedoch ohne zu klären, wie die neue Bedeutung des altbekannten Terminus sich zur bisherigen (und auch weiter damit verbundenen) ›methodischen‹ verhält.

10 Luhmann (1975m: 198); später etwa auch Luhmann (1976f: 92f) für den Fall der Kunst und Luhmann (1977d: 54ff) in Anwendung auf das Religionssystem. Sein Beispiel: »Das Wissenschaftssystem erfüllt seine gesellschaftliche Funktion durch Produktion von kommunikablen Wahrheiten, die für jedermann gelten; es erbringt seine Leistungen für andere Teilsysteme in der anwendungsbezogenen Forschung; und es reflektiert sich selbst in der Grundlagenforschung und im historischen Kontinuieren oder Diskontinuieren der eigenen Problemtraditionen« (Luhmann 1975m: 198f – Kursivierung aufgelöst, F. S.); dasselbe ausführlicher auch Luhmann (1977h: 6f).

vorgetragene Definitionen von Systemtypen[11] einander zu im Blick darauf, »unter welchen Voraussetzungen der Prozeß der Selbstselektion und der Grenzziehung verläuft«[12]. Verschiedene Prinzipien der Selektion[13] steuern die Bildung von Systemen dreier – wegen dieser Verschiedenheit aufeinander nicht zurückführbarer[14] – Typen: Interaktionssysteme haben das Selektionsprinzip wechselseitiger Wahrnehmung unter Anwesenden, Organisationssysteme haben ihr Spezifikum in der nichtkontingenten Verknüpfung zweier Variablen (Eintritts-/Austrittsregel, Strukturmerkmale), Gesellschaftssysteme leisten fundierende Reduktionen als Vorgabe begrenzter Möglichkeiten für alle soziale Ordnung.

Für den Evolutionsbegriff weist Luhmann die Auffassung als »makrohistorischer, gesetzmäßig ablaufender Kausalprozeß« zurück, insbesondere »die Vorstellung der Notwendigkeit und Unilinearität des Prozesses, die Vorstellung der Kontinuierlichkeit und der Irreversibilität, ja schließlich sogar die Anfang und Ende voraussetzende Charakterisierung des Prozesses als Bewegung vom Einfachen zum Komplexen. Also ist Evolution überhaupt kein Prozeß.«[15] Statt dessen ist »Evolution zu begreifen als Form der Veränderungen von Systemen, die darin besteht, daß Funktionen der Variation, der Selektion und der Stabilisierung differenziert, das heißt durch verschiedene Mechanismen wahrgenommen, und dann wieder kombiniert werden.«[16] Wie die Systemdifferenzierungstheorie selbstreferentiell wird, so auch die Evolutionstheorie; sie »[führt] die Differenzierung der evolutionären Mechanismen, die Evolution ermöglicht, wiederum auf Evolution [zurück]«[17]. Dabei steigt das »Tempo der Evolution« in demselben

11 Vgl. nur zu Interaktion Luhmann 1972m, zu Organisation Luhmann (1964a: 37f), und zu Gesellschaft Luhmann 1970e. Daß die Evolutionstheorie mit der »Systemtheorie« interferiert, wird daran sichtbar, daß die Unterscheidung der Systemtypen auch als »zunehmende Differenzierung der Ebenen« der Systembildung entwickelt werden kann (Luhmann 1975e: 13; so erstmals schon 1972n: 144).

12 Luhmann 1975e: 10.

13 Trotz wenig bemerklicher Häufigkeitsveränderungen in der Terminologie – gemeint ist weiterhin »Reduktion von Komplexität«.

14 Vgl. auch Luhmann 1972f: 246ff.

15 Luhmann 1975m: 195.

16 Luhmann 1975c: 150.

17 Luhmann 1975c: 151. Selbstreferentiell-werden von Evolution führt, darin präzise Luhmanns Begriff von »Reflexion« entsprechend (vgl. Luhmann 1973f: 75), auf deren Kontingenz, wie an späterer Stelle (Luhmann 1978b: 427) auch ausdrück-

Maße wie die Mechanismen in wechselseitiger Unabhängigkeit institutionalisiert werden können[18].

Während die Theorie der Systemdifferenzierung und die Evolutionstheorie *relativ* konsolidiert erscheinen (und dabei jene noch mehr als diese) und deswegen ihre postulierte Interdependenz[19] von Luhmann wenigstens in Umrissen entsprechend plausibel gemacht werden kann – ohne daß dies hier in extenso dargestellt werden müßte –, läßt sich das von der (wie Luhmann immer wieder, und mit Recht, betont[20]: noch wenig ausgearbeiteten und darum auch, genaugenommen, nur als »Einführende Bemerkungen . . .«[21] zu einer solchen vorgetragenen) Medientheorie nicht sagen. Abwarten – statt durch geraffte Darstellung Zusammenhänge in einer Klarheit vorführen zu wollen, die dem Original noch abgeht – wäre das Gebotene. Gleichwohl müssen, insbesondere im Blick auf die Einordnung des in B-6 wichtig werdenden Begriffs der »Kontingenzformel«, einige Andeutungen gemacht werden.

Ausgangspunkt ist der Begriff der Kommunikation, dessen Sinn eine Nichtidentität der an Kommunikation Beteiligten, Differenz ihrer Perspektiven und damit eine prinzipielle Inkongruenz ihres Erlebens impliziert. Dieser ambivalente Sachverhalt ist im Negationspotential von Sprache berücksichtigt, das als »Duplikationsregel« für alle Informationen[22] eine Doppelfassung (positiv/negativ) bereitstellt; solche Duplikationsregel charakterisiert Prozeßstrukturen, die Luhmann »Code« nennt[23]. »Kommunikation, und erst recht sprachliche Kommunikation, bewirkt zunächst nur das Ankommen einer Information, das (wie immer grobe und unzureichende) Verstehen ihres Sinnes, nicht aber damit zugleich auch die Übernahme der Selektion als Prämisse weiteren Erlebens und Handelns. Durch Kommunikation erreicht man daher zunächst

lich festgestellt wird: »Es gibt eine Evolution der Evolution, und eben deshalb ist Evolution nicht notwendig.«

18 Vgl. Luhmann (1975c: 152) und, zur Korrelation mit den Formen von Systemdifferenzierung, Luhmann (1975c: 153).

19 Luhmann 1975m: 196ff.

20 So noch Luhmann 1978b: 425; sogar 1975h: 2.

21 Luhmann 1974a.

22 Vgl. zur Unterscheidung von Sinn und Information Luhmann (1971g: 39ff).

23 Luhmann (1974a: 175) unterscheidet Medien-Codes von Sprache als »Präferenz-Codes«, deren Duplikationsregel »Vorkommnisse, Fakten, Informationen mit der« – einzigen (wie wohl zu akzentuieren ist) – »Möglichkeit, Wert oder Unwert zu sein, [konfrontiert]«.

nur eine Übertragung von Selektions*offerten.* Die Sicherstellung des kommunikativen *Erfolgs,* die wirksame Übertragung der Selektion selbst in anschließendes Erleben und Handeln hängt von weiteren Voraussetzungen ab. Die durch Sprache gesteigerte Kontingenz erfordert Zusatzeinrichtungen, die die wirksame Übertragung reduzierter Komplexität steuern.«[24]

Solche Zusatzeinrichtungen sind für Luhmann Kommunikationsmedien, die Kontingenzsteigerung voraussetzen, aber auch weiterführen. Ihre Differenzierung wird durch Folgeprobleme der Kontingenzsteigerung ausgelöst, namentlich durch die Notwendigkeit der Zurechnung der übertragenen Selektionsleistungen[25]; hier kann Luhmann sein schon früher entwickeltes Medien-Schema anschließen. In jeweils medienspezifischer Weise werden mögliche Kommunikationsthemen einer »symbolische[n] Generalisierung«, die Kommunikation von der realen Präsenz des Themas unabhängig macht, und – darauf aufsitzend – einer (dem sprachlichen Negationspotential analogen) »binäre[n] Schematisierung« unterzogen[26], d. h. unter Benutzung der symbolischen Generalisierung als gegeben/nicht-gegeben codiert. Die Bestimmtheit der Übertragung auch unwahrscheinlicher Selektionen wird so über die Einregulierung möglichen Ablehnens auf die Form des Negierens unter Anschlußzwang (wenn nicht Dies, dann das komplementäre Andere!) gewährleistet.

Die Randunschärfen des Medien-Schemas (Glauben? Kunst?) weisen darauf hin, daß Medien unterschiedlich stark entwickelt sein können. Die Frage nach den Bedingungen evolutionären Erfolges von Medien erörtert Luhmann unter den Gesichtspunkten der (1) »Ausdifferenzierbarkeit medienspezifischer Subsysteme der Gesellschaft«, der (2) »Kompatibilität mit Umweltsystemen auf organischem, psychischem und sozialem Systembildungsniveau«, der (3) »Möglichkeiten der Leistungssteigerung in den medien-spezifisch regulierten Kommunikationsprozessen«, der (4) »Verfügbarkeit und Institutionalisierbarkeit geeigneter Symbolisierungen«[27]. Dabei erfaßt er u. a. unter (2) »symbiotische Mechanismen«[28] (d. h. »Regulative für das Verhältnis [sc. von Medien;

24 Luhmann 1974a: 173.
25 Luhmann 1974a: 174f.
26 Vgl. Luhmann 1974a: 177.
27 Luhmann 1974a: 180ff.
28 Ausgeführt bei Luhmann (1974e): Wahrheit/Wahrnehmung, Liebe/Sexualität,

F. S.] zu organischen Prozessen«[29]); unter (4) »Kontingenzformeln«: sie sind »auf der abstraktesten Ebene eines Medien-Codes« angesetzt, um »verständlich und plausibel [zu] machen, daß in bestimmter Weise erlebt und gehandelt wird, obwohl – oder sogar: gerade weil – auch anderes möglich ist«, und sie leisten das »nicht durch Begründung der Selektionen selbst, sondern nur durch Reduktion unbestimmter auf bestimmte oder doch bestimmbare Kontingenz«[30]. Als diesseits des kommunikativen Chaos »soziale[r] Entropie«[31] letzterreichbare noch bestimmbare Sinnformation, auf die bezogen Selektionen kompatibel und damit sozial folgenreich gemacht werden können, definieren Kontingenzformeln mithin den Bereich des sozial Möglichen. Eben deshalb beklagt Luhmann, daß sie aufgrund ihrer Bindung an die im jeweiligen »Code etablierten Präferenzen« für den positiven Wert des binären Schematismus »nur die eine Hälfte des Möglichen bezeichnen«, und er stellt als Desiderat fest: »Bis heute gibt es keine Kontingenzformeln, ja zumeist nicht einmal verbale Symbole für die Disjunktion als Disjunktion«[32].

Geld/Bedürfnisbefriedigung, Macht/physische Gewalt; vgl. übrigens dort die Bemerkungen zum Fehlen eines symbiotischen Mechanismus für das Medium des Teilsystems Religion, Glauben, (Luhmann 1974e: 126), dazu aber auch Luhmann (1977d: 144f).

29 Luhmann 1974a: 181.

30 Luhmann 1974a: 184.

31 Luhmann 1974a: 176.

32 Luhmann 1974a: 184. Zum gesellschaftstheoretischen Rang dieses Desiderats vgl. die Andeutung bei Luhmann (1975e: 11f).

6 Auf dem Weg zur Gesellschaftstheorie: Theorie der Komplexität

6.0 *Methodisches*

Nach einer großen Zahl von spezielleren Theorieproblemen gewidmeten Untersuchungen bündelt Luhmann grundsätzliche Überlegungen wieder in zwei größere Abhandlungen. Diese Abhandlungen haben sich offenbar als Plattform für den Vortrag von verfeinernden Retraktionen und Erweiterungen des allgemeinen systemtheoretischen Instrumentariums vor allem deswegen angeboten, weil ihr besonderes Thema soziale Sachverhalte sind, die zwar das Gesellschaftssystem nur unter Teilaspekten betreffen, aber doch für dieses von allgemeiner Relevanz sind: »Religion« und »Moral«[1]. Darin präsentiert Luhmann eine Neufassung des System/Umwelt-Verhältnisses sowie das Konzept der »Supertheorie«; dabei vorausgesetzte theoretische Dispositionen finden sich bereits in dem Aufsatz »Komplexität«[2].

Der sachliche Kern des Neuen, der jenseits des Anscheins *bloßer* terminologischer Variation das Phasen differenzierende Moment ausmacht, um dessentwillen die erwähnten Arbeiten hier vorgeführt werden[3], ist die grundsätzliche Einstellung des Systembegriffs auf Selbstreferenzialität[4]. Dieser letztere, höchst künstlich anmutende Terminus, Substantiv zu dem von Luhmann erstmals 1975 verwandten adjektivischen *Ausdruck* »selbstreferentiell«[5]

1 Vgl. Luhmann 1977d und Luhmann 1978d. Zur Zentralität der gesellschaftlichen Funktion von Religion vgl. B-6.2.1.2 und B-6.2.2.2; die Funktion der Moral liegt sogar »zu tief, sie ist zu sehr mit den Prozessen der Bildung sozialer Systeme verquickt, als daß sie einem Sozialsystem zur besonderen Pflege übertragen werden könnte« (Luhmann 1978d: 89).

2 Vgl. Luhmann 1975f; dieser Aufsatz ist offensichtlich entstanden im Zusammenhang mit dem gleichnamigen Artikel Luhmanns (1976d) und enthält für diesen die Hintergrundargumentation.

3 Dabei beschränke ich mich *hier*, der Linie der darstellenden Abschnitte B-2 bis B-5 folgend, auf die grundsätzlichen Ausführungen – namentlich Teile des Kapitels 1 aus Luhmann 1977d und des Kapitels I aus Luhmann 1978d.

4 Vgl. dazu B-5.

5 Soweit ich sehe, erstmals Luhmann 1975m: 196 – hier noch auf Theoriebildung, genauer: -begründung bezogen.

gehört in das Feld des Begriffs ›Beziehung‹, dessen latinisierter Varianten – »Relation«, »Relationierung«, »Systemreferenz«, »Selbstreferenz« u. a. m. – sich Luhmann seit 1973 zunehmend und systematisch bedient. Die ihrerseits schon komplizierte Figur der Selbstreferenzialität ist mithin auflösbar auf die einfachere der Relation; die auflösende Rückführung auf »Relation« findet sich bei Luhmann freilich auch erst bei der Erörterung der selbstreferentiellen Struktur von Systemen, die »eine voraussetzungsreiche, evolutionär späte Erscheinung«[6] ist. Daß die Qualifikation »evolutionär spät« sowohl für die Systemstruktur als auch für deren Erörterung gilt, zeigt an, daß Selbstreferenzialität, als »historisch vorliegende Selbst-Thematisierungen des Gesellschaftssystems« dessen eigene Leistungen, hinreichend[7] bewußt gemacht (und das heißt für Luhmann immer: in einen Horizont anderer Möglichkeiten gestellt) werden kann erst von einer Theorie der Gesellschaft, »die die Reflexionsgeschichte des Gesellschaftssystems mitreflektiert«[8] – kurz: die in ihrem Gegenstandsbezug selbstimplikativ fungiert. Nicht zufällig zitiert Luhmann in eben diesem Zusammenhang Hegel und Marx, die er als Vorgänger seines eigenen Unternehmens betrachtet – Vorgänger in der Intention, die Selbstreferenzialität des Gesellschaftssystems als Selbst-Thematisierung auszuformulieren, Vorgänger ebenso in der Gebundenheit der Ausführungsweise dieser Intention an den entsprechenden Stand der gesellschaftlichen Evolution. Seine eigene Theorie betrachtet der Nachfolger solcher Vorgänger zugleich als diejenige »zeitgemäße Selbst-Thematisierung des Gesellschaftssystems«, die in der Lage ist, eben in einer evolutionär noch späteren Lage »das Marxsche Postulat auf[zunehmen] und gegen Marx [zu wenden]: von dem jeweils fortgeschrittensten kategorialen Niveau aus zu analysieren«[9].

6 Luhmann 1973f: 74.

7 Das darin liegende Problem wird angedeutet schon Luhmann 1971g: 386f: »Eine reflexive Anwendung von Systemtheorie auf Systemtheorie mag ihre Leistungen steigern. Daß diesem Verfahren Grenzen gesetzt sind, ist sicher [. . .] Das Denken des Denkens muß Undurchdachtes ›operativ‹ voraussetzen; beim Bürsten von Bürsten bleiben einige Fusseln hängen. Für Systeme scheint allgemein zu gelten, daß sie sich selbst (mit noch unbekannten Graden der Annährungsmöglichkeit) nicht voll zugänglich sind.«

8 Vgl. Luhmann 1973f: 76.

9 Luhmann 1973f: 82.

Bezug genommen wird damit auf die bekannte Stelle[10], an der Marx die Abstraktion »Arbeit« als eine für die ökonomische Analyse aller Gesellschaftsformationen gültige Kategorie bezeichnet, als reale Abstraktion aber zum Produkt bestimmter historischer Verhältnisse, namentlich der »entwickeltsten und mannigfaltigsten«, der »modernsten Daseinsform der bürgerlichen Gesellschaften«, erklärt. Erst diese »modernste Daseinsform« ermöglicht die Perspektive, in der die »chaotische Vorstellung des Ganzen«, zwar als »Ausgangspunkt der Anschauung und Vorstellung« »wirklicher Ausgangspunkt« der Analyse, auf dem Wege der wissenschaftlichen Darstellung in eine »reiche Totalität von vielen Bestimmungen und Beziehungen« überführt werden kann. In dieser Perspektive erst können – um es Luhmann-näher zu formulieren – analytische Abstrakta in der Potentialität thematisiert werden, die sie abstrakt sind, weil derjenige entfaltete Zusammenhang wechselseitiger Bestimmung, der den rekursiven Zugang des Analytikers zu jenen Abstrakta kategorial und sozial real allein ermöglicht, selber deren Potentialität sich verdankt.

Diese Marx-Referenz (und -Reverenz?) bestimmt formal-methodisch den Aufbau der schon erwähnten Texte[11], die im folgenden als erste abrißartig wiederzugeben sind – nämlich als einen Gang von ›Abstraktem‹ zu ›Konkretem‹, der gesteuert wird vom Vorgriff auf denjenigen Typ von Systemen, den in seiner »voraussetzungsreichen« Selbstreferenzialität zu begreifen zugleich schrittweise Einholung der Voraussetzung des Anfangs beim ›Abstrakten‹ in der Weise der Revision – wenn schon nicht ›Negation der Negation‹, so vielleicht Einklammerung von Einklammerungen[12] – vorläufig vorgenommener Abstraktionen bedeutet.

10 Vgl. Marx, Einleitung zur Kritik der Politischen Ökonomie (MEW 13, 631-639, bes. 636. 635. 632).

11 Gemeint sind Luhmann 1975f und Luhmann 1977d: 13-32; Luhmann 1978d behandelt, demgegenüber formuliert, eher die Frage, warum Luhmann gleichwohl zu Ergebnissen gelangt oder doch auf Ergebnisse ausgehen zu sollen glaubt, die von denen seiner Vorgänger erheblich abweichen. Daß Luhmann der theoriegeschichtliche Bezug in beiden Texten präsent war, belegt der sachlich gleichlautende Verweis – in Luhmann 1973f: 75 wie Luhmann 1975f: 216 Anm. 11 – auf diesen Marx-Text.

12 Um es mit Anklang an Husserl zu formulieren, der in Luhmanns Theorie-Stammbaum nach wie vor eine beherrschendere Rolle spielt als die erst neuerlich entdeckte Verwandtschaft mit der Linie Hegel/Marx (vgl. dazu Luhmann 1975n: 47!).

Der Gang vom ›Abstrakten‹ zum ›Konkreten‹ vollzieht sich auf der Linie, die Luhmann in seiner Evolutionstheorie vorgezeichnet hat (und die auch seine inhaltliche Abweichung von Marx charakterisiert)[13]: Darstellung von Bestimmung des Unbestimmten[14] zu Systemen durch Selektion, die, weil sie gemäß dem Marxschen Diktum »In der Anatomie des Menschen ist ein Schlüssel zur Anatomie des Affen«[15] im Vorgriff auf selbstreferentiell operierende Systeme als Selbstselektion gefaßt wird, zugleich mit der Zunahme von Bestimmtheit eine von Unbestimmtheit erzeugt. Der Gang der Darstellung vollzieht sich in drei Schritten[16], nach denen die folgende Wiedergabe gegliedert ist.

6.1 Retraktationen

»Der Begriff der Komplexität formuliert [. . .] zunächst einmal die Intention, Mannigfaltiges unter dem Gesichtspunkt seiner Einheit zu sehen«[17] (205) – mit diesem Satz knüpft Luhmann an »das klassische Problem« (204) an, das er unter dem Titel »Komplexität«[18] aufnimmt, um sich gleich nach der Anzeige seiner Kenntnis

13 Vgl. dazu B-6.1. Als eine wichtige Stützung seiner eigenen Konzeption hat Luhmann schon früh die umwälzende Arbeit von Eigen (1971) erkannt – er zitiert Eigen bereits vor Veröffentlichung der Untersuchung nach Zeitungsbericht über einen Vortrag (vgl. Luhmann 1971g: 307 Anm. 27).
14 Das Luhmann übrigens gelegentlich unbefangen »Sein« nennen kann: vgl. Luhmann 1973i: 105: »Selbstselektion des Seins«.
15 Marx, Einleitung zur Kritik der Politischen Ökonomie (MEW 13, 636).
16 Die drei Schritte sind in den B-6 Anm. 11 genannten Texten einander parallel als Momente des Fortgangs auf der oben im Text bezeichneten ›Linie‹; ihre Differenz liegt darin, daß Luhmann 1975f ohne Rücksicht auf den Sinn-Begriff gearbeitet ist, wobei die drei Schritte von Luhmann 1975f insgesamt im ersten Schritt der Partie aus Luhmann 1977d aufgegangen sind, die in den Schritten 2 und 3 die ›Linie‹ im Blick auf Sinn-Systeme verfolgt (was bedingt ist durch das Thema »Religion«, die an eine besondere, eben sinnhafte – und darum charakteristisch variierte – Fassung des Bestimmtheit/Unbestimmtheits-Kontrasts anknüpft, zu dem beide Schrittfolgen hinführen).
17 Die Redeweise vom »Gesichtspunkt« in diesem nur als Bezeichnung einer aus der Tradition stammenden Problemfassung sich gebenden Satz deutet schon voraus auf die Weise, in der Luhmann – mit der »Technik der Relationierung« – das »ursprünglich einheitlich-konkret-kompakt Gegebene« (aus der immer wieder gern zu ›Substanzmetaphysik‹ vereinfachten Denktradition) mobilisieren und in konsequent funktionalistische Fassung umsetzen will; vgl. Luhmann 1973f: 72f.
18 In dem gleichnamigen Aufsatz Luhmann 1975f, auf den sich bis auf weiteres eingeklammerte Seitenzahlen im Text beziehen.

der Lösungsvorschläge der Tradition von diesen abzustoßen. Seinen eigenen Vorschlag eröffnet Luhmann mit der (aus den »Formalwissenschaften« [204][19] entlehnten) Auflösung des Begriffs der Komplexität in seine Momente »Element« und »Beziehung« (206); dabei ist, in äußerster ›Abstraktion‹, zunächst die Komplexität von Systemen gleichsam ›intern‹, für sich betrachtet, im Blick.

(1) Auf die mit der klassischen Formulierung gestellte Forderung »Der komplexe Gegenstand muß Mannigfaltiges und Einheit zugleich sein« (205) antwortet Luhmann mit seiner ersten These: »Die Komplexität hat ihre Einheit [...] in der Form einer Relation: der Relation wechselseitiger Ermöglichung von Elementmengen und reduktiven Ordnungen« (207). Die vorgängige Zerlegung des ›Komplexbegriffes‹ »Komplexität« in »Element« und »Beziehung« erlaubt, Variationen, insbesondere Steigerungen auf seiten beider Momente unabhängig voneinander vorzustellen und auf dieser Basis die beidseitige Variabilität auf ihre wechselseitige Abhängigkeit hin zu betrachten. Mit der Zunahme der Elemente eines Systems steigt zugleich die Zahl der abstrakt möglichen Beziehungen zwischen ihnen rasch ins unbestimmt Maßlose (wie schon die mathematische Kombinatorik lehrt) – diese asymmetrische Steigerung auf seiten der Beziehungen läßt die Ordnungsleistung, die Elemente durch Beziehungen untereinander Elemente eines Systems, Momente einer Einheit sein läßt, für die Elemente ins nicht Realisierbare verschwimmen und erzwingt bestimmende Reaktionen[20]. Bestimmung erfolgt durch Strukturbildung, die als Auszeichnung einiger zugleich Nichtauszeichnung anderer Beziehungen ist, d. h. in die Mannigfaltigkeit der Beziehungen selektiv eingreift. So wie die Größenzunahme eines Systems auf seiten der Elemente Strukturbildung nicht nur erzwingt, sondern auch über-

19 Außer dem terminologischen Rückbezug, der sich im Aufsatz selbst verifizieren läßt (Luhmann 1975f: 204), belegt dies Luhmanns Hinweis (Luhmann 1973f: 95 Anm. 3), daß er den zentralen operativen Begriff der »Relationierung« der kybernetisch instrumentierten Kritik von Loh (1972: 24ff; original: »Relationalisierung«) verdanke.

20 Diese Bestimmungsleistung sieht Luhmann schon früh (vgl. Luhmann 1967d: 116) als eine der Systeme selbst an, als Selbst-Bestimmung, und nicht nur als eine des Theoretikers, dessen Leistung freilich, im Zusammenhang des Teilsystems Wissenschaft auf diese Funktion spezialisiert, erfüllt, was Luhmann hier so formuliert: »Das erfordert Bildung von Systemen in Systemen, die unbestimmbar Gewordenes wieder selektiv bestimmen können« (Luhmann 1975f: 206).

haupt erst ermöglicht, so ermöglicht und zugleich begrenzt diese strukturelle Selektivität[21] auch jene Größenzunahme.

Diese Interdependenz von dem, was »Element« und »Struktur« (d. h. bestimmter set von Beziehungen) zu nennen ist, zeigt nur an, daß die Rekombination beider Seiten nicht unabhängig davon erfolgen kann, daß beide zuvor zu Momenten einer als Relation gefaßten Einheit aufgelöst worden sind. Was als »Element« fungiert, ist abhängig von der strukturell gegebenen Vorentscheidung, prinzipiell weiter (in ›Subelemente‹ und ihre Beziehungen zueinander und zu anderen Elementen) auflösbare[22] Elemente als einheitliche Elemente *dieses* Systems ansehen zu lassen; »Struktur« eines Systems ist in ihrer Bestimmtheit zwar kontingent, aber nicht beliebig gegen andere austauschbar, sondern nur nach Maßgabe der Größenordnung der Elementmenge, die als Einheit zusammenzuschließen eine nicht von jeder möglichen Struktur lösbare Aufgabe ist.

(2) Die Definition von (System-)Komplexität als zweiseitig variabler Relation ist in sich nicht zureichend bestimmt; die Unbestimmtheit einer ›internen‹ Relation bedarf einer bestimmenden Relationierung auf einen externen Faktor: »Zur Bestimmung der systemeigenen Komplexität [. . .] ist der Bezug auf die Umwelt [. . .] erforderlich«, aber »auch ihre Komplexität erfordert als offene Relation einen externen Faktor der Kontingenzverringerung«, nämlich »das System, dessen Umwelt jeweils in Frage steht« (211) – die zweite These. Die Relation, die »Komplexität« genannt wurde, legt durch die Bedingung der »Kompatibilität« von »abstrakt denkbaren Größenverhältnissen bzw. Strukturtypen« (210) nur den Spielraum für die Variation eines Zusammenhangs fest, der als ganzer eben unabhängig verschiebbar und ausweitbar wäre. Die aus systeminternen Verhältnissen nicht zu gewinnende Bestimmung ihrer Komplexität müssen Systeme folglich in der Beziehung zu ihrer Umwelt suchen.

21 Wobei der Spielraum zwischen »ermöglicht« und »begrenzt« seinerseits festgelegt wird durch die *Art* der Struktur, die – es ist z. B. an die Unterschiede von Systemdifferenzierung zu denken – diskontinuierlich variiert (vgl. dazu oben B-6.1)!

22 Dabei gibt es, worauf der hier von Luhmann verwendete, von Husserl entlehnte Begriff des »Innenhorizonts« (Luhmann 1975f: 207) deutet, kein ›Aufhören‹ der Auflösbarkeit; vgl. dazu auch Luhmann 1977d: 19: »Es gibt keine [. . .] unabhängige Faktizität, kein Sein an sich, sondern allenfalls adäquate Systemkomplexität und bewährte Strategien der Objektivierung«, ähnlich Luhmann 1977d: 69.

Die bestimmende Relationierung, die zwischen System und Umwelt besteht und theoretisch formuliert wird, bezieht nunmehr aber nicht mehr »Elemente« und »Beziehungen« aufeinander, sondern Einheiten, die ihrerseits die Form einer Relation zwischen jenen haben, d. h. komplex sind. Und sie wirkt bestimmend, indem sie das eine Relatum *als* Einheit auf das (zu bestimmende) andere bezieht. Umwelt, als Einheit (höherer Komplexität[23], als es die des Systems ist) auftretend, fungiert in dieser Hinsicht als (und dies nur in dieser Hinsicht!) unabhängige Variable, die die variable Systemkomplexität bestimmt. Umwelt erscheint jedoch in umgekehrter Hinsicht selbst als abhängig variable Relation, die von einem seinerseits als Einheit fungierenden System bestimmend konditioniert wird.

(3) Die Relativität komplementärer ›Hinsichten‹ läßt die nur relative Bestimmbarkeit der Unbestimmtheit jener ›internen‹ Relation von Elementen und selektiver Struktur sich in der Relation von System und Umwelt wiederholen. Dieses Resultat überführt Luhmann in die Form der These drei: »Dieser Relativismus kann nur in Richtung auf Unbestimmtheit überwunden werden, also in eine Richtung, die die Differenzierbarkeit von System und Umwelt aufhebt« (211) – auf die jenseits dieser Differenz liegende Auffangposition »Welt« hin. Diese Lage von »Welt« impliziert aber, daß die »Komplexität« von »Welt«, weil auf kein System beziehbar, »letztlich unbestimmt« (211) ist und bleibt – solange eben kein System angesetzt wird, in bezug auf welches Weltkomplexität den Horizont von Unbestimmtheit bildet, gegen den die durch wechselseitige Bestimmung konstituierte Komplexität von System bzw. Umwelt als bestimmte bzw. bestimmbare konstituiert wird und als kontingent erscheint.

»Welt« als diese unbestimmte *aufzufassen* und auf von ihr ausgehende Bestimmungsleistungen für System/Umwelt-Relationen zu verzichten, ist freilich auch schon eine Leistung, also systemabhängig. Das System, das solcher Leistung fähig ist, ist das der »Weltgesellschaft«[24]; erst dieses umfassendste Sozialsystem, das seine Umwelt so weit abstrahiert hat, daß sie horizonthaftes

23 Das Maß der Komplexität, das – theoretisch – System und Umwelt vergleichbar macht, liegt im Grad der strukturellen Selektivität, d. h. dem Grad der Ausschließung anderer Möglichkeiten (auf beiden ›Seiten‹ der internen Komplexitätsrelation) durch das Struktur›moment‹ der relationalen Einheit.

24 Vgl. dazu insbesondere Luhmann 1971k: 64ff und 1973f: 89f.

Übergehen in die ›Welt des Möglichen‹ ist, stellt auch die Möglichkeitsbedingungen für die von Luhmann vorgetragene Theorie der Komplexität bereit: Nur das vorgreifende Wissen von der Verfügbarkeit eines entsprechenden Rekombinationsvermögens erlaubt Luhmann die anfängliche Auflösung des ›Einheits‹-Begriffes »Komplexität«, deren Konsequenzen theoretisch aufgefangen werden müssen – nämlich daß das nur noch als relationale Einheit des Komplexen faßbare Mannigfaltige nicht mehr als eine zugleich bestimmte *und* umfassende Einheit zu denken ist.

Mit der Begriffskonstellation von Unbestimmtheit und Bestimmtheit/Bestimmbarkeit ist der Punkt erreicht, an dem die Fortbildungen in »Funktion der Religion« ansetzen[25] – ist sie doch diejenige Fassung des Problems der Komplexität, in der dieses für sinnverwendende Systeme ebenso ständig zugänglich (und das heißt auch: lösungsbedürftig) wie unlösbar erscheint (wobei seine Unlösbarkeit es zum »Katalysator für Religionsentwicklung« [20][26] werden läßt)[27]. Die folgende Wiedergabe[28] konzentriert sich auf die mit der Orientierung an Sinn-Systemen gewiesenen Punkte von Luhmanns Neufassung des System/Umwelt-Verhältnisses, die sich vom vorausgesetzten Hintergrund des schon referierten Aufsatzes abheben.

(1) Systembildung ist *Grenz*ziehung, Ausgrenzung einer ›Umwelt‹, deren Elemente (samt den zwischen ihnen möglichen Relationen) die Relationierungen derjenigen Elemente, die zum ›System‹ eingegrenzt sind, nur mittelbar beeinflussen. Denn »Systemgrenzen wirken als hochselektive Kontaktverengungen« (14) – will sagen: die Beziehungen zwischen Elementen beiderseits der Gren-

25 In diesem Buch tritt allerdings schwerpunktmäßig an Stelle des Begriffs »Unbestimmtheit« dessen dispositionsbegriffliche Variante »Unbestimmbarkeit«; zur darin liegenden Unklarheit vgl. B-6.2.2.2.

26 Eingeklammerte Seitenzahlen im Text beziehen sich hier und bis auf weiteres auf Luhmann 1977d.

27 Es wird sich noch zeigen, daß damit auch der Punkt bezeichnet ist, der für Luhmanns eigene Theoriebildung eben das bedeutet, was – in seiner Sicht – die Dualität von bestimmbarer und unbestimmbarer Komplexität für Gesellschaftssysteme selber ist: ein Problem, das immer neue Versuche zu seiner Lösung provoziert und in seiner gewußten Unlösbarkeit paradoxerweise das tragende Abschlußelement, Fluchtpunkt der Suche nach Bedingungen der Unmöglichkeit von »Perfektion« ist; vgl. etwa Luhmann 1977d: 199f. Zur Ersetzung von ›Begründung‹ durch ›Problembezug‹ vgl. auch die schon früher vertretenen Thesen: Luhmann 1964c: 40; 1967a: 74f. 82; 1962b: 18; 1968h: 240.

28 Zum Aufbau vgl. B-6 Anm. 16.

ze zwischen System und Umwelt sind nicht mehr allesamt und in der Fülle ihrer Verschiedenheit voneinander zugelassen, sondern streng kanalisiert. Infolge Kanalisierung können Umwelteinwirkungen vom System nach internen Gesichtspunkten, und dann nur nach solchen, bearbeitet werden. Umwelt – zunächst nur, qua Ausgrenzung, »alles andere« (16) neben dem System – muß aber zuvor vom System einer vereinfachenden »Raster«ung (16) unterzogen werden, um überhaupt kanalisierte und als solche systemintern bearbeitbare Einflüsse auf das entsprechende System ausüben (kurz: als »Umwelt-des-Systems«[29] fungieren) zu können.

In ›Umwelt‹ ein solches »Raster« einzutragen bedeutet, sie durch einen *Horizont* einzugrenzen, der bestimmbares Innerhalb von (unter gleichen Bedingungen) unbestimmbarem Außerhalb scheidet, der ›Umwelt‹ in »zweiteiliger Rekonstruktion« (16) als Umwelt-des-Systems fungieren läßt. Das Bestimm*bar*sein des Innerhalb ist, was oben ›Kanalisierung‹ genannt wurde[30], und Bestimm*ung* erfolgt fallweise seitens des Systems durch Anwendung spezifischer Schematismen, gemäß deren »binärer« (18)[31] Form Umweltereignisse und -bestände als gegeben oder nichtgegeben qualifiziert werden können.

Der zur Bestimmung der systeminternen Komplexitätsrelation erforderliche externe Faktor ist Umwelt mithin nur als »zweiteilige Rekonstruktion«: Die durch den Horizont eingegrente Umwelt

29 Dieser Ausdruck schon Luhmann 1975f: 210.

30 Diese Bezeichnung wurde gewählt, um eine bei Luhmann – er spricht von Verwendung eines »Rasters« (Luhmann 1977d: 16) gleichsinnig mit »Diskretierung« (Luhmann 1977d: 18. 20) – irritierende Inkonsistenz der Ausdrucksweise vereinheitlichend zu überspielen; zulässig erscheint mir diese Abweichung des Referats vom Original wie an anderen Stellen (wo nicht gesondert darauf hingewiesen wird) so auch hier, wo und weil Luhmann unterminologisch redet: ›unterminologisch‹ heißt, daß die hier gesetzten Begriffe und Metaphern keine operative Relevanz über den Rahmen dieser Schrift hinaus in der Gesamttheorie haben.
Wohl aber die Sache: gemeint ist die Unterscheidung von »unbestimmbarer« und »bestimmbarer Komplexität« (Luhmann 1977d: 20), wovon jene in diese zu »transformieren« Funktionsbestimmung der Religion sei; diese Unterscheidung dürfte auch der Bestimmung des Verhältnisses von Komplexität und Kontingenz zugrunde liegen, die Luhmann neuerdings (früher, ohne so strikte Herstellung eines Bezuges: Luhmann 1971g: 32f; 1972h: 31) gibt: »Kontingenz ist sozusagen die Reduktionsform von Komplexität. Sie reduziert das Überkomplexe anderer Systeme auf die Form: dies oder anderes« (Luhmann 1978d: 44) – ein Dual, in dem sich die Bereitstellung von ›Umwelt‹ durch ›Kanalisierung‹ zwecks Weiterverarbeitung mittels binärer Schematismen spiegelt.

31 Vgl. Luhmann 1974a: 177.

bestimmt das System, d. h. ermöglicht seine Abgrenzung von Umwelt als dem nicht dazu Gehörigen; aber das so bestimmte System kann auch ›seinen‹ Umwelthorizont weiter hinausschieben durch abstraktere Kanalisierung, ohne daß der Horizont dadurch überschritten und jener Hintergrund von Unbestimmbarkeit beseitigt würde, gegen den das Bestimmbare der Umwelt kontrastiert – das Jenseits-des-Horizonts trägt in das System/Umwelt-Verhältnis, das eines wechselseitiger Bestimmung ist, unvermeidlich (und evolutionär zunehmend) Unbestimmtheit ein.

(2) »Bei sinnkonstituierenden Systemen gewinnt jene Zweiteiligkeit zugänglicher und nichtzugänglicher Umwelt [. . .] nur eine besondere Form« (26), eine Form freilich, die das Nichtzugängliche in gewisser Weise (mit eigenen Folgeproblemen) zugänglich macht. Sinn ist diejenige Ordnungsform des Erlebens und Handelns, die jedes intendierte Thema auf die Differenz von System und Umwelt beziehbar macht, indem sie das Übergriffensein dieser Differenz als »Welt« (22), koextensiv mit dieser, begreifen läßt. In Form von Sinn und *nur* als Sinn erscheint mithin Welt, jene Simultaneität von »Möglichem und Wirklichem« (21); auf ihrer Folie muß jedes besondere *Thema*, das ›Wirkliche‹, als Selektion aus auch ›anders Möglichem‹, darüber hinaus Thematisierbarem erscheinen, und es ist Bestimmtes nur durch die Verweisung auf das Nichtintendierte, den *Horizont* des Unbestimmbaren.

Hier führt Luhmann[32] den Terminus »Appräsentation« (als Komplement zu dem nicht verwendeten ›Präsenz‹ oder ›Präsentation‹) für die »besondere Form« der Anschließbarkeit von Bestimmung des Unbestimmbaren ans schon Bestimmte ein – der er sich in diesem zweiten Schritt zuwendet –, was bedeutet: den Horizont zum Thema zu machen. Da aber »Horizont« eine (im Unterschied zu »Grenze«) standpunktrelative Begrenzung eines Relevanzbereiches ist und als solche etwas an sich Unabschließbares meint, bedarf es zu seiner Thematisierung – der ›Bestimmung‹ des Unbestimmbaren – zusätzlicher »Abschlußtechniken« (24), die Luhmann »selbstreferentielle Identifikation« und »Repräsentation« (23) nennt.

Voraussetzung der Unterscheidung zwischen diesen beiden ist Luhmanns (uneingeschränkt von Husserl übernommene[33]) Unter-

32 Im Anschluß an Husserl, von dessen (engerem) Sprachgebrauch er sich aber sachlich abgrenzt (vgl. Luhmann 1977d: 22 Anm. 28). Vgl. dagegen Schütz (1955: 338ff), der den Terminus ebenfalls in einer über Verweisungen in der Sozialdimen-

scheidung von »Innenhorizont« und »Außenhorizont«[34] des Systems, den Korrelaten von dessen Auflösevermögen für eigene Komplexität und die der Umwelt. Die Unterscheidung selbst bezieht sich auf Anwendungsbereich und Operationsmodus der Abschlußtechnik: »Selbstreferentielle Identifikation« schließt den Innenhorizont von Systemen; sie ist laufende Mitthematisierung dessen (und zwar des bloßen Daß), daß Tätigkeiten des Systems jedenfalls welche des *Systems* sind, und damit Konstitution einer formalen Systemidentität[35]. »Repräsentation« thematisiert Innen- oder Außenhorizont durch »Wiedereinführung des Appräsentierten« (24), indem nämlich Verweisungskorrelate – selbst frühere (oder künftige) wirkliche oder mögliche Präsenzen – des aktuell präsenten Themas, die dessen Horizont bilden, als bestimmter oder doch prozessual bestimmbarer set ›re-präsentiert‹ werden. – Wichtiger aber ist hier das Gemeinsame beider Abschlußtechniken, die beide die Selbstreferenzialität sinnhafter Kommunikationsprozesse nützen, nämlich hinsichtlich deren »Eigenart [. . .], auf sich selbst zurückgreifen zu können« (23): Als auf den Abschluß des Unabschließbaren gerichtet, unternehmen sie es, anstelle von etwas an sich Beweglichem Fixiertes zu setzen; aber dadurch entsteht gerade erst ein ›Fehlerrisiko‹, in dem das Kontinuieren der Selektivität an den Resultaten dieser Techniken erscheint und das kompensiert werden muß: durch Offenhalten des Außenhorizonts neben strikter ›Internierung‹ des Abgeschlossenen bei »selbstreferentieller Identifikation«, durch Kombination der Negierbarkeit mit der Abstraktion allen Repräsentierens.

Diese »Abschlußtechniken«, die sich auf das durch selektive Thematisierung zum Horizont Gewordene richten, sind die ›gewisse Weise‹, in der die Verwendung von Sinn in Systemen Bestimmung des Unbestimmbaren ermöglicht; aber sie sind nur Surrogate für solche Bestimmung, denn sie können das Selektionsverhältnis Horizont/Thema als solches nicht aufheben, sondern tragen – als eigenes Selektionsrisiko – Unbestimmtheit mit sich fort.

sion hinausgehenden Bedeutung gebraucht, dafür aber – anders als Luhmann – sachlichen Anhalt schon bei Husserl finden will.

33 Vgl. Husserl 1948: 28. 30ff.

34 So Luhmann 1975f: 209; 1977d: 28. 32.

35 Die Formulierungen an dieser Stelle machen unübersehbar, daß hier eine systemtheoretische Parallele zum Kantischen »Begleiten« des Ich(-denke) gemeint ist (vgl. Kant KrV B, 132f).

(3) Die Weiterbehandlung des Bestimmtheits-/Unbestimmtheitsproblems, wie es sich im Ausgang von »Repräsentation« stellt, kann hier beiseite gelassen werden – sie führte über die Feststellung des selektiven Charakters von Repräsentationen des Appräsentierten zur Formulierung der Funktion von Religion[36] –, nicht aber dessen Implikation in der anderen Abschlußtechnik, die als »Selbstreferenz für bestimmte Systemarten [sc. nämlich Sinnsysteme; F. S.] zur universellen, unvermeidbaren Systemstruktur [oder: Prozeßform] wird« (27).

Die Rede von »selbstreferentiell geschlossene[n] Systeme[n]« (27) greift sachlich zurück auf das in Luhmann 1975f entwickelte Verhältnis wechselseitiger Bestimmung von Elementen und Strukturen eines Systems, welches die Form von »Zirkularität« (30) hat[37]. Die prinzipiell unendlich perpetuierbare Zirkularität von Bestimmung läßt Systeme zwar »strukturlogisch« (28) unbestimmt, im Sinne von unterbestimmt[38], erscheinen – faktisch machen sich Systeme jedoch selbst bestimmbar, indem sie das Zirkulieren gleichsam für einen Moment ›anhalten‹: durch (von Luhmann hier so genannte) »Interdependenzunterbrecher« (28)[39].

Als Interdependenzunterbrecher, die dazu dienen, rekursive ›Umbestimmungen‹ von schon Bestimmtem zu unterbinden und deren Funktionsweise analogice als die von Halbleiterelementen in elektrischen Schaltungen vorzustellen ist, verwenden Systeme »Umwelt« und »Zeit«[40]. Deren Verwendung in diesem Sinne bedeutet, daß in die geschlossene Selbstreferenzialität des Systems eine »unabhängige Variable ein[ge]führt« (28) wird – wobei ›einführen‹ hier heißt, daß *im* System die *Annahme* einer Instanz gemacht wird, die, weil dem systeminternen Relationierungs›zir-

36 Vgl. dazu B-6.2.2.2.

37 Und bestätigt so, daß schon in dem abstrakten Stadium der in Luhmann 1975f vorgetragenen Analyse die erst hier entwickelte Selbstreferenzialität als Voraussetzung wirksam ist.

38 Vgl. Luhmann 1975f: 209; 1977d: 28.

39 Zur erstmaligen Verwendung des Terminus vgl. Luhmann 1974f: 36.

40 Vgl. sachlich schon: »Komplexitätsbildung [ist] in einem irreversiblen Sinne historisch [...] Der Rückgang zu Unbestimmtheit und die Wiederholung der Geschichte ist ausgeschlossen, schon weil tieferliegende Systembildungen organischer bzw. chemischer bzw. physischer Art die Umwelt binden. So ist zum Beispiel eine Neuformierung des genetischen Potentials durch dessen umweltbezogene Komplexität ausgeschlossen« (Luhmann 1975f: 209).

kus‹ nicht selber angehörend, festlegen kann, »wie das System eigene Zustände auf eigene Zustände bezieht« (27). Dabei fungiert »Umwelt« als die Annahme von *Andersheit,* welche eine für das System indisponible, dessen abstraktes Relationierungspotential einschränkende Bedingung bietet, »Zeit« als die Annahme einer jenseits der Systemgrenze schon gegebenen Auszeichnung einer *Richtung* bestimmender Relationierungen als auch für systeminterne Prozesse gültig.

Die Einführung von Interdependenzunterbrechern für Selbstreferenz entspricht, auf der Ebene sinnverwendender Systeme, dem Ansetzen von ›Umwelt‹ als dem externen, Systemkomplexität bestimmenden Faktor, wie es in Luhmann 1975f unter Absehung von Sinnkonstitution entwickelt wurde. Genau, wie dort die Bestimmungsleistung wieder relativiert wurde dadurch, daß ›Umwelt‹ ihrerseits als durchs System bestimmungsbedürftig konzipiert wurde, so folgt – in Luhmanns Darstellung wie auch im evolutionären Aufbau von Systemen selbst – auf die Einführung von Interdependenzunterbrechern deren »Abbau« (29): die als extern-unabhängig angenommenen Instanzen werden in die Zirkularität der Selbst-Bestimmung von Systemen einbezogen, d. h. der Möglichkeit systemabhängiger Variation[41] ausgesetzt.

Die Einführung von Interdependenzunterbrechern in die Selbstreferenz von Systemen hat ihre Entsprechung im Eintragen eines Rasters in Umwelt; beides bringt ein Fehlerrisiko mit sich, welches im Bestimmen bzw. Bestimmbarmachen des Unbestimmbaren liegt und kompensationsbedürftig[42] ist. Der Abbau von Interde-

41 Nämlich z. B. so, daß die Vorstellung »anderer Input-Leistungen aus der Umwelt« (Luhmann 1977d: 29) das System zu Umweltänderungen stimuliert, oder daß die Vorstellung »künftige[r] Zustände des Systems oder/und der Umwelt« (Luhmann 1977d: 29) darauf bezogene Manipulationen des gegenwärtigen bestimmt.

42 Religion – so Luhmann (1977d: 25f) – kompensiert das Repräsentationsrisiko durch »Gegenrepräsentation« und erreicht durch den so gebildeten »Dual« Risikoausschluß durch »Vollständigkeit«: durch das abschließende Verweisenkönnen der jeweils einen Seite im Dual Repräsentation/Gegenrepräsentation auf die andere werden die bei jeder Bestimmung von Thematischem überschießenden Verweisungen auf unthematisch Bleibendes gleichsam ›eingesperrt‹ und so folgenlos gemacht – das meint die hier verwendete Formel »Auffänger für Sonstiges«. An dieses Verfahren der Ausschließung weiterer Alternativen denkt Luhmann auch, wenn er Religion mangelndes »Funktionsbewußtsein« attestiert: »die Funktion der Religion bei der Transformation unbestimmter in bestimmte oder bestimmbare Komplexität [...] wird nicht selbst thematisiert, sondern mit religiösen Themen ›besetzt‹«

pendenzunterbrechern, von dem Luhmann feststellt, daß er den durch ihre Einführung erzielten »Erfolg« nur »*teilweise* wieder rückgängig« (29: Hervorhebung von mir; F. S.) macht, entspricht dem (bloßen) Hinausschieben(können) des Horizonts, welches durch stärkere Auflösung der Umwelt seitens des Systems geschieht. Abbau von Interdependenzunterbrechern läßt also in der Bestimmtheit, die deren Einführung in der Selbstreferenzialität von Systemen hat erscheinen lassen, wieder Unbestimmtheit wachsen; *diese* Unbestimmtheit ist – als »Unterbestimmtheit«[43] oder genauer: *Um*bestimmbarkeit von Bestimmungen – zwar eine andere als die, gegen die Interdependenzunterbrecher gesetzt wurden, deren Wiederauftreten aber, ebenso wie jene ständig latent bleibende und als Latenz fungierende, die Drohung einer Dekomposition der Bestimmungsfaktoren verbleibenden Bestimmtheit (von Systemen) bedeutet. Erzeugt wird so ein »Zugleich von Bestimmtheit und Unbestimmbarkeit« (30), das Luhmann ausdrücklich als Ansatzpunkt für die »Ausdifferenzierung spezifisch religiöser Sinnformen« (30) bezeichnet.

Unausdrücklich ist es freilich auch Ansatzpunkt für die konzeptionelle Plazierung von »Supertheorie« – eine These, die plausibel zu machen eine Orientierung über den systematischen Ort der mit diesem »Zugleich« bezeichneten Problemstellung im Kontext der Entfaltung von Luhmanns Theorie verlangt.

6.2 Religion und Wissenschaft

6.2.1 Komplexität als Problem der Welt

6.2.1.1 Der Begriff »Welt«: Genese und theoretischer Ort

Diese Orientierung vermittelt ein Rückblick auf die Verwendung des Welt-Begriffes, der in die Definition der Funktion von Religion (»Die Funktion der Religion bezieht sich auf die Bestimmbarkeit der Welt«[44]) eingegangen ist. »Welt« wird von Luhmann

(Luhmann 1977d: 85). (Zum Zusammenhang von Alternativen-, d. h. Kontingenzbewußtsein und Thematisierung vgl. oben B-5.) – Zu Luhmanns eigenem – statt religiösem: theoretischem – Umgang mit dieser Problemlage vgl. B-6.2.2.3.

43 Luhmann 1975f: 209.

44 Luhmann 1972d: 21. Dieser Text wird nahezu vollständig, neben wenigen

eingeführt als letzter Horizont, der unter dem Titel »Komplexität« das allen System(struktur)en vorgegebene und als unlösbar vorgestellte Problem ist; Komplexität wird dabei als unbestimmte, als »Gesamtheit möglicher Ereignisse« konzipiert, wobei die Unbestimmtheit durch den Möglichkeitsbegriff markiert wird[45], den die als »erste Annäherung an den schwierigen Begriff« formulierte Definition enthält. Über das Mittelglied der Bestimmbarkeit (dieser Möglichkeit) wird »Welt« zwar auf »System« bezogen, und die Einführung der Operationsform »Sinn« erlaubt es, Systemen »Reduktion« der Komplexität zuzuschreiben, wodurch bestimmte Möglichkeiten aktualisiert werden und die anderen reaktualisierbar bleiben. Infolge der Dominanz negativer Fixierung der Begriffsverwendung »Welt« an dieser Stelle (nämlich auf die Abgrenzung vom Strukturfunktionalismus Parsons') bleibt jedoch die Unterscheidung von »Welt« und »Umwelt« ebenso unberücksichtigt oder zumindest ungeklärt[46] wie der Typus von System, dessen ggf. bestimmbare »Umwelt« eben »die Welt« wäre, unspezifiziert.

Die Unterscheidung von »Umwelt« und »Welt« wird ausdrücklich für unerläßlich erklärt erst im Zusammenhang mit der Klärung des Begriffs von »Gesellschaft« als dem System, das im sozial »Voraussetzungslosen« operiert und »letzte grundlegende Reduktionen einrichtet« in bezug auf eine »äußere Umwelt«, die »die

sprachlichen Abänderungen und Querverweisen auf die übrigen Kapitel von Luhmann 1977d, als Kapitel 2 in Luhmann 1977d übernommen. Hinzu kommen freilich größere Erweiterungen und kleine Einschaltungen, in denen sich meist bestimmte (zwischen 1972 und 1977 entwickelte) Vergrößerungen und Verfeinerungen des systemtheoretischen Instrumentariums geltend machen, wie etwa zu den Themen: Ritual (Luhmann 1977d: 80f. 86f, bes. 144f. 171 – vgl. Luhmann 1974e), Limitationalität (Luhmann 1977d: 82. 90. 93 – vgl. Luhmann 1975m: 196; 1976e: 69f; sowie später Luhmann 1978d: 14ff), Funktion/Leistung/Reflexion (Luhmann 1977d: 112. 157 – vgl. Luhmann 1975m: 198; 1977d: 54ff), Stratifikation (Luhmann 1977d: 89 – vgl. Luhmann 1975m: 197f; 1975f: 206; 1977c; zuletzt 1980a: 25f. 72ff.), Evolution von Temporalstrukturen (Luhmann 1977d: 100f. 166f – vgl. Luhmann 1973i; 1976c; zuletzt 1980c). Bemerkenswerterweise betrifft die einzige substantielle Kürzung den letzten Halbsatz von Abschnitt VI (Luhmann 1972d: 37), der die provokante Formel von der »De-Humanisierung des Sozialen« enthält: er ist nach Luhmann 1977d: 101 nicht übernommen.

45 So Luhmann 1968i: 268.

46 In Luhmann 1967d: 117 scheint für Luhmann der »Umweltentwurf« eines Systems »seine Welt« zu sein.

47 Luhmann 1970e: 145. 144. Dieser Text greift sachlich auf Luhmann 1969c und 1968e zurück, geht aber mit der hier interessierenden Unterscheidung gerade über diese etwas früheren Studien hinaus.

hohe, offene Komplexität kontingenter Welt« hat[47]. Damit wird das Verhältnis Gesellschaft/Welt in die systemtheoretisch fundamentale System/Umwelt-Relation eingezeichnet. Der Akzent in der These liegt hier darauf, daß *Umwelt* des Gesellschaftssystems eben *Welt* sei, freilich noch ohne daß die Qualifikationen von »Welt« – »offene Komplexität« und »kontingent« – relational aufgelöst würden.

Die These als solche bleibt erhalten, als Luhmann, wiederum wenig später, »Gesellschaft« näher bestimmt als »Weltgesellschaft« – aber der Akzent verschiebt sich: Welt fungiert nun als Umwelt eben der Welt*gesellschaft,* die als »ein evolutionär völlig neuartiges Phänomen« bezeichnet wird[48]. Die damit erreichte theoretische Disposition erlaubt, die Systemrelativität von Welt nicht mehr nur rein formal als die von Problem und problembezogener Einheit anzusetzen und die Qualifikationen, die Welt erst dieses Problem sein lassen, als invarianten Block aus der Relation herauszuhalten. Vielmehr kann jetzt Welt in Korrelation zur Evolution sozialer Systeme gesetzt und auch die Fassung von Welt als »äußerst komplexes Feld von Möglichkeiten«[49], in der sie ständig lösungsbedürftiges und zugleich unlösbares Problem für alle Systeme sein soll, als eine von Systemen selbst, nämlich einer voraussetzungsvollen Variante ihrer, gemachte Vorgabe angesehen werden.

Werden »Gesellschaft« und »Welt« in eine evoluierende Korrelation gesetzt, so folgt aus dem systemtheoretischen Grundsatz der Entsprechung der Komplexitätsverhältnisse von System und Umwelt, daß mit der Zunahme des Abstraktionsdrucks, der sich aus dem Dominantwerden funktionaler Differenzierung für die Fassung des »Begriff[s] der Gesellschaftsgrenze«[50] ergibt, auch der Begriff der Gesellschafts-Umwelt »Welt« abstrakter werden muß. Diese konzeptionell postulierte Abstraktionstendenz bildet die Perspektive, die Luhmann die Transformation von »Welt«-Begriffen gleichsam ›wie erwartet‹ als Korrelat gesellschaftlicher Evolution auffinden läßt. Die Abstraktion von »Welt« – und speziell dieser gilt hier das Hauptaugenmerk – sieht Luhmann in einer Generalisierung[51] auf der Linie »von den ›möglichen Welten‹ zur

48 Luhmann 1971k: hier 57.
49 So Luhmann 1968h: 240.
50 Luhmann 1971k: 61.
51 »Abstraktion« und »Generalisierung« könnte man nach Luhmann 1967d: 133 Anm. 30 als auswechselbare Begriffe ansehen. Aber vielleicht »hätte« Luhmann

›Welt des Möglichen‹«[52], »die nicht mehr nur als universitas rerum begriffen werden kann, sondern darüber hinaus alles Mögliche einschließt und gerade dieser Möglichkeitshorizont des Vorhandenen oder Geltenden [...], Totalhorizont, das Ineinanderübergehen aller Horizonte«[53] ist. Daß bis zu dieser schließlich gebotenen Fassung des »Welt«-Begriffes wirklich ein Weg geführt hat und sie nicht nur ein Aussprechen des von Luhmann immer schon unter dem Namen »Welt« Mitgemeinten ist, läßt sich nicht nur dadurch begründen, daß man Luhmanns Satz »Wir sind bisher in bezug auf den Weltbegriff naiv verfahren«[54] über den Kontext des Weltgesellschafts-Aufsatzes (in dem er sich findet) hinaus auf den seiner gesamten Theorieentwicklung bezieht. Es zeigt sich vielmehr sachlich darin, daß zwischen der begrifflichen Instrumentierung des engeren Kontextes, der die oben zitierte Begriffsfassung ermöglicht, und thematisch ähnlichen Texten (auch *nach* der Feststellung evolutionärer Korrelation zwischen Gesellschaft und Welt) Unterschiede bestehen, die diese unter dem Gesichtspunkt jener Begriffsfassung als Vorstufe dazu ansehen lassen: Unterschiede, die sich bemerkbar machen in einem diskontinuierlichen Nach und Nach der Verknüpfung schon früh eingeführter, aber noch unzusammenhängender Einbindungen des »Welt«-Begriffes in die Theoriestruktur und in einem Schwanken beim Gebrauch darauf bezogener operativer Begriffe.

Aus denjenigen Charakteristika der im Selbstthematisierungs-

wirklich »besser getan, statt von Generalisierung von Abstraktion zu sprechen«. Denn »Abstraktion« und nicht »Generalisierung« ist der zentraler angesetzte Begriff von beiden im Zusammenhang seiner funktionalen Theorie. Er übergreift »Generalisierung« und »Spezifikation« als zwei gegensätzlich gerichtete Ausformungen einer funktional äquivalenten Operation (vgl. schon Luhmann 1964a: 40 Anm. 2, sowie 1972h: 143 Anm. 15), wie sie schon an der angegebenen Stelle aus Luhmann 1967d parallelisiert werden – wenn auch in einer Weise, deren Unklarheit von der unglücklichen Begriffsentscheidung abhängt und die durch die Einführung eines doppelten Begriffs von »Generalisierung« (vgl. Luhmann 1968h: 130f) nur noch verstärkt wird.
Und nach der Umstellung der Theorie Luhmanns auf Selbstreferenzialität ist die Zentralstellung eher noch deutlicher: denn »in der Selbstabstraktion wirklicher Systeme [liegen die Bedingungen anderer Möglichkeiten]« (Luhmann 1973f: 90); »Möglichkeit als eine Generalisierung von Wirklichkeit zu begreifen«, hat Luhmann bereits (Luhmann 1971a: 315 – Kursivierung aufgehoben; F. S.) vorgeschlagen.

52 So der Titel eines von Luhmann vielzitierten Aufsatzes von Pape (1968).

53 Luhmann 1973f: 89. 90.

54 Luhmann 1971k: 64.

Aufsatz von 1973 entwickelten Fassung des »Welt«-Begriffes, die unter solchen theoriegenetischen Auspizien hervortreten[55], werden sich die gesuchten Angaben über den systematischen Ort jenes »Zugleich« gewinnen lassen, um derentwillen dieser orientierende Rückblick vorgenommen wird.

Zunächst: »Welt« ist ›Resultat‹ einer radikalen Generalisierung, deren Radikalität darin liegt, daß sie – ›Indifferentisierung‹ von Differenzen – auch die systemtheoretisch konstitutive Differenz neutralisiert, die Grenze zwischen System und Umwelt überspielt und so die sinnhafte Konstitution einer Einheit ermöglicht, die System und Umwelt übergreift. Ein derart generalisierter Begriff von »Welt« wird benötigt als »Kontext« für die »Relationierung von System und Umwelt«[56], welche als Selbst-Thematisierung, als systemeigene Leistung konzipiert ist und nicht bloß als Herstellen einer Beziehung in der Perspektive des systemexternen Theoretikers[57].

55 Wenn im folgenden die in der Begriffsfassung von 1973 gegebene Verknüpfung von theoriestrukturellen Einbindungen des »Welt«-Begriffes gegen ihre Vorstufen kontrastiert wird, so macht sich darin weder müßige Detailfreudigkeit einer Luhmann-Philologie breit (*solche* Absichten zu verfolgen würde angesichts von Luhmanns häufig verwirrend unscharfem Sprachgebrauch noch ganz andere Dimensionen annehmen, was schon das relativ wenige Vorzuführende erkennen läßt!), noch bedeutet dies eine widersinnige Verdunklung der angestrebten Orientierung, die der ja durchaus als ›fertig‹ behaupteten Begriffsfassung von 1973 abzugewinnen sein sollte (und ist). Vielmehr bietet nur die Wiederholung von Luhmanns auf wirkliche Systeme bezogenem Verfahren der Auflösung und Rekombination in Anwendung auf seine Theorie selbst die Aussicht, nicht der in bloßer »Darstellung« (so Luhmanns Ausdruck) sich verlaufende »Kritiker« zu bleiben (vgl. Luhmann 1969k: 264) – was denn auch die leitende systematische Absicht ist.
Da, wie im Text darzulegen, Luhmann 1973f als terminus ad quem der Explikation des Luhmannschen »Welt«-Begriffes gelten kann, bleibt bei diesem Vergleich neben einschlägigen Partien aus Luhmann 1970e; 1971k; 1972d – als bloß zusammenfassende Abbreviatur des schon Entwickelten – außer Betracht Luhmann 1975f: 212.
56 Luhmann 1973f: 85.
57 Schon bei der erstmaligen Verwendung eines System und Umwelt übergreifenden »Welt«-Begriffes wird dieser eingeführt als implizite Voraussetzung der theoretischen Absicht, »sich ein System als System-in-einer-Umwelt [vorzustellen]« (Luhmann 1970e: 143). Daß die Formel vom »System-in-einer-Umwelt« gleichsinnig in Luhmann 1973f: 74 wiederkehrt, qualifiziert die 1970 vorliegende Verwendung von »Welt« als ›Vorstufe‹ zu der von 1973 positiv – negativ dagegen, daß das »Vorstellen« hier noch als analytische Hinsicht gemeint ist: das Konzept der Selbstreferenzialität von Systemen klingt allenfalls an in Form des Bewußtseins von einem erst später zu lösenden Problem (so liest sich im Rückblick der den Aufsatz abschließende Ausblick auf die Reflexivität von Gesellschafts*theorie*: Luhmann 1970e: 152f).

Sodann: Die Generalisierung, deren ›Resultat‹ »Welt« ist, hängt ab von sozialer Evolution, d. h. von der Evolution des Systems »Gesellschaft«[58], und zwar von Evolution insofern, als diese, jedenfalls *auch*, auf Differenzierung basiert[59] – und *deren* Korrelat ist Generalisierung[60]. Das Daß der Generalisierung von »Welt« ist Korrelat von Differenzierung als der »Ausdifferenzierung eines spezifisch sozialen Systems der Gesellschaft«, die zugleich (nur ›umgekehrt‹ formuliert) «De-Sozialisation der Umwelt der Gesellschaft« ist[61]. Das Wie ihrer Generalisierung hingegen korreliert mit Differenzierung im Sinne (einer Abfolge in der Dominanz) verschiedener Weisen der Innendifferenzierung des Gesellschaftssystems: Während für »archaische« Gesellschaften »Umwelt« und »Welt« noch nicht auseinandertreten (was ihre Unfähigkeit zur Selbst-Thematisierung bedeutet[62]), entwickelt sich in evolutionär späteren eine Generalisierung von »Welt«, und zwar in »hochkultivierten Gesellschaften« mit schichtungsmäßiger Differenzierung[63] als »Aggregatbegriff«, »mit dem Übergang zur bürgerlichen

58 *Daß* Evolution Evolution von »Gesellschaft« sei, besagt bereits (und später nicht revidiert) Luhmann 1970e: 150.

59 Vgl. Luhmann 1970e: 150; 1971a: 368; 1975c: 151.

60 Vgl. Luhmann 1972d: 28, wo freilich von Differenzierung im Sinne von Innendifferenzierung die Rede ist.

61 Luhmann 1973f: 88, auch 1973f: 74. Von »De-Sozialisation« spricht (mit Luckmann) bereits Luhmann 1972d: 27. 33ff; daß hier allerdings von De-Sozialisation »der *Welt*« (Hervorhebung von mir; F. S.) die Rede ist, reflektiert die evolutionstheoretische Sicht von Luhmann 1972d, der es auf das Woraus der Ausdifferenzierung des Systems »Gesellschaft« ankommt, nämlich auf die selber »sozial konstituierte Welt im ganzen« (Luhmann 1972d: 32): hinsichtlich dieser bedeutet Ausdifferenzierung von »Gesellschaft« die ›Kontraktion‹ der sozialen Weltdimension auf das weltkonstituierende System durch Abbau von Projektion des Sozialen (Kommunikation) auf das Außermenschliche und zugleich die Unterscheidung der Sozialdimension von Sach- und Zeitdimension, die ihrerseits nun (angesichts der Ausdifferenzierung des Sozialen zum Gesellschaftssystem und für dessen Identifikation erforderlich: vgl. Luhmann 1973f: 73f) die Kontinuität über die eingetretene Diskontinuität System/Umwelt hinweg gewährleisten, die Generalisierung von »Welt« tragen müssen. –
Einer im engeren Sinne systemtheoretischen (vgl. oben B-5) Sicht entspricht ein noch früherer Anklang eines Zusammenhangs der Formel »De-Sozialisation der Umwelt« (nämlich des Gesellschaftssystems) mit der Einführung eines die System/Umwelt-Differenz übergreifenden und in diesem Sinne generalisierten »Welt«-Begriffs: die »›äußere Umwelt‹ [sc. des Gesellschaftssystems; F. S.] kann gesellschaftliche Ordnungsleistung nicht mehr voraussetzen« (Luhmann 1970e: 144).

62 Vgl. Luhmann 1973f: 74.

63 »Jede Periodisierung bringt natürlich Abgrenzungsprobleme mit sich«, schreibt

Gesellschaft« und dem Dominantwerden funktionaler Differenzierung als »Korrelatbegriff«[64]. – Der damit benannte evolutionäre Fortschritt ist einer hinsichtlich des Grades der Generalisierung: Als Aggregatbegriff ist »Welt« so weit generalisiert, daß als »Welt«

Luhmann mit Recht 1972d: 103 Anm. 35, wo er die »ganz grobe Unterscheidung von archaischen, hochkulturellen und neuzeitlich-industriellen Gesellschaften« trifft. Die Unterscheidung dieser drei Typen von Gesellschaftsformationen findet sich bei ihm erstmals Luhmann 1970b: 16ff, und dann im dazu parallelen Kapitel III der späteren »Rechtssoziologie«, wo von »archaischen« und »hochkultivierten Gesellschaften« und der »modernen Gesellschaft« die Rede ist (Luhmann 1972h: 138). Die Bezeichnung »modern«, die die Konnotation ›auf der Höhe der Zeit‹ mit sich führt (vgl. im selben Sinn, auf seine eigene Theorie bezogen, schon den Titel von 1968e), für den evolutionär spätesten Typ hat sich in seinen späteren Arbeiten als Terminus durchgesetzt (vgl. etwa die »Globaltypik« Luhmann 1975c: 153), und daß von »moderner Gesellschaft« nur im Singular die Rede ist, deutet an, daß diese im Prinzip nach dem Paradigma der einen Weltgesellschaft begriffen wird, auch wenn sie sich – etwa als »bürgerliche« Gesellschaft – infolge Fortwirkens »alteuropäischer Formel[n]« (Luhmann 1973f: 75) für Selbst-Thematisierung selbst noch nicht im Sinne Luhmanns adäquat als »moderne« begreift (vgl. Luhmann 1973f: 80ff).
Daß der »hochkulturelle« Typ in den früheren Schriften Luhmanns fast gänzlich fehlt (vgl. nur Luhmann 1970e: 146) und der später »modern« genannte lange unter einer Vielzahl verschiedener Ausdrücke (z. B. Luhmann 1967d: 124: »großräumig«; Luhmann 1970e: 142: »technisch-industrialisiert«; oder einfach, so Luhmann 1968c: 164: »funktional differenziert«) auftritt, hat seinen Grund in Luhmanns ausdauerndem Festhalten an der von Durkheim überkommenen und Luhmann 1970e: 148 ausdrücklich als exklusiv behaupteten zweiteiligen »Unterscheidung von segmentärer und funktionaler Differenzierung«, die noch mit der Trichotomie von Gesellschaftstypen interferiert und deren klare Abgrenzung gegeneinander verhindert: deutlich so in Luhmann 1970b: 17f, wo »hochkultureller« und »moderner« Typ nur nach ›Einsetzen‹ und ›Fortgeschrittensein‹ funktionaler Differenzierung unterschieden werden können. Diese Unklarheit ist auch in Luhmann 1973f noch nicht behoben; da dies aber durch ›Nachentwicklung‹ eines für den hochkulturellen Gesellschaftstyp ›passenden‹ Differenzierungsprinzips, was die Beibehaltung der evolutionstheoretisch schon bewährten »Globaltypik« erlaubt, in Luhmann 1975m: 197f und 1975c: 153 geschieht, kann von hier aus der Begriff »schichtungsmäßige Differenzierung« zur Ausfüllung einer schon deutlich bemerkbaren ›Lücke‹ der Theoriekonstruktion benutzt werden – so oben im Text, der sich auf Luhmann 1973f: 88f bezieht.

64 Luhmann 1973f: 89. Der Terminus »Korrelatbegriff« hat eine Vorstufe in Luhmann 1971k: 65, wo Luhmann in Weiterführung Husserls »Welt nicht als Aktkorrelat, sondern als Interaktionskorrelat« begreifen will, wodurch, was »Welt« ist, in Interdependenz zum weltkonstituierenden System der Gesellschaft gesetzt wird: Horizont des nur durch (aber nicht: für) Gesellschaft Möglichen und als Woraus der Selektion zugleich Ermöglichung des weltkonstituierenden Systems selber. Später präzisierte *Vor*stufe ist diese Verwendung des Terminus »-korrelat« insofern, als die Absicht einer Abgrenzung von Husserl Luhmann dazu veranlaßt, die differentia specifica des »Korrelatbegriffes« »Welt« durch die Entgegensetzung

die eine als real fungierende und *daneben* andere – wirkliche oder mögliche – vorstellbar werden, nicht aber die Gesamtheit wirklicher und möglicher Welt*en* ihrerseits als »Welt« begriffen werden kann[65]; als Korrelatbegriff ist »Welt« in konstitutiver Bezogenheit auf Gesellschaft, die als Weltgesellschaft nur *eine* ist, deren Entsprechung, nämlich generalisiert zur *Einheit* wirklichen Soseins *und* möglichen Andersseins[66]. (Korrespondiert der Generalisierungs›schub‹ zum Korrelatbegriff der Auflösung des Scheins der Systemunabhängigkeit einer als geordnete Elementmenge vorgestellten[67] »Welt« im Zuge gesellschaftlicher Evolution, so ist umge-

von »Akt-« und »Interaktions-« zu bestimmen (was auch berechtigt ist); dabei vernachlässigt er aber – so in der unmittelbar vorausgehenden Formulierung »Die Kontingenz der Welt wird damit zum Korrelat der Kontingenz intendierender Akte, [. . .] gleichsam deren Aggregation« (Luhmann 1971k: 65) – die systematisch wichtigere Entgegensetzung von »Aggregat« und »Korrelat«, auf die es ihm später – »ich vermeide bewußt die Formulierung ›Aggregation aller Horizonte‹« (Luhmann 1973f: 98 Anm. 50) – ausdrücklich ankommt und im Zusammenhang einer Darstellung evolutionärer Generalisierung des »Welt«-Begriffes auch ankommen muß (vgl. dazu nur die – noch spätere – prägnante These über die Sequenz »aggregativer« und »relationaler« Generalisierung: Luhmann 1977d: 187!).

65 Vgl. Luhmann 1973f: 88. Mit noch schärferer Differenziertheit, die *diese* Generalisierung von »Welt« nicht direkt gegen die opake Einheit eines »mehr oder weniger alternativenlosen Realitätsglaubens« in »sehr frühen Stadien menschlich-gesellschaftlicher Entwicklung« (Luhmann 1972d: 22) absetzt, spricht Luhmann (1971k: 64 – Hervorhebung von mir; F. S.) von der Transformation der »Vorstellung einer *Mehrheit gleicher* Welten [. . .] in die Vorstellung möglicher *anderer und andersartiger* Welten« – dies bedingt durch die hier (anders als Luhmann 1973f: 89, wo es Luhmann weniger auf die »begriffsgeschichtlichen Umdispositionen« als auf die in gesellschaftlicher Evolution selbst liegenden Bedingungen ankommt) verfolgte Absicht eines Aufweises, daß der Übergang vom Aggregat- zum Korrelatbegriff als Generalisierungsform von »Welt« durch die Implikationen des scholastischen Kontingenzbegriffes ermöglicht wird (und zugleich aufgehalten dadurch, daß das Kontingenzproblem als ein theologisches erfaßt wurde).

66 Vgl. Luhmann 1973f: 89 und, ausführlicher, 1971k: 65.

67 Diese Vorstellung meint als »das Reale die perfekte Ordnung« (Luhmann 1973f: 89 – worin ein beabsichtigter Nachklang von Spinozas realitas sive perfectio steckt). Die Ersetzung des Aggregatbegriffes »Welt« durch einen Korrelatbegriff reflektiert den Wandel gesellschaftlicher Orientierung an einer Ordnung der »Welt«, die, weil schon (von Gott) geleistet und gewährleistet, nur anzuerkennen ist, zu einer an Ordnung der »Welt«, die vom Gesellschaftssystem selbst zu leisten und als zu leistende zu erkennen ist – was Luhmann an früherer Stelle als Hervortreten des »eigentlichen Charakters« dieser »Ordnung«, das sich in der Verdrängung von »Perfektions«-Vorstellungen durch das »Prinzip der Entwicklung« vollziehe, beschreibt (Luhmann 1972d: 62).

Vgl. auch die spätere, schärfere Fassung des Nachfolge- (und Gegen-)begriffs für »Perfektion«, »Steigerung« und Luhmanns Darstellung des notwendig (?) erfolglo-

kehrt – dies als methodologische Erinnerung – das Komplexitätsniveau der System/Umwelt-Beziehung, die sich im gesellschaftlich möglich gewordenen Begreifen der »Welt« als »Korrelat« spiegelt, zugleich Möglichkeitsbedingung für die von Luhmann gegebene *Darstellung* der Auflösung dieses Scheins, die Darstellung nämlich einer Korrelation *aller* »Welt«-Begriffe mit den ihnen entsprechenden Gesellschaftstypen.)

Weiter: Die in einen Korrelatbegriff mündende Generalisierung von »Welt« – und in dieser Fassung ist »Welt« Begriff der Luhmannschen Theorie – ist, näher bestimmt[68], eine Modalisierung. Dieser Terminus[69] integriert eine Mehrzahl weiterer Theorieeinbindungen, die in der Fassung des »Welt«-Begriffes von 1973 verknüpft sind, nämlich die »Simultaneität zweier Ebenen«[70], deren »possibilistischen« Typ und seine »sozialstrukturelle Relationierung«[71] sowie die Verbindung dieser beiden Momente in einer transformierenden Anknüpfung an die Tradition des Kontingenzproblems[72]: Eine »einzige Welt, die nicht mehr nur als

sen Versuchs, Perfektionsvorstellungen unter Bedingungen der Dominanz von Steigerungsformeln zu ›retten‹: Luhmann 1977d: 220ff – aber 208!

68 Vgl. Luhmann 1973i: 105: »Systemtheoretisch können alle Modalisierungen als Generalisierung von Systemstrukturen begriffen werden.«

69 Und zwar in der – gegenüber der in Luhmann 1973f: 84 gegebenen – prägnanteren Definition: »*Modalisierung* des Selektionsprozesses«, d. h. »das Präsenthalten jener zweiten Ebene, die dem Selektionsprozeß seinen Charakter als Selektion verleiht« (Luhmann 1973i: 104). Daß in der folgenden Erläuterung des dritten Charakteristikums des »Welt«-Begriffes stärker auf Texte *nach* Luhmann 1973f zurückgegriffen wird, mag verdeutlichen, daß der »Welt«-Begriff zwar auf Vorstufen basiert, in der hier verständnisleitenden Fassung von 1973f aber der ist, mit dem Luhmanns Theorie fortan arbeitet (und der seinerseits Präzisierungen anderer Theoriestücke ermöglicht).

70 Luhmann 1973i: 104. Zur Vermeidung von Mißverständnissen aufgrund unglücklicher Ausdrucksweise – doch die Texte sind zu nehmen, wie sie sind – ist hier anzumerken: Wenn Luhmann hier von »Ebene« spricht, so nicht mit der bestimmteren Bedeutung, die etwa Luhmann 1973f: 89 (»andere Ebene der Modalisierung«) vorliegt, sondern beabsichtigt nichtssagend bei dem Versuch, eine gemeinsame Bezeichnung für die an der zitierten Stelle in Luhmann 1973i aufgezählten Dualitäten zu finden, *ohne* durch bloß terminologische Entscheidung die Überordnung einer Modalisierungsform gegenüber den anderen zu präjudizieren. Genau diese komplexitätsbewußte »Vorsichtsstrategie« beschreibt Luhmann 1975f: 215 an der Gerichtspraxis: ». . . versuchen [. . .], den Anteil an Nichtentscheidung im Entscheiden zu erhöhen«.

71 Vgl. bes. Luhmann 1977d: 187f; der dort verwendete Ausdruck »possibilistisch« erstmals Luhmann 1973i: 104.

72 Vgl. Luhmann 1971k: 64f; 1973f: 72f; 1977d: 184ff.

universitas rerum begriffen werden kann, sondern darüber hinaus alles Mögliche einschließt«[73] – die ist eben »alles, was der Fall ist« (Wittgenstein), Welt als Wirklichkeit, *und* ihre (sie einschließende und damit zugleich ›degradierende‹) Generalisierung, Welt als Möglichkeit[74]. »Welt« so zu konzipieren, ist – symbolisiert im Simultan-›und‹ – Ersetzung eines »einheitlich-konkret-kompakt Gegebene[n]« durch eine Relation und läßt Kontingenz der »Welt« erscheinen[75]; denn: Möglichkeiten sind immer ›auch andere Möglichkeiten‹ (und das heißt »kontingent«) und nur als solche »Generalisierung von Wirklichkeit« – Generalisierung freilich einer Wirklichkeit, die ihrerseits nur Selektion aus den durch Generalisierung entworfenen Möglichkeiten (und insofern »kontingent«) ist[76]. Als Prädikat der Welt begrifflicher Ausdruck der durch Evolution des Gesellschaftssystems zur Weltgesellschaft erzwungenen »Possibilisierung der Welt«[77] *ist* »Kontingenz« die relationale (d. h. auf das weltkonstituierende System als Möglichkeitsbedingung bezogene) Generalisierung des modus entis der Welt[78]; sie »kann jetzt nicht mehr gedacht werden als Auswechselbarkeit dieser Welt gegen andere [sc. wie noch in der Form aggregativer Generalisierung; F. S.], sondern als Weltproblem, in

73 Luhmann 1973f: 89.

74 Vgl. Luhmann 1971a: 315, auch als früheren Beleg für den Luhmann 1973i: 104f noch deutlicher formulierten Zusammenhang von Generalisierung, Modalisierung und Selektivität des Weltbezugs von Systemen.

75 Vgl. Luhmann 1973f: 72f; was hier mittels Beschreibung der »Technik der Relationierung« entfaltet wird und die im weiteren Fortgang des Aufsatzes entwikkelte Fassung des »Welt«-Begriffes trägt, ist schon Luhmann 1971a: 379f programmatisch ausgesprochen: »Der Weltbegriff bezeichnet nicht mehr den Grund, sondern die Kontingenz alles Seienden.«

76 Vgl. nochmals Luhmann 1971a: 315 – woran sich nun eine allgemeinere Feststellung anschließen läßt: Generalisierung, ausgelegt als Modalisierung und diese als »Simultaneität« (im oben erläuterten Sinn), ist Ausdruck für die Einheit der Grundoperation Luhmanns, nämlich Auflösung und Rekombination (vgl. B-7.2.2). Daß diese Grundoperation *als* Einheit sich spiegelt im Begriff der »Welt«, wird möglich nur dadurch, daß die funktionale Abstraktion, derer sie sich bedient, aus einer analytischen Kompetenz der System*theorie* in die von Systemen selbst übergegangen ist (vgl. Luhmann 1973f: 90: »Die Bedingungen anderer Möglichkeiten liegen in der Selbstabstraktion wirklicher Systeme«) – parallel zur Entwicklung des »Welt«-Begriffs zum Korrelatbegriff.

77 Luhmann 1973f: 89.

78 So daß Luhmann (1975c: 155f) in einer geradezu definitorischen Verdichtung sagen kann: »Kontingenz bezeichnet also eine Zwei-Ebenen-Erfahrung, die Erfahrung des Wirklichen im Horizonte anderer Möglichkeiten« – eine Zwei-Ebenen-Erfahrung, die zurückgeht auf die »immanente Transzendenz« (die bewußte Auf-

bezug auf das sich Gesellschaft als selektives System konstituiert«[79].

Schließlich: Die Metapher »Horizont«, selber zur ›ältesten‹ Instrumentierung von Luhmanns »Welt«-Begriff gehörig[80], bezeichnet ein letztes Charakteristikum der Begriffsfassung von 1973, und zwar eines, in dem zum einen die vorgenannten zusammenlaufen und das zum anderen dadurch die ›alte‹ Metapher »Horizont« mit neuen Konnotationen ›auflädt‹. Zum einen: *Daß* »Welt« als »Horizont« konzipiert wird, impliziert Generalisierung fortgeschrittenen Stadiums; daß »Welt« mit der Metapher einer *gesichtspunktabhängig* variablen Einheit belegt wird, drückt die Interdependenz von »Welt« mit einem (evoluierenden) System aus; und das in der Metapher enthaltene Bedeutungsmoment der *Variabilität* reflektiert das In-sich-bleiben der »Welt« im Übergehen von einer Wirklichkeit zu anderen Möglichkeiten ihrer selbst. Zum anderen ist »Welt« – so heißt es *jetzt* – »nicht etwa nur der umfassende Horizont beliebigen Inhalts, die äußerste Grenzlinie, die bei jeder Annäherung zurückweicht; die Welt ist Totalhorizont, das Ineinanderübergehen aller Horizonte«[81]. Damit wird ein früheres Verständnis der »Horizont«-Metapher überboten durch ein neues, das sich statt der Figur der ›Letztheit‹ (mit ihrer Inklination auf transzendentalphilosophische Letztbegründungsabsichten) der (noch beziehungsreicheren) der ›Totalität‹ bedient[82].

nahme dieses Husserlschen Begriffs hier etwa: Luhmann 1973f: 89) sinnverwendender und dadurch »Welt« konstituierender Systeme. Darum finden sich auch (Luhmann 1977d: 21f) parallele Formulierungen in der Rede von der »Simultanpräsentation von Möglichem und Wirklichem«, als die »Sinn erscheint«, durch dessen »Gebrauch« »Welt« im in Luhmann 1973f entwickelten Verständnis »konstituiert« wird.

79 Luhmann 1971k: 65.

80 Zuerst Luhmann 1967a: 72: »Die Welt wird [...] projiziert als ein Horizont anderer Möglichkeiten von äußerster Komplexität.«

81 Luhmann 1973f: 90.

82 Mit der Nebeneinanderstellung dieser beiden Figuren bezeichnet Luhmann 1971a: 301 Anm. 15 eine s. E. in Husserls Verwendung des »Horizontbegriffs« für »Welt« bestehende Unklarheit und entscheidet sich selbst schon hier, der »Modifikation früherer Formulierungen« bewußt, für die ›Totalitäts‹-Figur, die Luhmann 1973f klar dominiert. Berücksichtigt man aber die Luhmann 1975f: 211f vorliegende Parallelisierung der Formeln »Totalität aller Innen- und Außenhorizonte« und »Letzthorizont« in der Erläuterung von »Welt«, so kann das »Nicht nur« in der oben im Text zitierten Formulierung aus Luhmann 1973f nicht disjunktiv, sondern allein komparativ verstanden werden (weswegen oben auch von ›Überbietung‹ die Rede ist); umgekehrt ist freilich auch zu beachten, daß die Sätze aus Luhmann 1975f,

Zum »Ineinanderübergehen aller Horizonte« erweitert, umgreift die Metapher »Horizont« nun auch die neu eingeführte Bezeichnung von »Welt« als »selbstsubstitutiver Ordnung«[83] und die damit verbundene Vorstellung der Unnegierbarkeit, der Nicht-Transzendierbarkeit[84] der »Welt«.

Daß beide Qualifikationen von »Welt« sich in die Sprache von Generalisierung und Modalisierung rückübersetzen lassen[85], beide das Kriterium der Korrelativität erfüllen[86], weist sie als Momente der als »Horizont« vorgestellten »Welt« aus. Ihr spezifischer und für die theoriestrategisch motivierte Bedeutungserweiterung von »Horizont« zum »Totalhorizont« von Luhmann benötigter Beitrag liegt im Begreifbar-machen des »Horizonts« – eben der Metapher, die, zu den Charakteristika des »Welt«-Begriffes gehörig, die übrigen (deren Zusammenwirken die Triftigkeit von »Horizont« als Charakteristikum selber erst begründete) in sich zusammenschließt[87] – als einer Einheit selbstimplikativen Charakters. Das kommt zum Vorschein, wenn man »Totalhorizont« und zumal Luhmanns Erläuterungen dazu – Zugänglichkeit des Hori-

die diese neuerliche Parallelisierung enthalten, in der Formulierung etwas unglücklich erscheinen (so taucht in der Reihe der Erläuterungen des »Welt«-Begriffs die im Sinne einer aggregativen Generalisierung zumindest mißverständliche und auf diesem Theorieniveau schon überholte Formel »Gesamtheit möglicher Ereignisse« aus Luhmann 1967d: 115 wieder auf) und interpretatorisch nicht gepreßt werden sollten.

83 Luhmann 1972d: 61. Vgl. auch B-7 Anm. 79.

84 Luhmann 1972d: 95f.

85 Eine Ordnung ist selbstsubstitutiv, wenn sie so weit generalisiert ist, daß sie in allen ihren wirklichen Ausprägungen unter konkreten Bedingungen dieselbe Ordnung bleibt. Und: »Welt [ist] nicht transzendierbar [...], weil sie sich im Prozeß des Transzendierens umkonstituiert« (Luhmann 1972d: 96) – das heißt: immer schon modalisiert ist, so daß »Transzendieren« nicht Grenzüberschreitung ist, sondern nur ›Verlagerung‹ des ›weltimmanenten‹ Horizonts sein kann, der bestimmtes Innen von unbestimmtem Außen trennt.

86 Schon darum, weil sie auch für (Welt-)»Gesellschaft« gelten; vgl. Luhmann 1973f: 87. 89.

87 Die unnötig kompliziert erscheinende Formulierung geht aufs Konto der Absicht, Ausdrucksweisen zu vermeiden, die unter Luhmanns Verdikt über die Erfassung der »Welt« als »Menge, se ipsam et omnia continens« (Luhmann 1973f: 98 Anm. 50) fielen. Vermeidungsabsichten ver›dankt‹ sich übrigens manche störende Umständlichkeit der Sprache bei dem hier vorgelegten Versuch, eine Theorie wie die Luhmanns reflektiert darzustellen, die selbst versucht, die Verwendung auch von zentralen operativen Begriffen an die Voraussetzung der Aufhellung ihrer sozialstrukturellen Referenzen (Bedingungen der Möglichkeit etc.) zu binden (vgl. z. B. B-6 Anm. 70).

zonts »in jedem Einzelthema«, konkrete Unendlichkeit – am Ende des Abschnitts IV im Selbst-Thematisierungs-Aufsatz[88] liest nicht nur als Einlösung der dem Abschnitt programmatisch vorangestellten These »Als Horizont der Horizonte fungiert die Welt«[89], sondern darüber hinaus als Versuch, nach dem Gesellschaftsbegriff und ihm korrespondierend auch den »Welt«-Begriff in eine Form zu bringen, in der er auf »die Frage nach dem Ganzen als Teil im Ganzen«[90] eingestellt ist. Die auf diese Grundfrage selbstreferentieller Gesellschaftstheorie zielende Formierung des »Welt«-Begriffs betreibt Luhmann, indem er – angelegt seit Luhmann 1967d und hier zum sachlichen Abschluß gebracht – »Welt« und »Horizont« zueinander in ein Verhältnis wechselseitiger Interpretation bringt, in dem sich an beiden Bedeutungsänderungen vollziehen. Bewußt parallel formuliert (wobei die Aussage über »Horizont« für sich hier nicht interessiert und deshalb nicht weiter vertieft wird): »Horizont«, interpretiert durch den Begriff der »Welt« als einer System und Umwelt übergreifenden Einheit, ist dann nicht mehr *nur* Unbestimmtheit eines Außen, sondern *auch* eines Innen, Bestimmbarkeitsbedingung von Umwelt ebenso wie von System an jedem seiner Elemente[91]. »Welt«, interpretiert durch den Begriff des »Horizonts«, der (operativ komplementär zu dem des »Themas«), unabhängig von jedem bestimmten System, die alle Bestimmtheit notwendig begleitende Unbestimmtheit bezeichnet, ist nicht *nur* äußerste Komplexität, sondern *auch* (um ein Wortspiel zu riskieren) ›innerste‹, nämlich das diesseits wie jenseits der System/Umwelt-Grenze einheitliche Fungieren der Beziehung, die die an allem Bestimmten mitgegebene Unbestimmtheit auf dieses hat – und »an allem, was wirklich oder möglich ist, Kontingenz erscheinen läßt«, »Kontingenz«, die »nur über Relationierung von Relationen limitierbar]« ist[92]. Oder, um es

88 Luhmann 1973f: 90.
89 Luhmann 1973f: 88.
90 Luhmann 1970e: 153 – hier im Blick auf »Gesellschaft« formuliert und so auch als Leitproblem des Selbst-Thematisierungs-Aufsatzes wiederkehrend (vgl. Luhmann 1973f: 73. 81ff. 86), aber eben auch Problemvorgabe für den »Welt«-Begriff (vgl. B-6 Anm. 92).
91 Anders formuliert: »Horizont« wird im Innen- und Außenhorizonte differenziert (vgl. dazu schon Luhmann 1971a: 301) und in der generalisierten Begriffsfassung »Totalhorizont« wieder integriert.
92 So läßt sich fortsetzen und abschließen – in Anlehnung an Luhmann 1975f: 212, wo im Blick auf den Horizont »Welt« formuliert wird, was sich entsprechend für das

mit den Sätzen zu sagen, die Anlaß für den Rückblick auf die theoretische Genese von Luhmanns »Welt«-Begriff waren: »Welt« ist der Titel dafür, daß »außen ebenso wie innen [...] jede Bestimmung gegen Unbestimmbares gesetzt [wird]. Innen ebenso wie außen kann man daher auf jenes Zugleich von Bestimmtheit

Thema, zu dem »Weltgesellschaft« sich (dank ihres Welt-Horizonts) selber machen kann, bereits Luhmann 1973f: 89f findet (von hier im folgenden auch alle nicht gesondert belegten Zitate). Daß dieser schon viel strapazierte Luhmann-Text auch für den zuletzt festgestellten Zusammenhang – Welt/Horizont/Kontingenz – die argumentative Grundlage bildet, soll hier als letztes noch gezeigt werden.

Die wechselseitig konstitutive Verbindung von »Weltgesellschaft« und »Welt« in der entwickelten Fassung des Begriffs theoretisch als System/Umwelt-Beziehung zu behandeln (so Luhmann 1975f: 212): in Luhmann 1971k: 64f wurde es noch in Frageform als problematisch hingestellt und schließlich in Form der »Hypothese« behauptet, »daß es die Kommunikationsstrukturen sozialer Systeme – letztlich der Gesellschaft [d. h. hier: der Weltgesellschaft; F. S.] – sind, die das Ausmaß der als Welt erscheinenden Kontingenz und Komplexität regulieren« – in Luhmann 1973f ist es schon beiläufig, und dies deswegen, weil »*Welt*gesellschaft« als Titel für die gegenwärtige Gesellschaftsformation inzwischen ebenso selbstverständlich ist wie die System/Umwelt-Beziehung operative Notwendigkeit für die Analyse von Selbst-Thematisierung.

Unter diesen Voraussetzungen wird »Welt« und »Weltgesellschaft« gleichermaßen (»so wie ... so ...«) das Prädikat »Einheit« beigelegt – dem Aufweis *seiner* Berechtigung dient der Abschnitt IV von Luhmann 1973f ausdrücklich (vgl. Luhmann 1973f: 88) –, und zwar zunächst einer nur faktischen (»scheint ... zwangsläufig«), der die Bestimmbarkeitsbedingung fehle, da sie ja nicht *extern* auf einen bestimmenden »Faktor« relationiert werden können (vgl. Luhmann 1975f: 211). »In dieser Lage des Gesellschaftssystems« (hier wie so oft bei Luhmann verquicken sich ›logische‹ und ›realsoziologische‹ Bedeutung von Argumenten) wird ein Verfahren erforderlich, das Bestimmung über *interne* »Relationierung von Relationen« ermöglicht (vgl. Luhmann 1973f: 73f), also über »einen neuartigen Stil der Reflexion«: eben die zuvor entwickelte Selbst-Thematisierung, die nun der Weltgesellschaft als Verfahren ihrer Selbst-Bestimmung angeboten wird (wodurch sie in der Tat für sich bestimmte Einheit wird, aber dies nur, indem ihr zugleich – qua Thematisierung-in-Horizont – deren Kontingenz erscheint).

Dabei ergibt sich ein einzigartiges Problem: »Soll die heutige Weltgesellschaft sich selbst zum Thema werden«, so »läuft [das] auf ein Reflexivwerden der Reflexion hinaus« (Luhmann 1973f: 83). Kontext für die Beziehung des Systems zu sich ist grundsätzlich die Beziehung des Systems zu seiner Umwelt (vgl. Luhmann 1973f: 76), d. h. im Falle der Weltgesellschaft: zur »Welt«. Das gilt für Reflexion – für reflexiv werdende Reflexion (»neuartigen Stils«) aber: »Als Kontext für eine solche Relationierung von System und Umwelt kann nur eine die Relation übergreifende, System und Umwelt einbeziehende Weltvorstellung dienen« (Luhmann 1973f: 85). »Welt« ist also *Relatum und Kontext* der System/Umwelt-Relation der sich selbst thematisierenden Weltgesellschaft, kontingent (als jenes) und nicht-kontingent (als dieser) zugleich – und diese theoretische Doppelrolle ist es, für die schließlich »ein

und Unbestimmbarkeit stoßen, das zur Ausdifferenzierung spezifisch religiöser Sinnformen den Anstoß gibt«[93].

6.2.1.2 Religion – Problembezug und Inadäquanz

Dieses »Zugleich« ist theoretisch plaziert an dem Ort, der durch die Verwendung des »Welt«-Begriffes beschrieben ist, wie sie in der Nachzeichnung der fortschreitenden Einbindung von »Welt« in das seinerseits mit zunehmender Konsequenz auf Relationalität umgestellte Konzept einer System/Umwelt-Theorie herausgearbeitet wurde. Die Umstellung auf Relationalität ist hinsichtlich des Systembegriffs in der Ausarbeitung eines adäquaten Konzepts für – die von Luhmann als gegenwärtige Realität angesehene – »Weltgesellschaft« vollzogen. Diese Ausarbeitung konnte auf dem Boden einer System/Umwelt-Theorie nicht einseitig-isoliert erfolgen. Gemäß der oben gelieferten Rekonstruktion der Genese des »Welt«-Begriffes ist mithin Bedingung der Ausarbeitung des Konzepts »Weltgesellschaft« die Neuformulierung des »Welt«-Begriffes in der Weise, daß das anfängliche Definiens »äußerste Komplexität« entsprechend relational aufgelöst wird, um schließlich in Gestalt von höchstgradig abstrahierten Formeln für selbstimplikative Einheit wiederzukehren und so einen Begriff von »Welt« zu bilden, der immer noch »äußerste Komplexität« meint, zugleich aber darauf eingestellt ist, in der Korrelation zu einem System von selber äußerster Komplexität das für eine System/Umwelt-Theorie konstitutive Komplexitätsgefälle gedanklich zu gewährleisten[94].

Zu diesen ›Welt-Formeln‹ gehört das zitierte »Zugleich«, das das Bezugsproblem für »Religion« bezeichnet – was besagt, daß

adäquater Weltbegriff« gesucht und durch Interpretation von »Welt« als »Totalhorizont« gefunden wird.
So verstanden, läßt sich Welt begreifen als Einheit des Ganzen und des Ganzen-als-Teils-im-Ganzen, von »Welt« und »Umwelt« (nämlich des Weltgesellschaftssystems – und insofern komplementär zu diesem, das ebenfalls Ganzes und »Teil in sich selbst« ist: vgl. Luhmann 1972d: 21), von Unbestimmtheit und ihrer Beziehung auf die Bedingungen der Möglichkeit aller Bestimmung – kurz: als Einheit von Einheit und Differenz (vgl. die im Blick auf die alternativen Zugangsweisen religiöser Erfassung bzw. funktionaler Analyse getroffene Unterscheidung von »Einheit« *oder* »Differenz«: Luhmann 1977d: 34), die ›es gibt‹ nur im Bezug auf das als Weltgesellschaft gegebene Auflöse- und Rekombinationsvermögen (vgl. dazu Luhmann 1977d: 248ff).

93 Luhmann 1977d: 30.

94 Vgl. Luhmann 1975f: 210.

Religion infolge ihres funktionalen Bezugs auf Welt und in diesem Bezug auf der System-Ebene der Weltgesellschaft operiert[95]. Nun stellt Luhmann fest, daß Religion in Erfüllung ihrer Funktion dieses »Zugleich« ›bearbeitet‹ vermittels einer Verbindung von »Repräsentation und Gegenrepräsentation«, und weiter, daß dieses Verfahren an »relativ einfache Gesellschaften« geringer Komplexität gebunden ist[96]. Weil so verfahrend, verfehlt Religion zunehmend die Angemessenheit an die Ebene der Weltgesellschaft (auf der sie wegen ihres Funktionsbezuges operiert und die ja Bedingung der Möglichkeit dafür ist, das Bezugsproblem von Religion, »Welt«, in die Form jenes »Zugleich« zu fassen, auf das Religion funktional bezogen ist) und das auf dieser Ebene mögliche Weltverhältnis. (So daß man sagen könnte: Religion ›bearbeitet‹ im »Zugleich« ihr Bezugsproblem, aber sie weiß nicht, was sie tut.) Sofern sie sich dieses Verfahrens bedient, besitzt Religion nämlich eine zu geringe Kapazität zur Bearbeitung der gesteigerten und als solche bewußt gewordenen Komplexität der »Welt«, die für die »Weltgesellschaft« als Kontingenz erscheint[97]: ihr Verfahren verstellt ihr die Möglichkeit zur Entwicklung von Funktionsbewußtsein und bindet sie an einen letztlich normativen Umgang mit Kontingenz[98].

95 So Luhmanns Kardinalthese zu »Religion« und deswegen in allen seinen einschlägigen Arbeiten enthalten: zuerst, und am deutlichsten ausgearbeitet, Luhmann 1972d: 21 (übernommen in Luhmann 1977d: 79), dann Luhmann 1972f: 251 – an beiden Stellen ist freilich terminologisch nicht von »Weltgesellschaft« gesprochen, sondern von »Gesamtgesellschaft« (obwohl in beiden Aufsätzen der Terminus »Weltgesellschaft« an anderer Stelle verwendet wird, nämlich Luhmann 1972f: 247; 1972d: 73. 97), was damit zusammenhängt, daß Luhmann 1972 den Terminus »Weltgesellschaft« im Blick auf seine empirische Triftigkeit noch vorsichtig, tentativ einsetzt – und Luhmann 1974h.

96 Vgl. Luhmann 1977d: 26.

97 Vgl. Luhmann 1975c: 156 (»Ändert sich der Horizont strukturell erzeugter Möglichkeiten, ändert sich eben dadurch auch die Selektivität der vorhandenen Institutionen und Praktiken [. . .] gerade dadurch, daß sie sich nicht ändern«) und Luhmann 1977d: 183 als grundlegende evolutionstheoretische Thesen dazu.

98 Vgl. Luhmann 1972d: 25: Statt ihren Funktionsbezug als Relation, d. h. als Differenz von Problem und variabler Lösung, zu thematisieren, »chiffriert« sie ihn als Einheit des religiösen Themas (vgl. Luhmann 1977d: 33f) und setzt erst daran Möglichkeiten der Selbstvariation an – durch Techniken der Themeninterpretation, später dogmatischer Reflexion dieser Interpretationen –, die aber als »Prozesse thematischer Generalisierung und Abstraktion« an die Erst-Chiffrierung gebunden bleiben, die sie abstrahieren. Diese Bindung drückt die oben im Text in Anlehnung an Luhmanns (von Galtung übernommene) Differenzbestimmung normativer und

Die Weltgesellschaft jedenfalls muß eine Mehrzahl höchst divergenter Umwelthorizonte ihrer funktional differenzierten Teilsysteme in einem hoch generalisierten »Welt«-Begriff (von entsprechend hoher Komplexität und Kontingenz) zusammenschließen, um über den Bezug zu dieser Welt als ihrer Umwelt ihre eigene Identität als gesellschaftliche Umwelt ihrer Teilsysteme zu sichern; und sie fördert deshalb einen »Führungswechsel« von normativem zu kognitivem Erwartungsstil, auf dem schon die im Zuge gesellschaftlicher Evolution dominant werdenden Teilsysteme »Wirtschaft, Wissenschaft, Technik [...] beruhen« und der eher geeignet ist, das System der Weltgesellschaft auf den infolge Interferenz der teilsystembedingten »Überproduktion von Möglichkeiten« unkontrollierbaren Anstieg der Kontingenz einzustellen[99]. Außerdem ist Religion, gerade weil an die Systemebene der Weltgesellschaft gebunden, einbezogen in den evolutionären Prozeß funktionaler (Innen-)Differenzierung des Gesellschaftssystems – was vom Religionssystem unter dem Titel »Säkularisierung« als Rückgang gesellschaftlichen Bedarfs für Religion erfaßt wird – und unausweichlich auf den Weg der Spezialisierung gewiesen[100]: mit der Folge, daß sie ihren Funktionsbezug ›aufs Ganze‹ nur noch als Bezug auf ein Sonderproblem vertreten kann – was die Erfüllung der Funktion gefährdet[101], zumindest solange sie als (allenfalls

kognitiver Erwartungsstile (vgl. Luhmann 1969h: 36) gewählte Bezeichnung »normativ« aus.

99 Luhmann 1971k: 63. 58. 60; zum Letzteren vgl. auch Luhmann 1970e: 148f. Zum – aus einer »spekulativen Hypothese« (Luhmann 1971k: 63) inzwischen zu einer entschlossenen These gewordenen – Rangverlust der »Normativität« gegenüber »Kognition« vgl. Luhmann 1977d: 246.

100 »Jedenfalls würde unter der Strukturbedingung funktionaler Differenzierung jeder Versuch, Säkularisierung mit religionsspezifischen Mitteln aufzuhalten, genau die Bedingung verschärfen, die der Auslöser ist: funktionale Differenzierung« (Luhmann 1977d: 247).

101 Denn »die mit der Ausdifferenzierung verbundene, nur noch aspekthafte Interpretation der Welt ist schon nicht mehr Interpretation der *Welt*, und im Verzicht auf eine Interpretation der Welt liegt schon der Beginn des Verzichts auf die gesellschaftliche Funktion« (Luhmann 1972d: 46 bzw. 1977d: 113f). Legt man diesen Satz aus dem 2. Kapitel von Luhmann 1977d neben den aus dem 1. Kapitel (Luhmann 1977d: 46: »Für komplexe Gesellschaften konsolidieren sich die Probleme, auf die die Religion antwortet, in ebenso fundamentalen wie selten relevanten Spezialproblemen«) und den Schluß von Kapitel 4, III (Luhmann 1977d: 248), so muß eine gewisse Unausgeglichenheit festgestellt werden; sie betrifft die Bewertung des Sachverhalts, daß der Status des Funktionsproblems von Religion evolutionärer Verschiebung unterliegt. Diese Spannung läßt sich zwar durch Verweis auf die

dogmatisch reflektiertes) Repräsentieren des Ganzen interpretiert wird.

Auf diese evolutions- und systemtheoretisch definierte Lage von Religion bezieht sich Luhmann, wenn er – vornehmlich an die Adresse der religiösen Dogmatik, der Theologie gerichtet – empfiehlt: »Dann muß von Repräsentation auf Reflexion umgedacht werden«[102]. Reflexion – das wäre der Vollzug funktionsbewußter Selbstabstraktion[103], weltgesellschaftsadäquate Einstellung auf Kontingenz[104] problem- (d. h. hier: welt-)bezogener Identität durch Umstellung auf Kognitivität[105].

Ob Religion eine voll auf Kognitivität umgestellte Theologie und eine entsprechende Einstellung auf Kontingenz *sich leisten kann*, ist eine Frage für sich[106] (und den Theologen). Daß Religion über ihre (dafür ›zuständige‹) religiöse Dogmatik[107], der Empfehlung folgend, diese Umstellung *leisten wird*, erscheint dem Gesellschaftstheoretiker Luhmann sehr zweifelhaft; jedenfalls spricht er, wie regelmäßig in Fragen gesellschafts- oder theoriebezogener Prognostik[108], auch hinsichtlich der Zukunftsaussichten der Sache

Unterscheidung von »Religion« und »Religionssystem« (vgl. Luhmann 1977d: 50f) ein Stück weit entschärfen (dagegen aber Luhmann 1977d: 113: es »ist nicht gesagt, daß Religion jeden Grad der Ausdifferenzierung [...] verträgt«), aber geht wohl auch darauf zurück, daß Kapitel 2 – unbeschadet der Überarbeitung (vgl. B-6 Anm. 44) – *Übernahme* eines 5 Jahre älteren Textes in Luhmann 1977d ist.

102 Luhmann 1977d: 80. Angemerkt sei hier, daß diesem Satz die klare Verständlichkeit, in der er die Figuren der »Repräsentation« (Luhmann 1977d: 24ff) und der »Reflexion« (Luhmann 1973f) zueinander in Beziehung setzt, durchaus abging, als er sich gleichlautend in dem Paralleltext Luhmann 1972d: 21 fand – ohne daß die zitierten (aber noch nicht erschienenen) Begriffsbestimmungen zur Erklärung beitragen konnten.

103 Vgl. Luhmann 1973f: 90.

104 »Dies erfordert eine Umstellung der Selbst-Thematisierung auf Kontingenz, also Mitreflexion der Möglichkeit, auch anders sein zu können« (Luhmann 1973f: 86).

105 »Kognitives Erwarten sucht sich selbst [...] zu ändern« (Luhmann 1971k: 55).

106 Die zumindest für den christlichen ›Fall‹ weiter unten (vgl. C-2) noch behandelt (und verneint) werden wird; vgl. aber auch die Formulierung der »Denkbar«keit Luhmann 1977d: 266, die die älteren Anfragen (Luhmann 1972d: 96f, aber übernommen in Luhmann 1977d: 180) deutlich abschwächt.

107 Zum (hier zugrundeliegenden) Luhmannschen Verständnis des Begriffs vgl. die definitorischen Ausführungen Luhmann 1977d: 86ff.

108 Hier z. B. Luhmann 1977d: 49. 223 u. ö., am deutlichsten im Vorwort zu Luhmann 1977d: 8.

mit Gott sein Non liquet. Dies freilich nicht unbedacht: an die Stelle einer Prognose sind bei ihm Angaben über die Möglichkeitsbedingungen einer solchen Umstellung getreten, die als teilsystemspezifische und/oder evolutionäre Chancen oder »constraints« formuliert[109] und häufig gegeneinander abgewogen werden – wobei sich schließlich doch eine Tendenz zu negativer Einschätzung entsprechender Selbstrevisions-Kapazitäten der Theologie[110] nicht (verbergen und) verkennen läßt. Luhmanns Einstellung gegenüber der Religion ist demnach (wenngleich anders begründet) nahe derjenigen von Marx, der »die Kritik der Religion« für »im wesentlichen beendigt«[111] hielt, aufmerksames Desinteresse an Religion als sozialem Phänomen[112], und dies nicht trotz, sondern wegen seines Engagements an Gesellschaftstheorie – und zwar einer, die das Problem der »Welt«, nämlich ihrer Bestimmbarkeit auf dem Komplexitätsniveau, das durch das Auflöse- und Rekombinationsvermögen der Weltgesellschaft zugänglich geworden (und nur unter Verlust erreichbarer Rationalität unterschreitbar[113]) ist, als ihr eigenes behandeln kann[114].

6.2.1.3 *Supertheorie*

In dieser Lage, die bestimmt ist durch die Entfaltung seiner eigenen Theorie, die ihrerseits, selbstreferentiell strukturiert und damit Moment gesellschaftlicher Evolution, von der Gesellschaft selbst erreichte evolutionäre Standards nur konzeptualisiert, d. h. erkenntnistechnisch handhabbar macht, greift Luhmann – im Blick

109 So, in Auswahl, Luhmann 1977d: 217. 266f oder 101. 143f. 223. 253. 262ff.
110 Vgl. Luhmann 1977d: 126. 133. 142. 174. 248 u. ö.
111 Marx, Zur Kritik der Hegelschen Rechtsphilosophie. Einleitung (MEW 1, 378 – Kursivierung aufgehoben; F. S.); vgl. auch Luhmann 1977d: 71: »die funktionalistische Soziologie [hat] die Phase einer bloßen Kritik der Religion von Gegenpositionen aus überwunden«.
112 Wobei selbstverständlich (wie insbesondere Kapitel 2 von Luhmann 1977d beweist) dazu auch die religiöse Vorstellungswelt samt ihrer intellektuellen Kom- und Explikation gehört und *als* soziales Phänomen theoretisch erfolgreich behandelt werden kann. Die oben im Text vertretene (und ausdrücklich auch angesichts von Luhmann 1977d – siehe nur die Selbstaussagen Luhmanns im Vorwort dazu – festgehaltene) These bezeichnet auch den Grund dafür, daß in B-6 aus Luhmann 1977d nur Abschnitte ausführlich dargestellt wurden, die zur weiteren Ausarbeitung einer allgemeinen Gesellschaftstheorie beitragen.
113 Vgl. Luhmann 1975f: 213ff.
114 Vgl. Luhmann 1978d: 13f, aber schon 1969k: 254. 262.

auf die skeptisch eingeschätzte Fähigkeit von Religion, unter Bedingungen funktionaler Differenzierung ihre gesellschaftliche Funktion problemadäquat zu erfüllen – zum Mittel der ›Ersatzvornahme‹: Das Konzept der »Supertheorie« ist Luhmanns Versuch, das Wissenschaftssystem für das anspruchsvolle Unternehmen auszurüsten, das ihm im Zuge gesellschaftlicher Evolution – so Luhmanns Vermutung – als Aufgabe zuwächst, nämlich mit dem »funktionalen Primat« im Gesellschaftssystem die »Position desjenigen Teilsystems« einzunehmen, »das auf Grund eigener Komplexität und eigener Dynamik die gesellschaftliche Entwicklung führt und anderen Teilsystemen den Bereich ihrer Möglichkeiten vorzeichnet«[115].

»Supertheorie« – dies als These vorweg – wird so angelegt, daß sie an die Stelle religiöser Dogmatik als der »Reflexion«[116] desjenigen Systems treten kann, das sich auf die »Bestimmbarkeit der Welt«[117] bezieht, ohne – weil im Kontext des Wissenschaftssystems und *dessen* »Reflexion«[118] – an die Reflexions*form* der Dogmatik gebunden zu sein. Diese These zum Verhältnis von Religion und Supertheorie ist noch sehr grob formuliert (und darum auch höchst anfechtbar), um vorab den von »Supertheorie« eingenommenen Theorieplatz in Luhmanns Gesamtkonzept zu markieren, und bedarf der Verfeinerung[119] – die ihr auch zuteil werden wird; zuvor jedoch muß das Konzept der »Supertheorie« zumindest in seinen wichtigsten Merkmalen umrissen werden.

115 Luhmann 1970l: 227; zur Definition des »funktionalen Primats« vgl. den Zusammenhang Luhmann 1970l: 225ff, auch 1973f: 86. 91.
116 Luhmann 1977d: 59f.
117 Luhmann 1977d: 79.
118 Vgl. Luhmann 1975m: 199; 1978d: 10. 12.
Gemeinsam ist den Auffassungen der beiden zeitlich auseinanderliegenden Texte die Interpretation von »Reflexion« durch (wie es in dem früheren von beiden heißt) »Kontinuieren oder Diskontinuieren der eigenen Problemtraditionen«; nicht ganz klar wird allerdings, ob »Grundlagenforschung«, der in Luhmann 1975m diese Referenz zugewiesen ist, in Luhmann 1978d als von »Supertheorie« abgelöst anzusehen ist – diese Auffassung liegt der oben verfolgten Interpretation zugrunde – oder ob sie, unter dem Titel »Erkenntnistheorie und Methodologie« nun mit der Systemreferenz »Funktion« betraut, mit Supertheorie »in Konflikte« gerät (Luhmann 1978d: 10f).
119 Nicht zuletzt, um die Versuchung abzuwehren, die These als Behauptung einer funktionalen Äquivalenz von Wissenschaft und Religon (falsch) zu verstehen – was angesichts von Luhmanns (1977d: 71, bes. 250) ausdrücklichen Bestreitungen solcher Äquivalenz zwingend geboten scheint (vgl. aber Luhmann 1977d: 67!).

»Die Funktion solcher Supertheorien wäre [. . .], für den Fall des Prämissenwechsels [sc. des Wechsels realitätsbezogener Prämissen konkreter Teiltheorien; F. S.] die Lernfähigkeit des Wissenschaftssystems zu gewährleisten unter Vermeidung des Zurückfallens auf den Anfang und völligen Neubeginn«[120]. Diese Bemerkung aus dem Jahre 1974 enthält bereits in nuce die konzeptionellen Desiderate, die Luhmann vier Jahre später in der – immer noch skizzenhaft bleibenden[121] und deutliche Spuren kontrastierender Polemik an sich tragenden[122] – Entwicklung des Konzepts »Supertheorie« einzulösen sucht.

120 Luhmann 1974a: 190 Anm. 45 – hier (und in der zugehörigen Passage des Haupttextes) die erste und für längere Zeit einzige Verwendung des Terminus »Supertheorie«, den Luhmann daneben noch in zwei ebenfalls 1974 gehaltenen, aber erst später veröffentlichten, Vorträgen aufgreift: in Luhmann 1977h: 13 eher beiläufig; in Luhmann 1976e: 49ff dagegen so forciert (auch sachlich!), daß er als für Gesellschaftstheorie erforderlich gleich eine »Mehrheit von Supertheorien« einführt (die freilich mit der schon bekannten Theorien-Trias System-/Evolutions-/Kommunikationstheorie identisch gesetzt wird – vgl. Luhmann 1975m: 196, wo ebenso wie Luhmann 1976e: 49 von wechselseitiger Limitierung der Theorie die Rede ist), die in ihrer »Kombination [. . .] Bedingungen der Möglichkeit so weit [restringiert], daß sie als theorieerzeugender Kontext dienen kann und so in methodisch handhabbare Forschungsprämissen überleiten, ja schließlich Empirie aus sich entlassen kann«. Diese »Mehrheits«-Konzeption ist allerdings in der oben im Text behandelten späteren Ausführung von Luhmann 1978d nicht erkennbar (wenngleich nicht ausgeschlossen) und wird im folgenden vernachlässigt.

121 Das skizzenhaft Probierende von Luhmanns Entwurf (das notwendigerweise auch die hier gebotene Wiedergabe nicht unberührt läßt, sondern vor die mißliche Wahl stellt, die vom systematischen Interesse gebotene eigene Konsistenz durch Weglassen oder Interpolieren einigermaßen zu sichern) kommt nicht zuletzt an auffallend häufigen Vagheiten der Sprache von Luhmann 1978d heraus: z. B. 10: »vielleicht können wir sagen«; 13: »scheint gerade eine Aufgabe«, »könnte man daran denken«, »Supertheorie hätte . . .«; 18: »könnte [. . .] andere totalisierende Theorien geben«; 21: »müßten die Anforderungen [. . .] noch präzisiert werden«.

122 »Soziologie der Moral« ist im ganzen eine teils offene, teils untergründige Auseinandersetzung mit Habermas und dessen »humanistisch« orientierter, an Nicht-Kontingentes gebundener (z. B. Luhmann 1978d: 38f) und Luhmann deshalb als moralisierend geltender Gesellschaftstheorie, die – so Luhmanns Kritik seit langem – mit ihrem Denkstil »›out of step‹ mit der gesellschaftlichen Realität« (Luhmann 1971a: 293) laufe und dadurch »das oberste Gebot aller Wissenschaft: Keine Einschränkung der Lernfähigkeit akzeptieren! Auch nicht durch Wahrheiten!« (Luhmann 1975m: 201) verletze. Bezeichnenderweise wird auch schon im Zusammenhang der oben (vgl. B-6 Anm. 120) zitierten Stelle Habermas als »politischer Moralist« in der Position des Theoretikers apostrophiert, der »bei hochentwikkeltem, aber schlecht definiertem Problembewußtsein« ein »hastiges Aufgebot von Verlegenheitsbehauptungen, die mehr vernebeln als klären« (Luhmann 1974a: 185f), präsentiere.

»Supertheorie«, die das Neuanfangenmüssen verhindern soll, kann nicht selbst ab ovo beginnen, sondern hat Gegebenes zur Voraussetzung, nämlich »Ausdifferenzierung eines besonderen Kommunikationssystems für Wissenschaft«, in dem sie die Systemreferenz »Reflexion« betreut, »um die Differenz von Kontinuität und Diskontinuität in der wissenschaftlichen Entwicklung zu überbrücken« (10)[123]. – Dies kann der »Supertheorie« nur gelingen, wenn sie etwas anderes ist als nur »normale Theorien mit leicht erhöhter Oktanzahl« (9), nicht »gegenstandsbezogene Theorie« (11), sondern Theorie des Gegenstandsbezugs von Theorie (einschließlich – Selbstreferenz! – dessen, den sie selbst entwikkelt). Deswegen muß sie für »Normaltheorien« konstitutive Differenzen – zwischen »Erkenntnis und Gegenstand« (11), zwischen »Code« und »Theorie« (12), zwischen »Theorien und Methoden« (13) – für sich außer Geltung setzen: damit sie Unterschiede in der Bestimmtheit solcher Differenzen auf Theorieebene vergleichbar machen und, ggf. auf Theorieebene erforderliche, Variation (von jeweils einem Relatum dieser als Differenz bestimmten Relation gegen das jeweilige andere) kontrollieren kann.

Das Außer-Geltung-setzen von Differenzen bedeutet den Verzicht auf apriorische Fixpunkte *in* den als Differenz erscheinenden Relationen, Verzicht auf »begründungshaltige Begriffe«, Kontingentsetzen aller Relata. Zugleich bedeutet es aber ein Festhalten *an* der Relation als nicht-kontingenter Beziehung von Kontingentem[124], *Zusammen*halten der Relation zwischen ›an sich‹ unabhängig voneinander negierbaren, anders-sein-könnenden Relata[125]. Für dieses Zusammenhalten ist es »notwendig, Nichtbeliebigkeit des Negationsgebrauchs sicherzustellen«; das geschieht mit Hilfe von »Kontingenzformeln«[126], die der »unbeschränkten Kontin-

123 Hier und im folgenden beziehen sich eingeklammerte Seitenzahlen im Text auf Luhmann 1978d.

124 Vgl. dazu Luhmann 1973f: 73. Dieses Moment von »Supertheorie« läßt erkennen, daß diese die Generalisierung der »Technik der Relationierung« (Luhmann 1973f: 72) zu derjenigen *Theorie* ist, die die »sich selbst ermöglichende« Reflexion der Gesellschaft nach deren Konstitution als Weltgesellschaft artikulieren kann (vgl. Luhmann 1973f: 90) und die Luhmann (1975m: passim, bes. 200ff) anvisiert.

125 Vgl. auch Luhmann 1975d: 206ff.

126 Dieser Terminus findet sich bekanntlich erstmals Luhmann 1972d: 57, eine Zusammenstellung der Kontingenzformeln für die Teilsysteme Politik, Wirtschaft, Wissenschaft, Erziehung, Religion: Luhmann 1977d: 202ff.

genz der Welt« Bestimmbarkeit verleihen – im Falle des Wissenschaftssystems durch die Kontingenzformel »Limitationalität«[127], für deren »[Einführung] Supertheorien [...] die theoretische Verantwortung [übernehmen]«: »Limitationalität ist in einem Aussagenbereich gegeben, wenn Negationen nicht leerlaufen, sondern wenn die Aussage, etwas sei non-A, zur Bestimmung von A beiträgt« (14)[128].

In Form einer als Supertheorie ausgearbeiteten Theorie »Limitationalität«, die ja, als Kontingenzformel, eine (in diesem Fall: wissenschaftssystemspezifische) ›Welt-Formel‹ ist, einzuführen und zu gewährleisten, bedeutet weiterhin die Erhebung von

127 Indem Kontingenzformeln dem Zusammenhalten einer Relation zwischen Kontingentem dienen, sind sie Formeln für – in der Sprache von Luhmann 1973f – den »Kontext« einer Relation, der genau dies leistet, nämlich Bedingung »der Möglichkeit anderer Möglichkeiten« (Luhmann 1973f: 73) *in* der Relation zu sein. Da auch »Welt« in diesem Sinne als »Kontext« für die Relationierung von System und Umwelt« (Luhmann 1973f: 85) fungiert, ist »Limitationalität« der wissenschaftsspezifische Ausdruck dafür, daß »Welt« Bedingung der Möglichkeit anderer Möglichkeiten der System/Umwelt-Beziehung ist: Ausdruck für die Bestimmbarkeit der »unbestimmten Komplexität«, die »Welt« *ist* (vgl. Luhmann 1975f: 211) und deren »Kontingenz nur über die Relationierung von Relationen limitiert« (!) (Luhmann 1975f: 212) werden kann, nämlich durch »Bedingungen der Kompatibilität« (Luhmann 1975f: 210. 213) von System und Umwelt.
Daß »Welt« Inbegriff unendlichen Andersseinkönnens, dessen Selbstlimitierung und darin erweiternde Regeneration von Änderbarkeit ist, gehört zu den Gedanken Luhmanns, die seine Arbeiten von den frühesten an durchziehen. Die Formulierung dieses Gedankens – z. B. Luhmann 1964a: 140; 1967a: 84; 1968d: 75; 1971g: 85; 1972h: 7. 250 – hat auf dem Wege von der Ebene funktionaler Organisationstheorie über die der Theorie sozialer Systeme bis zu der der Supertheorie im Grade der Generalisierung und entsprechender Ausweitung der Respezifizierbarkeit (zu dieser von Parsons übernommenen Korrespondenz vgl. etwa Luhmann 1972d: 28; 1972i: 221) zugenommen. Auf der zuletzt erreichten Ebene kann Luhmann dann über die Fassung von »Welt« als »Formproblem allgemeinster Art« (Luhmann 1975m: 202), als »Limitationalität«, Wissenschaft auf die Bestimmbarkeit der Welt einstellen und, indem »Weltprobleme und theologische Probleme« in »Formproblemen abstraktester Art« (Luhmann 1977d: 253) zur *Konvergenz* gebracht sind, auch in *Konkurrenz* zu Religion versetzen. Denn »diejenigen Fragen [...], die den Funktionsbereich der Religion unmittelbar angehen, etwa [...], welche Invarianten die Steigerung der Komplexität durch Wachstum oder durch Steigerung des Auflösevermögens übergreifen, welche Grenze kombinatorischer Möglichkeiten es gibt« (Luhmann 1977d: 255), sind dem Wissenschaftssystem zugänglich, das und sofern es sich durch »Supertheorie« selbst reflektiert.
128 Luhmanns Hinweis auf die Einführung »systemtheoretischer Annahmen über die Realität« (Luhmann 1978d: 16) in die Supertheorie übergehe ich – aus Gründen der Übersichtlichkeit der Wiedergabe – hier und greife ihn weiter unten auf.

»Universalitätsansprüchen« (17). Das heißt nicht, daß die Realität in voller Konkretheit ihren Ausdruck in der Supertheorie fände, oder auch daß es neben *dieser* Supertheorie keine oder bloß weniger leistungsfähige Alternativen geben könne – sondern (und immerhin), daß die Supertheorie, weil sie sich auf Gegenständlichkeit überhaupt bezieht, ihren eigenen Gegenstandsbezug *und* den andersartiger, konkurrierender Theorien muß artikulieren können. Sie tut dies freilich, ohne »den Streit der Wahrheitsansprüche wie ein parteiischer Richter [zu entscheiden]; ihr genügt, daß ihr diese Konstruktion gelingt« (18). Einlösung von Universalitätsansprüchen auf diese Weise nennt Luhmann »Totalisierung« (17 ff.), und er unterscheidet dabei zwei verschiedene »Totalisierungsstrategien«: eine »historisierende« und eine »problem-orientierte« (19).

(An dieser Stelle seiner Skizze des Konzepts »Supertheorie nimmt Luhmann eine fast unmerkliche Einschränkung des Referenzrahmens seiner Aussagen vor: Galt das Bisherige für »Supertheorien« überhaupt[129] [und nur auf diesem Boden auch, gelegentlich vorzugsweise, für seinen eigenen Entwurf] in Abgrenzung gegenüber »normalen Theorien«, so beginnt er nun seinen eigenen Entwurf von »Supertheorie« gegen konkurrierende ›gleichrangige‹ zu kontrastieren – man kann auch, aufs Rhetorische abhebend, sagen: er verstärkt die Beimischung von Polemik. Das zeigt der oben zitierte Hinweis auf das Genügen am »Gelingen der Konstruktion«, welcher seinem eigenen Theoriestil entspricht, ebenso wie die alsbaldige Ausblendung historisierender Totalisierungen zugunsten der problem-orientierten, deren Klasse er seinen eigenen Entwurf von »Supertheorie« am nächsten verwandt sieht[130].)

129 Er nennt die Theorie des Problemlöseverhaltens, die Theorie praktisch-moralischer Diskurse (11), Hegel, Parsons, den kritischen Rationalismus (15) und »die Marxisten« (18).

130 Die Unschärfe der Formulierung reflektiert die Unmöglichkeit, (aus Luhmann 1978d) zu klären, ob Luhmann seinem Entwurf von »Supertheorie« »Totalisierungen« zuschreibt. Zwar legt die Kritik insinuierende Verwendung des Terminus »Totalisierung« in Luhmann 1975m: 202; 1978d: 23 die Entscheidung nahe, »Totalisierung« als eine Bezeichnung Luhmanns für fremde Theorien zu verbuchen; diese Annahme liegt meiner Interpretation zugrunde. Aber Wendungen wie »es könnte [...] andere totalisierende Theorien geben, die [...] lernbereiter operieren [...] und über [...] verfeinertes Arrangierbewußtsein verfügen« (Luhmann 1978d: 18) oder »erst wenn Totalisierungen die Intentionen des Gegners miterfassen, [...] benötigt man eine Supertheorie, um die Identität in der Nichtidentität der eigenen und der gegnerischen Position zu formulieren« (Luhmann 1978d: 20f) scheinen sich

Anders als historisierende Totalisierungen[131] »lassen problemorientierte Totalisierungen sich auf der Ebene von Aussagen entwickeln«: Sie rekonstruieren die konkurrierende Theorie als Lösung eines von der eigenen Theorie »besser« gelösten Problems, und sie müssen dabei eine Theorie voraussetzen, die die Sachgemäßheit der Abstraktion gewährleistet, durch die aus der Einheit einer »sich als fertig [präsentierenden]«[132] Konkurrenz-Theorie die wieder als unfertig erscheinende, Alternativen eröffnende Relation eines Problems und *einer* Lösung wird. Dabei können die Intentionen der Konkurrenz-Theorie vernachlässigt und diese, als Lösung genommen, unter der »inkongruenten Perspektive« eines ihr nicht nur verborgenen, sondern fremden Problems diskreditiert werden[133]. Oder sie können »miterfaßt« (20) werden: »erst dann benötigt man eine Supertheorie, um die Identität in der Nichtidentität der eigenen und der gegnerischen Position zu formulieren« (20 f.).

Luhmanns eigener Entwurf von »Supertheorie« setzt bei der »Rekonstruktion des Auslöseproblems« an, auf welches andere »Supertheorien mit Totalisierungen [antworten]« (23), nämlich der Lage, in der sich widersprechende Urteile konkurrierender Theorien über Gegenstände nicht am Gegenstand entschieden werden können, weil infolge der Selbstreferenzialität der konkurrierenden Theorien die Differenz ihrer Beziehungen zum Gegenstand dessen Bestimmtheit als Gegenstand kontrovers sein läßt. Die Rekonstruktion bedient sich »systemtheoretischer Annahmen über die Realität« (16)[134] und stimmt so diese Lage vom Auslöseproblem

doch auf Luhmanns eigenen Entwurf zu beziehen; vgl. dazu auch Luhmann 1976f: 76: »Totaltheorien der bürgerlichen Dialektik (Marxismus/Systemtheorie)«.

131 Diese, die mit dem fortschrittstheoretischen »Topos der Gleichzeitigkeit des Ungleichzeitigen« (Luhmann 1978d: 19f) operieren und die konkurrierende Theorie in die Gebundenheit an eine »[überholte] Epoche der soziokulturellen Entwicklung« (Luhmann 1978d: 19) fixieren – Luhmann nennt das eine »existentielle Konstruktion des Gegners« –, setzen »ein Konzept für innerzeitliche Limitationalität« (Luhmann 1978d: 20) voraus. Dieses Verfahren muß also (so wäre mit dem Evolutionstheoretiker Luhmann zu entgegnen), um Negationskriterien zu gewinnen, mit der »zu hoch aggregierten« (Luhmann 1978b: 415) »Vorstellung der Einheit des universalhistorischen Prozesses als Prämisse der Theorie« (Luhmann 1978b: 423) arbeiten und kann die Nichtberücksichtigung der Differenz von System und Umwelt nur in »strategisch plazierten Unschärfen [verstecken]« (Luhmann 1975d: 208 Anm. 17).

132 Luhmann 1969k: 253.

133 So etwa durch die verbreitete Technik der ›Nichts-als‹-Interpretation.

134 Nämlich der, »daß zwischen Umwelt und System ein Komplexitätsgefälle

krisenhaften Umschlags von Normaltheorien in totalisierende Supertheorien zum ›Normalfall‹ für das Wissenschaftssystem herab: weil es seine Ausdifferenzierung erhalten nur kann, indem es sie steigert[135], ist es im Maße dieser Steigerung genötigt, »seine Reflexionseinrichtungen zu verstärken« (24) – kurz: »Supertheorie« auszuarbeiten. Operiert die Supertheorie, wie hier vorgeschlagen und bereits praktiziert, systemtheoretisch, so kann sie Auslöseproblem und Lösung auf die mit der System/Umwelt-Differenz gegebene und als »Limitationalität« bestimmbar gemachte Komplexität ihres Gegenstandsbereichs beziehen; und sie verspricht sich davon die Möglichkeitsbedingung zwar nicht für die »Entscheidung aller Konkurrenzlagen« (24), aber doch für den *Vergleich* von Supertheorien – und das heißt: für den Anschluß der Negation von kognitiven Erwartungen, von »Lernen«[136].

Supertheorien lassen sich dann unter dem Gesichtspunkt ihrer Fähigkeit vergleichen, die von ihnen zu garantierende Limitationalität von (gegenstandsbezogenen) »Normaltheorien« auf gegenwärtige – und künftige – Weltkomplexität einzustellen, nämlich durch entsprechende – steigerbare – Eigenkomplexität. In dieser Konkurrenz ist die systemtheoretisch arbeitende Supertheorie den totalisierenden, die »zu ihrer Konstruktion, Bestimmtheit und Negierbarkeit auf appellative Begriffe angewiesen sind« (25) deswegen überlegen, weil sie ihre »konstruktiven Elemente [. . .] wertungsneutral und umarrangierbar anlegt« (25). Durch diese

bestehe, das für ein jedes System Probleme vorgebe, die nur begrenzte Lösungsalternativen zulassen« (Luhmann 1978d: 16).

135 Das Auslöseproblem für Supertheorien – im Text auf eine sehr knappe Formel gebracht – läßt sich auch beschreiben als die ›widersprüchliche‹ Nötigung des Wissenschaftssystems, ›Widersprüche‹ zu vermeiden und zugleich ›Widersprüche‹ zuzulassen, da beides Merkmal von Ausdifferenzierung ist, beides die Autonomie systeminterner Prozesse erhält: jenes, indem es die Funktionsfähigkeit des systemspezifischen Codes sichert – dieses (wie oben dargelegt: Unterschiede in der Bestimmtheit des Gegenstandes als Gegenstand aufgrund unterschiedlicher Beziehungen zwischen Theorie und Gegenstand), indem es die Relationen des Wissenschaftssystems zu Gegenständen als einer »Teilumwelt« konditioniert sein läßt durch *gleichzeitige* Relationen zu *verschiedenen* anderen Teilumwelten (vgl. dazu Luhmann 1964a: 133ff; 1968h: 126f).

136 Genau diesen von »Supertheorie« geforderten konzeptionellen Effekt erzielt die systemtheoretisch orientierte Fassung von »Limitationalität«: »Identität in der Nichtidentität der eigenen und der gegnerischen Position zu formulieren« (Luhmann 1978d: 20f) und zugleich die »Limitierung des Möglichen« zu leisten, die von »Lernen erfordert« (Luhmann 1975m: 201) ist.

»Anlage« gewinnt – so hofft Luhmann wenigstens (26: »irgendwo liegt hier das für weitere Analysen benötigte Instrumentarium«) – seine eigene Theorie denjenigen Komplexitätsgrad, der einer Theorie ungebundene Lernfähigkeit verschafft. Sie muß dann auch auf die Erkenntnis, im »wichtigsten Fall [...] ihres Gegenstandsbereichs«, dem der »Weltgesellschaft«, seien »Grenzen der evolutionären Vorteilhaftigkeit von Komplexitätszunahmen erreicht, wenn nicht überschritten«, nicht mit einer Totalrevision oder gar dem Konkurs ihres auf Komplexität (und deren Steigerung qua Reduktion) gebauten Konzepts reagieren, sondern kann in Aktivierung ihrer Selbstreferenz »ihre Komplexität in bezug auf ihre gesellschaftliche Lage [...] reflektieren« (26): also erneut mit Komplexitätssteigerung antworten[137].

Mit einer Andeutung dieser Reflexion der theorieeigenen Komplexität »auf ihre gesellschaftliche Lage« schließt Luhmann die Skizze seines Konzepts von »Supertheorie«: Die in seinen Entwurf von »Supertheorie« eingegangenen »systemtheoretischen Annahmen über die Realität« (16) haben, als auf der Ebene gegenstandsbezogener Theorie gewonnenes Wissen über im Gegenstand selber liegende Grenzen des Bereichs alternativer Lösungsmöglichkeiten, ihre eigene theoretische Schlüssigkeit nur im Rahmen des Verhältnisses von Erkenntnis und Gegenstand, das »Supertheorie« als »Limitationalität« artikuliert und unter Bezug auf diese Kontingenzformel reguliert. Diese Garantie eines Rahmens, der noch unbestimmte gegenstandsbezogene Erkenntnis ermöglicht gerade

137 Es dürfte nicht fehlgehen, einmal zu konkretisieren: Luhmanns ›Aufarbeitung‹ seiner Theorie zur »Supertheorie« ist der Versuch, sich von einer einem zu spezifischen Paradigma von »Steigerung« (der Komplexität) verpflichteten Version seiner Theorie unter möglichst geringen Verlusten zu trennen, indem er die Kontinuität seiner Theorie sichert durch eine ebensolche Generalisierung des Paradigmas »Steigerung«, wie sie der Begriff des »Wachstums« in den offiziellen Euphemismen vom »Minuswachstum« erfahren hat – letzteres in Reaktion auf dieselbe, die (Ölpreis-)Krise des Weltwirtschaftssystems von 1973, auf die hin Luhmann, seine eigene Theorie dabei im Blick, 1974 die Entwicklung von »Supertheorien« ankündigt, deren Funktion sei, »für den Fall des Prämissenwechsels die Lernfähigkeit des Wissenschaftssystems zu gewährleisten unter Vermeidung des Zurückfallens auf den Anfang und völligen Neubeginns« (Luhmann 1974a: 190 Anm. 45). Ist in dieser Ankündigung einer »Auffangstellung für epistemologische Probleme« (so jetzt Luhmann 1978d: 16) doch Luhmanns Ahnung verschlüsselt, die Entwicklung des System/Umwelt-Verhältnisses auf der Ebene weltgesellschaftlicher Realität könne sich der Erfassung durch seine bis dato entwickelte Theorie entziehen.

durch eigene Unbestimmtheit, aber eine Unbestimmtheit, die in Form von »Limitationalität« selbst als (gleichsam ›nachträglich‹) durch jene gegenstandsbezogene Erkenntnis bestimmbar angelegt ist, kann »Supertheorie« aber nur leisten, indem sie vorgreift auf das Bestehen von »System/Umwelt-Differenzen als Bedingung limitierter Problemlösungsmöglichkeiten« (16), das Systemtheorie erfaßt.

Auch auf der Ebene der »Supertheorie«, das soll die zirkuläre Formulierung anzeigen, ist die systemtheoretisch fundamentale Korrelation von Umwelt und System – Luhmann spricht hier, spezifischer, von »Grundproblem« und »Systemleistung« (27) – nicht nach einer Seite hin auflösbar. »Grundproblem«: das ist die Unbestimmtheit der Welt(-Komplexität), die Supertheorie für das Wissenschaftssystem durch Limitationalitätsgarantie als Bestimmbarkeit darstellen kann, d. h. als mögliche Bestimmtheit – »Systemleistung«: das sind die Bedingungen dieser Bestimmbarkeit, die dem Wissenschaftssystem in Gestalt der jeweiligen Bestimmtheit des Gesellschaftssystems, als Schon-gelöst-sein des Problems der Kompatibilität von System und Umwelt[138] (z. B. von Weltgesellschaft und Welt), vorgegeben sind und die es als Bedingung anderer Möglichkeiten der Bestimmung zu reflektieren hat[139]. Darin, daß die Korrelation von »Grundproblem« und »Systemleistung« nicht einseitig auflösbar, sondern »zweiseitig aktivierbar« (27) ist, setzt sich der Duktus der Luhmannschen Theorie in die Aufgabenstellung für »Supertheorie« fort. Auch auf der mit Supertheorie ›besetzten‹ Steuerungsebene des Wissenschaftssystems geht es nicht um Selbstbegründung wissenschaftlich formierten wahren Erkennens durch Gewinn einer letzten Erkenntnis, eines fundamentum inconcussum, sondern um »selbstreferentielle Reflexion« (12) der Wissenschaft, die deren durch »Leistungen der Forschung« zu erwerbenden funktionalen Primat mit dem Erreichen der »relativ höchste[n], noch bestimmbare[n] Komplexität unter den Teilsystemen der Gesellschaft« begründet[140].

Mit einer solchen Konzeption von »Supertheorie« ›löst‹ Luh-

138 Vgl. Luhmann 1975f: 213.
139 Vgl. Luhmann 1978d: 16. Supertheorie ist mithin die Instanz der »Reflexion«, von der Luhmann (1973f: 90) feststellt, sie müsse sich »nach der Konstitution einer Weltgesellschaft [. . .] selbst ermöglichen und die Bedingungen des für sie Möglichen in jeweils den Systemen finden, deren Einheit und Kontingenz sie reflektiert«.
140 Vgl. Luhmann 1973f: 90ff, hier 95.

mann die »Abschlußproblematik« (26 f.) des Wissenschaftssystems (und seiner eigenen Theorie!) in einer Weise, die die gesellschaftlichen Bedingungen ihrer Unlösbarkeit, die Kontingenz von Weltgesellschaft und Welt, zum Formprinzip von deren Erkenntnis[141] macht. Und er gibt der darin enthaltenen Reverenz vor der Realität, »in der alle Probleme immer schon gelöst sind« (20), die erst zu rekonstruieren Geschäft seiner Theorie ist, entsprechend Ausdruck in einer Form, die deutlich macht, daß für funktionalistische Systemtheorie die Realität nicht als wirkliche Bestimmtheit von Interesse ist, sondern allein als umbestimmbare Bedingung möglichen Bestimmtseins, nicht als Lösung, sondern als Derivationsbasis eines Problems, das auch anders gelöst werden könnte: »Nur mit dieser Relationierung kann eine Supertheorie gegen die Stöße der Empirie hinreichend abgefedert werden« (27)[142].

141 Vgl. Luhmann 1975m: 202: »Es gibt keinen voraussetzungslosen Anfang und kein erkennbares Ende. Die Selbstlimitierung nimmt im Nachvollzug der internen Interdependenzen zu, zugleich entstehen aber Querperspektiven und neue Abstraktionsmöglichkeiten, die das Erreichte wieder in einen unfertigen Zustand versetzen.« Vgl. dazu auch Luhmann 1977d: 222: ». . . die moderne, funktional differenzierte Gesellschaft [. . .] kann aus strukturellen Gründen weder sich selbst noch ihre Welt auf Kulminationspunkte der Realperfektion beziehen«. Sie »operiert – in ihrer Wissenschaft wie überall sonst – unter offen gelassenen Abschlußproblemen«.

142 »Funktionale Analyse ist nun wirklich alles andere als eine Technik zur Wiederherstellung der Unmittelbarkeit« (Luhmann 1977d: 145). Dieser Satz fällt bei der Behandlung der Frage, ob sich für das religiöse Kommunikationsmedium »Glauben« ein symbiotischer Mechanismus ausmachen lasse; »symbiotischer Mechanismus« ist bekanntlich Luhmanns Konzept für die Verbindung der symbolisch vermittelten Interdependenz in (und zwischen) sozialen Systemen und »der Notwendigkeit des auch organischen Zusammenlebens« (Luhmann 1974e: 110): dafür, daß Gesellschaft – trotz aller Minimalisierung dieser Bindung – auf die Existenz von Menschen unter Bedingungen von deren physischer Natur angewiesen ist.

Der polemische Zungenschlag dieses Satzes verleitet dazu, ihn ›gegen den Strich‹ als Ausdruck eines konzeptionell bedingten Vermeidungszwanges zu lesen. »Keine Theorie erreicht das Konkrete. Das ist nicht ihr Sinn, nicht ihr Ziel« (Luhmann 1975c: 150) – so versichert Luhmann es sich und anderen. Daß die systematische Vermeidung von Zumutungen einer Art Realität, an deren indisponibler Entschiedenheit funktionale Theorie mit ihrem reichen Potential zum Entwurf von Alternativen ins Absurde abgleitet, gleichwohl als Tabuierung von Dunkelzonen erkannt ist, deren Peinlichkeit – dies jedenfalls für eine Theorie mit Universalitätsansprüchen – Anlaß zur alsbaldigen Abwendung ist, macht eine Formulierung deutlich, die sich im Zusammenhang der Erörterung eines anderen symbiotischen Mechanismus findet: »Die physische Gewalt begleitet das Recht wie ein unabwerfbarer Schatten, aber gewisse Probleme, die mit dieser Assoziierung von Recht und Gewalt verbunden

6.2.2 Steigerung und Erhaltung

6.2.2.1 Steigerung: Lösung als Problem

Soviel zum Konzept der »Supertheorie«. Dabei ist eine bemerkenswerte Gemeinsamkeit von »Supertheorie« und Religion zum Vorschein gekommen; sie betrifft die vielleicht weitestreichende, jedenfalls spektakulärste ›Neurung‹, die dieses Konzept für Luhmanns Gesamttheorie bringt: die Umorientierung der Theorie im Blick auf das Paradigma »Steigerung«.

Noch nicht unter seinem eigenen Namen, sondern unter dem der »Entwicklung«, wird das Paradigma »Steigerung« bei Luhmann erstmals 1972 thematisch als dasjenige, das im Zuge des Dominantwerdens »bürgerliche[r] Gesellschaft« und funktionaler Differenzierung an die Stelle von »Perfektions«-Vorstellungen tritt in der Funktion, selbstsubstitutive Ordnungen (wie Welt, Gesellschaft und nun auch funktional ausdifferenzierte Teilsysteme) zu repräsentieren[143]. Dieser historische Sachverhalt ist Luhmann hier noch so unproblematisch, daß er ihn theoretisch in die Diagnose der Rückständigkeit (konnotativ: Defizienz) der Theologie gegenüber dem in anderen gesellschaftlichen Bereichen erreichten Niveau ausmünzen kann[144]: gesellschaftlicher Evolution adäquat sei allein konzeptionelles Einschwenken auf »Steigerung«.

sind, lassen sich in komplexeren Gesellschaften besser lösen« (Luhmann 1972h: 110).
Als »bessere Lösung«, die »komplexere Gesellschaften« ermöglichen, bietet Luhmann sein Konzept von Gesellschaftstheorie an, in dem Menschen nicht als Elemente, sondern als Umwelt des Gesellschaftssystems (vgl. nur Luhmann 1971a: 385; 1972d: 37 bzw. 1977d: 101 und jetzt 1977e: passim) betrachtet werden – mögen von dort auch »Stöße der Empirie« unartikulierten Widerspruch anmelden, so können sie doch »abgefedert« (s. o. den Text) und umgeleitet werden in eine Re-Definition der System-Umwelt-Beziehung. Die erhellende Kraft dieses Konzepts ist unbestreitbar. Aber der »Schatten« der Endlichkeit bleibt »unabwerfbar« an seinen Gegenständen und verdunkelt die Aussichten dieser wie jeder Steigerungs-Theorie. Vgl. hierzu auch den Schluß von Folkers 1977.

143 Vgl. Luhmann 1972d: 61f.

144 Diese Lesart wird man, bei aller Vorsicht von Luhmanns Formulierung (»gerät nun in einen Gegensatz«) der These, mit dem Festhalten an der Begriffsform der Perfektion für die Kontingenzformel »Gott« verschließe sich Theologie der Einsicht »aller evolutionär orientierten Wissenschaften«, daß »Kontingenz [. . .] *nicht mehr* überzeugend in Perfektionen [. . .] aufgehoben werden« könne, vertreten dürfen (vgl. Luhmann 1972d: 62, Hervorhebung von mir; F. S.)

Das Bild, das sich fünf Jahre später zeigt (Luhmann 1977d), ist uneinheitlich, und zwar wegen der (an dieser Stelle) unveränderten Übernahme[145] des zitierten älteren Textes in das neue Buch. Darin greift im übrigen eine sehr viel distanziertere Einstellung zu »Steigerungsformeln« Platz – so am deutlichsten in der Passage, wo der »Umbruch zur bürgerlichen Gesellschaft« als Auslöser der Identifikation von Kontingenzformeln der einzelnen Funktionsbereiche mit »Steigerungsinteressen« festgestellt[146], das Religionssystem und seine Kontingenzformel davon aber nicht nur ausgenommen, sondern demgegenüber sogar ausgezeichnet wird: »Lediglich im Religionssystem haben sich Reserven gegenüber diesen die letzten beiden Jahrhunderte überschwemmenden Interpretationen gehalten [...] Und es ist nicht auszuschließen, daß hier eine Position gehalten wird, die ein Scheitern der Steigerungsformeln überdauern und darauf reagieren kann«. Und was hier als »Scheitern der Steigerungsformeln« noch aus »Gesichtspunkten der Rationalität« gleichsam nur theoretisch in Form einer absehbaren Krise gesellschaftlicher Systemkonstruktion abgeleitet wird[147], gilt wenig später schon als »Fall« des Systems der Weltgesellschaft, dessen eigene »Grade und Formen der Komplexität«, aus (›an sich‹ stabilitätssichernden) Steigerungsprozessen hervorgegangen, bereits de-stabilisierend zurückzuwirken[148] – und ›Komplexität‹ und ›Systemtheorie‹ zu diskreditieren – beginnen.

Als Ausgangsposition für das Weitere ist aus den beigezogenen Texten festzuhalten: Grenzen der »Steigerung« sind dem Theoretiker einer (genetivus obiectivus *und* subiectivus!) auf Steigerung eingestellten Gesellschaft nicht schon immer bewußt, sondern sie werden es erst, und zwar als Kontinuitätsgefährdung zunächst der Gesellschaft, dann auch seiner Theorie. Die neu gewonnene Einsicht geht einher mit der Projektion einer Auffangposition zwecks Kontinuitätssicherung; die Auffangsposition ist doppelt besetzt, und zwar mit dogmatisch gesteuerter Religion und supertheoretisch gesteuerter Wissenschaft als Kontinuitätsgaranten.

145 Vgl. Luhmann 1977d: 133; zu den sonstigen Veränderungen bei Übernahme vgl. B-6 Anm. 44. Vgl. aber auch Luhmann 1977d: 221f zur Subjektivierung, Temporalisierung, Possibilisierung von Perfektion bzw. ihrer als steigerbar interpretierten Fassung »Perfektibilität« – mit dem Resultat: »Begriffszerfall« von »Perfektion« (und Zurückbleiben von »Steigerung«).

146 Vgl. Luhmann 1977d: 207.

147 Luhmann 1977d: 208.

148 Vgl. Luhmann 1978d: 25f.

6.2.2.2 *Religion und Wissenschaft: funktionale Äquivalenz?*

Bei zwei Kontinuitätsgaranten mit, wie weiter oben bereits angedeutet, unterschiedlichen Arbeitsweisen und ungleich eingeschätzter Leistungsfähigkeit unter Bedingungen funktionaler Differenzierung, die auf der Basis *einer* Funktionsstelle auszumachen sind, liegt der Schluß auf ihre funktionale Äquivalenz nahe[149]. Der auf der Basis dieser Rekonstruktion des Theoriezusammenhangs vorzunehmende Vergleich wird freilich berücksichtigen müssen, daß Luhmann die Berechtigung des Schlusses auf funktionale Äquivalenz von Wissenschaft und Religion mehrfach ausdrücklich verneint[150], und es empfiehlt sich daher, an der signifikantesten Variante dieser Bestreitungen anzusetzen, wo es heißt[151]: »Sie [d. h. die auflösende und relationierende »Rekonstruktion« von Komplexität, die durch gesellschaftliche Evolution möglich und im Kontext eines ausdifferenzierten Wissenschaftssystems von »konsequent systemtheoretisch« und »funktionalistisch verfahren(der)« Analyse unternommen wird[152]; F. S.] bietet nicht etwa ein funktionales Äquivalent für Religion, da sie sich nicht als Dekomposition des Unbestimm*baren* versteht und das Diskretierungsrisiko selbst gar nicht ins Auge faßt.« Mit der negativen Bezugnahme auf »Dekomposition des Unbestimm*baren*« und »Diskretierungsrisiko« in dieser These zur Nicht-Äquivalenz von Wissenschaft und Religion spielt Luhmann – soviel ist deutlich – auf seine Definition der Funktion von Religion an. Aber – wie lautet Luhmanns Definition der Funktion von Religion?

Diese scheinbar leicht – schließlich gibt es neben mehreren thematisch einschlägigen Aufsätzen von Luhmann sogar ein Buch mit dem Titel »Funktion der Religion« – zu beantwortende Frage führt auf eine Vielzahl von teils unvollständigen, teils miteinander

149 »Funktionale Äquivalenz heißt natürlich nicht, daß alle diese Alternativen letztlich auf das Gleiche hinauslaufen; sie sind als Alternativen gerade deshalb interessant, weil sie unter unterschiedlichen Bedingungen mit unterschiedlichen Folgen gewählt werden können« (Luhmann 1975n: 45).

150 Siehe die B-6 Anm. 119 angegebenen Stellen, außerdem Luhmann 1977d: 45ff.

151 Luhmann 1977d: 250.

152 Vgl. Luhmann 1977d: 70; in diesem Zusammenhang gibt Luhmann eine Beschreibung des Verfahrens, das er in seinem Buch »Funktion der Religion« anwendet und für das er mit dem Konzept der »Supertheorie« eine Rechtfertigung nachliefert.

inkompatiblen Definitionsvarianten, aus deren Kollationierung sich immerhin eine formale Struktur erheben läßt: Funktion von Religion ist die Transformation von xZ in yZ[153]. Verfolgt man Luhmanns Verwendung wechselnder Fassungen dieser Definition als kontextbezogene theorietechnische Erprobung, so läßt sich, ungeachtet bleibender Unausgeglichenheiten, eine folgenreiche Klärung hinsichtlich der Variable x feststellen – eine Klärung im Sinne einer Spezifikation des Bezugsproblems von Religion und damit ihrer Funktion, die den Schlüssel für das Verständnis ihres Verhältnisses zu Wissenschaft abgibt.

In der frühesten Fassung setzt Luhmann für x die (substantivierten) Prädikate »unbestimmt und unbestimmbar«[154]. Die daran anschließende Ausarbeitung bietet für x »unbestimmt[155] – dagegen der nahezu gleichzeitig entstandene organisationssoziologisch orientierte Aufsatz »unbestimmbar«[156]. Pointierter noch kommt die Ambivalenz von x in einem später veröffentlichten (aber ebenfalls etwa 1971/72 entstandenen) Aufsatz heraus, wo zunächst für x »unbestimmt«, dann »unbestimmbar« eingesetzt[157] *und* letzteres als gleichbedeutend mit ersterem[158] eingeführt wird. Schließlich, in Luhmann 1977d, finden sich beide Prädikate als Einsetzungen für x nebeneinander abgebildet oder gar miteinander identifi-

153 Als Einsatzwerte für Z finden sich, neben den Ausnahmen »Möglichkeiten« (Luhmann 1974h: 22), »Welt« (Luhmann 1977d: 26) sowie der Verbindung »Komplexität und Kontingenz« (Luhmann 1974h: 18), entweder »Komplexität« – so Luhmann 1972d bzw. 1977d: Kapitel 2 (ausgenommen die drei sogleich anzugebenden Stellen); Luhmann 1974h: 19; 1977d: 20 – oder »Kontingenz« – so Luhmann 1972d: 29. 60 bzw. 1977d: 90. 131; 1977d: 189 – oder Substantivierungen von x bzw. y – so Luhmann 1972f: 250; 1972d: 87 bzw. 1977d: 67 und durchweg in 1977d: Kapitel 1.3.4 (vgl. auch B-6 Anm. 159).
Für y findet sich in der Mehrzahl der Fälle »bestimmt oder doch bestimmbar« (vgl. dazu B-6 Anm. 161) – so Luhmann 1972d: 21. 25. 29. 47. 50 bzw. 1977d: 78. 85. 90. 114. 118; 1974h: 18. 19. 22; 1977d: 33 – oder »bestimmbar« (in der Regel verbunden mit »Kontingenz« als Einsatzwert für Z; vgl. dazu Luhmann 1978d: 44) – so Luhmann 1972f: 250; 1972d: 23. 29. 60. 91 bzw. 1977d: 83. 90. 131. 174; 1974h: 20; 1977d: 189. 201 – und in einem Fall, nämlich Luhmann 1977d: 37, »bestimmt«.
Zu den Einsatzwerten für x vgl. weiter den Text.

154 Luhmann 1972k: 11.

155 Luhmann 1972d: 21 u. ö.; Ausnahme: Luhmann 1972d: 87.

156 Luhmann 1972f: 250.

157 Luhmann 1974h: 18f. 20.

158 Luhmann 1974h: 20: »unsere Ausgangsannahme« – die lautete aber gerade auf Transformation nicht von »unbestimmbarer«, sondern von »unbestimmter« (Komplexität und) Kontingenz (Luhmann 1974h: 18).

ziert: »unbestimmt« in Kapitel 2, »unbestimmbar« in den Kapiteln 1.3.4[159] (in Kapitel 5 gar keine ausdrückliche Nennung der Funktion der Religion) – in den jüngsten Texten also eine klare Option für die Einsetzung von »unbestimmbar«[160].

Für das Changieren von x zwischen Unbestimmbarkeit und Unbestimmtheit bieten sich mehrere Erklärungen an. Man könnte es als konzeptionell gewichtigsten Beleg dafür nehmen, daß Luhmann, wie 1971 formuliert, »zunächst offenlassen möchte, ob [er] den Begriff der Komplexität auf der Ebene des je Verwirklichten oder auf der Ebene des Möglichen definieren«[161] will – denn »Komplexität« ist ja einer der Einsatzwerte für Z[162]. Oder man könnte es als terminologische Schwäche nehmen und einem Theoretiker wie Luhmann vorwerfen, daß er anderen gegenüber auf die Beachtung der Eigenart von Dispositionsbegriffen, für sich unvollständig zu sein, pocht[163], selber aber solche Konfusion von kategorial Differentem zuläßt[164]. Für beide Erklärungen spricht etwas, ohne daß sie doch sachlich befriedigen könnten. Stattdessen soll hier dieses Changieren in Entsprechung zu der doppelsinnigen Verwendung der Metapher »Horizont« gesetzt werden, wie sie in Luhmann 1977d vorliegt: nämlich (a) Übergehen in Transzendenz, d. h. Unbestimmbarkeit, *und* (b) Ausschluß von Transzendenz, d. h. Unbestimmtheit, zu bezeichnen[165].

Im Anschluß an diese in Luhmann 1977d weniger explizierte als vielmehr operativ (vielleicht gar unbeabsichtigt) durchschlagende Doppelsinnigkeit läßt sich die Bedeutung von »Horizont« (der, wie B-6.2.1.1 gezeigt, Metapher für »Welt« ist) in ihre Momente »Transzendenz« und »Immanenz«[166] zerlegen – und damit auch das (in B-6.2.1.2 als ›Welt-Formel‹ apostrophierte) »Zugleich« in

159 Diese klare angebbare Trennlinie ergibt sich aus der bereits mehrfach betonten Tatsache, daß Kapitel 2 die in vielem unabgestimmte Übernahme des älteren Textes Luhmann 1972d in 1977d ist.

160 Allerdings doch wieder: »unbestimmt«, nämlich in Luhmann 1978a: 350!

161 Luhmann 1971a: 301 Anm. 14.

162 Vgl. B-6 Anm. 153.

163 Vgl. z. B. Luhmann 1969k: 257; 1972d: 18; 1973i: 106.

164 So z. B. »Transzendenz und Immanenz« erst mit »Unbestimmbarkeit und Bestimmtheit«, eine halbe Seite weiter aber mit »Unbestimmbarkeit« und »Bestimmbarkeit« zu parallelisieren (Luhmann 1977d: 46f).

165 Vgl. Luhmann 1977d: 35. 30 (zu a) bzw. 16. 25 (zu b).

166 Oder, um es mit Husserlschen Ausdrücken zu forcieren: »Transzendente Transzendenz« und »immanente Transzendenz« (zum letzteren vgl. Luhmann 1971k: 65; 1973f: 89).

seine zwei Varianten, Zugleich von (a) Unbestimmbarkeit und Bestimmtheit/Bestimmbarkeit bzw. von (b) Unbestimmtheit und Bestimmtheit/Bestimmbarkeit, die »Welt« als Bezugsproblem für (a) Religion und (b) supertheoretisch gesteuerte Wissenschaft formulieren und deren jeweilige Operationsweise[167] definieren.

Der gemeinsame, aber unterschiedlich ansetzende Welt-Bezug macht das Verhältnis Religion/Wissenschaft zu einem nichtkonkurrenten Nebeneinander. *Religion* operiert in ihrem Welt-Bezug auf der Ebene des Gesellschaftssystems, auf der »letzte grundlegende Reduktionen ein[ge]richtet«[168] werden müssen, eben jene fundamentale, mit Sinnkonstitution schlechthin einhergehende Unterscheidung von Bestimmtem/Bestimmbarem und Unbestimmbarem, von Immanenz und Transzendenz[169]; diese Unterscheidung als Bedingung der »Bestimmbarkeit der Welt«[170] gegen das Interferieren von Unbestimmbarem zu sichern ist Funktion der Religion. Sie erfüllt ihre Funktion, indem sie das Unbestimmbare in Bestimmtes/Bestimmbares in der Weise transformiert, daß sie das Unbestimmbare als solches »verdeckt«[171] und die den Anschluß von Bestimmungen zulassende Kontingenzformel »Gott« an seine Stelle setzt; die ist die »Gegenrepräsentation«, die das auch an höchst generalisierten Repräsentationen des Appräsentierten haftende Risiko der Selektivität jeder Bestimmung (des Unbestimmbaren) auffängt[172]. *Wissenschaft* operiert in ihrem Welt-Bezug auf der Ebene gesellschaftlicher Teilsysteme; sie kann deswegen die auf der Ebene des Gesellschaftssystem (von Religion) geleistete Absorption von Transzendenz voraussetzen, mithin vom Unbestimm*baren* absehen und eine schon bestimmbar gemachte Welt, Welt als Immanenz zum Thema machen. Sie thematisiert

167 Etwa schematisiert, läßt sich kontrastieren: Religion, an Variante a orientiert, faßt den Welt-Horizont als ›mögliche Möglichkeit‹, die nicht mit immanenten Bedingungen relationierbar ist, und muß deswegen das Zugleich von Unbestimmbarkeit und Bestimmtheit/Bestimmbarkeit als Einheit »chiffrieren«; Wissenschaft, an Variante b orientiert, faßt den Welt-Horizont als ›wirkliche Möglichkeit‹, die nicht mit immanenten Bedingungen relationiert *ist*, aber darauf verweist, daß sie damit relationiert werden *kann* – Unbestimmtheit impliziert also die Bedingungen ihrer möglichen Bestimmtheit –, und kann das entsprechende Zugleich von Unbestimmtheit und Bestimmtheit/Bestimmbarkeit als Relation »dekomponieren«.

168 Luhmann 1970e: 145.

169 Vgl. Luhmann 1977d: 16f.

170 Luhmann 1972d: 21 bzw. 1977d: 79.

171 Luhmann 1977d: 33.

172 Vgl. Luhmann 1977d: 24ff.

bestimmbare Immanenz als Lösung eines Problems[173], das sie als (den Horizont der) Unbestimmtheit von Welt rekonstruiert, die sie »Komplexität« nennt[174] und durch die Kontingenzformel »Limitationalität« als bestimmbar interpretiert[175].

Die Nicht-Konkurrenz von Wissenschaft und Religion ist eine durch systemtheoretische Konstruktion des Verhältnisses von Gesellschaft zu ihren ausdifferenzierten Teilsystemen bedingte Konstellation, und sie ändert sich aufgrund der Logik derselben Theorie: »Im Laufe der Evolution zu höherer Komplexität verändert sich der Stellenwert der Gesamtgesellschaft im Gefüge sozialer Systeme, ändert sich vor allem durch Innendifferenzierung und Ebenendifferenzierung der Bedarf für Selektionsleistungen, die auf dieser höchsten Systembildungsebene noch für die gesamte Gesellschaft einheitlich erbracht werden müssen – oder auch nur: erbracht werden können«[176]. Das heißt: Ohne daß das Bezugsproblem von Religion und damit ihre Funktion sich änderte[177],

173 »Funktionale Analyse ist eine Technik der Entdeckung schon gelöster Probleme. Sie rekonstruiert mit Hilfe systemtheoretischer Annahmen mit Vorliebe solche Probleme, die in der gesellschaftlichen Wirklichkeit schon keine mehr sind.« (Luhmann 1975p: 6).

174 Diese ›Umbesetzung‹ von »Welt« – an die Stelle der von Religion (weil nicht analysierbaren, auch nicht analysierten, sondern) »chiffrierten« (vgl. Luhmann 1977d: 33) »Unbestimmbarkeit« das relationale, damit funktional analysierbare Konzept »Komplexität« zu setzen – ist gemeint, wenn Luhmann (1977d: 255) von »Komplexität als Unbestimmbarkeitsäquivalent« spricht. – Vgl. aber Luhmann 1976e: 52: »Sie [sc. die Gesamtanalyse, die mit der Kombination der drei Teil-Theorien arbeitet; F. S.] bezieht ihren Gebrauch von Supertheorien auf die Funktion der Limitierung unbestimm*barer* Komplexität, weil sie in einem Gesellschaftssystem artikuliert wird, in dem bewußt wird, daß genau dies geschehen muß, bevor etwas anderes geschehen kann« (Hervorhebung von mir; F. S.). Dürfte man diesen bemerkenswerten Satz als mehr nehmen denn als eine radikale Spitzenthese (wozu der forsche Vortrags-Gestus von Luhmann 1976e keinen Anlaß gibt, im Gegenteil), so bedürfte die hier entwickelte Interpretation der Äquivalenz von Wissenschaft und Religion nicht des Differenzierungsaufwandes, den die Modifikation dieser Spitzenthese in Luhmann 1977d (vgl. nur B-6 Anm. 151) erzwingt. Denn die »Funktion der Limitierung unbestimmbarer Komplexität« *ist* die der Einrichtung »letzter grundlegender Reduktionen«, die auf der Ebene des Gesellschaftssystems erfüllt werden muß, »bevor etwas anderes geschehen kann« – und die als Transformation des Unbestimm*baren* von Luhmann sonst nur der Religion zugeschrieben wird.

175 Vgl. dazu Luhmann 1978d: 14. 44 (hier spezieller gemeint, aber auch generalisiert gültig: die These zum Bestimmbarmachen von »Komplexität« durch ihre Interpretation als »Kontingenz«).

176 Luhmann 1972d: 21 bzw. 1977d: 79.

177 Vgl. Luhmann 1977d: 242 (»All diese Veränderungen machen die gesellschaftli-

ändert sich die Bedeutung dessen, *daß* Religion ihre Funktion erfüllt, im selben Maße, wie das Gesellschaftssystem (bis hin zur Weltgesellschaft) generalisiert wird und Teilsysteme durch schärfere Ausdifferenzierung an Autonomie gewinnen. Unter diesen weltgesellschaftlichen Bedingungen rückt Wissenschaft, ungeachtet ihrer nachgeordneten Lozierung, auf eine faktische Konkurrenz mit Religion – und deswegen mußte das Konzept der Supertheorie nachentwickelt werden – hinsichtlich der Bestimmbarkeit der Welt[178]; dabei startet sie in dieser Konkurrenz freilich mit dem Vorteil, die Bestimmbarkeit einer »Welt« gewährleisten zu müssen, die als solche nicht als unbestimmbar, sondern ›nur‹ als unbestimmt angesetzt ist. Der Diagnose einer Co-Marginalisierung von »Gesellschaft« und Religion, die sich in einem Rückgang an Ausdrücklichkeit und Ausdrückbarkeit der auf dieser Systemebene erbrachten Leistungen zeigt[179], entspricht Luhmanns Entschluß, den Begriff gesellschaftlicher Integration »negativ« zu definieren[180], ebenso wie, daß er zuletzt die ›defensive‹ Seite der Transformationsfunktion der Religion (um nicht von einer Rest-Funktion zu sprechen) hervorhebt: das Auffangen des Transformationsrisikos[181].

6.2.2.3 *Das Angebot der Wissenschaft*

Mit der Kontingenzformel »Gott« ist Religion ausgerüstet, das Risiko von »Welt« abzusichern auch gegen einen Hintergrund von Unbestimmbarkeit, und damit auf normativen Erwartungsstil eingestellt[182], der eben auch fundamentale Paradigmenkrisen wie das

che Funktion der Religion nicht obsolet, denn sie ändern weder die System/Umwelt-Lage noch die Struktur von Sinn, auf denen die Funktion der Religion beruht«) und Luhmann 1975c: 156 (über Änderung durch Nicht-Änderung).

178 Vgl. die starke, über Luhmann hinausgehende These von Schmid (1970: 194): »Das Äquivalenzprinzip ist latent immer auch ein Konkurrenzprinzip«.

179 Ohne daß die Leistungen als solche ausfielen – vgl. dazu Luhmann 1973f: 87!

180 Vgl. Luhmann 1977d: 242ff.

181 So am deutlichsten, weil geradezu exklusiv formuliert, Luhmann 1977d: 249: »Die Verwaltung dieses substrukturellen Risikos hatten wir als Funktion der Religion angesehen« – im Rückbezug auf Luhmann 1977d: 26f.

182 Das ist angesichts möglicher Enttäuschung bestimmten Erwartens durch Unbestimm*bares* auch notwendig, denn »lernen kann man nur [...], wenn Enttäuschungssituationen hinreichend strukturiert sind, so daß man rasch und sicher neue Erwartungen bilden kann« (Luhmann 1971k: 58).

»Scheitern der Steigerungsformeln«[183] überstehen läßt. Das ist ihr Vorteil oder richtiger: er war es. Denn die Veränderung der gesellschaftlichen Kontextbedingungen in Richtung funktionale Ausdifferenzierung von Teilsystemen (einschließlich eines für Religion), deren keines mehr das Ganze der Gesellschaft repräsentieren[184] und d. h. die Selektivität der als Gesellschafts-Umwelt konstituierten »Welt« schlechthin interpretieren kann[185], läßt aus dem festgehaltenen Vorteil den Nachteil struktureller Inkompatibilität[186] werden. Die Inkompatibilität besteht darin, daß Religion das Woraus der Selektion der weltgesellschafts-korrelativen »Welt« als deren »Unbestimmbarkeit«, als Transzendenz ansetzt[187] – also festhält an einer Auffassung des »Welt«-Horizonts (wie oben unter [a]), die zur Sicherung des ›Normal-Funktionierens‹ der weltgesellschaftlich zu leistenden Interdependenz teilsystemischer Umweltbezüge nicht mehr notwendig, ja kaum noch plausibel zu machen, ist und durch die alternative (oben [b]) Auffassung als »Unbestimmtheit« ebenso verdrängt wird wie der jener entsprechende normative Stil des Operierens durch den kognitiven.

Einen Nachteil bedeutet diese Inkompatibilität, in der sich Religion aufgrund ihrer dogmatischen Steuerung und deren Bindung an die Kontingenzformel »Gott« befindet, insbesondere gegenüber Wissenschaft. Ist diese doch nicht nur besser auf das Gegebensein jenes ›Normal-Funktionierens‹ eingestellt, sondern selbst an der Herstellung dieser ›Normalität‹ hervorragend beteiligt. Denn ihrem kognitiven Erwartungsstil inhäriert eine Tendenz auf ›Normalisierung‹, die ›extreme‹, ans ›Normale‹ nicht anschlußfähige Faktizität nicht über kontrafaktisches Festhalten von Erwartungen (letztlich: bestimmten Sinnes der Welt) ausschaltet, sondern – um einen in Umkehrung entsprechenden Neologismus zu wagen – über ›kontraexspectative‹ Anerkennung von ›abnormer‹ Faktizität durch Resorption von deren Abnormität in stärker abstrahierte Erwartungen von ›Normalem‹. Diese ›normalisierende‹ Abstraktion der Erwartungen vollzieht sich angesichts der Kontingenz des Einzelfalls – Luhmanns Beispiel: weiße Mäuse

183 Luhmann 1977d: 208.
184 Vgl. Luhmann 1977d: 222.
185 Vgl. Luhmann 1972f: 254f.
186 Vgl. Luhmann 1977d: 126.
187 Vgl. Luhmann 1977d: 37: »Regenerieren von Unbestimmbarkeit«.

springen aus der Suppenschüssel[188] – ebenso wie der der Welt im ganzen, und dies unter Wahrung kognitiven Stils als einer Form, die verlangt, Erscheinung von Kontingenz zu erweiternder Umkonstitution[189] des als Immanenz erfaßten Sinnes »Welt« zu benutzen, statt es als Transzendenz dieser gegenüberzusetzen[190]; dazu dient die wissenschafts-spezifische Umdefinition der »Unbestimmbarkeit« des Welt-Horizonts zu »Unbestimmtheit«.

Aber der Bedarf für Absicherung des Transformationsrisikos auch hinsichtlich einer ›nur‹ als »Unbestimmtheit« erfaßten Welt verschwindet nicht nur nicht gänzlich, sondern ist gerade infolge der positiv nicht mehr kontrollierbaren[191] Steigerung der Komplexität hochgradig autonom operierender Teilsysteme (und ihrer Umwelten) sogar im Wachsen begriffen. Freilich ist das Risiko, dem gegenüber der Kompensationsbedarf nun auftritt, nicht mehr – Variante a – eines ›fehlerhafter‹, der Welt-Komplexität unangemessener Reduktionen, dem das Gesellschaftssystem anheimfällt wegen eigener Komplexitätsdefizite, sondern – Variante b – eines, das durch gesellschaftssysteminterne Über-Komplexität reproduziert wird, die nicht die der Gesellschaft (des Ganzen als Teils in sich selbst!) selber ist[192]. Weil dies so ist, erscheint die Kompetenz der Gesellschaft zur Einrichtung »letzter grundlegender Reduktionen«[193] überfordert mit der Folge, daß diese dauernd erforderlichen Fundamental-Reduktionen entweder an teilsystemischen Perspektiven ausgerichtet würden und damit gegenüber der gesellschaftli-

188 So Luhmann 1971g: 45: die Abstraktion besteht darin, daß das »überraschende Ereignis« komponentenhaft auf Vertrautes verrechnet wird (»ganz gewöhnliche, dem Typus nach *schon bekannte* Tiere, die irgend*jemand* da *hineingetan* haben muß« – Hervorhebungen von mir; F. S.); daß Luhmann dies hier auch ein »möglichst konkret [Fassen]« nennt, ist, das sei vorsichtshalber betont, kein Hindernis für eine Interpretation unter Verwendung *seines* Begriffes von *Abstraktion*.

189 Vgl. dazu Luhmann 1972d: 96 bzw. 1977d: 179 zur Nicht-Negierbarkeit und Selbsttranszendenz der Welt als einer von Religion nicht geteilten Ansicht.

190 Damit würde der Welt-Horizont nämlich fixiert, wie eine Grenze eigener Art – nämlich zu Nicht-Welthaftem – behandelt: die Bestimmbarkeit der Welt wäre zwar gesichert – aber nur aufgrund der Voraussetzung der Invarianz der als Bestimmbarkeitsbedingung fungierenden Systeme und um den Preis der Nichtverwendbarkeit des Ausgegrenzten als disponibles Korrelat interner Operationen.

191 Vgl. Luhmann 1973d: 234 zum Instruktivitätsdefizit einer »alle Menschen bindende[n] Ordnung«, und Luhmann 1977d: 245f zur (negativen) Umwelt-Funktion der Gesellschaft.

192 Vgl. Luhmann 1977d: 18f; 1973f: 87. 89; 1971k: 60f; 1970e: 148f.

193 Luhmann 1970e: 145.

chen Innendifferenzierung (und der ihr entsprechenden Welt-Komplexität)[194] »allzu drastisch«[195] ausfielen oder, letztlich ambivalent bleibend, einen Ansatz zu weiterer Bestimmung der Welt eben nicht mehr erbrächten. Anders gesagt: das Transformationsrisiko träte entweder in Variante a ungehindert wieder auf, weil die zu seiner Absorption aufgebotenen Mechanismen dasjenige Niveau an Systemkomplexität evolutionär unterböten, auf dem die Transformation mit ihrem Begleitrisiko selbst erfolgt; oder es bliebe in Variante b überhaupt unbearbeitet.

Für diesen bleibenden Bedarf muß Wissenschaft, will sie den ihr zugewachsenen funktionalen Primat evolutionär adäquat ausfüllen, eine Technik anbieten, die die Kompetenz der Religion zur Bewältigung des Transformationsrisikos erreicht und die doch nicht deren normativen Stil übernimmt[196], mit der sie »den Kuchen essen und ihn zugleich behalten [kann]«[197]: eine Technik also, die die (wissenschafts)spezifische Komplexität kognitiven Umgangs mit der Komplexität und Kontingenz der Welt wahrt und dabei (und deswegen!) das Wissenschaftssystem, statt zur Selbsthypostasierung, zur Reflexion der eigenen Komplexität »in bezug auf ihre gesellschaftliche Lage«[198] führt. Diese Technik »selbstreferentieller Reflexion«[199] glaubt Luhmann mit der Aufstufung systemtheoretisch arbeitender Wissenschaft zur Supertheorie und der entsprechenden Kontingenzformel gefunden zu haben, die evolutionäre Gesellschaftsadäquatheit von Wissenschaft mit der Weltrelevanz von Religion – Transformation der Welt in eine bestimmte/bestimmbare und Verwaltung des Begleit-Risikos – koppelt[200].

194 Vgl. Luhmann 1977d: 231.
195 Luhmann 1967a: 71.
196 Vgl. Luhmann 1978d: 26: »... kann daraus nicht folgen, daß man [...] eine Besinnung auf Normen und Werte re-etablieren müßte«.
197 Luhmann 1975m: 201.
198 Luhmann 1978d: 26. Vgl. zum Ganzen Luhmann 1973f: 91ff.
199 Luhmann 1978d: 12. Vgl. dazu Luhmann 1973f: 83.
200 Die damit ermöglichte Konkurrenz Religion/Wissenschaft verdeutlicht eine Gegenüberstellung. Bezüglich Religion heißt es (Luhmann 1977d: 206): »Die Kontingenzformel wird als begründungshaltiger Begriff benutzt. Sie selbst wird der Kontingenz entzogen, und wird Katalysator einer Dogmatik, die nicht mehr bereit ist, von jedem ihrer Punkte aus alles in Frage zu stellen.« Und demgegenüber Luhmann 1978d: 14: »Im Unterschied zu Dogmatiken [...] sind Supertheorien im Prinzip kontingent gesetzt. Sie verwenden keine begründungshaltigen Begriffe. Sie geben sich auch nicht als normative, sich selbst vorweg schon bewertende Theorie. Sie sind vollständig durchrelationiert, so daß man von jedem ihrer Punkt aus, wenn man ihn festhält, alles in Frage stellen kann.«

Daß dieses ein Gleichziehen mit, jenes einen Vorzug vor Religion bedeutet, verdankt Wissenschaft insbesondere der supertheoretisch eingeführten Kontingenzformel »Limitationalität«. Der Bezug auf die Welt-Formel »Limitationalität«, die die Differenz von Unbestimmtheit und Bestimmtheit/Bestimmbarkeit übergreift, setzt Wissenschaft instand, vermittels der Miterfassung des Unbestimmtheits-Horizonts aller Bestimmungen die Bestimmbarkeit der Welt zu garantieren. Er läßt Wissenschaft aber zugleich – und das ist ihr evolutionärer Vorzug gegenüber Religion – diese Bestimmbarkeitsgarantie in einer Form leisten, die nicht erfordert, daß Wissenschaft, sich als Teilsystem selbst hypostasierend, ihre eigene Kontingenzformel für die fürs Ganze der Gesellschaft maß-gebende (›repräsentative‹) Fundamental-Reduktion hält[201] und damit die letzte Ambivalenz der Welt zudeckt[202], wie sie durch eine Mehrheit von auf Teilsystemebene nicht kompatibel zu machenden teilsystemischen Welt-Bezügen bedingt ist. Denn »Limitationalität« bezeichnet Erhaltung dieser Ambivalenz und zugleich deren Kontrolle: statt die Relation von Bestimmtheit/Bestimmbarkeit der Welt zu ihrer durch funktionale Differenzierung des Gesellschaftssystems reproduzierten Unbestimmtheit als Einheit zu »chiffrieren«, wie Religion es durch ihre Kontingenzformel »Gott« tut, erfaßt Wissenschaft über »Limitationalität« diese Relation *als* (zweiseitig variable) Relation[203].

Die zweiseitige Variabilität der als »Limitationalität« erfaßten Relation – und diese Relation ist für das Wissenschaftssystem »Welt«, nämlich »Welt« als Relation von Welt (als Umwelt der Weltgesellschaft) und Weltgesellschaft[204] – dient dazu, supertheoretisch ausgearbeitete Wissenschaft »gegen die Stöße der Empirie hinreichend [abzufedern]«[205], und sie entspricht damit der »›Lage‹

201 Vgl. Luhmann 1973f: 91.

202 Dieser Totalisierungs-Verzicht entspricht dem Luhmannschen Verständnis von Supertheorie, bei Festhalten eigener »Universalitätsansprüche« (Luhmann 1978d: 17; vgl. auch 1977d: 68ff) das faktische Auftreten konkurrierender, aber anders instrumentierter Theorien – z. B. mit moralisierten »Negationsverboten« (vgl. Luhmann 1977d: 62 und 223) durchsetzte und deswegen nicht »vollständig durchrelationierte« (Luhmann 1978d: 14) – zu konstatieren, anzuerkennen und »Dogmatizität noch problembezogen [zu reflektieren]« (Luhmann 1977d: 70).

203 Vgl. dazu Luhmann 1977d: 33f; 1978d: 27.

204 Vgl. dazu die »etwas forcierte« Formulierung eines komplementären »selbstimplikativen Verhältnisses«: »das System ist seine Beziehung zur Umwelt, das System ist die Differenz zwischen System und Umwelt« (Luhmann 1975m: 194).

205 Luhmann 1978d: 27.

der Formel [sc. der Kontingenzformel ›Gott‹; F. S.] im Zwischenbereich von unbestimmbarer und bestimmter Kontingenz«[206], von der Luhmann »nicht [ausschließen]« will, »daß hier eine Position gehalten wird, die ein Scheitern der Steigerungsformeln überdauern und darauf reagieren kann«[207]. Für den (nach Luhmanns, aber nicht nur seiner Ansicht sub voce »Weltgesellschaft« schon eingetretenen[208]) Fall dieses Scheiterns, dem Religion wie Wissenschaft sollen erfolgreich begegnen können, ist diese aber gegenüber jener operativ besser ausgestattet: Statt es, wie Religion, dabei belassen[209]

206 Vgl. dazu die Bemerkungen über die religiös chiffrierte Einheit des »Zugleich« von »Bestimmtheit und Unbestimmbarkeit«, die die Möglichkeit für den »Anstoß zum Aktivwerden religiöser Orientierung« auf beiden Seiten, der des »Unbestimmbaren« wie der des »Bestimmten« offenhält (Luhmann 1977d: 36) – entsprechend die (auf Supertheorie bezogene) Formel, »der Bezug von Grundproblem und Systemleistung [müsse] zweiseitig aktivierbar sein« (Luhmann 1978d: 27).

207 Luhmann 1977d: 208.

208 Vgl. Luhmann 1978d: 26.

209 Für eine Annahme Luhmanns, Religion werde die von ihr »nicht begehrte« (Luhmann 1977d: 259) funktionale Differenzierung *und* deren Krise (vgl. Luhmann 1977g: 177: »eine Differenzierungsform [. . .], deren Folgeprobleme Gesellschaft in die Erschöpfung treiben«; auch Luhmann 1977d: 8: »Folgeprobleme der funktionalen Spezifikation [. . .] überrollen und zerstören [diese]«) durch eher ›passiven Widerstand‹ überleben, lassen sich zahlreiche Belege beibringen; einige – sämtlich aus Luhmann 1977d – seien hier genannt:
»Die heutige Problematik der Religion [. . .] liegt [. . .] im Mangel an struktureller Kompatibilität« (126) mit ihrer innergesellschaftlichen Umwelt. Zwar ist sie als »selbstsubstitutive Ordnung« gleichsam ›unsterblich‹ geworden, was aber nicht heißt, daß »die jetzt erforderlichen Einrichtungen für Selbststeuerung und Reflexion [. . .] rasch genug nachentwickelt werden können« (48f), denn sie gehört (neben »Familie«) zu den »Funktionsbereichen«, die funktionale Differenzierung »nur ermöglichen und dann erleiden« (255f). Darum ist auch fraglich, »ob unter den heute gegebenen Randbedingungen das Kontingenzproblem überhaupt eine religiös befriedigende Antwort mit systematischer, vielerlei Fälle und Erfahrungen zusammenfassender Kraft finden kann« (223) – »aber das geht gar nicht, wird man sagen, dafür ist die Welt zu komplex. Das kann man wissen [. . .]. Eben deshalb ist die Theologie auf die Auswege der Sterilität und der Metaphorik geraten und beschäftigt sich mit deren Kombination« (174).
Danach scheint Luhmanns Analyse der Religion am Ende auf eine bloße Bestätigung einer Anfangshypothese hinauszulaufen: daß Religion der hervorragende Fall jener »systematisierten Kulturleistungen« ist, die »Funktionsplätze besetzt halten auch dann, wenn sie den inzwischen gewandelten Problemlagen nur noch unzureichend gerecht werden« (183), »vielleicht auch ihre ›beste Zeit‹ hinter sich haben«, und daß sie »gerade« mit dieser relativ inadäquaten Leistung, mit ihrer Funktionsschwäche »Bedingung für weitere Entwicklung« (184) ist – eine Entwicklung, die Religion noch ›vorkommen‹ läßt, konstruktiv auf sie aber weder angewiesen ist noch etwas von ihr erwarten kann.

zu müssen, das Überstehen dieses (Krisen-)Falles als Bestätigung für die Richtigkeit der ›Anlage‹ der Kontingenzformel zu nehmen, ohne daß »damit allein die Umsetzung in systematisch kontrollierbare Interdependenzen geleistet«[210] wäre, die den »Komplexitätsproblemen« gerecht wird, deren »Bewußtwerden [. . .] die intellektuellen Signaturen unserer Zeit prägt«[211], kann Wissenschaft darüber hinaus mit Anschlußoperationen aufwarten.

Denn sie stellt sich diesen »Komplexitätsproblemen« mit ihrer funktionsbewußt[212] angelegten Kontingenzformel, die eine »distanziertere Begrifflichkeit«[213] freisetzt. Solche Begrifflichkeit (und mit ihr arbeitende Theorie) macht es möglich, für den Umgang mit dem Problem der Weltkomplexität Steigerung von Systemkomplexität nicht nur als eine Lösungsstrategie zu *erkennen*, die ungeachtet ihres hohen Generalisierungsgrades immer noch eine Fehlspezifikation ist, sondern aus dieser spezifischen Erkenntnis *Hinweise für eine Revision* zu entnehmen, die weder eine Verwerfung der Problemstellung noch ein gänzliches Aufgeben der Lösungsstrategie voraussetzt[214]. Oder angriffiger gesagt: sie macht es möglich zu tun, was Religion nicht kann und Luhmann ihr doch im Bewußtsein dessen, daß ihr diese Option durch dogmatische Steuerung verstellt[215] ist, provokant ansinnt, nämlich »wenn ›Gott‹ nicht mehr geht, es einmal mit ›Geld‹ zu versuchen«[216] – in Entsprechung: den

210 Luhmann 1972d: 29 bzw. 1977d: 91.
211 Luhmann 1977d: 174.
212 Im Unterschied zu Religion: vgl. Luhmann 1972d: 25 bzw. 1977d: 85.
213 Luhmann 1977d: 10.
214 Genau das war ja die Absicht bei der Konzipierung von Supertheorie: »Vermeidung des Zurückfallens auf den Anfang und völligen Neubeginns« (Luhmann 1974a: 190 Anm. 45).
215 Denn in der Kontingenzformel »Gott« sind »die Funktion der Rekonstruktion des offenen Chaos als bestimmbare Ordnung und die Funktion einer Selektionsanweisung untrennbar verschmolzen« (Luhmann 1972d: 63 bzw. 1977d: 134). Das unterscheidet die religiöse Kontingenzformel von anderen, z. B. der von Wissenschaft: Das auf die Formel »Gott« gebrachte dogmatische Negationsverbot – vgl. dazu Luhmann 1977d: 86f; 1975d: 210; 1974f: 15f – ist nicht nur nicht »als systemspezifische Leistung transparent« (Luhmann 1977d: 223) und deswegen nicht systemintern disponibel, sondern zugleich noch als empirisch relevante Präferenzregel ausgemünzt mit der Folge, daß die Zulassung der ausgeschlossenen Klasse von auch möglichen Beziehungen der Erfahrungswelt auf die Kontingenzformel gleichbedeutend wäre mit deren eigener Negation (vgl. dazu Luhmann 1975k: 461).
216 Luhmann 1972d: 25 bzw. 1977d: 85. Das hier Gemeinte formuliert Luhmann auch 1972f: 281 – und präziser: denn hier wird nicht mehr einem Kommunikations-

eigenen Problembezug in Rücksicht auf veränderte gesellschaftliche Randbedingungen zu variieren, d. h. die Lösungsstrategie der Steigerung von Systemkomplexität von Wachstum und Differenzierung auf Auflösung und Rekombination ›umzupolen‹

Luhmann hat damit bereits begonnen. Heißt es doch an der eben zitierten Stelle[217] weiter: »In bezug auf ihre Gegenstände steigert sie damit [sc. funktionale Analyse mit ihrer distanzierteren Begrifflichkeit; F. S.] das Auflöse- und Rekombinationsvermögen«. Damit ist am Anfang des Buches über die »Funktion der Religion« die methodische Leitlinie angegeben, der folgend[218] die Analyse der Komplexität ihres Gegenstandes in der Weise zu entsprechen sucht[219], wie sie Luhmann dann im Konzept der Supertheorie prinzipiell ausarbeitet[220].

medium (»Geld«) eine Kontingenzformel (»Gott«) gegenübergestellt, sondern das Entsprechende (»Kommunikation mit Gott«).

217 Luhmann 1977d: 10.

218 »Ob und unter welchen Bedingungen ein solches Verfahren wissenschaftstheoretisch zu rechtfertigen ist, soll uns hier nicht beschäftigen. Wir wollen es praktizieren und vorläufige Erfahrungen damit sammeln« (Luhmann 1977d: 10).

219 »Eine Supertheorie hätte [...] eine Theorie komplexer Systeme zu sein und zugleich die Unanalysierbarkeit der Komplexität selbst zum Ausgangspunkt für die Entwicklung einer Methodologie zu wählen« (Luhmann 1978d: 13f).

220 Denn »wenn solche Erfahrungen vorliegen, wird die Wissenschaftstheorie wohl in der Lage sein, eine Begründung dafür nachzuliefern« (Luhmann 1977d: 10).

7 Theorie als Praxis

7.1 Status der Theorie

»Theorien pflegen sich als fertig zu präsentieren – bescheiden im Anspruch, hypothetisch im Charakter, aber doch als Objekte, die stehen, als Aussagen, die gemacht sind und sich während der Diskussion nicht unversehens verändern« (253)[1]. Diese Feststellung – als allgemeine so trivial wie als besondere kokett tiefstapelnd (»bescheiden im Anspruch«) – eröffnet den Aufsatz »Die Praxis der Theorie«; unverkennbar soll sie, gleichsam als persönliche Erklärung zur Sache vor dem Gerichtshof der Kritik, *auch* für das von Luhmann selbst »Präsentierte« gelten. Neben diese Selbstbezeichnung als »fertig« tritt freilich eine geradewegs entgegengesetzte Feststellung: Luhmanns Theorie ist *nicht* »fertig«, und das soll auch von ihrer weiteren Ausarbeitung in Zukunft nicht erwartet werden. Gemeint ist damit nicht nur die äußerliche Beobachtung, daß die Theorie, als Denk-Arbeit genommen, nicht beendet ist[2], sondern der von Luhmann gegebene Hinweis auf den »Konstruktionsplan« (264), dem gemäß die Theorie darauf hin angelegt sei, sich selbst immer wieder in einen »unfertigen Zustand«[3] zu versetzen.

»Fertig« *und* »unfertig«: Aussagen *über* die Theorie *in* der Theorie, ernst zu nehmen als Gegenstandsmerkmal und Lesehinweis zugleich. Als Lesehinweis genommen, besagt Luhmanns Aussage, seine Theorie sei als »fertige« zu behandeln, zunächst und nach Abzug des Rhetorischen der Formulierung ganz einfach, die Theorie sei so zu lesen, wie sie geschrieben steht – genau davor aber warnt, von Luhmann so beabsichtigt oder nicht, die umge-

1 Hier und im folgenden beziehen sich eingeklammerte Seitenzahlen im Text auf Luhmann 1969k.

2 An diesen Sachverhalt ›nicht enden wollender‹ Fortbildung des Denkzusammenhangs erinnert gerade den mit Luhmann vertrauten und ums ›Schritthalten‹ bemühten Leser die durch die immer wiederkehrende Ankündigung von »im Druck« befindlichen weiteren Beiträgen genährte Lese-Erfahrung, nicht ›das Ganze‹ kennen zu können (vgl. zuletzt Luhmann 1980a: 48 Anm. 43 den Titel »Theoriesubstitution in der Pädagogik: Von der Philanthropie zum Neuhumanismus«).

3 Luhmann 1975m: 202.

kehrte Aussage: wer die Texte Luhmanns, die er vor sich hat, als *die* Präsentation von dessen »fertiger« Theorie nimmt, findet sich alsbald, mit seiner Verständnisbemühung vermeintlich am Ziel, in Wirklichkeit wieder am Start eines neuen Durchgangs wie der Hase in seinem bekanntlich aussichtslosen Wettlauf mit dem Igel[4]. Daraus wird schon deutlich: Diese gegensätzlichen Feststellungen – ob sie ›widersprüchlich‹ zu nennen sind, wird noch zu verhandeln sein – markieren durch ihr bloßes Auftreten Randbedingungen, die beide in eins zu beachten für eine Gesamtauffassung von Luhmanns Theorie schwierig und doch, will sie ihrem Gegenstand angemessen sein, notwendig ist. Denn daß sie beide, als Gegenstandsmerkmale, an der Theorie erscheinen können[5], macht deren spezifische Charakteristik aus, und was das für den Status der zusammenfassenden Schlußbetrachtung bedeutet, die im folgenden unternommen werden soll, muß noch in einer Vorbesinnung bedacht werden.

1. So wäre es »unangemessen« – mit dieser Konsequenz deutet Luhmann selber die eingangs zitierte Feststellung als Lesehinweis –, »auf die Herkunft der Theorie, auf ihre Entstehungsgeschichte, auf den sozialen oder politischen Standort oder auf die Wirkungsabsichten des Verfassers zu verweisen« (253). Als irrelevant für die Beurteilung der Theorie abgewiesen werden[6] soll damit jeder Versuch, der nicht die »Objektivität der Theorie« als »Voraussetzung ihrer Prüfung« (253) nimmt, sondern diese statt dessen

4 Derselben Märchen-Metaphorik bedienen sich, hinsichtlich des Verhältnisses Luhmanns zu den »Kritikern«, Narr/Runze 1974: 19.

5 Ohne daß aus der Zeitdifferenz zwischen den beiden Selbstaussagen auf das Überholtsein der ersteren geschlossen werden dürfte: vielmehr bringt die zweite nur zum Vorschein, was zu Zeiten der ersten nur unter dem Anschein von Trivialität verborgen blieb.

6 Das heißt (immerhin zwar, aber auch) nur, daß aus solcher Perspektive gewonnene Argumente keine tragende Bedeutung für die Zusammenfassung haben dürfen, wenn sie – wie beabsichtigt – die schon für die bisherige Darstellung der Theorie maßgebliche Maxime weiter beachten will: nämlich ihren Gegenstand »stehen« zu lassen und sich extern motivierter Kritik zu enthalten, wie sie (die Sekundärliteratur beweist es) leicht zu haben wäre. Denn im Sinne des obigen Zitats »verweisen« könnte man schon ohne gravierende Fehlgriffe: so beispielsweise für Luhmanns Vermischung von Ontologischem und Transzendentalphänomenologischem bei der Einführung von Grundbegriffen (Welt, Sinn etc.) auf die intellektuelle Atmosphäre im Freiburg seiner Studienzeit (dafür mögen die Arbeiten von Eugen Fink stehen); oder für den problembezogenen Denkstil der Systemtheorie auf das prudentielle Theoriemodell von Luhmanns ursprünglich juristischer Profession (dafür exemplarisch das schon klassisch zu nennende Werk von Viehweg [1974]).

auf die in ihr versteckte ›Subjektivität‹ ›hinterfragt‹. 2. Umgekehrt: Hält man sich an diese »Objektivität«, die ja nichts anderes ist als die zugängliche Oberfläche der Theorie, nämlich die Gestalt, in der sich die Theorie als »fertig« präsentiert, wird zwar die unangemessen verfremdende Distanzierung vom Gegenstand vermieden – die Folge ist aber Desorientierung zwischen der Vielfalt der Resultate und Ratlosigkeit vor deren häufiger Inkonzinnität: dieser Zugang führt bestenfalls zu einem Katalog von Leistungen und Lücken der Theorie und bleibt vor Erreichen der angestrebten Gesamtauffassung stecken. 3. In dieser ›beengten‹ Lage bietet sich ein Ausweg an, der beides vermeidet: sowohl die Selbstdarstellung der Theorie zu umgehen und so an der Theorie vorbeizuführen als auch ihr zu verfallen und so nur auf der Theorie umherzuführen. Es könnte der Versuch einer Zusammenfassung der naheliegenden Versuchung nachgeben, Luhmanns Theorie auf eine – wie auch immer zu denkende: als Erstes oder Letztes oder Ganzes, als Deduktionsprinzip, Begriffsbewegung, konkrete Allgemeinheit – Einheit hin zu verdichten (und sei es, in Anbetracht der faktischen Unvollständigkeit des Zusammenzufassenden, mit Hilfe von Konjekturen). Aber der Ausweg ist verfänglich: er führte zu einer dem Gegenstand von außen angesonnenen Formation und würde jede dann daran ansetzende Kritik dem berechtigten Vorwurf vorgängiger Manipulation ihres Gegenstandes aussetzen.

Unbescheiden genug, mich mit den Beschränkungen von 2 nicht abzufinden, im Bemühen um Gegenstandsgerechtigkeit auf die inkongruenten Perspektiven von 1 verzichtend und mit aller Vorsicht vor der Unterstellung einer Figur für ›Einheit‹ auf dem Weg 3 unternehme ich im folgenden den Versuch, ›hinter‹ Absicht und Machart des in systematisch erzeugter Unfertigkeit sich präsentierenden »Fertigen« zu kommen – in der Metaphorik von »Die Praxis der Theorie« gesprochen: die »Dunkelkammern« aufzuspüren und ein wenig zu erhellen, in denen der Theoretiker seine Werkstattgeheimnisse bewahrt. Die Handwerksmetapher ist bewußt eingeführt: sie soll Luhmanns ›technisches‹ Verständnis von Theorie-Arbeit[7] ebenso reflektieren wie den Sachverhalt, daß

7 Welches Luhmann 1978e zum programmatischen Status eines Buchtitels erhebt, aber eben schon (1969k: 254; 1977h: 15ff) entwickelt hat. Hier – und, über Wissenschaft/Theorie hinaus, z. B. Luhmann (1971a: 357ff; 1973i: 118-122; 1975h: 71ff) – ist »Technik« die Bezeichnung für eine Weise bestimmenden Verbindens, der Erweiterung sinnhafter Zusammenhänge, bei der Reichweite und operativer Erfolg

es sich trotz prinzipieller ›Technisierung‹ weniger um arbeitsteilig organisierte Industrie- als um Einzelarbeit von bemerkenswerter Kunstfertigkeit[8] handelt. Allerdings – da das Aufdecken dieser ›Geheimnisse‹ die durch Technisierung gewonnene »Entlastung (...) von jeweils unnötigen Sinnverweisungen« (254) stückweise rückgängig macht, um diese Verweisungen als Leitfaden von der Oberfläche der Theorie weg in deren »Dunkelkammern« zu benützen, wird es die Theorie nicht geradehin nehmen können, wie sie sich als »fertig« präsentiert, sondern als Resultat ihrer Verfertigung. Anders gesagt: die Theorie muß als Lösung eines Problems betrachtet werden[9], damit das Problem benannt werden kann, das sie löst, und das Verfahren, mit dem sie es löst.

Ein solcher Versuch, in die arcana der Theorie einzudringen, wird nach Luhmanns eigenem Rat den Zugang nicht durch »die großen, einladenden Portale« nehmen, »durch die jedermann

geradezu getragen wird von der vergleichgültigenden Ausblendung ermöglichender Voraussetzungen.
Luhmann zitiert in diesem Zusammenhang regelmäßig Husserls »Krisis«-Abhandlung; indem er aber, Husserl (1962: 45ff u. ö.) gerade entgegengesetzt, Technisierung nicht als »Sinnentlerung«, sondern als Vermehrung zugänglichen Sinnes ansieht, kann er auch seine Theorie – statt auf die letztgewisse Evidenz eines alle Bestimmung leistenden Subjekts – auf die Unbestimmtheit eines »Problems« gründen (vgl. Luhmann 1967a: 78. 74f; und wieder 1969k: 254. 260). – Im Blick auf den oben (B-7 Anm. 6 am Ende) gegebenen »Verweis« stelle ich neben Luhmanns technisches Verständnis problembezogener Theorie die zentrale These von Viehweg (1974: 31): »Die Topik [...] ist [...] die *Techne des Problemdenkens.*«

8 Um genau eine solche – an Hegel schon herangetragene – Annahme aus Ratlosigkeit vor der vermeintlichen Undurchschaubarkeit der Methode namens Dialektik zu widerlegen, bemüht sich Henrich um die Analyse von »Hegels Grundoperation« (vgl. Henrich 1976b: 208f. 213). Schon deswegen, weil diese Annahme hinsichtlich Luhmanns nicht widerlegt, sondern gerade – etwa mit de Lazzer und Matthes (vgl. oben B-1 Anm. 3) – gemacht werden soll, wird das, was unten unter Verwendung des Ausdrucks von Henrich als »Grundoperation« Luhmanns herauszuarbeiten ist, sich von vornherein nicht den hochstufigen Ansprüchen an systematische Einheit unterstellen, die zu erfüllen Henrichs Analyse *Hegels* »Grundoperation«, der autonomen Negation, jedenfalls zutraut. Wie bei Henrich soll aber auch hier »Grundoperation« die eigentümliche Organisation eines Theorieerzeugungspotentials genannt werden: eine Gemeinsamkeit, die unbeschadet des Unterschieds in der Strenge dieser Organisation die Übernahme des Ausdrucks gerechtfertigt erscheinen läßt.

9 Das heißt, es wird – und das trägt dazu bei, trotz der ins Auge gefaßten Lesung ›gegen den Strich‹ die Nähe zu den gegenstandseigenen Intentionen zu wahren – auf die Theorie die in ihr selbst verwandte Methode angewandt, von der Luhmann in einem lapidaren Resumé feststellt: »Funktionale Analyse ist eine Technik zur Entdeckung schon gelöster Probleme« (Luhmann 1975p: 6).

eintreten kann« (264), sondern eher über die »Hintertreppe« (Weischedel). Gewiß läuft eine in solcher Absicht, im Interesse an Worumwillen und Wie der Verfertigung von Luhmanns Theorie unternommene Schlußbetrachtung Gefahr, nun doch in jenes paratheoretische Abseits »unangemessen[en ... V]erweisen[s]« auf Hintergründe der Theorie zu geraten, in dem »keinerlei Anhaltspunkte für die Wahrheit oder Falschheit der Theorie« (253) zu erwarten seien. Aber das braucht nicht zu irritieren: könnte doch gerade mit der gegenläufigen, auf »Wahrheit oder Falschheit« *nicht* ausgehenden Fragestrategie[10] die besondere Gegenstandsnähe gewahrt, vielleicht gar erst erreicht werden, in der allein sich das zureichende Verständnis der in Frage stehenden Theorie erschließt, welches Luhmann »praktische Vertrautheit« nennt – denn »[n]icht alles an Theorien ist intersubjektiv zwingend gewiß« (also, auch in Luhmanns Sinne, wahr[11]), und insbesondere gilt das für den versteckten »Ort, an dem der Theoretiker seine inneren Erfolge hatte und von dem aus er sich in seiner Konstruktion sicher fühlen kann« (264). Nicht durch die »Portale« eintreten heißt nämlich auch, Luhmanns »Die Praxis der Theorie« nicht als Handreichung für den Königsweg zu verkennen, der auch im Falle dieser Theorie nicht zu »praktischer Vertrautheit«, sondern bald wieder nach draußen führt: es gilt, weder sich einschüchtern zu lassen von den Warnschildern am Anfang des Aufsatzes noch sich blenden zu lassen von der darin ausgebreiteten These, »Komplexität« sei das Problem, das und dem sich die Theorie stellt.

7.2 Intention und Grundoperation

Den Zugang über die »Hintertreppe« eröffnet eine Beobachtung, die sich an der »fertigen« Theorie geradezu aufdrängt: die zunehmende Abstraktheit von deren sprachlicher Präsentation. Vorrangig diesem Sachverhalt ist es zuzurechnen, daß Luhmanns Theorie bereits hochgradig esoterisch geworden ist und noch wird. Er hat auf seiten ihrer Rezipienten, je nach Temperament, Ärger und/ oder Resignation ob ihrer Unverständlichkeit ausgelöst und Versu-

10 Vgl. dazu den ganzen (oben B-1 Anm. 8 zitierten) Abschnitt aus Luhmann 1969k: 264.

11 Vgl. die Einführung des Wahrheitsbegriffes bei Luhmann 1967d: 127; 1968b: 233f.

che zur ›Vereinfachung‹ veranlaßt; er hat den Verdacht erregt, nur eine Strategie wissenschaftssysteminterner Profilierung zu sein, oder das Mißtrauen erzeugt, durch derlei high-sophistication die Trivialität ihrer theoretischen Resultate in solcher Weise zu verschleiern, daß eine darauf abstellende Kritik nach den Regeln des Wissenschaftssystems immer die Retourkutsche ›unzureichende Kompetenz‹ zu gewärtigen hätte. Daß derartige Effekte auftreten, ist unzweifelhaft; andererseits ist zu betonen, daß sie nur Nebeneffekte sind: in Kauf genommen oder allenfalls, da ohnehin auftretend, mitbenutzt zur vorläufigen Abdeckung von erst schlecht konsolidierten Theoriestücken.

Demgegenüber lautet meine – im weiteren zu begründende – These: Das Höher-Treiben von Abstraktion folgt einer angebbaren (und zunächst eine ›praktische‹ zu nennenden) gegenstandsbezogenen Intention, und es erfüllt diese Intention vermittels einer gegenläufig-dualistisch eingerichteten ›theoretischen‹ Grundoperation.

7.2.1 Bestandserhaltung

Die praktische Intention geht – positiv formuliert (auf ein negatives Komplement komme ich unten zu sprechen) – auf *Bestandserhaltung*. Die Formulierung klingt – nach dem Auftreten einer langen Reihe von Kritikern des Strukturfunktionalismus, unter welchen Luhmann nicht der geringste ist[12] – riskant, ja gar für Luhmann unpassend. Zwar ist Luhmann selber wegen der bestandserhaltenden (systemstabilisierenden, konservativen etc.)

12 Belege dafür finden sich gerade schon in frühen Schriften Luhmanns (1962b: 18f; 1964c: 33f). Luhmanns scheinbar ähnliche These (1967d: 118f), das Problem des Bestands sei – neben Knappheit und Dissens – nur eines von drei (den Weltdimensionen zugeordneten) »Ersatzproblemen« zweiter Ordnung, in die das letzte Problem, die Komplexität der Welt, transformiert werde, macht noch etwas anderes deutlich. Die mangelhafte Schlüssigkeit der These – denn die Probleme der Knappheit bzw. des Dissenses *sind* (nur in Abbildung auf die Sach- bzw. Sozialdimension) das Bestandsproblem eines Systems – läßt durchscheinen, daß das Komplexitätsproblem und das Bestandsproblem logisch-umfangsmäßig deckungsgleich und *nicht* unterschiedlichen Ranges sind, was die Behauptung einer Transformation von jenem in dieses-und-andere insinuiert; vielmehr bezeichnen beide Welt, als Problem genommen: »Komplexität« in theoretischer, »Bestand« in praktischer Einstellung. – Der oben im weiteren entwickelten Rekonstruktion nahe kommt die (vereinzelte) Verwendung des Bestandsbegriffs bei Luhmann 1968h: 106.

Implikationen seiner Theorie vielfach angegriffen worden, und dies nicht ohne Anhalt an seinen eigenen Texten[13]. Aber ihr eigenes Recht zieht die obige Formulierung nicht aus der begrenzten Berechtigung dieser Luhmann-Kritik. Denn mit dieser Kritik, die durchweg mit einer Ineinssetzung von ›Bestand‹ und ›dem Bestehenden‹ arbeitet, sich kurzzuschließen, bedeutete ein vorzeitiges Ausscheren aus der Bemühung um das Verständnis der Konstruktion von Luhmanns Theorie, für welches das Festhalten von Unterschied und Interdependenz zwischen Bestand und Bestehendem konstitutiv ist.

Denn der *Bestand*, um dessen Erhaltung es Luhmann geht, ist nicht das Bestehende, wirkliche Systeme, sondern das *Bestehen von Möglichkeiten* der Welt. Damit soll natürlich nicht behauptet werden, Luhmann wolle auf sich nehmen, den Bestand der *Welt* zu erhalten: Welt ›an sich‹ ist ja nicht gefährdet und somit ihr Bestand nicht erhaltungsbedürftig[14]. Aber das Bestehende steht zum Bestehen von Möglichkeiten der Welt in einem zirkulären Verhältnis[15]:

13 Etwa: »Alle funktionalistischen Analysen werden letztlich in bezug auf Stabilisierungsprobleme als Leitfäden geführt« (Luhmann 1962b: 27). »Nur auf diese Weise läßt sich ein Fortschritt anstreben, der der vollen Komplexität eines Systems gerecht wird dadurch, daß er gegebene Zustände *in allen ihren Funktionen* ersetzt« (Luhmann 1967a: 85. »Es scheint, daß ein neuartiger Konservativismus wider Willen, ein Konservativismus aus Komplexität, sich als Lösung anbietet« (Luhmann 1968d: 76).

14 Vgl. dazu nur Luhmann 1967d: 115; 1968g: 3 bzw. 1973h: 3 – im Hintergrund steht Husserls (1963: 117) These: »[S]elbst jeder Unsinn ist ein Modus des Sinnes und hat seine Unsinnigkeit in der Einsehbarkeit«. Nicht um die Verhinderung der Negation der Welt braucht es also zu gehen, denn Welt ist weder praktisch noch theoretisch negierbar (vgl. Luhmann 1972d: 95f bzw. 1977d: 179; auch 1977d: 21f. zur Koextension von »Sinn« und »Welt«), insofern alle Negation zur Welt ›gehört‹ und noch im Vollzuge Welt bestätigt. Aber es geht um Erhalt des Negierenkönnens als einer *Möglichkeit in* der Welt und *um dessentwillen* um den Erhalt von Differenzierung der Welt als deren Bedingung – wie sie wirklich ist als Differenz zwischen Systemen, die ihrerseits per definitionem ihre Differenz zu ihrer Umwelt sind (vgl. Luhmann 1975f: 211).

15 Dieses Scharnier in Luhmanns Konstruktion bildet die These: »Was sich ereignen kann, hängt ab von den Beständen. Zugleich bedrohen die Ereignisse die Bestände« (Luhmann 1967d: 115). Vor Irritation durch die vom obigen Text abweichende Verwendung des Terminus ›Bestand‹ sei gewarnt: sie gehört in den Zusammenhang der Sprache der Darstellung der Theorie, während oben die Sprache ihrer Herstellung gesprochen wird. Die Unterscheidung von ›Darstellung‹ und ›Herstellung‹, mit der ich hier und im folgenden arbeite, lehnt sich – dabei zugleich auf Luhmanns »technisches« Theorie-Verständnis anspielend – an die Marxsche Differenzierung der dialektischen Methode in Darstellungsweise und Forschungsweise (vgl. Marx,

weil dieses Bestehen von Bestehendem abhängt (als Bedingungen der Möglichkeit) und insofern dadurch auch gefährdet ist, daß das Bestehende durch Aktualisierung seiner anderen Möglichkeiten in permanenter Auflösung und Neuformation begriffen ist, ist die Intention, dieses Bestehen zu erhalten, nicht trivial. Und weil Möglichkeiten solche des Wirklichen sind, Welt das Woraus der Systeme ist[16], ist diese Intention zugleich eine ›praktische‹: ohne unmittelbar im wirklich Bestehenden verfolgt werden zu können, das (generell gesprochen) nur veränderliches und kein beständiges Bestehendes ist[17], muß sie sich doch daran dem Test auf Erfolg oder Mißerfolg stellen, dessen Kriterium ein praktisches ist – nämlich das Maß anderer Möglichkeiten fürs Bestehende.

Gerade das Praktische an der Intention verlangt also danach, »Bestand« in einer Weise auffassen zu können, die diesen von der Unbeständigkeit des Bestehenden unberührt und doch nicht unabhängig sein läßt. Anders gesagt: das Interesse an Bestandserhaltung muß der Beschränktheit praktischer Einstellung entkleidet und in theoretischer Einstellung wahrgenommen, diese aber in den Dienst praktischer Intention gestellt werden. Denn die Auffassung von »Bestand«, die erforderlich ist, damit sich die auf Bestandserhaltung gehende Intention nicht – auf wirklich Bestehendes und dessen isolierte Erhaltung oder auch Veränderung fixiert und das Bestehen von gerade durch dieses Bestehende bedingten Möglichkeiten vernachlässigend[18] – praktisch in ihr Gegenteil verkehrt, ist erreichbar nur auf dem Wege der Abstraktion. Der theoretischen Einstellung ist diejenige Abstraktion vom Bestehenden möglich, in der »Bestand« auf einen Begriff gebracht werden kann, der die Differenz am Bestehenden – die in praktischer Einstellung als Differenz von Bestehendem und Nicht-Bestehendem (aber Beste-

Nachwort zur zweiten Auflage des »Kapital«, MEW 23, 27) an, von der Theunissen wiederholt interpretatorisch erfolgreich Gebrauch macht (vgl. Theunissen 1976b: 48; bes. 1976a: 18f).

16 Vgl. Luhmann 1967d: 116.

17 »Ein rapider gesellschaftlicher Wandel ist ohnehin im Gang; es ist weder möglich noch sinnvoll, ihn anzuhalten« (Luhmann 1975h: 133 Anm. 177).

18 Dazu Luhmann 1975c: 156, gegen traditionalistischen Konservativismus (vgl. Luhmann 1968d: 76): »Ändert sich der Horizont strukturell erzeugter Möglichkeiten«, so *»ändern sich* [vorhandene Institutionen und Praktiken . . .] *gerade dadurch, daß sie sich nicht ändern«*. Und gegen die ›Revolutionäre‹: »[. . .] merken viele, die eine Position suchen, um ›die Gesellschaft zu ändern‹, nicht, wie schnell wir schon fahren« (Luhmann 1976e: 51).

hen-Könnendem) erscheint – übergreift und erhält[19]. Ein solcher Begriff von »Bestand« berücksichtigt einerseits, daß das Bestehende *als* Differenz (eines Systems zu seiner Umwelt) besteht, und daß das Bestehen von Möglichkeiten der Welt – um deren Erhaltung zunächst denken zu können, wird der Begriff ja benötigt – darauf angewiesen ist, daß das Bestehen des Bestehenden als Differenz zugleich ein Bestehen *in* Differenz (zu anderen Systemen in der Umwelt des Systems) ist. Und seine Leistung ist andererseits: er neutralisiert[20] das (im Sinne von Luhmanns ›praktischem‹ Vorbe-

19 Schon die Rede von der »theoretischen Einstellung« sollte andeuten, daß Luhmann Anleihen bei Husserl aufnimmt: was sich darin bestätigt, daß an dieser Stelle der Theoriekonstruktion das Sinn-Konzept ›eingesetzt‹ wird, unter dessen Verwendung Luhmann dann den für seine Intention erforderlichen Bestands-Begriff mit der Leistung des Übergreifens und Erhaltens von Differenz entwickeln kann.
Zu Recht bezeichnet Brock (1971: 98) deshalb die Art, wie Luhmann den Sinn-Begriff einführt und bestimmt, als Neuerfindung der Dialektik. Gleichwohl ist es eine eigentümliche Art von »Dialektik«, die Luhmann hier »erfindet«: Zwar hat bei Luhmann »Sinn« und mit ihm der Bestands-Begriff die Struktur eines Zugleich (so oben: Bestehendes und Nicht-Bestehendes). Aber das Prozessieren von Negationen innerhalb dieser Zugleich-Struktur ist keine Selbstperfektionsbewegung, kein ›Fortschritt‹ – und dies, weil Luhmanns Theorie keinen Begriff der »Totalität« kennt, sondern nur einen der »Welt« (vgl. dazu B-7 Anm. 99). Das zeigt sich insbesondere daran, daß Luhmann das Welt/System-Verhältnis – Komplexität als Problem und Reduktion von Komplexität als Lösung(sstrategie) – nicht nach dem Modell von Entäußerung und Rückkehr denkt. Nicht ›Aufhebung‹ der Differenz zwischen Problem und Lösungspotential oder gar deren ›Vernichtung‹ (vgl. Luhmann 1971g: 33) macht für Luhmann den Erfolg der ›Lösung‹ aus, sondern gerade deren Erhaltung. Nur diejenige Reduktion von Komplexität durch Systeme ist eine dem relationalen Charakter des Welt-Problems »Komplexität« (vgl. Luhmann 1967d: 115) angemessene Lösung, die Welt *als Problem* der Komplexität *erhält* (dafür steht die These von der zu beachtenden Unlösbarkeit des Problems ein; vgl. Luhmann 1977d: 20. 207) – indem sie durch Aktualisierung des Lösungspotentials »System« uno actu dieses leistungs- ebenso wie das Problem anspruchssteigernd umdefiniert.
Statt von ›Versöhnung‹ des Differenten (Hegel) wäre für Luhmann richtiger von dessen ›Befriedung‹ (Schmitt) zu reden; vgl. zur prinzipiellen Erhaltungs-Intention des Schmittschen Differenz-Modells der Freund/Feind-Unterscheidung Kodalle (1973: 31) und das Ende der Studie »Zur historisch-politischen Semantik asymmetrischer Gegenbegriffe« von Koselleck (1975: 104).
20 Das notieren Narr/Runze (1974: 52) mit äußerstem Mißfallen als Vergleichgültigung: »Deswegen hat jede einmal erreichte Position das Argument für sich und kann, da gelungen, überlebensrational behauptet werden. Die Geschichte des jeweils Untergehenden, Unterdrückten kümmert L. ohnehin nicht« – jedenfalls nicht ›praktisch‹ im Sinne einer Antizipation der individualisierten Handlungsfolgen sozialtechnischer Verwertung seines Theorievorschlags; zu Art und Intensität

griff von »Bestand«) Bestandsgefährdende daran, daß das In-Differenz-Bestehen des Bestehenden die differenzvernichtende Tendenz des Gegensätzlichen, sich wechselseitig auszuschließen, in sich trägt[21]. Auf einen so begriffenen »Bestand« gerichtet, bedeutet die Intention der Bestandserhaltung dann: Differenzierung am Bestehenden erhalten gegen die im sich differenzierenden Bestehenden steigende Tendenz zur Entdifferenzierung; denn

›theoretischer‹ Beachtung des vom Bestehenden Majorisierten vgl. unten B-7 Anm. 99.

Und Giegel (1975: bes. 89-96) setzt hier seine mit Marx argumentierende Luhmann-Kritik an, in der er den Selbstwiderspruch des Kapitals mit dessen Verschleierung im Problem-Titel »Komplexität« konfrontiert.

21 An dieser Bestimmung von Luhmanns Bestands-Begriff könnte sich das schon weiter oben abgewiesene Mißverständnis mit dem Schein einer tiefer gelagerten Begründung wiederholen, Luhmann gehe es mit seiner Theorie-Konstruktion doch nur um kurzatmig-ängstliches Bewahrenwollen des Bestehenden (dessen, was bloß Dasein, aber kein Sein hat). Davor sei erneut gewarnt.

Luhmanns Intention auf Bestandserhaltung ist vielmehr getragen von dem weltgeschichtlichen Pathos eines ›katechontischen‹ officium, wie es Carl Schmitt die »Juristen des jus publicum Europaeum« der frühen Neuzeit von den christlichen Rechtsdenkern des Mittelalters übernehmen sieht: sie nämlich suchten nach dem Zerfall der religiösen Einheitsformeln in Parteiparolen des »konfessionellen Bürgerkrieges« zu »retten, was zu retten war« (Schmitt 1950a: 70. 72) – in Gestalt abstrakterer Konstruktionen der Einheit allgemeiner Ordnung, die die faktisch aufgetretenen Gegensätzlichkeiten in sich aufnehmen und ertragen konnten. (Zu Schmitts Verwendung der aus 2. Thess. 2,6f entlehnten Figur des Kat-echon vgl. besonders Schmitt 1950b: 29f; auch Scholz 1978: 168f.)

Die Wahrnehmung dieses officium besteht für Luhmann in der gesellschaftstheoretischen Bemühung, der in der »Registrierung des unbestreitbaren Faktums der Einheit einer Weltgesellschaft« miterhobenen Forderung nach »Reflexion« dieser Einheit (zu deren Schwierigkeit vgl. Luhmann 1973f: 87; 1972f: 254) nachzukommen – und das unter Bedingungen der (wie Luhmann es auffaßt) evolutionären Obsoleszenz der bürgerlich-gesellschaftlichen Selbst-Thematisierung als wirtschaftende Gesellschaft, deren Fortgeltung »die bürgerliche Gesellschaft ideologisch und politisch [. . .] in ein ›kapitalistisches‹ und ein ›sozialistisches‹ Lager [spaltet]« (Luhmann 1973f: 82). Ausdruck dieser Bemühung sind jene zunächst verblüffenden, formelhaften Verbindungen wie »bürgerlich-sozialistisch« (Luhmann 1973f: 82; 1974a: 184), Parallelschaltungen wie »bürgerliche oder marxistische Theoreme« (Luhmann 1977g: 177) und weitere ähnliche Entschärfungen des Gegensatzes, der nach dem Selbstverständnis des so Verknüpften ein Gegensatz von sich wechselseitig Ausschließendem wäre (vgl. Luhmann 1976e: 52; 1976f: 76; auch schon 1972e: 186; 1974b: 253). Diese Formeln sind weit mehr als *bloße* Anti-Marxisten-Polemik der hintersinnigen Art (›Marxsches/marxistisches Denken ist doch nur eine Variante des bürgerlichen!‹) – das sind sie freilich auch. Ungleich wichtiger ist: sie sind Indizien für den theorie-konstruktiv zentralen Versuch, ineins auszudrücken, »Grundlage des Gesellschaftssystems« – und dies ist zu begreifen als Bedingung der Möglichkeit von

Entdifferenzierung des Bestehenden würde – indem sie auch den Reichtum von Möglichkeiten (die Möglichkeiten für Systeme sind) der Welt (die mit Systemen simultan konstituiert und von ihnen als dem Bestehenden abhängig ist) vernichtet – Re-Differenzierung des Bestehenden ausschließen[22]. Bestandserhaltung – auf diese Formel läßt es sich nun bringen – ist für Luhmann Erhaltung des erreichten Grades[23] an Änderbarkeit des Bestehenden.

Hervorbringung, Verdrängungskonkurrenz und Koexistenz dieser kontradiktorischen Selbstinterpretationen – sei »nur die Disjunktion« (Luhmann 1975e: 11f; vgl. auch 1978d: 59), und zugleich, es gebe »nicht einmal verbale Symbole für die Disjunktion als Disjunktion« (Luhmann 1974a: 184).

Das Parallele zwischen dem, was Schmitt unter der Charakteristik jener frühneuzeitlichen Juristen über sein eigenes Denken sagt, und den Eigentümlichkeiten der Luhmannschen Theoriekonstruktion ließe sich noch weiter verfolgen; das braucht hier nicht zu geschehen, aber ein Punkt ist noch zu markieren: In der Diagnose der neuzeitlichen Gesellschaftsveränderung als »rechtfertigungsfreien Selbsterneuerungsprozesses« (Folkers 1977: 509 Anm. 3), die Schmitt (1970: 124ff) zur Bestimmung der eigenen Position anläßlich Blumenbergs Neuzeit-These stellt, ist Schmitt dem von Luhmann Konzipierten sachlich noch ganz nahe. Aber in der Art der Wahrnehmung des kat-echontischen officium demgegenüber trennen sich beide radikal: Während Schmitt sich im Wortsinne der prinzipiellen Position des ›*Aufhalters*‹ vergewissert (vgl. Schmitt 1958: 385), und sei es eines im Zeitalter der Technisierung zum Schweigen verurteilten (vgl. Schmitt 1950a: 74), tritt für Luhmann (1975h: 133 Anm. 177) an die Stelle des »weder möglich[en] noch sinnvoll[en]« Anhaltens des »ohnehin in Gang« befindlichen »rapide[n] gesellschaftliche[n] Wandel[s]« die Frage nach dessen *Steuerung*. Ob dennoch auch für Luhmann gilt, was Schmitt jenen Juristen, die »retten [wollten], was zu retten war« nachsagt: »Sie dachten nur an die Bergung kostbaren Gutes. Aber wir wissen ja, wie es bei Bergungen zugeht. Ihre Intention war gut und ehrlich, wenn auch die geschichtlichen Auswirkungen anders verliefen« (Schmitt 1950a: 72) – das zu beantworten, wird den von Luhmann (1975c: 164) selbst angebotenen »historischen Tests« überlassen bleiben.

22 In der Sprache der Darstellung der Theorie, die den Komplexitätsbegriff verwendet, steht dafür: »Komplexere Systeme haben durch ihre Struktur die Wahl, komplex oder nicht komplex zu erleben und zu handeln; fehlt es an Komplexität, bleibt nur die Möglichkeit einfacher Umweltbeziehungen« (Luhmann 1975f: 205).

23 Insofern teilt Luhmanns Intention die »gegen Regressionseffekte« gerichtete Tendenz von »Hegels Sollenskritik«, nämlich die »Empfindlichkeit gegen jede Form von Unterbietung des erreichten Stands« (Marquard 1964: 50) – und sie kommt zum Ausdruck in der »Reverenz, die der Soziologe der Geschichte, das heißt der schon reduzierten Komplexität, zu erweisen hat [. . .]: Nichts zu ändern, es sei denn, daß dem zu ändernden Zustand all seine Funktionen abgetauscht werden können« (Luhmann 1967a: 85). (An dieser Stelle der Theoriekonstruktion klinkt Luhmann – was hier nicht weiter ausgeführt werden kann – sein Evolutions-Konzept ein; vgl. Luhmann 1977a: 29, auch 1975m: 200). Aber Luhmann ist nicht Hegel, und darum trifft ihn die Kritik der oben (vgl. B-7 Anm. 20) aus Narr/Runze 1974 zitierten Sätze – jedenfalls des ersten – zu Recht. Oder sollte die Kritik auch für Hegel gelten?

7.2.2 Die Grundoperation

Änderbarkeit des Bestehenden, das Zugleich seines So-seins-und-auch-anders-sein-könnens ist die Bestimmung des Begriffs von Bestand, die Luhmann in theoretischer Einstellung gewinnt; Luhmanns Titel für diese Bestimmung ist: »Kontingenz«. Wenn, wie dargetan, die theoretische Einstellung im Dienst der praktischen Intention auf Bestandserhaltung stehen soll, dann muß Luhmanns theoretische Grundoperation so eingerichtet sein, daß sie das theoretisch als Kontingenz wahrgenommene praktische Problem des Bestands ›löst‹, gerade indem sie es *als* Problem erhält. Dafür ist bereits gesorgt: Den Zugang zum Bestands-Begriff »Kontingenz« eröffnete die in theoretischer Einstellung mögliche »Abstraktion« – die der Zugleich-Struktur von Kontingenz durch eine ebensolche eigene entspricht[24]. Die der Abstraktion eigene

24 Unter dem isolierten Gesichtspunkt einer Zugleich-Struktur hätte hier auch »Sinn« als Luhmanns Terminus für den Begriff des Bestands hingestellt werden können. Aber »Sinn« hat einen zu weiten Umfang, er ist koextensiv mit »Welt«, d. h. der »Realität, in der alle Probleme immer schon gelöst sind« (Luhmann 1978d: 20). »Sinn« bezeichnet mithin »Bestand«, aber ihn nicht als gefährdeten, der als Problem wahrzunehmen ist, sondern als den, der alle Bewältigung der Gefahr (die Lösung) schon in sich hat; die Verwendung des Sinn-Konzepts – und nur sie – *ermöglicht* zwar die Zerlegung von »Bestand« in Problem und Lösung, aber eben nur das: die Zerlegung selbst muß noch folgen.
Daß die Erfassung von Bestand als Problem auf der Basis von »Sinn« (vgl. B-7 Anm. 19) erfolgt, ist Ermöglichungsgrund aber auch für die oben behauptete *Entsprechung* in der Zugleich-Struktur von Problem (Kontingenz) und Lösung (Abstraktion): weil beide auf Sinn basieren, können beide als Aspekte von Welt erscheinen. Die Welt an sich (»in der alle Probleme immer schon gelöst sind«) ist kein Problem – sie ist es aber, weil und insofern »Welt« eine Relation ist, in der sie, als »Umwelt« von Systemen, für Systeme als problematisch erscheint: von Luhmann mit dem Titel »Komplexität« belegt (vgl. Luhmann 1967d: 115). ›Für Systeme‹: das ist die Gesichtspunktbezogenheit, in der der zunächst allgemein als »Sinn« begriffene Bestand »Welt« in die Relata Problem und Lösung (die ›Aspekte‹) zerlegt erscheinen kann, zwischen denen – als den Relata der Relation »Komplexität« – ein »Gesetz der Entsprechung« (Luhmann 1967d: 120), nämlich das von Umweltkomplexität und Systemkomplexität, besteht. (Zur Frage von Luhmanns Sprachgebrauch hinsichtlich der Unterscheidung von »Welt« und »Umwelt« an der zuletzt zitierten Stelle und in Luhmann 1967d überhaupt vgl. den Anfang von B-6.2.1.1, bes. B-6 Anm. 46; zur theorie-konstruktiven Relevanz dessen, daß das »Gesetz« eines der »Entsprechung« genannt wird, vgl. weiter unten B-7.3 These 5. Dem in Gestalt von »Umwelt« erscheinenden Problem »Welt« gegenüber bauen sich Systeme als Potential zu seiner Lösung auf, indem sie die Komplexität der Umwelt reduzieren und dadurch ineins ihre eigene Komplexität und die ihrer Umwelt steigern (was ›erhalten‹ einschließt;

Zugleich-Struktur – und diese *gegenläufige Dualisierung* ist das wesentliche Merkmal dessen, was im folgenden Luhmanns Grundoperation genannt werden soll – ist die von Generalisierung/Spezifikation[25]. Bei diesem Dual handelt es sich um funktionale Äquivalente, die sich in jedem Fall ergeben, wenn ein Problem als Kriterium der Suche nach Lösungsmöglichkeiten verwendet wird[26]. Aber »Kontingenz« ist – und zwar deswegen, weil ihre Zugleich-Struktur gerade derjenigen Anforderung zu genügen hat, der die Theorie-Konstruktion Kandidaten für die Besetzung der Stelle des Bestands-Begriffs unterwirft – ein Problem-Begriff eigener Art : »Kontingenz« ist Begriff eines Problems nur so, daß sie *auch* Inbegriff möglicher Lösungen ist, ist Aufforderung zur Bestandserhaltung nur, indem sie *auch* Bedingung der Möglichkeit dafür ist, dieser Aufforderung nachzukommen[27]. Diese Eigentümlichkeit des Kontingenz-Begriffes, die Koinzidenz von Problem und Gesamtheit alternativer Lösungsmöglichkeiten zu bezeichnen, indem er »Welt« unter dem Aspekt ihres Problem-Seins für Systeme repräsentiert, geht auf die Basierung von »Kontingenz« auf dem Sinn-Konzept zurück[28]. Sie findet ihre Berücksichtigung in der entsprechenden Struktur der Grundoperation, ihren problemlösenden Bezug auf das als »Kontingenz« erfaßte Bestandsproblem so zu realisieren, daß er die permanente Zugänglichkeit gleichmöglicher (aber als mögliche nicht gleicher) Alternativen gewährleistet: durch ein Zugleich von Symmetrie und Asymmetrie

vgl. nur Luhmann 1971a: 308f): Reduktion-und/als-Steigerung von Komplexität – das ist, in der Sprache der Darstellung der Theorie, eben das Zugleich von Lösung des Bestandsproblems und seiner Erhaltung als Problem, das der Zugleich-Struktur des Problems entspricht.

25 Vgl. dazu oben B-6 Anm. 51. Der obige Text spricht im weiteren genauer von Generalisierung und *Re*spezifikation. Zur Begründung sei, unabhängig von der unten dafür vorgebrachten Einrückung in den Zusammenhang theoriekonstruktiver Erfordernisse, verwiesen auf Luhmann 1978d: 75. – Vgl. im übrigen als anregende, wiewohl theoretisch unergiebige Fallstudie zu Dual-Phänomenen die Untersuchung von v. Cranach 1974.

26 Vgl. nur Luhmann 1964c: 36ff.

27 Für die praktische Einstellung, die sich ans Bestehende, wirkliche Systeme halten muß, um das Bestandsproblem (das Bestehen von Möglichkeiten in der Welt zu erhalten) zu lösen, heißt das: die Änderbarkeit des Bestehenden (die der Bestand ist) zu ›benützen‹, nämlich selektiv Mögliches in Wirkliches zu überführen – aber so, daß das Verwirklichen von *Änder*barkeit Verwirklichen der Änder*bar*keit des Bestehenden ist.

28 Vgl. B-7 Anm. 24.

– wobei Asymmetrie Voraussetzung der Zugänglichkeit[29], Symmetrie Voraussetzung der Gleichmöglichkeit ist.

Typisch erscheint dieses Zugleich in zwei vielverwendeten Formulierungs-Varianten der Grundoperation, nämlich: (1) Generalisierung/Respezifikation oder (2) Auflösung/Rekombination[30]. In der Zweigliedrigkeit der Operation steckt die Symmetrie, und die Asymmetrie in der Umkehrung der Operationsrichtung des ersten Operationsgliedes durch das zweite; zueinander stehen die Varianten (1) bzw. (2), mit aggregativer bzw. disaggregativer Operationsrichtung beginnend und sich dann in umgekehrter Richtung revidierend, in komplementärer Symmetrie. Die Symmetrie der Grundoperation ermöglicht das ›Koexistieren‹ der durch Aktualisierung einer Alternative ›abgewählten‹, nicht selektierten potentiellen andern auch nach und trotz vollzogener selektiver Aktualisierung der einen[31]. Und indem – das macht die Asymmetrie aus – in die Grundoperation ihre Selbstanwendung[32] (»Reflexi-

29 Vgl. Luhmann 1975f: 210: »[...] nur bei Asymmetrie kann Interdependenz entstehen«.

30 Erstere Formulierung schon frühzeitig bei Luhmann (vgl. Belege in B-6 Anm. 51), in der ausgeprägteren Fassung G./*Re*spezifikation erstmals Luhmann 1971a: 324f; die zweite Formulierung (vgl. auch B-7 Anm. 44) erstmals Luhmann 1975f: 211, danach z. B. Luhmann 1976e: 52; 1977d: 10. 71, ähnlich 248ff; 1977a: 34. – Als *eine* weitere Version der Grundoperation vgl. nur Luhmann 1966b: 103 zum »Zusammenhang [...] von Differenzierung und Integration«.

31 Vgl. dazu, in der Sprache der Darstellung der Theorie mit den Termini »Reduktion« und »Komplexität« instrumentiert, die Thesen in Luhmann 1967d: 116, bes. 128.

32 Selbstanwendung darf dabei nicht heißen, daß mit der Erzielung entgegengesetzter Effekte ad intra durch Inversion der Grundoperation die Effektivität der Grundoperation ad extra stillgestellt wird. Vielmehr muß die Bestimmungsleistung, die durch Anwendung des einen Operationsgliedes schon erbracht ist, der Anwendung des inversen Operationsgliedes als Ausgangsposition dienen können und auch dienen – denn nur so kann die Grundoperation trotz immanenter Gegenläufigkeit *überhaupt* Bestimmtheit erzielen, so aber wird sie durch Inversion Bestimmtheits*gewinne* erzielen. Die Erfüllung dieser Forderung – und dadurch wird es möglich, »an Hand von Beschränkungen [zu] lernen und zugleich unbeschränkte Lernfähigkeit [zu] postulieren [, ...] den Kuchen [zu] essen und ihn zugleich [zu] behalten« (Luhmann 1975m: 201) – garantiert die problembezogene Einrichtung der Grundoperation, in der diese prekäre Asymmetrie eben *verbunden* ist mit Symmetrie: dadurch kann die Grundoperation Kontingenz (dabei selektiv, d. h. immer *auch* einschränkend!) erweitern *und* bewahren, die Problem/Lösungs-Relation umdisponieren und doch als solche unangetastet lassen.
Diese Einrichtung der Grundoperation wirkt sich aus im Abschied von »Nullsummenspielprämissen«. Ausdrücklich vollzieht ihn Luhmann aus gegebenem Anlaß in

vität«[33]) eingebaut ist, bleibt die Nicht-Kongruenz einer ›gewählten‹ Lösungsalternative mit dem zu lösenden Problem erhalten und das Weitergehen der Lösungssuche möglich und notwendig, nachdem und weil mit der ersten Lösung das Problem gelöst und doch nicht beseitigt, sondern umdefiniert ist[34]. Auf eine Kurzformel gebracht: Die Symmetrie der Grundoperation ermöglicht die Simultan-Interdependenz der Bestimmtheit alternativer Lösungen, und ihre Asymmetrie ermöglicht die Sequential-Interdependenz des Bestimmens von Lösungen[35].

Wie das Zugleich von Symmetrie und Asymmetrie der Grundoperation, so ist auch das Verhältnis der beiden Weisen, in denen

der Machttheorie (vgl. Luhmann 1966b: 97; 1969l: 162ff; 1975h: 52): die Anwendung von Macht auf Macht, die Übermächtigung des Machthabers, wird nicht als Herstellung einer tabula rasa vorgestellt, sondern als Rückbindung von schon gefundenen Lösungen an das Ausgangsproblem – welches freilich (da die schon gefundene Lösung und die dadurch erzielte Bestimmtheit vorausgesetzt werden kann und muß) in anderem Licht erscheint. Dieselbe Konstellation von Effekten ad intra und Effektivität ad extra läßt sich aufweisen an der »Kontrolle« der Zweckprogrammierung, die die »Aufstellung von Programmen« als »unerläßliche Vorbedingung« hat (vgl. Luhmann 1968h: 223), oder dem »Abbau« des Einbaus von Interdependenzunterbrechern, der nur »teilweise« erfolgt (vgl. Luhmann 1977d: 29).

33 Vgl. Luhmann 1973f: 74.

34 Vgl. B-7 Anm. 19.

35 Die Möglichkeit von Sequential-Interdependenz des Bestimmens, wie sie die immanente Gegenläufigkeit der Grundoperation in ihrem Resultat entstehen läßt, nämlich in dem Zugleich von Lösung und regeneriertem Problem, nennt Luhmann auch – in der Darstellung seiner Theorie – »Komplexitätsgefälle« (Luhmann 1975f: 210). Unter Berücksichtigung des strategischen Verwendungszusammenhangs dieses Luhmannschen Terminus (zuerst Luhmann 1970e: 150) läßt sich, Darstellung der Theorie mit ihrer Herstellung verbindend, sagen: Die Asymmetrie der Grundoperation läßt die theorie-, weil gegenstandskonstitutive Grenze (Luhmann 1975f: 211: »Ein System ist seine Differenz zur Umwelt«) als Differenz von System und *Umwelt* (die »nicht nur ein einziges Problem [stellt]«, weil sie »ohne Rücksicht auf das System sich bewegt« [Luhmann 1964c: 41, vgl. auch 1977d: 14]) erscheinen; das kann Luhmann als Nachweis der Angewiesenheit der Systemtheorie auf ihre Komplettierung durch Evolutionstheorie nehmen und als Handhabe für deren Einbau in das Gesamtkonzept (vgl. Luhmann 1971a: 363 und die Bemerkungen zu dem anderen ›Anschnitt‹ desselben Konstruktionspunktes der Theorie, wie ihn der Terminus »Kontingenzkausalität« repräsentiert, in B-7 Anm. 39). Die Symmetrie der Grundoperation läßt jene Grenze als Differenz von System und *anderen Systemen* (»es [gibt] nicht nur ein einziges System« [Luhmann 1971a: 369]) erscheinen – was Luhmann als Bestätigung der Notwendigkeit von Systemtheorie durch die Angewiesenheit der Evolutionstheorie auf diese nehmen kann (Luhmann 1971a: 368). Vgl. auch Luhmann 1971k: 61f.

Interdependenz im Resultat der Grundoperation erscheint, das zirkuläre »des Wechselseitig-sich-Bedingenden, des Nur-zusammen-Möglichen«[36]: das Zusammenbestehen gleichmöglicher Alternativen ist der Möglichkeitsboden[37] für aktualisierende Selektion aus diesem alternativ Vorgegebenen, über dessen Bedingungen umgekehrt im Zuge jenes schrittweisen und kohärenten Aktualisierens erst bestimmend disponiert wird[38] – daß Simultan-Interdependenz und Sequential-Interdependenz »nur-zusammen-möglich« seien, heißt nämlich, daß sie sich gegenseitig ermöglichen[39].

36 So beschreibt Luhmann, was es »im Begriff der Konstitution zu fassen gilt«: das Verhältnis von »Sinn und System« (Luhmann 1971g: 30), das er auch – mit einer den »Scheineffekt unserer substantialisierenden Sprache« absichtswidrig keineswegs »überspielen[den]« Formel – die »Gleich*ursprüng*lichkeit von System und Welt« (Luhmann 1971a: 307 – Hervorhebung von mir; F. S.) nennt.

37 Die Metapher vom ›Boden‹ verwendet – neben der vom ›Horizont‹ – als Bezeichnung für »Welt« schon Husserl (z. B. 1948: 24f und 29ff). In solcher Parataxe verwendet finden sich beide Metaphern auch in den wichtigen einschlägigen Darstellungen von Landgrebe (1949: 44 [»Welt ist der umfassende Glaubensboden, der Gesamthorizont, in den sich jede Einzelsetzung einfügt«] u. ö.) und Brand (1955: 16: »Die Welt [, . . .d]er Totalhorizont ist die Möglichkeit des Verstehens des Einzelnen und ineins damit als universaler Boden die Möglichkeit der Herstellung von Einstimmigkeit unserer Erfahrung«). Unterlassen oder jedenfalls unerkennbar bleibt dabei jegliche Reflexion auf die vielsagenden Implikationen jenes Changierens im Ansatz des Welt-Begriffs bei Husserl: erweist sich darin doch die Phänomenologie entgegen eigenen Ansprüchen weniger als Vereinigung ontologischer mit transzendentalistischer Theoriebildung denn als ein Schwanken zwischen diesen unvereinbar und unvermittelt bleibenden Konzepten. Wenn der Ausdruck ›Boden‹ hier um der bei Husserl daran haftenden Konnotationen willen in bezug auf Luhmann verwendet wird, so soll damit zum einen angedeutet sein, daß Luhmanns Grundoperation in ihrem Resultat sich von der Reichweite desjenigen Allgemeinheitsgrades erweist, der mit dem Welt-Begriff angezeigt ist (für den auch Luhmann bekanntlich die Metapher »Horizont« verwendet). Und zum anderen: auch Luhmann kennt jenes für Husserl an dieser doppelten Ausdrucksverwendung zu diagnostizierende »Schwanken« (so kritisch notiert von Folkers 1974: 416), aber nicht nur dies – er erzeugt es durch das Zugleich seiner Grundoperation geradezu systematisch und unterläuft damit die theoriedestruktiven Konsequenzen der Unvereinbarkeit der Konzepte, zwischen denen als seinen Polen solches Schwanken sich bewegt. Vgl. dazu weiter unten den Text.

38 Vgl. als nur *einen* Beleg Luhmann 1971a: 307f.

39 Dank des Zugleich von Symmetrie und Asymmetrie der Grundoperation erscheint ihr Resultat als *Differenz zweier Resultate*: die Bestimmungsleistung der Grundoperation fungiert als Lösung des als »Kontingenz« erfaßten Bestands-Problems *und*, indem jede Lösung die Möglichkeitsbedingungen der Probleme verändert, als Re-Definition des Problems (so, in der systemtheoretischen Begrifflichkeit der Darstellung der Theorie, deutlich bei Luhmann 1970e: 150 in den Bemerkungen über den »doppelten Stellenwert« jedes einzelnen Ereignisses). Das

Genau das behauptet Luhmann auch für das Binnenverhältnis der »Negation«, der er den »funktionellen Primat« bei der Konstitution von Sinn zuschreibt: »Generalisierung und Reflexivität fungieren mithin als sich wechselseitig bedingende Leistungskomponenten der Negation in einem notwendigen Zusammenhang«[40]. Darin kommt zum Vorschein, daß die Theorie-Konstruktion, der gemäß schon die Zugleich-Struktur von »Kontingenz« durch Basierung auf dem Sinn-Konzept gewährleistet ist, Entsprechendes auch für die – in Entsprechung zu »Kontingenz« angesetzte – Grundoperation vorsieht[41]. Dabei ist aber zu beachten: auch wenn

bestimmende Aufeinander-einwirken von Lösung und Problem im Resultat der Grundoperation ist das »Differenz-Phänomen« immanenter Selbstverursachung, das Luhmann (1975c: 155f) als Kristallisationskern von Evolution ansetzt. Dieses Differenz-Phänomen, schon früh unter dem (eher systemtheoretischen) Aspekt möglicher Selbstverursachung – der »Wahrscheinlichkeit, daß die Welt aus sich heraus dynamisch wird« (Luhmann 1970e: 150) – im Begriff »Komplexitätsgefälle« gefaßt (vgl. B-7 Anm. 35), nennt Luhmann unter dem (eher evolutionstheoretischen) Aspekt wirklicher Selbstverursachung »Kontingenzkausalität« (Luhmann 1975c: 157; aufgenommen 1978b: 429 Anm. 24); die Bemerkung Luhmanns (1974a: 178) über die Aggregation der Wissenschaften »zu einer Art selbstkritischen Masse« erhält – liest man sie unter dem Herstellungs-Gesichtspunkt als exemplarische Darstellung des Differenz-Phänomens – einen charakteristischen Doppelsinn aus der Anspielung auf den Terminus der Kernenergietechnik.

40 Vgl. zuerst schon Luhmann 1971g: 35. 37; hier Luhmann 1975d: 206. Zu beachten ist, daß »Generalisierung« *hier nicht* die doppelte Bedeutung von »Abstraktion« hat (an die B-7 Anm. 25 erinnert wurde), sondern im Falle von unausdrücklicher Negation bei »positiven Zuwendungen« wie von »[d]irekte[n] und gezielte[n] Negationen« – unter diesen beiden Aspekten expliziert Luhmann 1975d: 205 den Akt des Negierens – die ›Einseitigkeit‹ der durch Negation geleisteten Bestimmung bezeichnet. Allerdings wird die ›Einseitigkeit‹ der generalisierenden Leistung von Negation, Unbestimmtes als Bestimmtes erlebbar zu machen, begleitet von der ›Kehrseite‹ miterzielter spezifischer Bestimmtheit. Denn auch die vereinseitigende Isolierung zur Leistungskomponente der Negation vermag »Generalisierung« nicht aus dem Zusammenhang mit »Spezifikation« zu lösen (wie er im Begriff der »Abstraktion« gefaßt ist), weil er noch in die Negation als Moment von deren Voraussetzung (vgl. dazu B-7 Anm. 41) eingegangen ist.

41 Unterscheidet man zwischen der Negation selbst – indem Luhmann diese »sehr voraussetzungsvolle Strategie der Informationsverarbeitung« (Luhmann 1975d: 204) funktional, also als Leistung analysiert, ergibt sich der Schein einer Prävalenz der Asymmetrie – und ihrer Voraussetzung, so läßt sich die derjenigen der Grundoperation entsprechende Zugleich-Struktur der Negation folgendermaßen beschreiben:

Die der Negation eigene Symmetrie steckt bereits in ihrer Voraussetzung, nämlich der »›Welt‹ im Sinne eines in bezug auf Position und Negation unentschieden Vorhandenen« (Luhmann 1975d: 204) – dabei kann freilich, da eine Differenz noch

für die Beschreibung des Verhältnisses von »Kontingenz« und »Sinn« sowie von »Grundoperation« und »Negation« die verfänglich-suggestive Formel vom ›Basieren auf . . .‹ gewählt wurde, soll gleichwohl *nicht* behauptet sein, die damit annoncierte ›Basis‹ sei die tragende Ebene von Luhmanns Theorie-Konstruktion. Vielmehr sind Luhmanns Ausführungen zu »Sinn« und »Negation« nachträgliche, auf Kompatibilität mit den tragenden Konstruktionszügen eingerichtete Absicherungen der Theorie auf der Ebene ihrer Darstellung[42]. Ihre bei aller Nachträglichkeit unbestreitbare sachliche Bedeutung als »Einrichtungen« zur »Stabilisierung des Ganzen«, zur »Verteidigung der Errungenschaften«[43] der Theorie

nicht als gesetzt anzusehen (»unentschieden«) ist, von Sym-metrie nur vorgreiflich die Rede sein.

An den Leistungskomponenten der Negation selbst erscheint zunächst Asymmetrie: »Generalisierung« baut im Setzen einer Differenz auf, was Luhmann hinsichtlich der System/Umwelt-Differenz »Komplexitätsgefälle« nennt (vgl. B-7 Anm. 35), indem die »Negation etwas Unbestimmtes in die Funktionsstelle von Bestimmtem [und zwar dem zugleich Bestimmten ›gegenüberstehenden‹; F. S.] eintreten« läßt (Luhmann 1975d: 205). Mit »Reflexivität« ist in der Negation die Umkehrung der Operationsrichtung und des dadurch erzeugten »Komplexitätsgefälles« eingeschlossen und damit die Möglichkeit der Sequentialisierung des Negierens. Indem aber »Reflexivität« – Asymmetrie an Asymmetrie exekutierend – die mit der Differenz-Setzung schon geleistete Bestimmtheit durch Inversion der ›Vorzeichen‹ zur vorläufigen macht, wirkt sie neutralisierend: insofern ist »Negation [. . .] ein Modus der Erhaltung von Sinn« – so Luhmann 1975d: 206.

Damit ist durch den Akt der Negation hindurch deren Voraussetzung, die positiv/negativ-Unentschiedenheit von Welt, eingeholt und als Symmetrie erst recht hergestellt – als eine Symmetrie freilich, die nun auch immer Asymmetrie ist und den »Fortgang von Operationen« bestimmenden Negierens »ermöglicht« (Luhmann 1975d: 205): diese Identität in der Nichtidentität von Voraussetzung und Resultat der Negation, die »die Universalität, das heißt den Weltbezug der Lebenspraxis schlechthin zu konstituieren [scheint]« (Luhmann 1975d: 204), ist gemeint, wenn Luhmann das Verhältnis Sinn/Negation als »Konstitution« begreift (vgl. B-7 Anm. 36; zur Sache vgl. auch Luhmann 1977d: 21f).

42 Läßt man sich diese Ebene nicht nur für ein Referat (wie oben B-2 bis B-6), sondern auch für die kritische Analyse von Luhmanns Theorie vorgeben, so liegt es nahe, einen Theorievergleich Luhmann/Hegel anzustellen wie den, dem Schneider (1976) im Anschluß an Willms (1973) und besonders Hartmann (1973) ein ganzes Buch widmet. Dann kann die Analyse sich – wie Schneiders Beispiel erweist – in manchen ihrer Ergebnisse mit dem hier Vorgetragenen berühren und doch darin nichts anderes erkennen lassen als die Fehlerhaftigkeit einer (wie Schneider 1976: 214ff u. ö. es nennt) paradoxen Montage: mit einem solchen Ansatz kann man zeigen, daß Luhmanns Theoriekonstruktion philosophisch schlecht wegkommt, aber nicht, wieso sie gerade ihrem ›Fehler‹ die *ihr* eigentümliche Konsistenz verdankt.

43 Luhmann 1969k: 264.

haben sie insoweit, als sie Luhmann in Stand setzen, den Universalitätsanspruch seiner Theorie in Konkurrenz zu Theorien der philosophischen Tradition auch auf der ›prinzipiellen‹ Ebene geltend zu machen, auf der diese den ihren begründen. Seine eigene Theorie hat ihren tragenden Zusammenhang freilich – und deshalb wird hier auch nicht die Negation, sondern eben die »Grundoperation« als Luhmanns Grundoperation vorgeführt[44] – in der Korrespondenz von Bestandsproblem und Grundoperation.

44 Ich habe schon oben (B-7 Anm. 8) gelegentlich der Entlehnung des Henrichschen Terminus vorweg festgestellt, daß sich Luhmanns »Grundoperation« von der von Henrich analysierten Hegels, der autonomen Negation, unterscheidet. Wenn aber der Zusammenhang von Voraussetzung/Akt/Resultat in Luhmanns eigenem Begriff von »Negation« (in B-7 Anm. 41) zutreffend entfaltet ist, liegt die Frage nahe, ob und wie sich Luhmann selbst explizit zu Hegel in ein Verhältnis setze.
Das tut Luhmann in der Tat, wo immer er – mit der Klärung des Negations-Begriffes so weit gediehen – die Frage nach der »Kohärenz von Negationen« als Problem stellt (so ausdrücklich Luhmann 1975d: 207). Indem aber Luhmann den Mitvollzug »der Prämisse der Dialektik: daß Negation notwendig und in der Lage sei, Bestimmtheitsgewinne zu übertragen« (wie er – Luhmann 1975f: 218 Anm. 27 – sie im § 109 von Hegels Enzyklopädie [Werkausgabe 8, 227] in Kraft sieht) verweigert (vgl. Luhmann 1975d: 208), so muß ihm Hegels Dialektik als die unbefriedigende »Lösung des Problems« erscheinen, die »sozusagen dem Problem selbst zugemutet« wird (Luhmann 1978d: 15). Seines Erachtens dürfen aber die Möglichkeitsbedingungen für die Bestimmtheit einer Lösung des »Kohärenz«-Problems, dafür, daß die »Negation [...] sich über das Negierte mit anderen Negationen solidarisieren« (Luhmann 1975d: 207) *kann*, nicht durch immanente Prozeßregeln selbstreferentieller Negation (vgl. Luhmann 1975n: 48), nicht als »Bewegungsgesetz des Geistes oder der Natur« (Luhmann 1975d: 207) – insoweit ist in Luhmanns auf Hegel *zielender* Dialektik-Kritik Marx immer auch gemeint – apriorisiert werden. Vielmehr müssen sie als »im evolutionären Aufbau komplexer Ordnungen [sich] selbst herstell[end]« (Luhmann 1975d: 207) begriffen werden: nur so können sie die geforderte »Nichtbeliebigkeit des Negationsgebrauchs sicher [...] stellen« (Luhmann 1978d: 14) *und* dabei die Kontingenz der Resultate nicht durch vorgängige Rationalitätsgarantien (vgl. Luhmann 1975n: 48; 1975f: 212ff) kohärenten Negierens ausschalten, sondern in Form »rationaler Unbestimmtheit« (Luhmann 1975n: 48), »strukturierter Kontingenz« (Luhmann 1978d: 14) offenhalten.
Darum weicht Luhmann der Dialektik Hegels aus auf sein Konzept von Supertheorie, die die Kohärenz von Negationen – Limitationalität! – garantiert durch »systemtheoretische Annahmen über die Realität selbst« (Luhmann 1978d: 16 – Kursivierung aufgehoben; F. S.); diese »Annahmen« sollen besagen, wie es Luhmann (1974a: 184) in anderem Zusammenhang schon formuliert, »daß letzte unbestimmte Kontingenz im Gegenstand [sc. der ›Welt‹! F. S.] selbst limitiert sei«. Das Limitiertsein dadurch, »daß zwischen Umwelt und System ein Komplexitätsgefälle bestehe, das für ein jedes System Probleme vorgebe, die nur begrenzte Lösungsalternativen zulassen« (Luhmann 1978d: 16), ist freilich im Sinne jener »Antwort auf das Grundproblem eine Sache« ebenso »beliebigen Meinens« (wie

Luhmann erfüllt – um kurz zu rekapitulieren und gleichzeitig weiterzuführen – seine ›praktische‹ Intention auf Bestandserhaltung, indem er, wie von der Intention selbst gefordert, theoretische Einstellung einnimmt. So erfaßt er im Begriff »Kontingenz« (den zu erhaltenden) »Bestand« als Problem, dessen Zugleich-Struktur

Luhmann 1978d: 26 nun doch Hegel imitiert), wie »die Frage nach der ersten Ursache [...] beliebig beantwortbar« ist (Luhmann 1971a: 363). Diese anfänglich-beliebig angesetzte, »gleichwohl unerläßliche« Differenz ermöglicht und veranlaßt (vgl. B-7 Anm. 39) aber »Anschlußbestimmungen«, die »die Wahl nicht-beliebig« machen (vgl. Luhmann 1978d: 26f; außerdem die drei letzten Absätze von B-6.2.1.3). Das bedeutet für die hier interessierende Frage: Die Kohärenz von Negationen ist nicht von vornherein, durchs Negieren selbst gesichert, sondern das Negieren (Akt) bestimmt das Negierte (Resultat) zu der Voraussetzung, die für den Fortgang des Negierens Möglichkeitsbedingung seiner Kohärenz ist.
Einem solchen Theorieprogramm folgt Luhmann, wenn er (1975d: 207) für die Kohärenz von Negationen auf Bachelards Konzept der »Dialektisierung« zurückgreift. Denn nicht – ob zu Recht, braucht hier nicht erörtert zu werden – in der Dialektik Hegels, sondern in der »Philosophie des Nein«, die die Struktur der Vernunft einer Korrespondenz mit dem faktischen Gang der (empirischen) Wissenschaften unterstellt (vgl. Bachelard 1978a: 164f – sowie dagegen Hegel, Enzyklopädie §§ 9 u. 12 (bes. Ende der Anmerkung), Werkausgabe 8, 52f. 57f), findet Luhmann den »Bezug von Grundproblem und Systemleistung« in der Weise, in der allein »eine Supertheorie gegen die Stöße der Empirie hinreichend abgefedert werden« kann, nämlich als »zweiseitig aktivierbar« (Luhmann 1978d: 27; vgl. auch 1977d: 46) erfaßt (vgl. Bachelard 1978a: 20ff).
Luhmanns Berufung auf Bachelard kommt nicht von ungefähr, gleichsam als Verlegenheitsauskunft. Vielmehr zählt Bachelard als prominentes (und – anders als etwa Husserl oder auch Parsons – eher im Verborgenen wirkendes) Mitglied zur »Gesellschaft der Freunde und Förderer der Theorie« (Luhmann 1969k: 264); in diese Gesellschaft aufgenommen hat ihn Luhmann offenkundig nach Lektüre (nachgewiesen zuerst bei Luhmann 1973i: 125 Anm. 5) von A. Schmidt, der in seiner Metakritik der strukturalistischen Marx-Interpretation den französischen Epistemologen – soweit ich sehe: erstmals – im deutschen Sprachraum überhaupt vorstellte (vgl. A. Schmidt 1971: 109ff).
Seitdem läßt Luhmann immer wieder bei wichtigen eigenen Theorie-Figuren den Vor-Denker Pate stehen. So verdankt Luhmann Bachelards Untersuchungen zur Geschichte insbesondere der modernen Chemie Vorstellungsgehalte und Formulierungsanregungen (vgl. Bachelard 1953: 74f. 120; auch 1978b: 39 u. ö, die ihn zu der einen Begriffsfassung seiner Grundoperation als ›Auflösung(/Rekombination)‹ führen (vgl. Luhmann 1976e:52; 1977a: 34 mit Anm. 28; 1977d: 251f mit Anm. 43). Und weiter läßt sich über Luhmanns Arbeiten verteilt ein ganzes Netz von Thesen und Theoriestücken ausmachen, die Luhmann als gesellschaftstheoretisch generalisierte Reformulierungen von begrifflichen Dispositionen ausweist, die sich – dort freilich dargeboten in einer fast erzählerischen Sprache mit vielen Zügen der Mündlichkeit (wie Redundanz oder unausgeglichener Durcharbeitung der Terminologie) – paradigmatisch in Bachelards Studien zur »Bildung des wissenschaftlichen Geistes« (so der Titel eines – 1938 erschienenen – seiner Bücher) finden. Das meiste davon ist

entsprechend er seine Grundoperation gegenläufig-dualisiert einrichtet. Mit dieser eigenen, oben als Zugleich von Symmetrie und Asymmetrie entfalteten Struktur ist die Grundoperation Luhmanns Theorieerzeugungspotential in einem doppelten Sinne: Sie konstituiert das Verhältnis von »Bestand« und »Theorie«[45] als eines

gleichsam prismatisch gebündelt in einem kurzen Textstück Luhmanns, von dem ausgehend einige Querverweise wenigstens angedeutet werden sollen (wobei in der Belegangabe eine ausdrückliche Bezugnahme Luhmanns auf Bachelard mit (B) vermerkt wird):
Bachelard begreift den Fortgang wissenschaftlicher Erkenntnis als Dialektisierung jeweils derjenigen symbolischen Formen (meist: Begriffe), in denen sich das Denken Erfahrungen schon zugänglich gemacht hat (vgl. Bachelard 1978a: 48f sowie den Begriff des »Erkenntnishindernisses« als Thema von Bachelard 1978b, außerdem das in B-7 Anm. 39 über Kausalität aus Differenz Gesagte), zu rationalen Formulierungen des Unbekannten (vgl. Bachelard 1978a: 50. 73), die den Bereich des Erfahrbaren umdefinieren. In Entsprechung zu diesem Theorem Bachelards trägt Luhmann (1974b: 256-258, bes. 257 Anm. 12 (B)) die These von der Selbst-Dynamisierung von Systemen durch umweltunabhängig-systemspezifisch gebildete binäre Schematismen, die »Codes«, vor (vgl. auch Luhmann 1974a: 178 mit 188 Anm. 22 (B); 1975h: 35 (B)). Luhmann (1974b: 256) setzt dafür den Begriff der »selbstsubstitutiven Ordnung«, mit dem er bei seiner erstmaligen Verwendung (Luhmann 1972d: 61) die »Welt« belegt und der im Hintergrund steht, wenn Luhmann (1972d: 95f) den Gedanken vom Sich-umkonstituieren der Welt einführt unter Rückgriff auf ein vorausgegangenes Bachelard-Zitat (Luhmann 1972d: 72 mit 121f Anm. 112b (B)). In ihren »konstruktiven Elemente[n . . .] umarrangierbar angelegt« (Luhmann 1978d: 25; vgl. Bachelard 1978a: 153), sichert Supertheorie – und das verleiht ihr, in der Position der Reflexionsinstanz von Wissenschaft (vgl. Luhmann 1977h: 6f), den Rang einer Theorie der »Welt« – die Bestimmbarkeit einer im Bestimmtwerden sich umkonstituierenden Welt. Sie übernimmt damit die theoretische »Koordination von Kontinuität und Diskontinuität« (Luhmann 1974b: 256; vgl. 1978d: 10; grundsätzlich zu diesem Dual 1975c: 155. 158), oder – mit dem eingangs gewählten Sprachgebrauch – die Betreuung der Möglichkeitsbedingungen für Kohärenz von Negationen. Dazu bildet sie »problemgeschichtliches Bewußtsein« aus, das die Funktion hat, daß »Bewußtsein der Kontingenz jeder Problemlösung« (Luhmann 1973i: 118; vgl. dazu 1972d: 91 mit 131 Anm. 157a (B)) zu erhalten und damit einen derartigen »Abstraktionszwang« auf die Formation der »Begrifflichkeit« auszuüben, daß diese die historisch erfaßte »Kontingenz jeder Problemlösung« (vgl. dazu Luhmann 1973i: 118 mit 132 Anm. 81 (B)) in Erkenntnisoperationen technisch repräsentiert (vgl. dazu B-7 Anm. 7).

45 Diese Formulierung ist unbestreitbar ein Durchgriff durch generellere Verhältnisbestimmungen vom Typ ›Umwelt/System‹, der weitläufige Erörterungen (wie sie etwa von der Bestimmung ›Welt/Weltgesellschaft‹ aus fällig wären) von »vorgängigen Prozessen gesellschaftlicher Differenzierung, die eine Ausdifferenzierung von Wissenschaft erst ermöglichen«, ebenso in den Status impliziter Voraussetzungen verweist, wie das Luhmann (1978d: 10) bei der Einführung des Supertheorie-Konzepts tut. »Deren Zusammenhang« mit dem im folgenden perspektivisch Thematisierten »wäre [. . .] ad hoc vorführbar« (Luhmann 1977d: 7) was aber hier,

von Problem und Lösungspotential, und damit die Theorie als eine, die im Formulieren von Lösungen für das als »Kontingenz« begriffene Bestandsproblem sowohl das Problem restituiert als auch sich selbst zu neuen Lösungsangeboten redisponiert[46]. Das

gerechtfertigt durch das leitende Interesse an der Theoriekonstruktion, nicht geleistet zu werden braucht.

46 Anders gesagt: Mit seiner Grundoperation setzt Luhmann in die – an sich unproblematische – Welt die Differenz Problem/Lösung als eine produktive von der Art, daß sie eine Theorie ermöglicht, die diese Differenz als ihre Möglichkeitsbedingung begreift und deswegen und als solche durch laufende Reproduktion erhält (vgl. dazu nur Luhmann 1973: 90 – »[Reflexion] muß sich selbst ermöglichen und die Bedingungen des für sie Möglichen in jeweils den Systemen finden, deren Einheit und Kontingenz sie reflektiert« – und B-6 Anm. 92).

Die Einrichtung einer solchen produktiven Differenz in ihrer Bedeutung als ›Anlasser‹ für Luhmanns Theoriebildung findet ihren Ausdruck auch in der Darstellung der Theorie. So zuerst und in noch grobgeschnittener Form, wo Luhmann in seiner systemtheoretischen Programmschrift den Begriff »Welt« einführt und sogleich überführt in den der »Komplexität«, nämlich einer »Relation zwischen System und Welt« (Luhmann 1967d: 115). Erneut zur Sprache kommt diese Bedeutung von ›Differenz‹ bei Luhmann (1971a: 307f) in der Entfaltung der These von der »Gleichursprünglichkeit von System und Welt«, aber mit einer charakteristischen Abweichung: nicht mehr (bloß) »erhalten« (wie es bei Luhmann 1967d: 116 noch hieß) wird das »Woraus« der Selektion in der Selektion, sondern »durch Selektion erst erzeugt«. In dieser Abweichung klingt an, daß Luhmann inzwischen Selbstreferenzialität (vgl. B-6.0) als Formvorschrift für die Darstellung (s)einer Theorie entdeckt hat, die – im doppelten Sinne des Genetivs – Theorie der Gesellschaft sein will (vgl. Luhmann 1970e: 152f). Dabei ist der Zusammenhang dieser ›Entdeckung‹ von Selbstreferenzialität mit der (von Luhmann ebenfalls 1970e: 150ff vorgenommenen) erstmaligen systematischen Einführung eines eigenen Evolutionsbegriffes in sein Gesamtkonzept nicht bloß äußerlich-gelegentlich, nicht durch die Darstellung, sondern die Herstellung der Theorie bedingt. Das wird bestätigt nicht erst durch die spätere definitorische Bezeichnung von »Evolution« als Begriff für »Selbstselektion des Seins« (Luhmann 1973i: 105; 1974a: 184), sondern schon und, weil gleichsam noch in statu nascendi, deutlicher an der zitierten Stelle aus Luhmann (1971a): wird doch hier, an der ›Differenz‹, nicht nur der erste theoretische ›Test‹ von Selbstreferenzialität in der Theorie-Darstellung durchgeführt, sondern auch noch signalisiert (Luhmann 1971a: 308 Anm. 27), daß die evolutionstheoretischen Thesen von Eigen (1971) dem ›Test‹ an gerade diesem ›Objekt‹ eine gute Erfolgsprognose stellen.

Und schließlich sind es durch die Rezeption Eigens angeregte Titel wie »[Auto-]Katalysator, [Auto-]Katalyse«, unter denen Luhmann in seinen jüngeren Arbeiten anzeigt, wie die Einrichtung solcher produktiver Differenz dazu benutzt ist, die durch Beachtung von Selbstreferenzialität als von externen Begründungen und voneinander unabhängig darstellbaren Theoriebereiche (vgl. Luhmann 1975m) dennoch konstruktionstechnisch zu synchronisieren (und zwar nicht nur System- und Evolutionstheorie – vgl. B-7 Anm. 35 und 39 –, sondern auch Medientheorie). So tituliert Luhmann – ich belege nur Beispiele – (für Systemtheorie) die System/

heißt: mittels der Grundoperation *macht* Theorie durch laufende Restitution des *Problems* im Zuge des Problem*lösens* »Kontingenz« als Problem »unnegierbar«[47], und sie als Lösungspotential wird selber »umarrangierbar«[48] unter dem Gesichtspunkt des Problems, auf das sie immer neu zu beziehen ist.

Auf genau diese Korrespondenz von Theorie und Problem stellt Luhmann die Beziehung von (seiner Version von!) Supertheorie und Limitationalität ein. »Limitationalität« wird nämlich eingeführt als »Kontingenzformel«[49], die das Bestandsproblem »Kontingenz« in eine solche Form bringt, daß an ihm Operationen ihre Bestimmtheit als wissenschaftliche Möglichkeiten des Bestimmens seiner ›Lösung‹ in Simultan- und Sequential-Interdependenz gewinnen[50]. Und indem sie die Weise der Problemstellung und der Formation des Lösungspotentials aufeinander einreguliert, nimmt Supertheorie die ihr zugewiesene »theoretische Verantwortung für die Einführung von Limitationalität«[51] wahr: sie formiert sich selbst als Entsprechungsverhältnis derart[52], daß sie mit ihrer

Umwelt-Differenz (vgl. Luhmann 1975e: 10.20), (für Evolutionstheorie) die als »Zwei-Ebenen-Erfahrung« charakterisierte »Kontingenz« (Luhmann 1975c: 156. 157), (für Medientheorie) die binäre Schematisierung von Codes (vgl. Luhmann 1974a: 177; 1975h: 91), sowie neuestens, theoriebereichsunspezifisch und im Durchgriff auf die theoriekonstruktive Funktion der ›Differenz‹-Figur, das (durch »Kontingenzformeln« benennbare) »unlösbare Problem«: vgl. Luhmann 1977d: 20. 206f. 222f; 1978d: 62f.

47 So lautet es in der Darstellung der Theorie bei Luhmann 1977d: 223.

48 Luhmann 1978d: 25.

49 Vgl. dazu B-6 Anm. 127.

50 So die Rückübersetzung von Luhmanns (1978d: 14) Formulierung, Limitationalität habe die »Nichtbeliebigkeit« erkenntnistechnischen »Negationsgebrauchs« zu sichern, aus der Sprache der Darstellung der Theorie in die ihrer Herstellung.

51 Luhmann 1978d: 14f.

52 Damit soll nicht nur Luhmanns (1978: 15) noch auf Supertheorien überhaupt gemünzte Formulierung, sie müßten »ihre Begriffe in Einklang bringen mit der Art und Weise, in der sie Limitationalität gewährleisten«, in die Sprache der Herstellung der Theorie rückübersetzt werden. Vielmehr soll gleichzeitig darauf aufmerksam gemacht werden, daß Luhmann mit seinem supertheoretischen Programm (vgl. B-6 Anm. 121) bewußt in Konkurrenz tritt zu anderen Bemühungen, Wahrheitsbedingungen von Erkenntnis durch Herstellung der Entsprechung von »Begriff und Realität« (wie es in dem gleichnamigen Aufsatz Theunissen 1975 für »Hegels Aufhebung des metaphysischen Wahrheitsbegriffs« – so der Untertitel – darlegt) zu formulieren. Mag auch Luhmann insoweit und gerade so weit mit Hegels Auffassung von »Entsprechung« zusammengehen, wie diese, als eine von »Bewußtsein« und »Gegenstand«, sich (von Theunissen 1975: 167ff. 172ff an Hegels Einleitung zur Phänomenologie des Geistes vorgeführt) in terms der *Husserl*schen Phänomenologie

Problemstellung (»Limitationalität«) nicht nur den Spielraum möglicher Lösungen (wissenschaftlicher Erkenntnisse) disponiert, sondern auch das Lösungspotential als Möglichkeitsbedingung zur Bestimmung der Problemstellung einsetzt. ›Problemstellung‹ heißt aber: Bezugspunkt *auch anderer* Lösungsmöglichkeiten – so daß Supertheorie Betrieb und Kontrolle der Selbstvariation[53] bestehenden theoretischen Lösungspotentials durch Kontrolle des als »Limitationalität« formulierten Bestandsproblems ist.

Als Resultat und Vollzug von Luhmanns Grundoperation erweist sich *seine* Supertheorie an der Art und Weise, wie sie Limitationalität einführt und garantiert. Sie[54] erfaßt Welt theoretisch als Problem, d. h. als Bestimmbarkeit des Unbestimmten, nämlich in der Form einer mit Welt koextensiven »Disjunktion von System und Umwelt«[55], die ihr, obwohl selbst »beliebig« angesetzte »Antwort auf das Grundproblem« (die an sich nicht problematische Unbestimmtheit von Welt), Anschlußoperationen des Bestimmens (»Systemleistung«) ermöglicht[56]; diese »Anschlußbestimmungen« setzen mit ihrer eigenen, aus der Bezogenheit auf jene Disjunktion gewonnenen Bestimmtheit Bedingungen der Möglichkeit, Welt in dieser Form als Problem zu erfassen,

fortschreiben läßt – die Formation von Hegels Wahrheitstheorie nach einem unter dem Primats-»Anspruch« des »Begriffs« stehenden Entsprechungsmodell, in das zudem noch ein Modell des »Übergreifens« interferiert und es schließlich davon selbst »übergriffen« wird (vgl. Theunissen 1975: 182ff. 189ff), läuft Luhmanns Programm, die Korrespondenz von Problem und Lösungspotential »*zweiseitig* aktivierbar« (Luhmann 1978d: 27 – Hervorhebung von mir; F. S.) einzurichten, statt »dem Problem (die Lösung des Problems . . . zuzumuten)« (Luhmann 1978d: 15; vgl. auch Theunissen 1975: 170), jedenfalls gründlich zuwider. Vgl. auch B-7.3 These 5.

53 Vgl. Luhmann 1974a: 190 Anm. 45.

54 Wörtliche Anführungen in diesem Satz beziehen sich, falls nicht ausdrücklich anders nachgewiesen, auf Luhmann 1978d: 26f. Dieser (Doppel-)Satz ist übrigens deswegen von so beklagenswerter Länge und nicht in kürzere aufgelöst, weil ich darin versuche, auch sprachlich den gemeinten Sachverhalt möglichst genau zu reflektieren: die Grundoperation, als deren Resultat und Vollzug Luhmanns Supertheorie hier in der Sprache ihrer Herstellung reformuliert wird, ist, gerade weil ihre Symmetrie und Asymmetrie ein *Zugleich* sind, eine *Einheit*, nicht aber eine Folge distinkter Schritte.

55 Luhmann 1978d: 14, vgl. auch 16.

56 Dieser erste Teil des Satzes ist Reformulierung des ›Entsprechungsverhältnisses‹, als das Supertheorie sich formiert, in der *einen* Hinsicht: sie bringt »ihre Begriffe in Einklang [. . .] mit der Art und Weise, in der sie Limitationalität gewährleiste[t]« (Luhmann 1978d: 15).

indem sie durch Bestätigung der Disjunktion als einer bestimmende Lösungen disponierenden Problemerfassung die in Form jener Disjunktion erfaßte Bestimm*bar*keit des Unbestimmten zu einer bestimmten Bestimmbarkeit[57] machen[58]. Dabei bedeutet Bestimmt-

57 Vgl. hier Bachelards (dazu B-7 Anm. 44) Rede von der »theoretisch präzise[n] Frage, die ein *völlig unbekanntes* Phänomen berührt«, auf dem Hintergrund des »Streben[s] nach *Vollständigkeit*«, das ermöglicht, »*das Unbekannte* [zu] *formulier*[en]« (Bachelard 1978a: 50. 73).

58 Dieser zweite Teil des Satzes ist Reformulierung des ›Entsprechungsverhältnisses‹, als das Supertheorie sich formiert, in der *andern* Hinsicht: Sie bringt die »Art und Weise, in der sie Limitationalität gewährleiste[t]« in »Einklang« mit »ihre[n] Begriffe[n]« (vgl. dazu B-7 Anm. 56).

Die Ambiguität von Luhmanns Theoriebildung (wie sie durch die Komplementarität der Formulierungen von B-7 Anm. 56 und der Einleitung dieser Anmerkung auch pointiert werden sollte) hat scharfsichtig schon Habermas (1971 – eingeklammerte einfache Seitenzahlen verweisen im folgenden auf diesen Text) festgestellt und einer vehementen Kritik unterzogen. Das ist verständlich. Denn Habermas will seine Theorie von Prämissen einer Philosophie des Absoluten freizeichnen, führt diese aber in Form von als unvermeidlich behaupteten »Idealisierungen« (223) – namentlich der für »Diskurse« konstitutiven »Virtualisierung« (Habermas 1971b: 117) der Zeitdimension (224; vgl. schon Habermas 1968b: 246) – in den Aufbau des eigenen Wahrheitsbegriffes wieder ein: dies ist in ähnlicher Form schon der gegen den Theoretiker erkenntnisleitender Interessen erhobene Einwand von Theunissen 1969: 13. 30ff, dem freilich auch der zur Universalpragmatik vorgeschrittene Diskurs-Theoretiker Habermas 1973b: 416 lediglich eine teleologische Option für etwas entgegengesetzt, dessen Status zwischen regulativem Prinzip und realer Möglichkeitsbedingung er unbestimmt läßt. Darum muß Habermas eine Konzeption wie die Luhmanns erkenntnistheoretisch und deswegen überhaupt theoretisch haltlos erscheinen.

Dem Nachweis dieser Haltlosigkeit dient eine Zerlegung dessen, was ich hier Luhmanns Grundoperation nenne, in zwei »Argumentationsschritte« (229). Damit kann er Luhmanns – wie er es mit Recht nennt – »systemtheoretische Deutung der Welt im ganzen« (229) beschreiben als *zunächst* »forschungsstrategisch[en]« Entwurf und *sodann* Hypostasierung dieses Entwurfs zu ihrem »eigenen objektiven Entstehungszusammenhang« (230): mit dem Ergebnis der These, daß Luhmann einen »theoretischen« (229) Wahrheitsbegriff benötige, um die prätendierte »philosophische Deutung der Welt im ganzen« (231) zu leisten, den er aber nach eigenen Kriterien nicht haben dürfe, und mit einem funktionalitischen bzw. »pragmatisch verkürzten« (232) Wahrheitsbegriff arbeite, der aber zur Einlösung solcher universeller Ansprüche nicht ausreiche.

Jedoch, daß Luhmanns Theorie zerfällt, wenn die Einheit ihrer Ambiguität, die ihr die Einheit ihrer Grundoperation verleiht, durch den Keil eines durch Idealisierung invariant gesetzten Wahrheitsbegriffes auseinandergetrieben wird, ist ebenso unvermeidlich wie wenig erstaunlich. Eine solche Ana-lyse muß allerdings von vornherein die Chance verachten, die Luhmann sich mit der Einrichtung seiner Grundoperation planvoll verschafft: nämlich das ambiguose Changieren von Wahrheitsbedingungen (Limitationalitätsgarantien) zwischen Hergestellt- und Hingenommen-werden, zwi-

heit der Bestimmbarkeit, diese nachgelieferte »[N]ichtbeliebig«keit[59] nicht etwa das Bestehen nur einer Möglichkeit des Bestimmtwerdens von Welt, sondern vielmehr Nichtbeliebigkeit des Übergehens von einer zu einer anderen Möglichkeit – eben: »Nichtbeliebigkeit des Negationsgebrauchs«[60], Limitationalität.

»Limitationalität« ist also, zunächst und erklärtermaßen, Ausdruck für den geschlossenen Zusammenhang[61] derjenigen speziellen Disjunktion von universeller Relevanz, die in der Binarität der Prozeßstruktur (des »Code«) des Kommunikationsmediums Wahrheit auftritt: sie ist Welt-Formel für das Wissenschaftssystem. Indem sie aber das unendliche Anders-sein-können der Welt, ihren als »Kontingenz« begriffenen Bestand als die abstrakte Disjunktion »dies oder anderes« erscheinen läßt[62], gibt sie – über

schen (subjektiv-)transzendentalistischem und (objektiv-)ontologischem Verständnis (vgl. B-7 Anm. 37) zu erzeugen, um es durch Supertheorie erkenntnistechnisch ausnützen (vgl. in dieser Perspektive die Verwendung des Huhn/Ei-Topos bei Luhmann 1976e: 50) und gleichwohl eine Theorie der Welt im ganzen entwickeln zu können, die auf nicht-kontingente (d. h. für Luhmann: welt-fremde) »kontrafaktisch ideeierte Maßstäbe« (Luhmann 1978d: 39) nicht Bezug zu nehmen braucht. Diese Absicht Luhmanns impliziert freilich, daß er seine Konzeption der Jurisdiktion von Erkenntnistheorie entziehen muß: »Auf der Ebene der Supertheorien können [. . .] Diktate der Erkenntnistheorie oder der Methodologie nicht unbesehen akzeptiert werden« (Luhmann 1978d: 11), oder: »Wir lösen die Erkenntnistheorie in einen Anwendungsfall von Systemtheorie auf« (Luhmann 1977d: 17).
Gegen solche wissenschafts- und erkenntnistheoretisch unbekümmerte (vgl. Luhmann 1977d: 10; 1978d: 12f) supertheoretische ›Igelei‹ (vgl. B-7 Anm. 4) Luhmanns, der auf Grundlagensicherheit verzichten kann (vgl. Luhmann 1971a: 387; 1975m: 201) und auch Idealisierungen im Wahrheitsbegriff nach deren Funktion für die (dem Wahrheits-Medium – vgl. Luhmann 1971a: 346 – zugeschriebene) A_e-E_e-Übertragungsleistung von Selektionen, also ihrer Ersetzbarkeit, befragt (vgl. Luhmann 1971a: 360), bleibt eine mit Perfektionsbegriffen arbeitende Kritik wie die Habermas' von vornherein im Rückstand, den sie schließlich durch praktische »Entschlossenheit« (Habermas 1973: 196) aufholen zu können sich versprechen muß.
Vgl. auch B-7 Anm. 109.
59 Luhmann 1978d: 27.
60 Luhmann 1978d: 14.
61 Nämlich die »*präsumptive* [. . .] *Vollständigkeit* des Schemas«, den »Anspruch der Konstruktion der Totalität des Möglichen durch einen Gegensatz« (Luhmann 1975h: 44).
62 So läßt sich, unter Benützung der – in der Sprache der Darstellung der Theorie den Komplexitätsbegriff verwendenden – Formulierung Luhmanns (1978d: 44) über »Kontingenz« als »Reduktionsform der Komplexität« die von Luhmann (1978d: 14) gegebene Definition von Limitationalität reformulieren.
Unter dem Aspekt, daß Limitationalität, eingeführt und garantiert von Supertheorie, Resultat der Grundoperation ist, lassen sich auch dessen typische Merkmale (vgl.

ihre besondere Bedeutung für das Wissenschaftssystem hinaus – die paradigmatische Grundstruktur für die Kontingenzformeln *aller*[63] funktional ausdifferenzierten gesellschaftlichen Teilsysteme ab. Mithin hat Luhmann per Supertheorie in »Limitationalität« zum einen eine Welt-Formel erzeugt, die so stark generalisiert ist, daß sie im Darstellungs-design seiner Gesamttheorie – das war das Thema von B-6.2.2.3 – in Konkurrenz zur Kontingenzformel des Religionssystems[64], »Gott«, treten kann. Für das hier leitende Interesse an der Herstellung der Theorie ist aber eine andere Beleuchtung dieses Konstruktionserfolgs erhellender: Durch supertheoretische Einführung von »Limitationalität« hat Luhmann eine theoretische Formation gewonnen, in der das zirkuläre Bedingungsverhältnis von wirklich Bestehendem und dem Bestehen von Möglichkeiten in der Welt – jene Eigentümlichkeit, die »Bestand« überhaupt zu einem praktisch wahrzunehmenden und alsdann theoretisch zu erfassenden Problem macht – in eine wechselseitige

dazu weiter oben den Text) an der als »dies oder anderes« zur Erscheinung gebrachten »Kontingenz« ausmachen (was hier nur angedeutet werden soll): im »oder«, das das Moment der »Einheit *beider* Werte des [sc. anschließend durch binäre Codes operationalisierten; F. S.] Duals« (Luhmann 1977d: 202; vgl. auch 1975h: 43) zum Ausdruck bringt, manifestiert sich ›Simultan-Interdependenz‹; an der disjungierenden Lesart – »dies = nicht anderes« – der Formel kommt ›Sequential-Interdependenz‹ zum Vorschein, und dies in der doppelten Gestalt von ›Komplexitätsgefälle‹ und ›Kontingenzkausalität‹ (vgl. B-7 Anm. 39), als Bereitstellung von Anschlußvoraussetzungen für Präferenz-Codes (vgl. z. B. Luhmann 1975h: 32f) und als Auslöser für code-gesteuerte Kommunikation (vgl. z. B. Luhmann 1975h: 91 und die Bemerkungen in B-7 Anm. 46 zur Bezeichnung der ›Differenz‹-Figur als »Katalysator«).

63 So Luhmann 1976f: 69 ausdrücklich: »Jeder binäre Schematismus erfordert für seine Anwendung als operative Mindestvoraussetzung *Limitationalität*. Das heißt: Probleme müssen soweit spezifiziert sein, daß die Eliminierung einer Problemlösung die Wahrscheinlichkeit irgendwelcher anderen erhöht – und nicht schlicht Gleichgültigkeit oder Ratlosigkeit hinterläßt« (Hervorhebung im Original gesperrt).

64 Luhmann 1974a: 175 spricht von »Anforderungen an das Religionssystem, die Einheit solcher Disjunktionen plausibel zu machen«, die durch in binäre Codes eingebaute Präferenzen problematisch wird – warum ist überhaupt Etwas und nicht vielmehr Nichts? Dazu, sich diesen »Anforderungen« zu stellen, hat Luhmann »Limitationalität« dadurch ausgerüstet, daß er in ihr die als »Disjunktion« definierte Kontingenz der Welt unchiffriert (vgl. dazu Luhmann 1972f: 253) erscheinen läßt: ausformuliert als diejenige »letzte Unnegierbarkeit«, die »im *Problem* der Kontingenz« selber liegt und die »als Katalysator für den Aufbau einer theologischen Dogmatik dienen [könnte]« (Luhmann 1977d: 223) – jedenfalls aber als solcher wirklich dient für eine zu Limitationalität in ein Entsprechungsverhältnis gebrachte Supertheorie.

Abhängigkeit von operativer Einführung einer Disjunktion und Sicherung ihres geschlossenen Zusammenhangs überführt ist.

Das macht Limitationalitätsgarantie als Problemstellung zur theoretischen Formulierung schlechthin für das ›praktische‹ Problem der Bestandserhaltung, und die »supertheoretische« Sicherung der als »Disjunktion« zur Erscheinung gebrachten Kontingenz der Welt zur theoretischen Erfüllung der ›praktischen‹ Intention, das Zugleich des So-seins-und-auch-anders-sein-könnens am Bestehenden zu erhalten[65]. Und an der Art, wie Supertheorie in »Limitationalität« des Bestandsproblem theoretisch in diejenige Form seiner Unlösbarkeit bringt und darin hält, die es ermöglicht, Bestandserhaltung unter allen möglichen, auch künftig-unbestimmten Bedingungen des Bestehenden wenigstens zu denken, läßt sich noch ablesen, wie für Luhmann Denken im Dienste der Bestandserhaltung auszusehen hat: es muß dem zugleich zu lösenden und zu erhaltenden Problem, der Kontingenz der Welt, durch eigene Kontingenz[66] entsprechen.

7.2.3 Krisenvermeidung

Nachdem Luhmanns Grundoperation bis hin zur supertheoretischen Leistung von Limitationalitätsgarantie als theoretische Erfüllung seiner ›praktischen‹ Intention entwickelt worden ist, komme ich auf die Intention selbst zurück, für deren positive Fassung als »Bestandserhaltung« die Komplementierung durch eine negative schon angekündigt wurde; das Folgende knüpft also sachlich an Abschnitt B-7.2.1 an und ist gleichsam als dessen aufgeschobene – weil erst unter Voraussetzung des in B-7.2.2 Gesagten konstruktiv verständliche – zweite Hälfte zu lesen.

Denn zwar ist supertheoretische Kontrolle der Entsprechung von Problem und Lösungspotential für den Gesellschafts*theoretiker* Luhmann als Erfüllung seiner ›praktischen‹ Intention von paradigmatischem Rang; aber sie charakterisiert diese Erfüllung doch zunächst nur in dem strikt teilsystemspezifischen Sinne eines

65 Vgl. B-7 Anm. 21.
66 »Man erreicht höhere Komplexität und auch höhere Komplexität in der Zeitdimension [d. h. Lernfähigkeit; F. S.], wenn man die konstruktiven Elemente der Theorie wertungsneutral und umarrangierbar anlegt« (Luhmann 1978d: 25, vgl. auch 26; 1975m: 201f; sowie den Schluß von B-6.2.2.3).

wissenschaftlichen Denkens der Bestandserhaltung[67], und sie kann dem *Gesellschafts*theoretiker Luhmann für seine praktische Intention erst genügen, wenn sie als Charakteristikum des Weltbezugs von sozialen Systemen überhaupt generalisiert werden kann. Nicht nur muß (super-)theoretische Erhaltung von Disjunktion sich als Erfüllung der Intention auf Bestandserhaltung in der Leistung einer entsprechenden praktischen Erhaltung (nämlich: von Differenzierung) bewähren, sondern sie bedarf dieser auch als des Gegebenseins ermöglichender Bedingungen ihrer sozialen Umwelt[68]. Das aber heißt nichts weniger als: der Umweg über die

67 Ein genetivus, der wieder als obiectivus und subiectivus zu lesen und etwa so zu explizieren ist: Erhaltung der Kontingenz der Welt *fürs* Denken *durch* Denken, das sich selbst kontingent setzt und erhält und nur so die Erhaltung jener Kontingenz leisten kann. In nur leicht forcierter Konkretisierung heißt das: supertheoretisch ausgearbeitetes Denken ist Denken im Dienste der Erhaltung des Bestehens von Wissenschaft selbst durch reflexive Kontrolle von deren eigener Kontingenz. Vgl. hierzu und zum folgenden auch Luhmann 1973f: 92ff.

68 Die Logik dieses Ungenügens »supertheoretischer Konstruktionen« (Luhmann 1978d: 27) an sich selbst versteckt Luhmann in dem Satz »Supertheorien führen kein apriorisches Leben« (Luhmann 1978d: 43): Zwar auf dem Boden der Welt »lebend«, die in der Tat von Luhmann (1975d: 204; ähnlich 1973f: 75) als hinzunehmendes Apriori aufgedeckt wird, ist Supertheorie doch *nicht* mit Welt *identisch* (vgl. Luhmann 1978d: 12; die Verwendung der ›Boden‹-Metapher soll B-7 Anm. 37 assoziieren, die – zusammen mit B-7 Anm. 41 und der zu beiden Anmerkungen gehörenden Textpartie aus B-7.2.2. – eine Wiederholung des Nachweises ersparen kann, daß das hier Ausgeführte als Resultat der Grundoperation konstruierbar wäre). Vielmehr *bezieht sich* Supertheorie *auf* ihr Bezugs›objekt‹ »Welt« (vgl. Luhmann 1971a: 379, bes. 384 Anm. 146), indem sie durch Einführen der »Disjunktion von System und Umwelt« (Luhmann 1978d: 14) Welt als Problem (Umwelt) und Welt als Problemlösung (System) unterscheidet und sich selbst in ihrem Zur-Welt-*gehören* als denjenigen »*Teilbereich* ihres Gegenstandes« begreift (hier und zum folgenden Luhmann 1978d: 12), der und insofern er sich selbst-als-Problemlösung (Wissenschaft) in seinem Bezug auf Welt-als-Problem thematisiert. Indem supertheoretisch reflektierte Wissenschaft sich als umweltbezogenes System »in bezug auf [Welt] identifiziert (ohne sich aus ihr auszuschließen)« – so beschreibt Luhmann 1972d: 95, noch ohne Verwendung des später eingeführten Terminus, erstmals »Selbst-Thematisierung« –, erscheint ihr ihre »Kontingenz« (vgl. Luhmann 1973f: 74. 76) als »Un-Notwendigkeit« (Luhmann 1972d: 95). Auf diese Weise der Erscheinung von Kontingenz an der supertheoretischen Form des Denkens von Bestandserhaltung zielten die Ausführungen von B-7.2.2.
Die andere Weise, in der (dieselbe!) Kontingenz an Supertheorie erscheint, ist – dies soll hier nicht für sich behandelt, sondern als Basis für die Wiedereinholung der ›praktischen‹ Bestandsproblematik ausgewiesen werden – die von »Abhängigkeit von . . .« (Luhmann 1972d: 95): im Falle von Supertheorie Abhängigkeit von Außertheoretischem. Sie bringt Luhmann auch in der Darstellung seines Konzepts von Supertheorie in zweifacher Weise zum Ausdruck: sie erscheint – und *das* gilt

Ausarbeitung der theoretischen Grundoperation selbst, den Luhmann in der Absicht, seine Intention auf Bestandserhaltung zu erfüllen, beschreitet, führt Luhmann auf das ›Praktische‹ seiner Intention zurück; das theoretische Konzept für Bestandserhaltung erspart nicht deren ›praktische‹ Leistung, aber es gibt ihr die problemadäquate Form vor, wie sie in der (durch die Bindung an jeweils Bestehendes beschränkten) praktischen Einstellung nicht hätte gewonnen werden können.

Luhmann hat bekanntlich den Rückgriff auf die sozialwissenschaftlich gängige Definition des »Bestands«begriffes durch den Fortbestand des jeweils in Frage stehenden (Gesellschafts-)Systems als leitendes Problem *seiner* als Gesellschaftstheorie angelegten Theorie verworfen, weil es für solchen ›Fortbestand‹ keine Kriterien gebe[69]. Dies gleichsam als Vorzeichen vor die Klammer setzend, kann Luhmann jedoch selber – ›in der Klammer‹ – das »Bestandsproblem« wieder einführen: auf der Ebene der Analyse zweckorientierter (d. h. durchweg: organisierter) Sozialsysteme, und um deren durch einen »Zweck« schon reduziertes Umweltverhältnis mit der nichts ausschließenden »Komplexität« der Welt rückzukoppeln[70]. Die praktische Durchführung dieser theoretischen Rückkopplung des Bestehens von Bestehendem mit der – Nicht-Bestehendes (nämlich andere Möglichkeiten des Bestehenden) mit übergreifenden – zirkulären Bedingungs-Relation, die in B-7.2.1 als »Bestand« herausgearbeitet wurde, nennt Luhmann »Krisenkontrolle«[71]. Diese »höchste [...] Form der Kontrolle«[72] ist in der Theorie-Konstruktion tatsächlich das angekündigte (›negative‹) Komplement der theorieleitenden ›praktischen‹ Intention auf Bestandserhaltung; sie ist zugleich die einzige Weise, in

nach Luhmann auch für andere Supertheorien – in dem Erfordernis, ein ausdifferenziertes Wissenschaftssystem und die dieses ermöglichenden Bedingungen des Standes gesellschaftlicher Evolution vorauszusetzen (vgl. Luhmann 1978d: 10), und in einer ›Leerstelle‹ (vgl. Luhmann 1978d: 27. 43) für den »Einschuß empirisch aufgenommener Elemente« (wie es Theunissen 1976b: 18 für die Verschränkung der »Forschungsdimension« in die der »Darstellung« bei Marx formuliert).

69 Vgl. schon Luhmann 1962b: 18f. Sachlich so immer noch bei Luhmann 1977d: 242f die Ausführungen zum »Integrationsbegriff« – mit dem dort gemachten Versuch einer »negativ[en]« Definition darüber hinaus aber für das Folgende methodisch hilfreich.

70 Vgl. Luhmann 1968h: 106. 224f.

71 Luhmann 1968h: 225.

72 Luhmann 1968h: 224.

der die Intention auf Bestandserhaltung auch ›praktisch‹ erfüllt werden kann.

Denn da »Bestand« in praktischer Einstellung nicht als er selbst erfaßt werden kann, sondern nur *am* jeweils Bestehenden *erscheint* als Bedingung von dessen änderbarem Bestehen, ist er praktisch-intentional zu erfassen nur negativ als generelles Gefährdetsein der jeweils systemspezifischen Bedingungen der Änderbarkeit des Bestehenden: d. h. als »Krise« der Struktur wirklicher Systeme[73]. Wenn also unter dem Titel »Krise« als in Frage gestellt erlebt wird, ob die generellen Bedingungen von Änderbarkeit des Bestehenden – nämlich daß es, *mit anderem* Bestehenden zur »Welt« gehörend, deren »Bestand« ermöglicht – in ihrer ›Übersetzung‹ zu spezifischen Systemstrukturen bestandsentsprechend[74] zur Erscheinung kommen, dann bedeutet negative Bestandserhaltung in der Weise praktischer »Krisenkontrolle«: der am Bestehenden als dessen

73 Mit seiner These über die »Systemstruktur«, die »Maß und Grenze setzt für die Eigenkomplexität des Systems und damit auch für die im System erfaßbare Weltkomplexität«, formuliert Luhmann (1967d: 120) in der Sprache der Darstellung der Theorie die doppelte Valenz der Systemstruktur: indem sie – ad intra – die Möglichkeiten des Bestehens von Bestehendem (nämlich »Eigenkomplexität des Systems« als Variationsspielraum von als »systemzugehörig« identifizierbaren »Zuständen« – vgl. auch Luhmann 1967d: 121. 116) disponiert, regelt sie – ad extra – die *Weise* der Interdependenz des jeweils Bestehenden mit dem Bestand (nämlich die Komplexität der für das jeweilige System *als* Umwelt *zugänglichen* Welt). An der Struktur des Systems manifestiert sich mithin für die ›praktische‹ Einstellung, ob das »Gesetz der Entsprechung von Weltkomplexität und Systemkomplexität« (Luhmann 1967d: 120), der »Entsprechung« der Weise des Bestehens des jeweiligen Bestehenden und des nicht nur von *diesem* Bestehenden abhängigen Bestands, eingehalten ist – oder nicht: wie im Fall der »Krise«. (Sachlich hier anschließend, aber erst unter Voraussetzung des oben im Text weiter Ausgeführten formulierbar: B-7 Anm. 89).

74 Bestandsentsprechend ist die Übersetzung genereller in spezifische Bedingungen der Änderbarkeit des Bestehenden in Systemstrukturen, wenn diese nicht nur die Änderbarkeit des jeweiligen Bestehenden ermöglichen, sondern dieses zugleich mit dem Bestehen von auch anderem Bestehenden kompatibel sein lassen; nur so sind Systemstrukturen die im Bestehenden notwendige Voraussetzung dafür, Differenzierung am Bestehenden zu erhalten gegen die im sich differenzierenden Bestehenden steigende Tendenz zur Entdifferenzierung. So hieß es vorgreifend schon am Ende von B-7.2.1 – und in Luhmanns Darstellung seiner Theorie: »In dem Maße, in dem [die funktional ausdifferenzierten Teilsysteme sich selbst zugleich als adäquate Umwelt anderer Teilsysteme zu identifizieren und zu beschränken lernen], reflektiert die gesellschaftliche Differenzierung sich in den Strukturen und Prozessen der Teilsysteme« (Luhmann 1973f: 86). Diese »Beschränkungen müssen in die Reflexionsstruktur eines jeden Funktionssystems eingebaut sein« (Luhmann 1977d: 245).

Änderbarkeit erscheinende »Bestand« läßt sich – weil selber von der Änderbarkeit des Bestehenden abhängend – erhalten, indem Bestehendes seine Änderbarkeit so radikal ›benützt‹[75], daß es *seine* spezifischen Änderbarkeitsbedingungen suspendiert, sich ersatzweise bezieht auf die generellen, die im »Bestand« von »Welt« selber liegen, und durch Redisposition seiner (System-)Struktur unter diesen Bedingungen sein spezifisches Bestehen bestandsentsprechend einreguliert[76]. Durch Bestehendes praktisch zu leistende

75 Vgl. B-7 Anm. 27.

76 Dieses Verfahren – dessen gegenläufig-dualisierter Aufbau überdies deutlich macht, inwiefern das theoretische Konzept für Bestandserhaltung Formvorgabe für deren praktische Leistung ist – einer nochmaligen *Generalisierung* derjenigen Generalisierungen, durch die ein System seine spezifischen Änderbarkeitsbedingungen, seine Struktur bestimmt (so schon Luhmann 1964c: 42), um andersartiger *Respezifikations*möglichkeiten willen (vgl. Luhmann 1978d: 75) beschreibt Luhmann an dem prominenten – freilich immer noch teilsystemspezifischen! – Beispiel desjenigen Mindestbestands an »kongruenter [...] Generalisierung von Verhaltenserwartungen« eines Sozialsystems (Luhmann 1967d: 122), als die er das Recht begreift (vgl. dazu nur Luhmann 1972h: 94ff): nämlich im Kontext der Erörterung einer Revision der (rechtsdogmatischen) Struktur des *Rechts*systems (vgl. Luhmann 1974f: 19) zur Erreichung von »Kompatibilität« mit der Struktur der *Gesellschafts*systems (vgl. Luhmann 1974f: 49-59, bes. 52ff – eine auch terminologisch genau parallelgeschaltete Fragestellung führt Luhmann 1972d: 56ff bzw. 1977d: 126ff im Blick auf das Religionssystem durch, die dort – vgl. Luhmann 1972d: 97 bzw. 1977d: 180 – wie hier – vgl. Luhmann 1974f: 54 – auf die Empfehlung funktionsbewußter Reflexion im Sinne von Luhmann 1973f hinausläuft).

Ein solches Verfahren »funktional-relationierenden Abstraktionsstil[s ...] zersetzt [...] das normative Material, indem« es dies »als kontingent begreift und im Hinblick auf Bedingungen des Bevorzugens von Alternativen reorganisiert – und zwar um so stärker, je höher die Abstraktion« (Auflösung und Rekombination!). »Eine funktionale Analyse vermag alle Figuren zu problematisieren einschließlich derer, die ihr als Bedingungen der eigenen Möglichkeit dienen« (Luhmann 1974f: 53).

Handelt es sich dabei auch um die Beschreibung der Einregulierung der Struktur eines Teilsystems auf Kompatibilität mit der Struktur des Systems der Gesellschaft, mit den von dieser eingerichteten »letzte[n] grundlegende[n] Reduktionen« (Luhmann 1970e: 145), so ist diese Beschreibung doch paradigmatisch dafür, wie die (von Luhmann unausdrücklich, aber sachlich eindeutig *Gesellschafts*systemen zugeschriebene) »Strategie der Problemverschiebung« (Luhmann 1967d: 117) umgekehrt werden kann (vgl. Luhmann 1967d: 119); paradigmatisch ist jene Beschreibung nicht zuletzt deswegen, weil *ihre* tragenden Elemente (Kontingentsetzen durch relationierende Abstraktion, Problematisierung auch der eigenen Möglichkeitsbedingungen) *auch* die von Luhmanns Konzept »Selbst-Thematisierung von Gesellschaftssystemen« sind. Solche Umkehrung bedeutet nämlich: die jeweilige ›Lösung‹ des Welt-Problems wird reproblematisiert (vgl. auch hierzu die parallelen Ausführungen zur »[D]oppelsinnig«keit rechtsdogmatischer Figuren bei Luhmann 1974f: 22) durch

Bestandserhaltung verlangt also vom jeweils Bestehenden eine Bereitschaft zur Substitution (der jeweiligen Bestimmtheit seines Bestehens durch andere Bestimmtheit), die keinen für jeweils Bestehendes spezifischen Disponibilitätsbedingungen mehr unterliegen kann, sondern nur noch der für alles wirkliche und mögliche Bestehende gültigen Bedingung des »Bestandes« – nämlich der Anschließbarkeit von änderbar Bestehendem an anderes änderbar Bestehendes, die umgekehrt in jener Bereitschaft des Bestehenden zu entgrenzter Substitution *ihre* Möglichkeitsbedingungen hat.

In dieser Korrespondenz von Anschließbarkeit an anderes Bestehendes und interner Bedingungen lediger Substitutionsbereitschaft hat Bestehendes die Formation gewonnen, in der es, weil nunmehr selber krisenfest, in praktischer Einstellung negative Bestandserhaltung durch »Krisenkontrolle« leisten kann. Konsequentes Resultat der Theoriekonstruktion Luhmanns, muß dies gleichwohl »alteuropäischem« Denken als Paradoxie erscheinen: die im Interesse an auch ›praktischer‹ Erfüllung der Intention auf Bestandserhaltung dem Bestehenden schließlich zugedachte Formation ist zugleich eine Ent-Formation des Bestehenden selbst. Daraufhin ist jene als ›krisenfeste‹ Formation des Bestehenden entwickelte ›Korrespondenz‹ abschließend zu explizieren.

Bestehendes ist zur krisenkontrollierenden Relativierung seiner spezifischen Änderbarkeitsbedingungen durch deren Rückbezug auf die generellen nur fähig, wenn es bei der Einrichtung jener indisponible Festlegungen, die seine Anschließbarkeit an anderes Bestehendes beschränken, prinzipiell ausschließt[77]. ›Praktische‹

ihre Auflösung auf das von ihr systemspezifisch repräsentierte Welt-Problem selbst hin, »im Hinblick auf welches Problemlösungen verglichen« (Luhmann 1967d: 119) und – im »Krisen«-Falle der Struktur wirklicher Systeme – durch andere aus der wieder zugelassenen »Unendlichkeit von Alternativen« (Luhmann 1967d: 118) ersetzt werden können (vgl. Luhmann 1968h: 162).

77 So läßt sich generalisieren, was Luhmann 1968c: 160 in Form einer Frage (als Anforderung an das »politische System«) paradigmatisch formuliert: »Wie verhindert es allzu konkrete strukturelle Festlegungen, die es manövrierunfähig machen können und in einer veränderlichen Umwelt zu krisenhaften Störungen führen werden?« Oder Luhmann (1968d: 79): »Im hochkomplexen, funktional differenzierten und folglich stark interdependenten Leistungsgefüge der modernen Gesellschaft müssen hohe Beliebigkeiten institutionalisiert werden [. . .]«. – Sehr klar zu dieser Thematik der Aufsatz von Lipp (1972: hier bes. 349-354), der überhaupt – nicht zuletzt gerade wegen seiner Einsicht in die theoriekonstruktiv tragende Bedeutung dieser Figur ent-formierender Formation des Bestehenden im Interesse der Bestandserhaltung – unter der Luhmann-Sekundärliteratur hervorragt.

Bestandserhaltung durch bestandsentsprechende Einrichtung der Bedingungen des Bestehens von Bestehendem wird demnach in genau dem Maße erfolgreich sein, wie dem Bestehenden die Anwendung eines fürwahr strategischen Kunstgriffs gelingt: nämlich der Verzicht auf das Festhalten[78] an jeglicher Bestimmtheit

78 Damit soll betont werden, daß nicht Bestimmtheit des Bestehenden als solche der für alles Bestehende notwendigen Bestandserhaltung zuwiderläuft, sondern nur das Insistieren des Bestehenden auf seiner Bestimmtheit. Zu beachten ist dabei, daß diese Luhmannsche Figur für ›praktische‹ Bestandserhaltung nicht etwa (vgl. nur die Kritik an der »›Zwar-aber‹-Struktur« der »Grundrechtsargumentation« bei Luhmann 1965d: 59 und ihre Begründung!) das liberale Modell bürgerlichen Verfassungsdenkens – wechselseitige Beschränkung freier Selbstverwirklichung aller Einzelnen – systemtheoretisch repristiniert. Dieses schließt Luhmanns Figur – es »muß vermieden werden, daß die Optimierung im Bereich eines Funktionssystems zu nicht abfangbaren Problemen in anderen Funktionssystemen führt« usw. (Luhmann 1977d: 245, dies übrigens unter ganz wenigen ausdrücklichen Nennungen von »Krise« in Luhmanns Veröffentlichungen überhaupt diejenige, die noch am ehesten als Definition von »Krise« angesehen werden kann: vgl. dazu B-7 Anm. 89) – zwar ein, ist selbst aber weitaus radikaler.

Denn mit dem liberalen Modell ist die Annahme verbunden, das im Auspendeln konkurrierender Selbstverwirklichungsansprüche entstehende »Gleichgewicht« des Ganzen – in seiner Erörterung der gesellschaftlichen Funktion politischer Verfassungen nimmt Luhmann 1973g: 167 diese Metapher selbst auf, um sich zugleich auch davon abzustoßen – garantiere gleichsam naturwüchsig jedenfalls ein Minimum an Selbst in der Selbstverwirklichung der Einzelnen. Luhmanns Figur schlechthin entgrenzter Substitutionsbereitschaft des Bestehenden bietet jedoch keine Möglichkeit mehr zum Mitvollzug dieser Annahme: der auf diese Weise erhaltene »Bestand« ist zwar vom Bestehenden des Bestehenden abhängig, aber ohne daß dieses Bestehen irgendwelche dem Bestehenden eigene Bedingungen erfüllen müßte. Damit erweist sich – und die Verwendung des »Kompossibilitäts«-Begriffes bei Luhmann 1973g: 179 unterstreicht das – die systemtheoretische Auffassung der »Gesellschaft« als Gesamtsystem, das »eine hinreichende Repression von Möglichkeiten der Teilsysteme (einschließlich Möglichkeiten optimaler Funktionserfüllung!) [leistet]« (Luhmann 1977d: 245), vielmehr als Rekonstruktion des Leibnizschen Modells einer »Welt, die das Problem der Komplexität optimal gelöst hat und damit ein perfektes System ist«, die aber »deswegen noch nicht unbedingt eine Welt [ist], in der es uns gutgeht, in der das Wohlergehen der Geister, das gute Leben der Menschen Perfektion erreicht« (Luhmann 1971a: 314).

Wenn aber (wie oben im Text ausgeführt) die Leistung ›praktischer‹ Bestandserhaltung impliziert, daß Bestehendes in seine »Reflexionsstruktur« genau diese Aussicht aufnimmt (vgl. B-7 Anm. 74), seine Kompossibilität unter Bedingungen des Bestands setze seine »Selbstabstraktion« (Luhmann 1973f: 90) hinsichtlich aller für praktische Einstellung unerläßlichen Bestimmtheit seines Bestehens voraus – dann zeigt sich an dieser dem Bestehenden zugedachten Formation ›praktischer‹ Bestandserhaltung: sie ist von Luhmanns »Abstraktions«-Figur theoretischer Bestandserhaltung konstruktiv ebenso dominiert wie das moralische Interesse vom ontologischen in Leibniz' Idee der besten aller möglichen Welten (vgl. dazu Rescher 1968: 261ff,

seines Bestehens, die über die zu erhaltende des Bestandes hinausgeht. Wenn aber Bestehendes Bestandserhaltung nur leisten kann, indem es in den Bedingungen *seines* Bestehens die des Bestehens von Möglichkeiten in der Welt assimiliert, muß ›praktische‹ Bestandserhaltung – statt als bloße »Krisen*kontrolle*« – als Krisen*vermeidung* schlechthin begriffen werden[79]. In dieser Radikalisie-

bes. 264) – Indiz dafür, daß das ›Praktische‹ von Luhmanns Intention auf Bestandserhaltung den Durchgang durch die theoretische Form ihrer Erfüllung nur auf Kosten seiner spezifischen Bestimmtheit gegenüber der absichtsvollen Unbestimmtheit des Theoretischen ›überstanden‹ hat.

79 Eine solche Rückübersetzung in die Sprache der Herstellung der Theorie vermag (wenn auch nicht zu rechtfertigen, so doch) wenigstens plausibel zu machen, was Luhmann dazu hat bewegen können, denn Titel einer »selbstsubstitutiven Ordnung« in die Darstellung seiner Theorie einzuführen.

Handelt es sich doch dabei um einen Titel, der noch im Darstellungszusammenhang der Theorie so eigentümlich ortlos ist, daß seine Einführung dem Mitreisenden im funktionalistischen Expreß wie das Ziehen der theoretischen Notbremse vorkommen und als Konzession an die *empirischen* Triftigkeitsdefizite des »abstrakte[n] Bedürfnis[ses] nach Komplexitätsreduktion« (auf die Streeck – zitiert bei Habermas 1971: 268 – nachdrücklich hinweist) erscheinen muß. Jedenfalls wird man kaum sagen können, daß Luhmann bei der Einführung dieses Titels – die durchaus aufzufassen ist als der fragwürdige Versuch der Restitution des ens necessarium (ja sogar mehrerer!) mit den »Bordmitteln« (Luhmann 1976e: 50) einer in ganz anderer Weise fragwürdigen Soziologie radikaler Ersetzbarkeit – geleistet hat, was er von »Theorie-Kompositionen« verlangt: es »muß [. . .] Unabhängigkeit eliminiert und Interdependenz erhöht werden, so daß eine Theorie, wenn sie falsch ist, wenigstens richtig falsch ist und möglichst viel mit sich in den Abgrund reißt« (Luhmann 1976f: 73).

Die Analyse der Theorie unter dem Aspekt ihrer Herstellung legt freilich die umgekehrte Empfehlung nahe: nämlich zur Erzielung eben dieses Ergebnisses die »Interdependenz« in der Theorie-Darstellung in puncto »selbstsubstitutive Ordnung« gerade nicht zu »erhöhen«, sondern möglichst gering zu halten. Denn der unter dem Herstellungsaspekt oben ersichtlich gemachte Konnex von Gültigkeit von Bestandsbedingungen und schlechthinniger Krisenvermeidung zeigt, daß der Titel einer »selbstsubstitutiven Ordnung« auf »Welt« angewandt werden kann (wie es Luhmann 1972d: 61 bzw. 1977d: 133 bei seiner erstmaligen Verwendung auch tut), da dieser Konnex in der sozusagen transzendental garantierten Krisenfestigkeit von Welt-an-sich (wie es Luhmann 1972d: 95f bzw. 1977d: 179 sub voce Nicht-Negierbarkeit darstellt) als gegeben anzusehen ist.

Gerade deswegen ist aber nicht zu sehen, wie bei der (von Luhmann schon bei der erstmaligen Verwendung beabsichtigten) Übertragung des Titels auf Bestehendes Überdetermination und damit Unerfüllbarkeit der mit dem Titel verbundenen Erwartungen an Bestehendes vermieden werden soll. Denn eine »Ordnung« soll »selbstsubstitutiv« heißen, »wenn sie nicht durch eine andere ersetzt, wohl aber unter geeigneten Bedingungen in jeder Hinsicht geändert werden, also weiterentwickelt werden kann« (Luhmann 1977d: 48) und dabei – indem sie »[ihre Fortentwicklung] durch Orientierung an der eigenen Identität, also durch Reflexion [. . .]

rung der Negativität ›praktischer‹ Bestandserhaltung von der Kontrolle der »Krise« zu ihrer Vermeidung manifestiert sich der Sachverhalt, daß die Bestandserhaltung ermöglichende Formation des Bestehenden eine Ent-Formation ist: eine Ent-Formation zu solcher Unbestimmtheit der Bedingungen seines Bestehens, daß an ihnen »Bestand« nicht einmal mehr negativ erscheinen kann in

kontrolliert« (Luhmann 1977d: 46) – »erzwingt [...], daß jede Ersatzleistung innerhalb ihrer selbst erscheint« (Luhmann 1977d: 48). Der Titel einer »selbstsubstitutiven Ordnung« setzt überdeterminierte Erwartungen in – um die Formulierung des obigen Textes aufzunehmen – Bestehendes, das an der unbedingten Krisenfestigkeit der Welt gleichsam mimetisch teilhat, sofern es in seinen Bestehensbedingungen die Bestandsbedingungen von »Welt« assimiliert, *nicht* etwa dadurch, daß es »durch funktional orientierte Reflexion [...] auf einer Stufe höherer Abstraktion mehr Anpassung und mehr Erhaltung zugleich« (Luhmann 1972d: 94 bzw. 1977d: 178) leisten soll. Daß solche reflexive Kontrolle des »Zugleich« von – wie es bei Luhmann 1978d: 10 heißt – »Kontinuität und Diskontinuität« geleistet werden kann, hat sich ja an der Sicherung des geschlossenen Zusammenhangs der »Disjunktion«, der theoretischen Bestandserhaltung durch Limitationalitätsgarantie gezeigt. Daß diese »Leistung« (in Supertheorie) die Form der Bestandsentsprechung angenommen hat, deutet aber schon auf das hin, in dem mir unter Rückbezug auf die oben im Text gebotene Herstellungsanalyse das für – immer: bestimmtes – Bestehendes Unerfüllbare des Titels »selbstsubstitutive Ordnung« zu liegen scheint: Bestehendes kann wie eine selbstsubstitutive Ordnung »in jeder Hinsicht«, also auch hinsichtlich seiner eigenen Bestehens*bedingungen,* »geändert« werden (Luhmann 1977d: 48) nur, wenn es die Bestimmtheit *seiner* spezifischen strukturellen Unbestimmtheit »auf einer Stufe höherer Abstraktion« (Luhmann 1972d: 94 bzw. 1977d: 178) zur Bestandsentsprechung suspendiert hat und gerade nicht mehr ein unter eigenen Bedingungen bestimmtes »[S]elbst« hat, »innerhalb« dessen »jede Ersatzleistung erschein[en]« *muß* (wie es Luhmann 1977d: 48 ›zwingend‹ verlangt). Das Selbst, die »eigene Identität«, an der ein als selbstsubstitutive Ordnung konzipiertes Bestehendes reflexiv seine »Fortentwicklung kontrollier[en]« soll (Luhmann 1977d: 46), kann paradoxerweise gar nicht mehr dessen *eigene* Identität sein, die es von anderem Bestehenden notwendig unterschiede – sondern nur die, die es mit anderem Bestehenden gemeinsam hat: die an jedem Bestehenden als Forderung der Bestandsentsprechung erscheinende Bestandsbedingung der Anschließbarkeit an anderes Bestehendes.
Mögen sich auch soziale Formationen empirisch zeigen, die in den Substitutionsprozessen gesellschaftlicher Evolution eine besondere Identität wahren (ausdifferenzierte gesellschaftliche Teilsysteme und das Gesellschaftssystem selbst) und die in dieser Charakteristik theoretisch zu erfassen Luhmann sich zu bemühen genötigt sieht – die Einsicht in die Theorie-Konstruktion gebietet jedenfalls erhebliche Zweifel daran, ob dies Luhmann – und gar unter dem Titel »selbstsubstitutiver Ordnungen« – gelingen kann (was schon Habermas 1976: 79f für Luhmanns Paradebeispiel »Recht« bezweifelt und sich selber zutraut). In dem offenkundig in Konkurrenz (vgl. dazu schon die Überschriften von Luhmann 1974a und Habermas 1971b) zu Habermas' Hegelpreis-Rede »Können komplexe Gesellschaften eine vernünftige Identität aus-

Gestalt der »Krise«, die als ›kritische‹ Differenz von Bestand und Bestehendem diesem seine bestimmte Andersheit zum Indikator einer zur Bestandserhaltung nicht zureichenden Bestandsentsprechung werden läßt[80].

Bestandsentsprechung wäre also, wie schon mehrfach beiläufig festgestellt, diejenige Weise des Bestehens, in der Bestehendes Bestandserhaltung leistet – und ob das jeweils der Fall ist, würde das Erscheinen der »Krise« am Bestehenden in negativer Bestimmtheit indizieren. Wenn die Bestandserhaltung ermöglichende Ent-Formation des Bestehenden mit der Möglichkeit des Erscheinens der »Krise« auch die Feststellbarkeit einer Differenz zwischen irgendeiner Weise des Bestehens von Bestehendem und derjenigen, die als »Bestandsentsprechung« zu qualifizieren ist, beseitigt, so besagt das dennoch nichts gegen die Möglichkeit des Bestehenden zur Bestandsentsprechung. Denn indem die Ent-Formation des Bestehenden das Auftreten jener ›kritischen‹ Differenz ausschließt, macht sie spezifische Operationen, durch die das Bestehende sein jeweiliges Bestehen in die Weise der Bestandsentsprechung umzudisponieren hätte, ebenso unmöglich wie überflüssig: sie *ist* selbst die generelle Operation, durch die das Bestehen von Bestehendem in die Weise der Bestandsentsprechung *schon* um*disponiert* ist.

bilden?« (Habermas 1974) betitelten Beitrag »Identitätsgebrauch in selbstsubstitutiven Ordnungen, besonders Gesellschaften« (Luhmann 1979b) widmet Luhmann dieser schwierigen Stelle der Theorie-Konstruktion immerhin breite thematische Aufmerksamkeit. Indes: daß darin die oben erhobenen konstruktiven Bedenken zerstreut wären, wird man ebenso wenig behaupten können, wie, daß diese Fortschreibung der »Theorie-Komposition« Luhmanns eigenes Postulat erfülle, wonach die »Theorie«, wenn sie falsch ist«, dann »wenigstens richtig falsch« (Luhmann 1976f: 73) sein müsse.

80 Wenn »Krise« das Erleben einer Nicht-Entsprechung der Struktur des Bestehenden zu der des »Bestands« bedeutet, »Bestand« aber selbst keine bestimmte Struktur ›hat‹ außer der ihm von jeweils Bestehendem zugeschriebenen und für dieses ›geltenden‹, und Bestehendes diese An-sich-Unbestimmtheit des »Bestands« assimiliert hat – dann läßt sich prinzipiell nicht mehr zwischen Entsprechung und Nicht-Entsprechung unterscheiden: also ist ebenso *alles* »Krise« *wie nichts* »Krise« (oder, wie Bubner 1973: 128 treffend resümiert: »Wo dem Erfolg keine Möglichkeit des Scheiterns mehr gegenübersteht, verliert der Maßstab des Erfolgs seinen Sinn«). Dieses Konzept entqualifizierender Inflationierung des Krisenphänomens vermittelt den Übergang von der Verwendung des »Krisen«-Begriffs für organisierte (Teil-) Systeme (vgl. Luhmann 1968h: 224) zu seiner Ablehnung für den Fall einer selbstsubstitutiven Ordnung wie Gesellschaft (vgl. Luhmann 1978d: 38). Vgl. weiter B-7 Anm. 89.

Die als Ent-Formation erscheinende Formation des Bestehenden ist nämlich die Disposition, in der das Bestehen von Bestehendem in präsumtiver Unabhängigkeit von jedem Einzel-(Krisen-)Fall – ›immer schon‹ – als »Bestandsentsprechung« qualifiziert ist, und zwar dadurch, daß in dieser Disposition am Bestehenden sein aktuelles und sein potentielles Bestehen, sein So-bestehen und sein Auch-anders-bestehen-können generell ununterscheidbar zusammenfallen. Zu dieser – eben: bestandsentsprechenden – Kontingenz[81] kann Bestehendes sein Bestehen disponieren, indem es unter Suspendierung der Beschränktheit praktischer Einstellung die (als Möglichkeitsbedingung für »Bestand« fungierende) jeweilige Bestimmtheit seines Bestehens[82] als kontingent setzt[83] – das heißt: indem es die funktionale Abstraktion von jeder Bestimmtheit seines Bestehens, der Bestehendes umwillen einer nur durch Bedingungen des »Bestands« begrenzten Substitution bei Strafe der Verantwortlichkeit für Bestandsgefährdung sich ohnehin unterziehen müßte, ›vor-sichts‹halber an sich selbst vornimmt[84].

Das ist – nunmehr unverkennbar – Imitation der theoretischen Operation zur Bestandserhaltung in praktischer Einstellung um den Preis des spezifisch Praktischen daran, und die Fähigkeit des Bestehenden dazu ist mit einem von Luhmann auch selbst verwendeten Terminus radikale »Indifferenz«[85] zu nennen. Radikal ist

81 Vgl. zum Sprachgebrauch den Anfang von B-7.2.2.

82 In der Sprache der Darstellung der Theorie, die hier von einem »System« spräche, das »seine Differenz zur Umwelt« *ist* (Luhmann 1975f: 211), müßte das heißen: die Bestimmtheit seines Umweltbezuges, seiner »Differenz zur Umwelt«.

83 Um die »Kategorie der Reflexion aus der Sicht der Systemtheorie« (vgl. Luhmann 1973f: bes. 72-76; diesem Kontext ist die Wendung im Text entlehnt) in die Sprache der Herstellung der Theorie zu übersetzen: ›als kontingent setzt‹ heißt, daß Bestehendes sich selbst, gerade weil zu den »Bestand« ausmachenden *Möglichkeiten* gehörig, unter dem Gesichtspunkt des »Bestands« zu anderen Möglichkeiten von dessen Bedingtsein imaginativ variiert (›umphantasiert‹ könnte Husserl sagen, der damit freilich, im Zusammenhang des Verfahrens eidetischer Variation, die Verfolgung einer der Luhmannschen entgegengesetzten Absicht bezeichnet).

84 In variierender Aufnahme einer Marxschen Kategorie (so schon oben A-3.1) ließe sich noch schärfer pointieren: Bestehendes – und das heißt ja in der Darstellung der Theorie: Systeme (und zwar personale ebenso wie soziale) – vollzieht, obwohl selber Bedingung des »Bestands«, eine Selbstsubsumtion unter *dessen* Bedingungen und überläßt damit die Disposition über seine ›Identität‹ dem »Bestand«.

85 Dafür sei, neben der Erinnerung an die in A-2.1 und A-2.2 aufgenommenen Belege, hingewiesen auf zwei Formulierungen, die am »Indifferenz«-Begriff die weiter oben im Text herausgearbeitete ›Korrespondenz‹ von Substitutionsbereitschaft des Bestehenden und seiner Anschließbarkeit an anderes Bestehendes beson-

diese »Indifferenz« (über das von Luhmann unter diesem Titel mit*dargestellte* Maß hinaus), indem sie Indifferenz des Bestehenden ist nicht nur (unter Bezug auf *seine* bestimmte Struktur) gegenüber der Variabilität seines Bestehens in verschieden-möglichen Zuständen[86], sondern auch gegenüber den dem Bestehenden vom Bestand her – der am Bestehenden als Erfordernis der Kompatibilität mit anderem Bestehenden erscheint – zugemuteten Strukturänderungen, dem Verschieden-möglich-sein der Bedingungen seines Bestehens. Bestandsentsprechung bedeutet die Indifferenz des Bestehenden gegenüber jeder Bestimmtheit von Einzelzuständen seines Bestehens *und* deren Bedingungen, insofern sie der Indifferenz des »Bestandes« gegenüber spezifischer Bestimmtheit von Differenzierung[87] am Bestehenden, das in Differenz zu anderem Bestehenden sein Bestehen hat, entspricht. Und gerade deswegen ist die Indifferenz des Bestehenden dessen bestandserhaltende Disposition: nur indem sie nichts beiträgt zur Erhaltung von Bestehendem, d. h. der durch die Bestimmtheit von Bestehendem *bedingten* Differenzierung, kann das in Indifferenz (das heißt hier: im Rückbezug auf die Bestandsbedingung ›Differenzierung als solche‹[88]) Bestehende die praktische Intention auf Bestandserhaltung erfüllen – in der Negativität unbedingter Kri-

ders deutlich machen: Das »dargestellte Selbst [kann] mit einer komplexeren Umwelt harmonieren [. . .] als das gefühlsmäßig gebundene Selbst, und dies nicht etwa im Sinne einer ungehemmten Angleichungsbereitschaft, sondern gerade umgekehrt im Sinne einer Distanzierung, einer weitreichenden Indifferenz und Substitutionsbereitschaft, also strategisch rationaler Einstellungen, die in einer hochgradig mobilen, stark differenzierten Sozialordnung gedeihen« (Luhmann 1968g: 83 bzw. 1973h: 92). Und: »Alle Einzelsysteme, Personen ebenso wie Organisationen, können [. . .] sich einen weiten Bereich der *Indifferenz* gestatten, der sie *koalitionsfähig* macht« (Luhmann 1965d: 35).

86 »Soziale Systeme gewinnen eine [. . .] Systemstruktur durch Generalisierung [. . .]«, und die »bedeutet [. . .] unschädliche Indifferenz gegen Unterschiede [. . .]« (Luhmann 1967d: 121).

87 Vgl. in der Darstellung der Theorie: »Die Abhängigkeit des Weltproblems von Systemen überhaupt bedeutet noch nicht eine Abhängigkeit von bestimmten Systemen oder Systemstrukturen: Weltkomplexität kann zwar nicht unabhängig von möglichen Systemstrukturen, wohl aber unabhängig von jeder (!) bestimmten Systemstruktur begriffen werden« (Luhmann 1971a: 299).

88 Der Rückbezug auf ›Differenzierung (von System/Umwelt) als solche‹ als einzige Bedingung bestätigt die weiter oben im Text getroffene Feststellung, praktische Bestandserhaltung imitiere die theoretische – der es um nichts anderes geht als um Erhaltung der »Disjunktion« (von System/Umwelt). Vgl. dazu B-7.2.2, namentlich den Text zu den Anm. 54ff.

senvermeidung, der Vermeidung von Entdifferenzierung überhaupt[89].

7.3 *›Theorie‹ der Welt*

Über die »Hintertreppe« hatte ich das Gebäude von Luhmanns Theorie betreten, um hinter die Herstellung ihrer Darstellung zu

89 In Ermangelung einer ausreichenden Explikation des »Krisen«-Begriffs durch Luhmann selbst – auch Luhmann 1975h: 87 bietet höchstens Anhaltspunkte – bleibt nur der Weg interpolierender Rekonstruktion; dafür ist der beste Ausgangspunkt Luhmanns Ausführung zum Integrations-Begriff. Der Fall der »Krise« wäre dann gegeben, wenn die »Vermeidung des Umstandes, daß die Operationen eines Teilsystems in einem anderen Teilsystem zu unlösbaren Problemen führen« (so die Negativ-Definition von »Integration« bei Luhmann 1977d: 242), *nicht* gelingt. Da es jedoch – Luhmann spricht hier, anders als noch Luhmann 1968h: 224f, vom Gesellschaftssystem – bei gegebener funktionaler Differenzierung »geradezu normal wird, daß Probleme nicht dort gelöst werden, wo sie erzeugt werden« (Luhmann 1977d: 242), ist das Abnorme der »Krise« nicht überhaupt der Problemexport über die Grenzen funktional spezifizierter Systeme hinweg. Vielmehr ist der »Krisen«-Fall eingetreten, wenn die Mitübernahme dieser anderswo »erzeugten« Probleme über die »normale« Beanspruchung der Flexibilitätsreserven des übernehmenden Systems hinaus für dieses zu einer Belastung mit Problemen wird, die unter Beibehaltung seiner auf einen »funktionalen Primat« (vgl. dazu Luhmann 1977d: 243f. 50 – nicht aber die aus der umgekehrten, gesamtsystemischen Sicht formulierten Ausführungen bei Luhmann 1970l: 225ff) eingestellten spezifischen Struktur eben »unlösbar« wird (vgl. auch Giegel 1975: 100), d. h. aber: auf eine Revision des erreichten Grades der (funktionalen) Differenzierung samt den entsprechenden destruktiven Konsequenzen für den von Differenzierung abhängenden »Bestand« drängen.
Theoretische Kriterien dafür, wann »normale« Problemüberwälzung zu einer »unlösbaren« geworden ist, kann Luhmann aber schon, als er den »Krisen«-Begriff in der Darstellung seiner Theorie noch selbst verwendet (vgl. auch B-7 Anm. 80), nicht mehr angeben: spricht er doch dort von »Krisen« nur als von »heikle[n] Situationen in System/Umwelt-Beziehungen, die den Fortbestand des Systems oder wichtiger Systemstrukturen unter Zeitdruck in Frage stellen«, deren Gefährlichkeit »sich in unauffälligen, aber symptomatischen Ereignissen des Alltags oder in unmerklich kumulativen Entwicklungen ankündig[t]« und die zu [e]rkennen« es eines »programmfreien Sinn[s] für das Unmittelbare« bedarf (Luhmann 1968h: 224).
Zwei Beispiele, die Luhmanns eigenen »programmfreien Sinn für das Unmittelbare« (Habermas 1971: 168 nennt das »[auf Intuitionen angewiesene] praktische Klugheit«), sein Vermögen der Wahrnehmung solcher unscheinbarer »Krisen«-Anzeichen im Erfahrungsbereich des Professors und Juristen beweisen, bestätigen auch, daß diese Anzeichen für ihn solche der regressiven ›Umkehrung‹ evolutionärer Differenzierung sind, und zugleich, daß er die Aufgabe ›praktischer‹ Bestandserhaltung angesichts der derartigen Drohung einer »Krise« als eine von ›weltgeschichtli-

kommen. Sofern das auf dem in den Teilen von B-7.2 beschrittenen Wege gelungen ist, müßte ich nun wieder dem Ausgang nahe sein, den als Eingang zu benützen ich mich geweigert habe: den »großen, einladenden Portale[n. . .], durch die jedermann eintreten kann«[90]. Auf dem Weg hinaus soll jedoch noch ein Blick zurück geworfen werden, der die Gesamtkonstruktion nunmehr – nach gehabten Detailstudien ihrer kunstfertigen Montage[91] – in gewachsenem Abstand großflächiger erfassen kann und darf.

chem‹ Rang (vgl. B-7 Anm. 21) erlebt: So bemerkt er einmal, daß »Wabuwabu« die »Strukturen des Universitätssystems [. . .] entdifferenziert« mit der Folge »der fehlenden Anschließbarkeit und Anschlußsicherheit für komplexe, voraussetzungsvolle Leistungsketten« – »eine regressive Gesellschaftsentwicklung [. . .], die zivilisatorische Errungenschaften aufgibt« (gemeint ist ein Rückfall hinter die Hobbessche Leistung der – wie Schmitt 1950b: 64ff das nennt – »Hegung« des Konflikts oder gar die noch dahinter liegenden Leistungen der Disziplinierung und Selbst-Konditionierung zur Vertagung von unmittelbaren Befriedigungsansprüchen, die Elias 1976 herausgearbeitet hat) oder womöglich »[T]rainier[en] für die Bedingungen, die gesellschaftsweit gelten, wenn die Grenzen des Wachstums überschritten sind« (Luhmann 1975q: 18f). Ein anderes, Entdifferenzierung ankündigendes »Alarmzeichen« ist die an das Rechtssystem ergehende Zumutung »gesellschaftspolitischer Folgenorientierung« (vgl. Luhmann 1974f: 31-48, hier 48), die »bei hoher Interdependenz entdifferenzierend [wirkt]« und »die spezifisch juristische Entscheidungstätigkeit in ein allgemeines wohlfahrtsstaatliches social engineering aufzulösen [droht]« (Luhmann 1976b: 131f). Das würde »[l]etzten Endes« darauf hinauslaufen, daß es »sinnlos [wird], zwischen den Disjunktionen von rechtmäßig/rechtswidrig und gut/schlecht noch zu differenzieren – eine Differenz, für die Sokrates gestorben ist« (Luhmann 1974f: 48).
Sollte – was Luhmann 1974f: 23; 1976b: 128 sowie 1975q: 19 in beiden Fällen für möglich hält – der Versuch einer Sicherung *dieser* Differenzierung in der Anstrengung praktischer Bestandserhaltung erfolglos bleiben, bedarf es der theoretischen – um »zu retten, was zu retten« ist (vgl. B-7 Anm. 21!) – »Vermeidung des Zurückfallens auf den Anfang und völligen Neubeginns«; so programmiert es Luhmann 1974a: 190 Anm. 45 und hält es 1978d: 26 für fällig: supertheoretische Kontrolle (Steuerung) der sich nach Überschreiten der »Grenze der evolutionären Vorteilhaftigkeit von Komplexitätszunahmen« vollziehenden Umdisposition (vgl. B-6.2.2.3 ab Anm. 196) des weiterhin, auch gegen »Stöße der Empirie« (Luhmann 1978d: 27), als Komplexität zu begreifenden Entsprechungsverhältnisses von Disjunktion des Bestands und Differenzierung des Bestehenden. »Für den Praktiker der Theorie«, der dieses sein ›kat-echontisches‹ officium in »seriöser theoretischer Arbeit« wahrnehmen will und sich dafür auf »Ausdifferenzierung und funktionale Spezifikation« der Wissenschaft muß verlassen können (vgl. B-7 Anm. 67. 68), »ergibt sich [. . .] der Rat, angesichts kommender Wellen« entdifferenzierender Zumutungen praktisch-bestimmten Engagements »die Schwellen der Indifferenz höher zu mauern« (Luhmann 1969k: 265).

90 Luhmann 1969k: 264.

91 Vgl. oben den Text von B-7.1 zu Anm. 8.

Dieser Rück-Blick wird noch zu klären haben, was es für die Konstruktion der Theorie bedeutet, daß als Erfüllung von Luhmanns ›praktischer‹ Intention auf Bestandserhaltung schließlich eine als »Indifferenz« zu bezeichnende Disposition des Bestehenden herauszuarbeiten war. Was aber erlaubt es nicht nur, sondern empfiehlt es sogar, die Betrachtung der Theorie im ganzen unter die Maßgabe der Erfüllung dieser Intention zu stellen? Daß die Theorie in dieser Erfüllung ›aufgeht‹, sollte das Vorige gezeigt haben. Nähme man dieses ›Aufgehen‹ der Theorie nur – was freilich auch möglich und sachgemäß ist – als *Erfüllung* von Luhmanns Intention, so wäre man allerdings mit einem zu raschen Schritt aus der Erkundung der Herstellung der Theorie in die Betrachtung ihrer Darstellung wieder hinausgetreten und entbehrte, gemäß Luhmanns technischem Verständnis von Theorie[92], der Handhabe für Weiteres (es sei denn, in Konsequenz der Intention, für ›Anwendung‹): bestünde jenes Aufgehen dann doch, wie das Aufgehen eines Kalküls in seinem Resultat, darin, daß die theorietechnischen Operationen in das erzielte Resultat ein- und in dessen Erzielung so untergegangen wären, daß genetische Rückfragen an das Resultat unmittelbar nicht mehr angeschlossen werden könnten. Unter dem Aspekt der Herstellung ist das ›Aufgehen‹ der Theorie indes auch und zunächst als Erfüllung von *Luhmanns Intention* zu begreifen, und das heißt: daß die Theorie gerade in »Indifferenz« wirklich aufgeht, impliziert, daß das Aufgehen darin gerade dieser Theorie möglich ist. Dann aber muß aus dem, was als Charakteristik dieses Aufgehens schließlich formuliert werden konnte, ein Hinweis zu entnehmen sein auf das, was die Theorie von Anfang an – man darf sogar sagen: a priori – zum Aufgehen in *dieser* Erfüllung bestimmt hat. So daß eine e r s t e These lautet: die Luhmanns Intention erfüllende Disposition zu »Indifferenz« ist Index einer korrelativen Prädisposition der Theorie[93].

Betrachtet man, dem folgend, die Theorie nun rekursiv nach Maßgabe der Erfüllung von Luhmanns Intention in der *Disposition* des Bestehenden zu »Indifferenz«, so wird als ihre *Prädisposition* sichtbar, was der Theorie vorausgesetzt ist und deren Charakter

92 Vgl. dazu B-7 Anm. 7.

93 Diese Rückfrage von Index zu Indiziertem, wie sie hier vorgenommen werden soll – darauf sollte die analytische Begrifflichkeit von ›Intention‹ und ›Erfüllung‹ von B-7.2 an vorbereiten –, hat bekanntlich Husserl in seiner »Intentionalanalyse« (kurz dazu der Überblick bei Claesges 1976) systematisch geübt.

bestimmt: nämlich die ›logische‹ *Position* des – mirabile dictu – Theoretikers, die, der Theorie vorausgesetzt, keine der Theorie selber ist und die zu verdecken ständiger Nebeneffekt der »fertigen« Darstellung der Theorie ist[94]. So wenig diese Position ›in‹ der Theorie durch noch so vollständiges Abschreiten von deren Darstellung anzutreffen wäre, so wenig ist sie es auch durch lückenlose Analyse von deren Herstellung. Vielmehr ist sie selbst – metaphorisch gesprochen – die ›Lücke‹, die die Herstellung einer Theorie ermöglicht, die »fertig« und zugleich auch immer »unfertig« ist[95] – und so zeigt sie sich ›hinter‹ der Theorie dem Blick, der, die Fluchtlinien der hinsichtlich ihrer Konstruktion aufgeklärten Theorie vom Ende (nämlich des Durchgangs durch die Herstellungsanalyse) her zurückverfolgend, auf die Position trifft, die der Theorie an sich voraus liegt. Diese Position, der die Theorie die Eigentümlichkeit ihres konstruktiven Zusammenhangs von Problem und Problemlösung, Intention und Grundoperation verdankt, die Position des Theoretikers, ist – so eine zweite These – die paradoxerweise a-positionelle Position metaphysischer Indifferenz[96].

A-positionell muß die Position sein, von der aus allein Luhmann seine Intention auf Bestandserhaltung (die ich oben[97] als von weltgeschichtlichem Pathos getragen bezeichnet habe) aussichtsreich verfolgen kann. Denn um Bestandserhaltung – das hieß ja: Erhaltung des Bestehenden in seiner Differenzierung von Umwelt

94 Vgl. dazu Luhmann (1969k: 253) und das in B-7.1 Ausgeführte, sowie die in B-1 Anm. 3 zitierte Bemerkung von de Lazzer (1972: 360).

95 Vgl. den Anfang von B-7.1.

96 So schon angedeutet in A-2.4. Der terminologische Anklang an Schelskys (1961: 471) Vorschlag, »metaphysische Dauerreflexion« als diejenige idealtypische Form der Identität des »Menschen« anzusehen, die dessen »Selbstschöpfung [. . .] in der wissenschaftlichen Zivilisation am selbstverständlichsten begleitet«, ist zwar nicht beabsichtigt, aber durchaus erwünscht. Denn in der a-positionellen Position metaphysischer Indifferenz, von der aus die Konstruktion einer Theorie der Welt (wie die hier zur Verhandlung stehende) möglich ist, hat der Angehörige von Schelskys »skeptischer Generation« Niklas Luhmann diejenige »Form« weltloser Identität, »in der das denkende Subjekt seiner eigenen Vergegenständlichung immer vorauszueilen trachtet und sich so seiner Überlegenheit über seinen eigenen Weltprozeß versichert« (Schelsky 1961: 471), konsequenter angenommen, als es Schelsky ausweislich seiner neueren Publikationen gemeint haben will. – Und so spricht auch die Nähe des im folgenden über Luhmanns Theoriekonstruktion Ausgeführten zu der Eigenart derjenigen theologischen, in die Rendtorff (1975) Luhmann einholt (vgl. C-1.2), nur die Wahrheit über diese aus.

97 Vgl. B-7 Anm. 21.

und System – zu leisten, ist es angesichts des wechselseitigen Bedingungsverhältnisses von Bestand und Bestehendem erforderlich, aus praktischer in theoretische Einstellung überzugehen; erst theoretische Einstellung nämlich ermöglicht die bedingungslose Erfassung aller Möglichkeiten der Welt, die dem Bestandserhaltung Intendierenden zur Verfügung stehen müssen. Theoretische Einstellung einzunehmen bedeutet aber: der Bestandserhaltung Intendierende hat jede Identifikation mit der Position eines bestimmten Bestehenden, in der Welt, in der ihm Möglichkeiten in der Welt nur in perspektivischer Bedingtheit erscheinen können, ausgeschaltet und ist in die A-Positionalität einer Mimesis jenes wechselseitigen Bedingungsverhältnisses von Bestand und Bestehendem übergegangen, das Welt *ist*. In solcher Mimesis von Welt-an-sich, dem Inbegriff aller Möglichkeiten *und* ihrer Bedingungen, die den Bestandserhaltung Intendierenden zum Theoretiker macht[98], befindet sich dieser in der Position übergegensätzlicher[99] Indifferenz gegenüber jeder Bestimmtheit dieses Bedin-

98 Daß die Prädisposition von Luhmanns Theorie in die Nähe der phänomenologischen epoché gerückt werden soll (vgl. schon A-2.4) – im vorigen Satz war demgemäß auch von ›ausschalten‹ die Rede –, liegt auf der Hand. Daß ich aber hier mit den Termini ›Mimesis‹ und ›Theoretiker‹ auf die Interpretation anspiele, mit der Habermas (1965: 147f. 150ff) in seiner berühmt gewordenen Frankfurter Antrittsvorlesung Husserl in die Tradition griechischer theoría einrückt, muß wohl ausdrücklich vermerkt werden.

99 Gelegentlich dieser Bezeichnung von Luhmanns metaphysischer Indifferenz-Position sei wenigstens angedeutet, inwiefern deren sich einstellende Assoziation mit Schellings Begriff des »Indifferenzpunkts« sachlich begründet ist. (Dabei ist freilich festzuhalten, daß diese Projektion Schellings auf Luhmann nur formell durchgeführt werden kann im Blick auf die theoriekonstruktive Funktion eines »Indifferenzpunktes« – einfach schon deswegen, weil der »Indifferenzpunkt« bei Schelling *in* der Theorie ›vorkommt‹, bei Luhmann aber auf der Basis der Theorie nur, freilich notwendigerweise, zu extrapolieren ist: worin sich eben beider Theorien als eine des Absoluten und eine der Welt unterscheiden.) Der Begriff findet sich in den »Stuttgarter Privatvorlesungen« (Schelling WW 7, 458), und in der Freiheitsschrift nennt Schelling (WW 7, 406 – Sperrung aufgehoben; F. S.) den »Ungrund« die »absolute Indifferenz«. Unterstützend für die funktionale Qualifikation der für Luhmann postulierten Indifferenz-Position können beide Stellen wegen ihres engeren Kontexts (weitere Zusammenhänge mit dem Denken Schellings von 1809/10 dürfen hier außer Betracht bleiben) herangezogen werden: mit dem Titel der »Indifferenz« wird ein Wesen ausgezeichnet, das gerade darum Vermögen des Ganzen ist, weil es dem Gegensatz von Gut und Böse, in welchen das Ganze auseinandertritt, noch schlechthin vorausliegt, vielmehr dessen Auseinandertreten in diesen Gegensatz überhaupt erst ermöglicht.

Nur von einem solchen Indifferenzpunkt aus kann der Theoretiker das Ganze (den

gungsverhältnisses, das er dann ›in‹ der Theorie als eines von Problem und Problemlösung, »Erkenntnis und Gegenstand«[100] erscheinen lassen und über dessen jeweilige Bestimmtheit durch faktische, kontingente Einrichtung der »Disjunktion« (wie es in theoretischer Einstellung hieß[101]) des Bestehenden in System und Umwelt er in bestandserhaltender Intention disponieren kann. An diese mimetische Erfassung von Welt, wie sie in der Position übergegensätzlicher Indifferenz durch theoretische Einstellung statthat, bleibt Luhmann bei der Erfüllung seiner Intention auf Bestandserhaltung – das zeigte B-7.2.3 – gebunden mit der Folge, daß er ›in‹ der Theorie noch die ›praktische‹ Weise der Erfüllung, auf die die Intention ja zielt, von der mimetischen Prädisposition der theoretischen überwältigen lassen muß. Als d r i t t e These ergibt sich demnach: Die von Luhmann aufgrund seiner ›praktischen‹ Intention bezogene Position metaphysischer Indifferenz prädisponiert Luhmanns Gesamtkonstruktion so unwiderstehlich, daß noch die von ihm entwickelte ›praktische‹ Lösung des Bestandsproblems nur ebenso gleichförmige Wiederholung der theoretischen sein kann, wie diese Explikation der vorgängigen Gesamterfassung von Welt ist.

Luhmanns Theorie ist durchsetzt mit eigentümlich formulierten Forderungen, die eine gemeinsame Form in der Zumutung einer paradoxen Leistung haben: nämlich das Eine zu tun und doch

»Bestand«) als Einheit der »Disjunktion« erfassen (vgl. nur B-7 Anm. 21; B-7.2.2 Ende), wie es Luhmann tut: nämlich einer Disjunktion von Gut und Böse (vgl. Luhmann 1975e: 11), in der das Böse nicht nur privativer Modus des Guten ist, sondern um des Ganzen willen – »das Böse hat, wenn als solches beabsichtigt, ein eigenes Recht als Protest gegen die Verkürzung der Welt durch das Gute« (Luhmann 1972h: 126) – eigenen »Rechtes« also, eigener »Logik« (Luhmann 1974a: 185) und »Moral« (Luhmann 1977a: 24f; 1978d: 85ff) nur mit dem Guten zusammen die Disjunktion bildet, deren Einheit im Zugleich der zu erhaltende »Bestand« ist. – Was B-7 Anm. 20 noch in der Schwebe bleiben mußte, steht jetzt fest: Die Wahrnehmung des unter Bedingungen von bestimmtem Bestehenden in der moralischen Disjunktion als »böse« Geltenden ist bei Luhmann – gegen Folkers 1974: 419, der seine Rezension mit dem oben zitierten Satz von Luhmann 1972h: 126 schließt – kein praktisch interessierter »Hinweis« (*da* er ihn so auffaßt, bezeichnet Folkers ihn freilich mit Recht als »kaum [. . .] systemtheoretische[n]«) auf die »Ambivalenz des Rechts«, sondern sie dient ihm als Vervollständigung einer Gestalt der »Disjunktion« nur zur korrelativen Bestätigung der im strikten Sinne theoretischen, für eine Theorie der Bestandserhaltung erforderlichen, Erfassung des Gesamt von Möglichkeiten der Welt.

100 Luhmann 1978d: 11.

101 Vgl. dazu B-7 Anm. 55.

zugleich das damit zu negierende, weil gerade entgegengesetzte Andere nicht zu lassen[102]. Solche Forderungen stehen im Hintergrund der oben dargelegten Nötigung Luhmanns, in der Verfolgung der Intention auf Bestandserhaltung aus der praktischen in die theoretischen Einstellung überzugehen[103], in der das Problem des »Bestands« auf solche Weise wahrgenommen werden kann, daß seine ›Lösung‹ zugleich seine Erhaltung als Problem ist; und die Weise, in der Luhmann die Einlösung solcher Forderungen denkt, ist in der Analyse der Zugleich-Struktur seiner Grundoperation behandelt worden. Was dort noch unthematisch geblieben ist und unthematisch bleiben mußte, weil es ›im Rücken‹ von Intention und Grundoperation liegt, ist nun, durch Blickwendung vom Ende her, im Rück-Blick zu sehen: die Position, in der die Erfüllung der Intention auf Bestandserhaltung an die Einlösung paradoxer Forderungen gebunden und von der aus die Grundoperation zur bestandserhaltenden Einlösung dieser Forderungen angewandt werden kann.

In der Position metaphysischer Indifferenz erfaßt der Theoretiker Welt-an-sich als paradigmatische Einlösung solcher paradoxer Forderungen, ihren Bestand als Zugleich von Sich-ändern und Identisch-bleiben[104]; und diese seine »ursprüngliche Einsicht«[105], die mimetische Aneignung der übergegensätzlichen Indifferenz, in der *Welt* immer-schon geleistete Bestandserhaltung ist, vermittelt das Konstruktionsvermögen des Theoretikers in die Herstellung einer Theorie im Dienst der von Bestehendem zu leistenden Bestandserhaltung. Als Prädisposition der Theorie manifestiert sich die übergegensätzliche Position welt-entsprechender Indifferenz des Theoretikers ›in‹ der Theorie zum einen in der Wahl von

102 Ich nenne nur: »mehr Anpassung und mehr Erhaltung zugleich leisten« (Luhmann 1972d: 94 bzw. 1977d: 178); »an Hand von Beschränkungen lernen und zugleich unbeschränkte Lernfähigkeit postulieren« (Luhmann 1975m: 201); »Kontinuität und Diskontinuität [müssen] am selben System zugleich ermöglicht werden« (Luhmann 1975c: 155).

103 Vgl. – eben – den Übergang von B-7.2.1 zu B-7.2.2.

104 Vgl. Luhmanns (1972d: 96 bzw. 1977d: 179) Husserl wiederholende These von der Nicht-Transzendierbarkeit der »sich im Prozeß des Transzendierens umkonstituier[enden]« Welt – die in engem Zusammenhang mit der unmittelbar zuvor erhobenen Forderung nach »mehr Anpassung und mehr Erhaltung« aufgestellt wird. Dazu auch B-7 Anm. 14. 79.

105 Um es – der Eigentümer möge die Umwidmung verzeihen – mit einem von Henrich 1967 entliehenen Titel zu sagen.

»System« (statt ›Subjekt‹) zum Konzept für Bestehendes, dem jene paradoxen Zugleich-Forderungen der Bestandserhaltung zuzumuten sind, die die als Welt vorgegebenen »Bestands«-Bedingungen am Bestehenden in entsprechender Wiederholung einzuhalten vorschreiben[106]. Und sie ermöglicht zum anderen, einen eklektischen und synkretistischen Gebrauch von ›an sich‹ inkompatiblen Denkansätzen und Methoden zu pflegen und dabei dessen deletäre Konsequenzen in der Theorie neutral zu halten: in der offen zugegebenen Rücksichtslosigkeit der Theorie[107] gegenüber der Zumutung verwendungskontextunabhängiger Prinzipien[108] namentlich der Wissenschaftstheorie (wie sie in der Wissenschaftstheorie selbst freilich nicht ohne Beispiel ist[109]) ebenso wie in der

106 Übersteigen diese Forderungen auch ebenso die Kapazität der Einzelhandlung (von ›Subjekten‹), wie sie in einer Abfolge von Einzelhandlungen nicht mehr als im Sinne des geforderten Zugleich eingelöst angesehen werden können, so sind es demgegenüber (wie es in frühen Formulierungen der Theorie heißt) »soziale Systeme faktischen Handelns«, die »nicht nur eine, sondern verschiedene, zueinander widerspruchsvolle Funktionen erfüllen müssen, wenn sie überleben wollen« (Luhmann 1964b: 135), und können (vgl. nur Luhmann 1964c: 41f).

107 Vgl. Luhmann (1977d: 10): »Ob und unter welchen Bedingungen ein solches Vorgehen wissenschaftstheoretisch zu rechtfertigen ist, soll uns hier nicht beschäftigen. Wir wollen es praktizieren und vorläufige Erfahrungen damit sammeln. Wenn solche Erfahrungen vorliegen, wird die Wissenschaftstheorie wohl in der Lage sein, eine Begründung dafür nachzuliefern.« Zu einem Schluß dieser Art kommt auch Bachelards (1978a: 162ff, hier 164. 162) »Philosophie des Nein« (vgl. dazu B-7 Anm. 44): »Alles in allem leitet die Wissenschaft die Vernunft. Die Vernunft hat der Wissenschaft zu gehorchen und zwar der am weitesten entwickelten Wissenschaft, der sich entwickelnden Wissenschaft«, und dies durch »Veränderung der elementaren Regeln des Schlußfolgerns«, um »einander gegenüberstehende« (aber an Erfahrung ausgewiesene) »Theorien [...] miteinander zu verbinden«. Den radikalen Vorschlag, angesichts der »logische[n] Unmöglichkeit« eines wirklich eingetretenen »Fall[es]« die »Logik« zu erweitern, macht Luhmann 1971a: 388f ebenfalls.

108 Eine »Art von Systemrationalität« nennt Luhmann 1971c: 167 einen auf sich selbst angewandten »Opportunismus«, der »nicht im Widerspruch zu sich selbst ins Grundsätzliche übertrieben werden [darf]. Es handelt sich nicht darum, nach Belieben [...] zu entscheiden, und auch nicht darum, sich prinzipiell nicht an Prinzipien zu halten. Selbst die Werte der Stetigkeit, Berechenbarkeit, Verläßlichkeit und Vorhersehbarkeit müssen im opportunistischen Kalkül noch zur Geltung kommen und in dem Maße ihrer jeweiligen Erfüllung und Gefährdung Berücksichtigung finden.«

109 »Die Schaffung eines Gegenstandes und die Schaffung und das vollständige Verständnis einer richtigen Vorstellung von dem Gegenstand gehören sehr oft zu ein und demselben unteilbaren Vorgang«, der »von keinem wohldefinierten Programm geleitet [wird], denn er enthält die Bedingungen für die Verwirklichung aller möglichen Programme«. So heißt es nicht etwa bei dem zu supertheoretischer

schon versteckteren Ausnützung der theorietechnischen Vorteile von ontologischem *und* transzendentalistischem Ansatz[110]. In einer vierten These läßt sich danach zusammenfassen: Die Position metaphysischer Indifferenz, in die versetzt Luhmann Welt im ganzen erfaßt, ist keine der Indifferenz unterschiedsloser Einheit, sondern die eines gleichgültigen Nebeneinander von unter Bedingungen von bestimmtem Bestehenden Unvereinbarem in paradoxem Zugleich, und sie läßt – als Prädisposition der Theorie – den Theoretiker ein entsprechendes Zugleich seiner Konstruktion selber einprägen.

Indes ist das gleichgültige Nebeneinander von Unvereinbarem, als dessen der Theoretiker in der Position der Indifferenz der Welt-als-ganzer innewird und das er seiner Theorie mitteilt, keine Beziehungslosigkeit, sondern vielmehr ein zweiseitig bewegtes Äquilibrium[111] von einander Entsprechendem. Denn die in der

Interdependentsetzung von »Erkenntnis und Gegenstand«, »Codeebene und Theorieebene des Wissenschaftssystems« (Luhmann 1978d: 10. 12) vorgedrungenen Vertreter einer Theorie, die nach ausdrücklichem Bekunden »sich von Vernunft und von Herrschaft emanzipiert« hat (Luhmann 1971a: 401) – sondern bei dem anarchistischen Erkenntnistheoretiker Feyerabend (1976: 39 – Kursivierung aufgehoben; F. S.), den freilich Habermas (1973b: 376) die »Idee des wissenschaftlichen Fortschritts« untergehen lassen sieht: in der »Indifferenz« (!) eines vorbedingungslosen Theorievergleichs zwischen »Hexenglauben« und »Newtonsche[r] Mechanik« (eine Befürchtung, in der Habermas sich durch den Feyerabend-Sympathisanten Duerr 1976 bestätigt sehen könnte).
Um die Signifikanz der Parallelität zum Luhmannschen Theoriestil zu erhöhen, ließen sich zahlreiche Belege aus Feyerabends anti-methodologischem Manifest beibringen. Hier mag es genügen, die in einen Satz Hans Richters gekleidete Selbstdarstellung – »Um ein wirklicher Dadaist zu sein, muß man auch Antidadaist sein« (Feyerabend 1976: 263) – zum Vergleich mit der B-7 Anm. 108 zitierten Ausführung Luhmanns anzubieten, oder zu dem Luhmann-Zitat in B-7 Anm. 107: »man [muß] lernen [. . .], mit unerklärten Begriffen zu argumentieren und Sätze zu verwenden, für die noch keine klaren Gebrauchsregeln vorhanden sind«, ja »der Erfinder einer neuen Weltauffassung muß fähig sein, Unsinn zu reden, bis der Unsinn, den er und seine Freunde geschaffen haben, groß genug ist, seinen eigenen Bestandteilen Sinn zu verleihen« (Feyerabend 1976: 352 – Kursivierung aufgehoben; F. S.). Daß dabei Bachelards (1978a: 49) Maxime »Warum nicht?« schon von Lepenies in seiner Einleitung zu Bachelard (1978b: 14) als »Antizipation« des Anti-Grundsatzes »Anything goes« (Feyerabend 1976: 45) apostrophiert worden ist, fügt schließlich manches gut zusammen.

110 Vgl. hierzu nur B-7 Anm. 37 und bes. 58.

111 Diese Wendung nimmt eine andere auf, in der Musil (1970: 252) einmal auf eine Formel bringt, was er an Erfahrungsgehalt eines Weltverhältnisses, das dem hier für den ›Theoretiker‹ Luhmann entfalteten – nun ja: entspricht, in seinem Roman

Position der Indifferenz dem Theoretiker gewahr werdende Welt-an-sich ist nicht nur (a) immer-schon geleistete Bestandserhaltung – »Realität, in der alle Probleme immer schon gelöst sind«[112] –, sondern als solche zugleich Bedingung ihrer Begreifbarkeit in (b) der Komplementarität ihrer Aspekte, unlösbares Problem[113] für ... und Gesamtheit möglicher Weisen der Lösung von ... zu sein.

Näherhin ist dieses Zugleich eines vorgängiger Indifferenz von zwei Verhältnissen verschiedenartigen Entsprechens: nämlich (a) des ungerichteten eines (hinsichtlich gemeinsamem Gleichen proportional analogen) Seins von Unterschiedenem, dem gemäß in der welt-koextensiven Disjunktion von Umwelt und System das »Gesetz der Entsprechung«[114] gewahrt *ist*, und (b) des gerichteten eines Sollens zwischen Unterschiedenem, dem gemäß ein Problem eine ihm entsprechende (im Sinne von: angemessene) Lösung *verlangt*. Indem das Zusammenfallen der (a) ruhigen Symmetrie erhaltenen Bestands von Welt mit der (b) offenen Komplementarität asymmetrischer Weltaspekte – ›Problem‹ und ›Lösungspotential‹ – diese zur Zirkularität des wechselseitigen Bedingungsverhältnisses schließt, die der ›Bestand‹ ist, erweist sich das Zugleich dieser inkommensurablen Verhältnisse des Entsprechens als Indifferenz[115]: apriorisch-aposteriorische Sich-selbst-Gleichheit von Welt

reichhaltig genug ausbreitet: »bewegliches Gleichgewicht, das in jedem Augenblick Leistungen zu seiner Erneuerung fordert«. Vgl. dazu unten D-2.2.1.

112 Luhmann 1978d: 20.

113 Vgl. Luhmann 1977d: 20 u. ö.

114 Luhmann 1967d: 120; vgl. dazu B-7 Anm. 73.

115 Heinrich (1964: 31), dem die vorliegende Arbeit auch ihren Vorbegriff von »Indifferenz« verdankt (vgl. A-1 Anm. 8), stellt in seiner Erörterung des »Schlußverfahren[s ...] der Analogie« (das sein Gegenstück oben in (a) hat), »wo alle Macht des Schlusses beim Allgemeinen verbleibt«, fest: darin »müssen ›Einzelnes‹ und ›Besonderes‹ [...] gleichgültig werden vor dem Einen, Selben, das in der Vielzahl der Erscheinungen ›spielend‹ kreist«, und »aufhören, ›Einzelnes‹ und ›Besonderes‹ zu sein (denn die Macht des Allgemeinen erscheint in ihnen allen gleich: das eben ist die Macht des Schlusses)«. Dabei formuliert er die gute Einsicht, daß »Entsprechung«, Ausdruck dieses logischen Verhältnisses, »das sprachliche Modell der Indifferenz« sei.

Heinrich gibt dieser Einsicht eine Wendung gegen das – wie er es in Anlehnung an einen Adornoschen Ausdruck nennt – »Ursprungsdenken«, das er v. a. in Heideggers Apotheose des Seins auf Kosten des Seienden angreift. Wenn hier bei der Klärung der Konstruktionsbedingungen von Luhmanns Theorie auf Heinrichs Einsicht hingewiesen wird, so braucht ihr diese kritische Konnotation nicht

in ihrem – bei wechselseitiger Abhängigkeit ihrer asymmetrischen Aspekte – veränderlichen Bestand. Und die Vorgängigkeit dieser Indifferenz wirkt sich aus als Prädisposition der Theorie, deren Grundoperation, der Intention auf Bestandserhaltung folgend, ein – in diesem paradoxen Doppelsinn von ›Entsprechen‹ – bestandsentsprechendes Denken im Bestehenden ermöglicht, weil sie selbst als bestandsentsprechende Wiederholung des Zugleich von Symmetrie und Asymmetrie eingerichtet ist[116]. Damit ist eine fünfte These begründet: Das Beziehen einer Position der Indifferenz ermöglicht dem Theoretiker, seine Intention auf Bestandserhaltung durch eine Theorie zu erfüllen, deren Konstruktion der in solcher Position als Welt gewahrten Indifferenz eines Zugleich inkommensurabler Entsprechungsverhältnisse durch ein ebensolches Zugleich entspricht.

Seinen terminologischen Ausdruck findet dieses Zugleich inkommensurabler Entsprechungsverhältnisse – und damit trete ich endgültig, ohne einen weiteren Blick mehr zurückzuwerfen, wieder nach draußen: durch das nunmehr von innen erreichte

genommen zu werden – auch wenn bei Luhmann ›an der Stelle‹ des ›Ursprungs‹ nicht Ein Sein (dem Seiendes zu ent-sprechen habe) steht, sondern selbst ein Entsprechungsverhältnis, die »Gleichursprünglichkeit von System und Welt« (Luhmann 1971a: 302 Anm. 16), von Bestehendem und Bestand. Gibt doch die obige Rekonstruktion Narr/Runze (1974: 54ff, hier 55), die Luhmanns Theorie mit der Schärfe desselben bösen Blicks durchbringen wie Adorno (1956) die Husserlsche, einiges Recht zu ihrem Vorwurf: »Ursprungsphilosophie eigenen Musters«. Nur daß sich in deren Abhandlung weniger die Vorführung dieses »eigenen Musters« als Anregungen zu Fragen danach finden – die man dann selber zu beantworten hat (wie ich es hier versucht habe), wenn man nicht gleich der Faszination dieses ebenso geistreich wie ›vernichtend‹ auftretenden Pamphlets erlegen ist.

116 Hält man sich an eine Interpretation, die angesichts der vieldiskutierten (auch von Luhmann, z. B. 1971g: 30 Anm. 2a, vermerkten) Zweideutigkeit des Konstitutions-Begriffes der Husserlschen Phänomenologie deren »einheitlichen ›Grundsinn‹ und [. . .] Grundverfaßtheit [. . .] bedenken« will und dafür sich von der Verpflichtung auf die »Zitation« der »Worte« Husserls freizeichnen muß wie die Schuhmanns (1971: hier XXI mit Anm. 44), so wird man ein Verhältnis zwischen Theorie und Welt wie das hier für Luhmann behauptete schon bei Husserl sehen müssen. Lauten Schuhmanns (1971: XXXVIIIf) Thesen doch: »Die Seinsweise der transzendentalen Subjektivität ist ursprüngliche Nachträglichkeit [. . .]; sie ist Abbild, dem kein Urbild als ein (an sich und unabhängig von ihr) Seiendes vorhergeht«; und: »Konstitution besagt Hinausgeäußertsein eines Urbilds aus der transzendentalen Subjektivität, vermöge welcher entäußerter Seinsweise des Urbildes die Subjektivität sich als es [in Wahrnehmung, Denken usw.] nachbildend vorfindet.« Zwar stimmt Luhmann (1978g: 250 Anm. 11) Schuhmanns Analyse generell zu – der gegenwärtige Tiefgang meines Husserl-Verständnisses läßt mich aber zweifeln, ob diese Definition

»große, einladende Portal«[117] – in Luhmanns Darstellung seiner Theorie im Begriff »Komplexität«[118]. Mit diesem Titel belegt Luhmann die in der Position der Indifferenz angeschaute Welt-im-ganzen, die Unterschied von Unterschiedenen ist, zwischen denen ein Verhältnis des Entsprechens zugleich besteht und (nicht besteht, sondern) erst bestehen soll.

»Komplexität« steht in der Darstellung der Theorie für das, was unter dem Aspekt der Herstellung der Theorie als ›Bestand‹ erfaßt und »Kontingenz« genannt wurde: Bestehen von Möglichkeiten in der Welt, deren Abhängigkeit vom Bestehenden als ihren Bedingungen; ihr Gefährdetsein durch die Möglichkeit des Nichtgegebenseins und zugleich Inbegriff des An-sich-Gegebenseins dieser Bedingungen – kurz: als Begriff für »Welt« Ausdruck eines Verhältnisses gegebenen, als Begriff für »System« Ausdruck eines Verhältnisses aufgegebenen Entsprechens zwischen Bestehendem und Bestand, Systemen und Welt. »Komplexität« bezeichnet ein Problem, nämlich das der »Welt« in ihrer Relation zu Systemen, und ein Problemlösungspotential, nämlich das von Systemen in Relation zur Welt als ihrer Umwelt.

Die Aktivierung dieses Problemlösungspotentials, der »Komplexität« von Systemen, heißt in der Darstellung der Theorie »Reduktion von Komplexität«[119]; ihre Struktur ist die der Grundoperation, die, die Intention auf Bestandserhaltung erfüllend, als das Zugleich der Lösung des Bestandsproblems und seiner Erhaltung als Problem eingerichtet ist[120]. Strukturell bestandsentspre-

von »Konstitution«, die zwar die »offengelegte Zirkularität« von Luhmanns (1978d: 16) Supertheorie trifft, auch von Husserl gedeckt ist.

117 Vgl. den Schluß von B-7.1.

118 Der Begriff ist »weltkongruent« angesetzt (Luhmann 1971a: 302), und weil Begriff für »Welt (= System und Umwelt)« (Luhmann 1970e: 143), ein Begriff für System und Umwelt gleichermaßen (vgl. Luhmann 1975f: 210); er ist Begriff für eine »Relation zwischen System und Welt« (Luhmann 1967d: 115) und der »[in sich selbst relationalen] Einheit eines Systems« (Luhmann 1975f: 207). Er übergreift die Differenz von System und Umwelt, die an ihm als »Komplexitätsgefälle« (Luhmann 1970e: 150) abgelesen werden kann; er bezeichnet, hinsichtlich wessen diese Differenz ein »Verhältnis der Entsprechung« (Luhmann 1967d: 116; vgl. auch B-7 Anm. 24 und dazu Luhmann 1967a: 76) sein kann, und er kann dies, indem er »Widersprüche einschließt« (Luhmann 1967d: 132 Anm. 11).

119 »[J]a sogar Steigerung von Komplexität durch Reduktion von Komplexität« (Luhmann 1971a: 309; Kursivierung aufgehoben).

120 »[D]ie Reduktion der Komplexität [wird] zwar geleistet [...], aber die [...] Komplexität [bleibt] doch als solche, nämlich als Bestand von Möglichkeiten, erhalten« (Luhmann 1967d: 128).

chend wie die Grundoperation und darum wie diese imstande, Bestehendes in das Verhältnis der Bestandsentsprechung zu bringen, ist »Reduktion von Komplexität« selbst nur nomen actionis für Systemkomplexität: Tätigkeit des Daß der Disjunktion System/Umwelt (die »Komplexität« als Bestandsbegriff ist), die deren besonderes Wie am einzelnen Bestehenden (System) in Entsprechung zum allgemeinen des Bestands (Welt) bringt. Heißt es dann bei Luhmann[121], in der ›Benützung‹ ihrer eigenen Komplexität durch »Reduktion ihrer Komplexität« wisse sich – man darf ergänzen: seine – »Theorie [im Hinblick auf . . . Komplexität . . .] mit der Praxis eins« (bzw., in späterer Korrektur[122]: sei Theorie »Systemstruktur [. . .] für Handlungsprozesse«), so ist das nicht nur konsequente Darstellung dessen, was die Herstellungsanalyse über die Gleichförmigkeit der Bestandsentsprechung in praktischer Bestandserhaltung (durch Disposition des Bestehenden zu Indifferenz) gemäß der ›Formvorgabe‹[123] theoretischer Bestandserhaltung (durch bestandsentsprechende Einrichtung der Theorie auf Kontingenz[124]) ergeben hatte. Darüber hinaus läßt es die – letzte – These zu: Nicht erst sein *könnte* in »eschatologische[r]« Ferne[125], sondern in »ewige[r] Gegenwart«[126] *ist* Luhmanns Bestandserhaltung intendierende Theorie eine »grandiose Tautologie«[127] auf der Basis des in der Position metaphysischer Indifferenz als Welt erfaßten und in die Formel »Komplexität« gebrachten Satzes »Es gibt Systeme«.

Damit ist die Analyse der Herstellung der Theorie, zu deren Darstellung zurückgekehrt, abgeschlossen. Mag sein, daß mit dem Vorstehenden »nur eine mehr oder weniger interessante neue Theorie«[128] präsentiert wird – gemeint ist es jedenfalls als Versuch

121 Luhmann 1969k: 262.
122 Luhmann 1971a: 387f.
123 Vgl. B-7.2.3 Anfang.
124 Vgl. B-7.2.2 Ende.
125 Wie Luhmann 1974a: 187 einräumt – wobei man sich freilich (bei genauerer Betrachtung) ohnehin im Zusammenhang einer Theorie, die auf dem Begriff einer »nicht transzendierbar[en]« Welt besteht (Luhmann 1972d: 96 bzw. 1977d: 179), nichts Rechtes denken könnte.
126 Narr/Runze 1974: 53.
127 Luhmann 1978d: 27 – da ich noch nicht selber »ans Ende« gekommen bin und »alles [weiß], was ist«, wird Luhmann freilich trotz der obigen These nicht das »höhnische Gelächter« aus der »Ferne« hören, das er am »Ende« vermutet.
128 Luhmann 1969k: 253.

zur Beantwortung der Frage, »worauf überhaupt« (wenn schon nicht: »die Gesellschaft«, so doch) der an einer Theorie über dieselbe Interessierte »sich einläßt, wenn [er] sich [. . .] auf Komplexität als Unbestimmbarkeitsäquivalent einläßt«[129].

129 Luhmann 1977d: 255.

C Theologisches Nachspiel

1 Luhmann unter den Theologen

1.1 Zur Diskussionslage

Die Aufmerksamkeit, die Luhmann bislang in der Theologenzunft gefunden hat, ist, zumindest soweit literarisch faßbar, andauernd gering, und sie ist auch kaum nennenswert angestiegen, nachdem Luhmann mit thematisch entsprechenden Veröffentlichungen[1] dieser Gruppierung des wissenschaftlichen Publikums entgegengekommen ist. Dieser Sachverhalt ist erstaunlich, im Vergleich mit Breite und Intensität etwa der Habermas-Rezeption um 1970[2] und auch angesichts der bemerkenswerten Produktivität des Bielefelder Theoretikers. Daß die vielfältige Verzweigung von Luhmanns Arbeiten zu überblicken sowie mit deren Vermehrungsgeschwindigkeit und damit vollzogenen Theorie-Veränderungen Schritt zu halten schon seit längerem geradezu ›Spezialisierung‹ erfordert, mag freilich schon mit zu den Gründen zählen, mit denen sich diese Zurückhaltung erklären läßt – neben der zunehmend unanschaulichen Sprache[3] und dem Sachverhalt, daß die Denktraditionen, in denen Luhmann geschult ist und deren Vorgaben er ausnutzt (zu erwähnen sind da Husserl, Leibniz, Duns Scotus),

1 Jedenfalls gilt das für die Zeit nach Erscheinen von Luhmann 1972k; 1972d; 1972f; 1974h. Ob die neuere, umfangreichere Untersuchung (Luhmann 1977d) in dieser Hinsicht erfolgreicher ist und dies vielleicht auch wegen der Prominenz ihres Erscheinungsortes (vgl. dazu Luhmann 1969b: 237 und 1970h: 16f über Regeln der Aufmerksamkeitsverteilung und -gewinnung), läßt sich noch kaum ausmachen. Daß Pannenberg (1978a) Luhmanns Buch in den unter Theologen weitverbreiteten »Evangelischen Kommentaren« eine eingehende Besprechung widmet, könnte zwar in dieser Richtung wirken – aber der nachfolgende Abtausch von Replik (Luhmann 1978a) und Duplik (Pannenberg 1978b), eher abschließend als eröffnend, stimmt Fortsetzungs-Erwartungen ziemlich herab.

2 Zum Exempel genügt ein pauschaler Hinweis auf Siemers/Reuter (Hg.) (1970) oder auch die Jahrgänge der Zeitschriften »Wissenschaft und Praxis in Kirche und Gesellschaft« und »Theologica Practica« seit 1969.

3 Wozu auch gehört: auf »motivfähige« (Luhmann 1972f: 251) Begriffe zu verzichten (programmatisch dazu jetzt Luhmann 1978d), wie sie etwa Habermas anbietet – Kommunkation, Herrschaft(sfreiheit), Interesse – und mit denen dieser insbesondere für jüngere Theologen als Bundesgenosse ihrer Intentionen auf die ›Einheit von Theorie und Praxis‹ erschien.

andere sind als diejenigen, mit deren Instrumentarium – grosso modo gesprochen – zeitgenössische Theologie arbeitet und/oder auf die sie sich zustimmend oder ablehnend bezieht.

Im Vorwort zu »Funktion der Religion« wünscht sich Luhmann (und dies gewiß aufgrund schon gemachter Lese-Erfahrungen), »auf Seiten der Theologie mehr als bloße Immunreaktionen und mehr als bloße Wortübernahmen auszulösen«[4]. Zum Letzteren gehört jedenfalls der hier und da sich findende beiläufige Rückgriff auf die »Formel ›Reduktion von Komplexität‹«, deren »unheilvolle Leichtgängigkeit«[5] ihr auf dem Wege gleichsam atmosphärischer Verbreitung Eingang auch in das Ausdrucks-Repertoire von Theologen verschafft hat, oder auch die Verwendung der frühen Formulierung der »Funktion der Religion« als der »Bereitstellung letzter grundlegender Reduktionen«[6]. Dieser Rezeptionsstil charakterisiert die (insbesondere in der zweiten, praxisbezogenen Phase der Theologenausbildung nicht einflußlose) Arbeit Dahms an einer funktionalen Theorie kirchlichen Handelns[7], in deren Zusammenhang er sich auch um eine darstellende Weiterverbreitung der Religionstheorie Luhmanns bemüht[8]. Ein Fall von »Immunreaktion« ist dagegen die Polemik von Bahr, die gegen das assoziationsbewußt »System-Religion« Gescholtene[9] und deren »mythische Anaklisis« die »messianische [Anaklisis]« einer Emanzipations-Religion ins Feld führt[10].

Andere haben Luhmann immerhin sorgfältiger gelesen, wenngleich auch keiner ohne den perspektivischen Blick auf ein eigenes Konzept, das dann freilich zu unterschiedlichen Urteilen über Luhmanns Entwurf führt. So läuft Pannenbergs Auseinanderset-

4 Luhmann 1977d: 8.

5 Luhmann 1969k: 264.

6 Luhmann 1972k: 11.

7 Vgl. bes. Dahm (1974: 99-156). Unter Verwendung eines synkretistischen, jedenfalls nicht des Luhmannschen Funktionsbegriffes (Dahm 1974: 101) kommt er zur Feststellung zweier Funktionsbereiche der Kirche, nämlich der Wertevermittlung und der helfenden Begleitung (vgl. Dahm 1974: 117ff; auch 1972: 142ff). Zur Rechtfertigung dieses Rezeptionsstils vgl. jetzt Dahm 1978.

8 Vgl. Dahm (1975) – ein Aufsatz, der sich nicht nur durch faktische Abstraktion vom gesellschaftstheoretischen Kontext, sondern v. a. durch bewußtes Vereinfachen der »etwas schwierigen Funktionsbestimmungen« Luhmanns ›auszeichnet‹ (Dahm 1975: 274). Vgl. weiter, mit lockerer Anlehnung an Luhmann, auch Dahm/Hörner 1976.

9 Vgl. Bahr 1975: hier 224.

10 Vgl. Bahr 1974: 281f.

zung mit Luhmanns Entwicklung des Sinn-Begriffes[11] auf Ablehnung hinaus: er kritisiert[12], »daß Sinn und Sinndeutung bei Luhmann ineinanderfließen«, und postuliert das Prae eines »ursprünglichen Sinngewahrens« (100 Anm. 200) als die Weise, in der dem aktuellen Erleben »die Wirklichkeit Gottes« als »Sinntotalität« stets »mitgegeben« (312) sei, wenn auch immer unter der Abfolge verschiedener »Sinndeutungen« und deshalb nur im Modus des »Problems« (303).

Sehr viel geneigter, nämlich mit dem »Interesse an einer Steigerung der von dieser selbst erstrebten Rationalität« erörtert Herms[13] die Systemtheorie Luhmanns in Richtung auf eine Klärung unausgewiesener, aber wirksamer Prämissen (von denen Luhmann selbst einmal einräumt, ihr »philosophischer Sinn« bleibe »dunkel«[14]), und er tut dies auf einer Ebene, die er – in der Überzeugung, es sei auch die von Luhmann betretene – die »gegenstandstheoretische« (oder »metaphysische« oder »kosmologische«) (345) nennt. Nachdem er unter Luhmanns Verwendung des Sinn-Begriffes einen doppelten Sachverhalt entdeckt hat, den er unterscheidend mit »›Weltsinn‹ als Ausdruck der Kosmologie« und »›innerweltlichem Sinn‹ als Ausdruck der reinen Soziologie« (350) bezeichnet, wendet er sich vornehmlich dem ersteren zu, indem er die Frage nach der »Konstitution dieser für alles welthafte Einzelsein geltenden Konstitutionsweise selber« (352) stellt. Seine Antwort[15] lautet:

11 Pannenberg 1973a; eingeklammerte Seitenzahlen im Text beziehen sich im folgenden auf dieses Buch.

12 In Verkennung dessen, daß gerade beabsichtigt ist, was er »Ineinanderfließen« nennt, und dies in Antizipation der soziologisch zu vermeidenden Konsequenz, die Pannenberg dann zieht: ausgreifen zu müssen auf ein Subjekt der Geschichte (vgl. Pannenberg 1973b), das die Einheit der festgestellten Differenz von »Sinn« und »Sinndeutung« dann garantieren soll. Pannenbergs (1978b: 357) etwas rechthaberischer Hinweis auf diese »einschlägigen Ausführungen« zeigt, daß ihm Luhmanns Auffasssung von Sinnkonstitution auch nach ihrer Retraktation (Luhmann 1977d: 21ff, aufgenommen in 1978a: 355) einschließlich des Begriffsangebots »Repräsentation« (Luhmann 1977d: 24f) nicht genug entgegenkommt und als positionelle Einsichtsverweigerungsstrategie »optierender Kontrastierung« (Pannenberg 1978b: 357) erscheint: als Splitter in des Bruders Auge.

13 Herms 1974: 354; eingeklammerte Seitenzahlen im Text beziehen sich im folgenden auf diesen Aufsatz, Hervorhebungen in Zitaten sind aufgehoben.

14 Luhmann 1968h: 240.

15 Für die er sich, neben Jacobi, Schleiermacher und Fichte, auf den »philosophischen Gewährsmann« Luhmanns, nämlich Husserl, und dessen Figur der passiven Synthesis beruft (Herms 1974: 353). Daß diese »Einsicht fundamentaltheologischen

»Diese Weise, in welcher innerweltlich Seiendes sich durch spontane (also ihm freistehende und durch es bestimmte) Selektionsakte konstituiert, ist nämlich selbst immer schon, also für es passiv, konstituiert« (353). Und er macht ein Angebot, wie Luhmann diese »Einsicht in den Sinn von Sinn [als ›Weltsinn‹]«, nämlich »daß dieser sich selbst nur hinnehmen kann« (354), die im Modus »metaphysischer Problemstellung« im Zusammenhang seiner Theorie »tatsächlich«, aber unbewußt präsent sei[16], darin auch zur Geltung bringen könne: er schlägt vor, »Weltkomplexität« als »in einem neuen Sinne struktural-funktionales [System] zu denken« (356) – damit könne gelingen, die *Kontingenz* von sinnhaft konstituiertem innerweltlichen Seienden und diese als *selber notwendig* zu begreifen. – So bedenkenswert diese These ist – kommt sie doch auf ihre Weise dem oben in B-7.3 Entwickelten nahe –, so zweifelhaft ist es, ob sie, wie von Herms beabsichtigt, der Systemtheorie zur produktiven Selbstaufklärung dienen kann. Nach allem, was zu sehen ist, wird sie in der in Luhmanns Darstellung seiner Theorie habituell gewordenen Verdrängung ihrer Herstellungsvoraussetzungen untergehen. Denn zwar stellt sich Luhmann selbst (und darauf beruft sich ja Herms) die Frage, »weshalb [. . .] nicht alles möglich gemacht werden kann«[17] – aber er steuert die Suche nach einer Antwort entschlossen auf die (einzige von ihm für wissenschaftlich thematisierbar gehaltene) Ebene, auf der dieses Nicht-Können auch manifest wird, und nicht die Ebene der als Grund dieses Nicht-Könnens zu denken vorgeschlagenen Welt[18]: auf der Ebene der System/Umwelt-Relationen (mit Herms gesprochen: des welthaft Seienden) und *in ihnen* müssen die »Bedingungen des überhaupt Möglichen« (356), wenn irgendwo, zu finden sein[19]. Die Systemtheorie ist keine Fundamentaltheologie (sondern allenfalls deren a-theologischer Ersatz!), und ihr Urheber verspricht sich auch nichts davon, sie als eine solche auszubauen[20] – es

Rang« habe, unterstreicht er zum Abschluß seines Aufsatzes noch einmal durch Hinweis auf Schleiermacher (Herms 1974: 354. 359).

16 Vgl. Herms 1974: 355f.

17 Luhmann 1971a: 297.

18 Vgl. die – freilich mit der Anzeige ihrer vorläufigen Ungesichertheit verbundenen, aber doch als Absichtserklärung ernst zu nehmenden – Bemerkungen zum Welt-Begriff (Luhmann 1971a: 379f. 384).

19 Das gilt erst recht, wenn, bei gegebenem System »Weltgesellschaft«, die »Welt« *auch* als Umwelt auftritt (vgl. oben B-6 Anm. 92).

20 Genau das besagt die Passage über das Umkehren des »etsi non daretur Deus«

sei denn, man (Herms?) wolle die Ausarbeitung von »Supertheorie« dafür ansehen[21].

Einen ähnlichen ›Ergänzungsvorschlag› wie Herms, wenngleich einen theoretisch sehr viel schlichter gewirkten, macht auch Kaefer in seiner Bonner Dissertation, deren Untertitel die kirchensoziologische Perspektive der Arbeit ausweist[22]. Er »versucht, Luhmann systemimmanent zu kritisieren«, »relativiert ihn und verbindet seine Theorie mit Vorgaben, die er nicht macht, die aber möglich sind und die [. . .] aus dem Selbstverständnis einer – der katholischen – Kirche genommen werden können« (15f). Ist es schon sehr fraglich, ob die von ihm faktisch und unter ständig mitlaufendem Vergleich mit anderen religions- und wissenssoziologischen Entwürfen vorgenommene Katalogisierung von »Blindstellen« (40) in und heterogenen Einwänden gegen Luhmanns Theorie ein »immanentes« Verfahren ist, so ist erst recht das Konzept eines »absoluten Jenseits« (157) als Bezugsproblem für Religion und die Formulierung der Aufgabe der »Vermittlung der Begrenztheit des Disseits [. . .] mit einem Jenseits« (160) als Funktion von Religion nicht nur eine von Luhmann nicht gemachte »Vorgabe«: das ist

(Luhmann 1971a: 383); sie berücksichtigend, hätte Herms (1974: 355 Anm. 76) das unmittelbar Folgende kaum als Beleg (»Dem entspricht ganz . . .«) für seine Konstruktion zitieren können. – Und weiter läßt sich, was Luhmann dem Theologen Pannenberg antwortet, der »auf der Priorität der Sinngegebenheit als Bedingung aller menschlichen Sinndeutung« besteht, als eine Art Kenntnisnahme von dem Hermsschen Vorschlag lesen, die diesen an der prätendierten Transzendenz-Unbedürftigkeit einer (ihren Gegenständen entsprechend) selbstreferentiellen Theoriebildung abgleiten läßt: »Eher würde es weiterführen, wenn man den Sinnbegriff so ausarbeitet, daß er eine für uns unüberschreitbare (und ununterschreitbare) Form der Informationsverarbeitung bezeichnet, die *sich selbst* als Ordnung in gesellschaftlicher Kommunikation konstituiert«. Das heißt: für Systemtheoretiker genügt das. »Dann« – so Luhmanns Vorschlag im Gegenzug – »könnte der *Theologe* immer noch sagen: *daß* dies so sei, oder noch grundsätzlicher: daß Evolution Aufbau von Ordnung erzwinge, sei eben einer Instanz verdankt, die selbst nicht daran gebunden sei« (Luhmann 1978a: 355 – Hervorhebungen von mir; F. S.).

21 In der Tat soll Supertheorie durch Restriktion von »Bedingungen des Möglichen [. . .] als theorieerzeugender Kontext dienen« (Luhmann 1976e: 49) – aber eben durch »Konstruktion limitationaler Beziehungen zwischen den einzelnen Theoriebereichen« (Luhmann 1975m: 196) und so gerade unter Vermeidung (vgl. Luhmann 1978d: 40) des »Transzendenzbezuges«, den als »Strukturmoment von welthaft Seiendem« zu beschreiben laut Herms (1974: 358 Anm. 88) den metaphysischen Sinn von Aussagen christlicher Dogmatik (Beispiel: Schleiermacher) über die Struktur der Komplexität von Welt (vgl. Herms 1974: 358f) ausmacht.

22 Kaefer 1977; eingeklammerte Seitenzahlen im Text beziehen sich im folgenden auf dieses Buch.

eine klare Option für ein »transsystemtheoretische[s] Deutesystem« (40), ohne daß diese kontrolliert würde durch eine Reflexion darauf, wie und mit welchem Ergebnis die Systemtheorie ihrerseits ein solches »Deutesystem« als System/Umwelt-Relation in ihrer Umwelt thematisieren kann[23]. Als Aufbereitung organisationssoziologischer Einsichten Luhmanns (und anderer) zum Gebrauch von Kirchenleitungen verdient die Untersuchung[24] Beachtung – als theologische Luhmann-Interpretation wäre sie von Gewicht nur, wenn sie sich durch diese Perspektive nicht die Erfassung der theologischen Problematik verstellt (oder erspart) hätte, die schon in Begriffskonstruktion und Gesamtanlage der Luhmannschen Theorie liegt[25] und der mit pragmatischen Reparaturen und Erweiterungen nur mit Unterbietung des theoretischen Anspruchsniveaus zu begegnen ist.

In dieser Diskussionslage verdient insbesondere Trutz Rendtorffs Versuch[26] Beachtung[27], die theologische Auseinandersetzung mit der Luhmannschen Theorie der Sache nach, nämlich hinsichtlich ihres (dem theologischen entsprechenden – oder konkurrierenden) Anspruches, universelle Theorie zu sein oder doch werden zu können, aufzunehmen.

23 Vgl. dazu jetzt – was Kaefer noch nicht bekannt sein konnte – Luhmann 1977d: 66ff, bes. 68f.

24 So ist sie wohl auch gemeint (vgl. Kaefer 1977: 16).

25 Kaefer hält, was er die »Erkenntnistheorie Luhmanns« nennt, für »nicht unlösbar mit seiner Soziologie verbunden« (Kaefer 1977: 14; vgl. aber jetzt Luhmann 1977d: 17!). Da die vorliegende Arbeit von der gegenteiligen Überzeugung getragen ist und ihre Behandlung der Theorie Luhmanns gerade auf den Zusammenhang von Begriffsdisposition und Gegenstandsbezug abstellt, gelangt sie auch zu einer grundsätzlicher und sachlich anders angelegten Verbindung von Kritik und Anerkennung.

26 Rendtorff 1975; eingeklammerte Seitenzahlen im Text beziehen sich im folgenden auf dieses Buch.

27 Das betont auch Herms (1977) mit dem gebotenen Nachdruck, und er stellt auch mit Recht fest, daß »über die Rezipierbarkeit soziologischer Einsichten in den Zusammenhang theologischer Theoriebildung die theologische Qualifikation eben der jeweils leitenden sozialwissenschaftlichen Grundbegrifflichkeit entscheidet« (Herms 1977: 62). Da Herms selber die »theologische Qualifikation« von Luhmanns »Grundbegrifflichkeit« auf dem Hintergrund seiner eigenen Schleiermacher-Interpretation (vgl. Herms 1974: 359. 353 Anm. 69) sehr viel positiver beurteilt, als es in der vorliegenden Arbeit geschieht, fällt auch seine Einschätzung von Rendtorffs Interpretation – im Unterschied zu der von mir im folgenden vorgetragenen – geradezu emphatisch aus.

1.2 *Ein Beispiel*

1.2.1 Rendtorffs Luhmann

Rendtorff unternimmt diesen Versuch im Rahmen seines Programms, Theologie auszuarbeiten als Theorie der Theoriebildung, d. h. als Thematisierung der Subjektivität als der Welt konstruierenden Tätigkeit überhaupt[28]. Die Akzentuierung des Theorie-Charakters von Theologie bedeutet ein Doppeltes: nämlich das Bestehen auf der begrifflichen Form der Theologie anstelle der Orientierung an allemal auf historisch Vermitteltes gehenden »Vorstellungen« und, darin begründet, Kritik alles vorstellungsgebundenen Appellativen zugunsten der Herausarbeitung des Immer-schon-gegeben-seins der Freiheit, die jene Appelle bloß meinen[29] – denn Freiheit ist das Wesen der sich selbst konstruktiv realisierenden Subjektivität, und sie ist Freiheit gerade als Unabhängigkeit und unendliches Voraus gegenüber allen bestimmten Realisierungen ihrer selbst. Diese zwei Momente begründen zugleich die Affinität der Theologie im Verständnis Rendtorffs zur Systemtheorie Luhmanns, an der denn auch zutreffend verwandte Merkmale hervorgehoben werden: die Präferenz für abstrakte Begrifflichkeit und die Dispositionsfreiheit des Denkens gegenüber konkretem, bloß historischem (also: variablem) »Material« – Merkmale, die zurückverweisen auf ein Gemeinsames, die souveräne Distanz *der* Theorie gegenüber ihren Gegenständen, der es »um ihre eigenste reflexive Tätigkeit zu tun ist« statt »im Banne gegenständlicher Abgrenzung befangen« zu sein (71).

Die Absicht des Rendtorffschen Buches geht auf die Herausarbeitung der (wie der Untertitel zurückhaltend formuliert) »theologischen Aspekte einer sozialtheoretischen Kontroverse (Luhmann/Habermas)«, was man aber wohl als den anspruchsvolleren Versuch lesen darf, die Positionen der Debattanten aufzuheben und allererst auf den Begriff zu bringen. Rendtorff beginnt – wie in manchen früheren Arbeiten zur »Theorie des Christentums« schon

28 Vgl. zu Rendtorffs Programm seine gesammelten Aufsätze zur »Theorie des Christentums« (Rendtorff 1972b), besonders Rendtorff 1972c; 1972d.

29 Vgl. z. B. die Ausführungen in Rendtorff 1972b: 57. 101. 157f u. ö.; in ihnen spricht sich derjenige Grundkonsens der Ritter-Schule der Hegel-Interpretation aus (die auch Rendtorff geprägt hat), den prägnant Marquard (1964) formuliert hat.

und hier neuerlich angeregt durch Jürgen Habermas' Manifest »Legitimationsprobleme im Spätkapitalismus«[30] – mit der lebensweltlichen Erfahrung der Krise der Religion; daran knüpft er die Frage nach der gesellschaftstheoretischen Relevanz des Phänomens »Krise«, ja mehr noch: inwiefern »Krise« als ein Name für lebensweltliche Erfahrung überhaupt ein theoriefähiger Begriff sein könne. Auf dem Wege zu einer Antwort bringt er die Kontroverse zunächst auf den Gegensatz von »Evolutionstheorie und Geschichtstheorie« und bezieht in dieser Gegenüberstellung allen Sowohl-als-auch-Kautelen zum Trotz seine Position – wenn bei einem Kritiker aller »positionellen Theologie«[31] diese Bezeichnung überhaupt zulässig ist – deutlich auf seiten Luhmanns. Sieht er doch in der Systemtheorie die größeren (in seinem Sinne) theologischen Valenzen als in der Theorie Habermas'.

Um diese Valenzen zum deutlicheren Vorschein zu bringen und die Systemtheorie zu der ihr eigenen Radikalität herauszufordern, deren Vollzug lediglich durch vorurteilsweise mitgeschleppte historische Kategorialität gehemmt sei, unternimmt er sodann eine Konfrontation der Theorie Luhmanns mit seiner eigenen Theologie-Konzeption auf dem Felde der Religionssoziologie. Dabei kommt er auf die einstweilen abgeblendete Habermassche Insistenz auf dem Individuellen zurück und identifiziert den theoretischen Ort des mit dieser Pointe der Krisentheorie Gemeinten in einem Defizit der Luhmannschen Theoretisierung des religiösen Bewußtseins. Daß Religion als in der Krise erscheine (historisch), sei gerade (systematisch) Hinweis auf die, als empirische Religiosität verschlüsselte, in keinem je Gegebenen an ihr Ende kommende kritisch-konstruktive Tätigkeit der Freiheit, deren Platzhalter der individuelle Mensch ist (75)[32] – immanente Transzendenz der empirischen Allgemeinheit von Gesellschaft (42. 75. 85f): so lautet endlich, Habermas wie Luhmann übergreifen wollend, Rendtorffs Konklusion.

Worin Rendtorff sich aber, unbeschadet dieser integrativen Absicht, im Ansatz eher mit Luhmann verbunden sieht, ist dreierlei: (1) die De-Substantiierung des Subjekts, (2) die Transzendenz des Historischen und (3) das »Immer-schon«-Argument.

30 Habermas 1973.
31 Vgl. Rössler 1970.
32 Vgl. auch Rendtorff 1972a: 26f. 40.

(1) Luhmanns kritisch-destruktiver Umgang mit dem traditionellen Begriff vom Subjekt läßt sich breit belegen[33]. Daraus greift Rendtorff, beifällig zitierend, die Kritik der hypokeimenon-Deutung des Subjekts auf (47f), aus der Luhmann summarisch die fortdauernde Präsenz der Substanz-Ontologie auch »in der klassischen Reflexionsphilosophie« abliest. Statt diese ihm aporetisch erscheinende Tradition soziologisch zu honorieren, nimmt Luhmann sich die »Aufhebung des Subjekts in einer Generalisierung seiner Form«[34] vor. Was diese konstruktive Seite der Kritik für das Denken nicht nur von »Subjekt«, sondern auch von »Subjektivität« bedeutet, beschäftigt Rendtorff freilich wenig. Er sieht in Luhmanns De-Substantiierung des Subjekts die Forderung erfüllt, die er, ein eigenes Konzept dabei voraussetzend, an die Adresse der Gesellschaftstheorie gerichtet formuliert: nämlich über die Beschränkung des Blickes auf die »Manifestionen [sic! F. S.] religiöser Institutionen und kirchlicher Praxis« hinaus »das Interesse gleichermaßen auf die Selbsttätigkeit des religiösen Bewußtseins auch nach dessen angesagtem Ende« zu »richten« (16. 17f). Die »Selbsttätigkeit« oder auch einfach »Tätigkeit des religiösen Bewußtseins« ist für Rendtorff aber von gerade gesellschaftstheoretisch grundlegender Bedeutung: ist sie doch »Inbegriff der Subjektivität, aus der diese Manifestationen genau so sich gestalten wie alles andere, was mit einer Vermutung von Objektivität unter dem Begriff Gesellschaft gedacht wird«, denn das »religiöse Bewußtsein« »[hebt] auf eine Produktivität und Allgemeinheit [ab], die sich der historischen Kategorialität von gerichteten Prozessen nicht fügen«. In dieser historische Bestimmtheit übergreifenden Tätigkeit, ja *als* diese Tätigkeit allein, die Rendtorff mit dem Titel »Freiheit« belegt, *ist* das Subjekt wirklich; denn »im vollkommenen Fall« – wie Rendtorff auf klassische Definitionen des Gottesbegriffes anspielt – »[ist] das Subjekt der Freiheit im Handeln als seine Einheit vorhanden, gerade nicht als davon unterschiedenes Einzelsubjekt« (78). Wirklichkeit auf die in ihr selbst tätige, ja sie erst ermöglichende Freiheit hin durchsichtig zu machen, ist für Rendtorff Geschäft der Theologie. Wenn für ihn nun gilt: »Die Systemtheorie übt [. . .] eine strukturell theologische Funktion aus« (53) – so darum, weil jene Umsetzung eines

33 Vgl. besonders Luhmann 1967d; 1972d; 1971g; 1971a; 1973f; aber auch schon 1965d.

34 Luhmann 1973f: 72.

paradoxerweise gegenständlich werdenden Subjektbegriffes in (alle gesellschaftlich-weltliche Bestimmtheit enthaltende und gleichwohl übergreifende) Potentialbegriffe im Ansatz der Luhmannschen Theorie sich finde: in der Zentralstellung der Negation (34f)[35], der System/Umwelt-Konzeption, dem Evolutionsbegriff.

(2) Interessiert an Theorie im spezifischen Sinne, an Aussagen von möglichst hoher Allgemeinheit, beantwortet sich Rendtorff die zwischen Habermas und Luhmann strittige Frage, »wessen Evolutionskonzept das umfassendere ist« (31), klar zugunsten des letzteren. Denn das Begreifen historischer Abläufe, deren Erleben als »Krise« (im Falle der Religion für Rendtorff eine theoretisch unfruchtbare Über-Konkretion) Thema Rendtorffs ist, ermögliche es Luhmanns Konzept, gewissermaßen als einer Transzendentaltheorie der Geschichte, »eine Entgegenständlichung und Entzeitlichung historischer Prozesse zum Thema zu machen, die diese in ihrer Genese durchsichtig werden lassen« (31). Entgegenständlichung[36] ist die Grundfigur des Rendtorffschen Theoretisierens: bezeichnet sie doch den Vorgang der Reduktion bestimmter, notwendigerweise standpunkthaft-perspektivischer Vorstellungen auf überstandpunkthaft allgemeine Begriffe ebenso wie – als Korrelat – des endlich bestimmten Vorstellenden (des »Subjekts«) auf die allgemeine Tätigkeit des Begreifens als dessen Ermöglichungsgrund. Erst die Leistung von Begreifen und Begriff – seine eigene Realisierung in etwas Bestimmten *und zugleich* im Nicht-so-sondern-anders-sein von Bestimmtem zu erfassen – erfüllt die Forderungen an Elemente von Theorie im strengen Sinne.

Indem Rendtorff den Evolutionsbegriff Luhmanns gegen den Habermasschen kontrastiert, der durch eine Ablaufslogik geschichtlicher (Weltbild-)Formationen bestimmt ist, und ihn nach seinen Implikationen hin entfaltet, kann er die Systemtheorie als im erläuterten Sinne leistungsfähigere Theorie interpretieren. Evolution, so argumentiert er, liege der *prozessual* vorgestellten Geschichte logisch voraus, sei vielmehr als Begriff nicht in Abhängigkeit von historischen Abläufen zu bestimmen, sondern *strukturell* als Folge eines »Gefälles« in der Welt-Komplexität, das mit der

35 Mit Bevorzugung des Sprachgebrauchs »Negativität« in der Sache ganz ähnlich: Wagner 1975.

36 Die Verwendung der Termini »Reduktion« und »Korrelat« in der Erläuterung von »Entgegenständlichung« sollen bewußt die Rendtorffsche Denkbewegung in die Nähe der von Husserl entwickelten rücken, der ja auch Luhmann viel verdankt.

System/Umwelt-Differenz gegeben sei (33); dabei gilt ihm Komplexität (wie er im Anschluß an *eine* der zahlreichen Definitionen Luhmanns formuliert[37]) als »die Möglichkeit, die mit Welt überhaupt gegeben ist« (25). In Welt-Komplexität ist also eine Grenze derart gesetzt (und festzuhalten), daß sie ein Weniger und ein Mehr an Komplexität als System und Umwelt voneinander unterscheidet (ohne deren prinzipiellen Zusammenhang als Möglichkeit-überhaupt zu zerschneiden) und damit zugleich einen, vom Mehr ausgehenden, Steigerungsdruck auf die Komplexität des Weniger veranlaßt (der freilich nicht in einem Ausgleichsverfahren das »Gefälle« nivellieren soll und kann[38]): dies zu denken, erfordert eine besondere Denkform, die Rendtorff bei Luhmann in der »sinngebenden Produktivität der Negation« (34) findet. Sinn – der Stoff aus dem Systeme sind – hat die Eigenart, das jeweils Wirkliche auf das damit gerade ausgeschlossene Mögliche hin zu übergreifen. Vermittels Sinn konstituieren sich Systeme als das Andere ihres Anderen (nämlich: der Umwelt), so also auch als Umwelt anderer Systeme. Luhmanns Systembegriff so hegelianisch[39] aneignend, sieht Rendtorff dieses in der Fähigkeit zur Sinnkonstitution liegende Selbstnegationspotential als Wesens-Bestimmung von Systemen: ein unendliches Anders-sein-können. In der Luhmannschen Konzeption solch immanenter Transzendenz – »Umwelt« bedeute »höhere Komplexität und damit [...] größere ›Possibilität‹« – identifiziert Rendtorff schließlich die »systemtheoretische Verschlüsselung der Wirklichkeit von Freiheit, wie sie in anderer Weise im philosophisch-theologischen Denken intendiert ist [...] Freiheit erscheint für die soziologische Betrachtungsweise, wenn überhaupt, als diejenige Möglichkeit, die in der Form von Negationen auch angesichts vollzogener Sinngebung präsent bleibt« (35). Darum auch kommt er, an einen Habermasschen und vermeintlich Luhmannschen Begriff anschließend, zu der weitergehenden These, systemtheoretisch sei »Frei-

37 Weitere, teilweise anderslautende Definitionen Luhmanns: 1972h: 6. 31; 1967d: 115; 1969k: 257; 1971a: 299ff; 1973i: 108.

38 Von Rendtorff nicht weiter thematisiert sind die zahlreichen relationierenden Komplikationen des Luhmannschen Komplexitätsbegriffs, beginnend damit, daß Komplexität von Umwelt, da ja systemrelativer *Entwurf* von Komplexität, mit der Komplexität des Systems in einem »Entsprechungsverhältnis« wächst – dazu vgl. neuerdings (was Rendtorff nicht bekannt sein konnte) Luhmann 1975f.

39 Dem kommt Luhmann mit einer späteren Formulierung entgegen: »Ein System ist seine Differenz zur Umwelt« (1975f: 211).

heit als ›innere Umwelt‹« (36)[40] zu lokalisieren, d. h. in der konstitutiven Nötigung von Systemen, ihr eigenes Wirklichsein und damit sich selbst nur als abgeleiteten Fall ihres unendlichen Möglichseins zu begreifen – eben, mit der alten (von Rendtorff mehrfach zitierten) Formel Troeltschs zu reden, »das Jenseits [als] die Kraft des Diesseits« (15. 42. 83).

(3) Aus dem Sachverhalt, daß Luhmann Systeme, weil sinnhaft konstituiert, als grenzüberschreitend denkt, bezieht Rendtorff durch ebenso extensive wie eigenwillige Auslegung ein letztes wichtiges Argument. Für ihn gilt: Systeme können gerade darum ihre jeweilige Wirklichkeit auf die (als Umwelt) ausgeschlossenen anderen Möglichkeiten hin transzendieren, weil sie in diesen *ihren eigenen* anderen Möglichkeiten begegnen; alle Manifestationen von Systemen können und müssen überholbar scheinen, »weil sie im Prozeß der Sinngebung prinzipiell auch schon immer überholt sind« (41). Das Sich-überholen-können gründet in Schon-überholt-sein, der Grund der Freiheit von Systemen von sich selbst ist ihre Umwelt. Für Umwelt, die dieser Gründungsleistung mächtig ist und darum nicht beliebige, bloß faktisches Nicht-System sein darf, sondern bleibendes unendliches Voraus von Systemen sein muß, sieht Rendtorff im systemtheoretischen Rahmen einen doppelten Ort freigehalten: Welt überhaupt, die wirkliche Welt mit dem Gesamt von deren Möglichkeit zusammenschließt, und die konkrete Individualität des Menschen (40ff). Dieses doppelte Voraus ist bleibendes Jenseits in allem je wirklichen Diesseits,

40 Der von Rendtorff z. St. angegebene Beleg (Rendtorff 1975: 96 Anm. 27) bei Luhmann ist völlig unbegründet (Druckfehler?). Der Terminus »innere Umwelt« findet sich, soweit ich sehe, *bis 1975* bei Luhmann nur zweimal (Luhmann 1970e: 144; 1971a: 369) und meint die »›domestizierte‹ [...] Umwelt« (Luhmann 1973f: 92), die das Gesellschaftssystem für seine Teilsysteme (und diese füreinander – so *später* Luhmann 1977d: 243ff und jetzt 1980a: 21. 43f) ist (bzw. sind). Er meint aber nicht (wie Rendtorff 1975: 37 behauptet) »übereinstimmend« mit Habermas, damit, was dieser »vergesellschaftete Individuen« (1973: 19) oder deren »innere Natur« bzw. »organische Substrate« (1973: 26), nennt – denn die »organisch-psychische Einheit Mensch« ist kein »Teilsystem der Gesellschaft« und kann es auch nicht sein, sie ist als »konkrete[s] Individu[um]« mithin »*Umwelt* des Gesellschaftssystems« (Luhmann 1978d: 31. 30), aber nicht ›innere‹. Diese Distinktionen verwischt Rendtorff, der »individuelle Personen« als »Umwelt« der Gesellschaft *und* als deren »Teilsystem« (1975: 42) bezeichnet oder – vermeintlich mit Luhmann, aber gegen dessen (Luhmann 1971a: 385) These »In der Gesellschaftstheorie muß die Vorstellung aufgegeben werden, die Gesellschaft ›bestehe‹ aus Menschen« – von »Gesellschafts*mitglieder*[n], schlicht: [den] Menschen« (Rendtorff 1975: 56) spricht.

Systemen-und-Umwelten[41], ist Vorgegebenheit im zweifachen Sinne eines Vonwoher und eines Woraufhin von Freiheit, ihrer anfänglichen Ermöglichung und ihrer teleologischen Verwirklichung. Die in Systemen wirklich gewordene Freiheit gründet im Voraus ihrer Möglichkeit, der »inneren Umwelt«, die Individualität darstellt[42]. Für den individuellen Menschen aber gibt es Bewußtsein seiner selbst als der Freiheit nur in Gestalt des Bewußtseins von Abhängigkeit der individuellen, als Möglichkeit überhaupt auf Verwirklichung tendierenden Freiheit vom vor- und überindividuellen Schon-gegeben-sein der Freiheit als Wirklichkeit überhaupt. Solches Bewußtsein »schlechthinniger« Abhängigkeit, welches als religiöses dem Menschen »unmittelbar« zugehörig ist (wie Rendtorff ganz schleiermacherisch zugespitzt formuliert [76. 86]), begrifflich zugänglich zu machen, ist für Rendtorff die (ganz in seinem Sinne) theologische Leistung der Systemtheorie Luhmanns, welche die als Freiheit zu bestimmende Subjektivität evolutionstheoretisch verschlüsselt denkt (78).

1.2.2 Ingeniöses Mißverständnis

Rendorffs Weise der Aneignung Luhmanns für die Theologie hinterläßt den zwiespältigen Eindruck einer Interpretation, die zwar nicht schlechthin falsch zu nennen ist, aber doch ›schief‹: Sie ist ein ingeniöses Mißverständnis. Diese These ist zu begründen.

Zunächst: Luhmann wie Rendtorff pflegen einen Stil der Aneignung fremden Denkens, der sich auszeichnet durch eine geradezu unbegrenzte Bereitschaft und Fähigkeit, anders orientierte Argumentationen auf dem Wege der Umformulierung und Umdefinition zu resorbieren derart, daß das prima facie Widerständige durch den Vorhalt, Folge eines überkonkreten Zugriffs zu sein, aufgelöst und der Intention des eigenen Denk-Kontextes gefügig gemacht – oder, mißlingendenfalls, resignierend sich selbst überlassen und aus dem Hause der Theorie ausgesperrt wird[43]. Und

41 Dem kommt – Rendtorff seinerzeit nicht zugänglich – in der Formulierung nahe »unbestimmbare, weil nach außen (Umwelt) und nach innen (System) hin unabschließbare Welt« (Luhmann 1977d: 26).

42 Vgl. gerade dagegen die These bei Luhmann 1971a: 365 Anm. 116.

43 Vgl. etwa Luhmann 1970e: 142; 1973f: 82; 1971a: 404 [»Dann ist nichts zu machen«] und den Hinweis bei – dem von Rendtorff nicht geschätzten (Rendtorff

weiter kann man beider Theorien als Theorien der Freiheit lesen, einer Freiheit allerdings, der die ambivalente Nötigung anhaftet, auf ihre Verwirklichung ebenso wie auf ihre Bewahrung als bloße Möglichkeit aus zu sein: Freiheit als Potential (Unbestimmtheit, Mehr an Komplexität usw.), als Produktivität soll an jeweils verwirklichte Freiheit gebunden und zugleich von jeder Verwirklichung ihrer selbst unabhängig sein[44].

Diese Geistesverwandtschaft ermöglicht Rendtorff ein so ingeniöses Verständnis Luhmanns, daß noch die Weiterentwicklung von dessen Theorie den Eindruck der Angemessenheit sogar dessen an Rendtorffs Interpretation verstärkt, was 1975 als eigenwillige bis fehlerhafte Forcierung erscheinen mußte. Nicht nur bestätigen in vermehrtem Umfang hegelianische Figuren Luhmanns – etwa: das System bezieht sich auf seine Umwelt und vermittels dieses Bezuges auf sich selbst[45] – entsprechende Interpretamente. Auch die »Aufhebung des Subjekts in einer Generalisierung seiner Form«[46], ohnehin schon ein dem zur »Subjektivität« prozessualisierten »Subjekt«, dem Rendtorffschen »konstruierenden Selbstbewußtsein« verwandtes Programm, wird weitergeführt: selbstreferentielle Systeme setzen Interdependenzunterbrecher (z. B.: »im System erscheint dann die Umwelt als das Andere, als Nicht-Ich oder Nicht-Wir«) ein, um für sich selbst bestimmbar zu werden, und bauen sie (teilweise) wieder ab, um höheren Komplexitätsanforderungen gerecht zu werden[47] – ist das nicht die Negation der Negation, Verendlichung der allgemeinen Subjektivität in ihr besonderes Dasein und dessen Reflexion als Moment seiner

1975: 96 Anm. 30) Luhmann-Kritiker – Lipp (1972: 353); präfiguriert ist diese Haltung bei Hegel in der Einleitung zur Phänomenologie (Werkausgabe 3, 75): »[. . .] eine Befriedigung, welche sich selbst überlassen werden muß; denn sie flieht das Allgemeine und sucht nur das Fürsichsein«.

44 Vgl. die Interdependentsetzung von »Ereignissen« und »Beständen« (Luhmann 1967d: 115) und die bezeichnende Sentenz »Alles könnte anders sein – und fast nichts kann ich ändern« (Luhmann 1969e: 44); für Rendtorff vgl. jetzt seinen Beitrag »zum theologischen Gespräch mit Helmut Schelsky« (Rendtorff 1977).

45 Vgl. Luhmann 1977d: 22, vorbereitet schon Luhmann 1973f: 74. 76. Oder vgl. Luhmann 1978d: 12 – »[Theorie] muß ihre Gegenstandskenntnis aktivieren, um erkennen zu können, wie sie als ein auf Erkenntnis spezialisiertes Unternehmen ihr Gegenstand ist« – mit Hegels Beschreibung seines eigenen erkenntniskritischen Weges, wie sie in der Einleitung zur »Phänomenologie des Geistes« (Hegel, Werkausgabe 3, 68-81) gegeben wird. Vgl. weiter Luhmann 1975n: 47.

46 Luhmann 1973f: 72.

47 Vgl. Luhmann 1977d: 28f.

Allgemeinheit? Die Parallelen sind suggestiv, aber gleichwohl täuscht der Eindruck.

Luhmann hat Rendtorff gelesen[48], ohne dessen subjektivitätstheoretische Konstruktion[49] durch eigene Nach-Konstruktion honorieren zu wollen; statt dessen beschließt er einen »ideengeschichtlichen« Seitenblick auf die von »Descartes bis Rousseau [. . .] neu radikalisierten Denkfiguren der Selbstreferenz« und ihre »ausgesprochen antitheologische, gegen die etablierte Orthodoxie zielende Stoßrichtung« mit dem Ausdruck des »Erstaunens«, »daß all das unter dem Titel ›Subjekt‹ mit zweihundertjähriger Verspätung den heutigen Theologen einzuleuchten beginnt«[50]. Vielleicht würde Rendtorff auch dies Luhmann als selbstwidersprüchliche historische Vergegenständlichung (42) einer konsequent systemtheoretisch anders zu formulierenden Einsicht[51] vorhalten. Angemessener erscheint es mir hingegen festzuhalten: Luhmann denkt nach wie vor nicht daran, irgendeinen seiner Begriffe – sei es »Welt«, »Umwelt«, »System« – als »begründungshaltigen«[52] zu fassen, wodurch allein ein Ansatz für die Behauptung struktureller Entsprechung der Systemtheorie zu einer Theorie wie auch immer prozessual aufgelöster »Subjektivität«, der als »Tätigkeit« überhaupt »sich alle bestimmte Wirklichkeit verdank[e]« (73)[53], gegeben wäre. Darum verzerrt Rendtorffs konzeptionelle Präokkupation sein Luhmann-Verständnis zu einem -Mißverständnis.

48 Und dies keineswegs so oberflächlich, wie die Stelle ausdrücklicher Zitation (Luhmann 1977d: 61 Anm. 94) zu beweisen scheint.

49 Vgl. z. B. Rendtorff 1975: 53; 1974: 379 oder, noch steiler dieselbe Intention formulierend, Wagner 1975: 153f: »Vielmehr kann sie [sc. die Theologie; F. S.] ihren Anspruch, Theorie der freien Subjektivität zu sein, nur dann aufrecht erhalten, wenn es ihr zu zeigen gelingt, daß sich die Systemtheorie als derivative Fassung der Subjektivitätstheorie begreiflich machen läßt.«

50 Luhmann 1977d: 30. Oder, um eine noch bissigere Bemerkung über die »Imitation weltlicher Erfolgsmuster« zu zitieren: »die Figuren des transzendentalen Idealismus können theologisch nachgeturnt werden« (Luhmann 1977d: 241).

51 Nämlich so, »daß *jede* Selbstthematisierung, also auch die von Gesellschaft und Systemen, als eine Tätigkeit aufgefaßt werden soll, die unter dem *Begriff* des Subjektes gedacht werden kann, ohne daß es sich um ein Subjekt im landläufigen Sinne handeln müßte« (Rendtorff 1975: 72). Hier und nur hier »möchte« Herms »sachlichen Widerspruch anmelden« (1977: 66).

52 Luhmann 1978d: 14.

53 Vgl. auch Rendtorff 1972d: 183. 192.

1.2.3 Systemtheorie – Subjektivitätstheorie?

Wie das Mißverstehen sich *im* Verstehen manifestiert, soll gleichsinnig an den drei Punkten vermeintlich besonders eindeutiger Nähe (der obigen Behandlung in umgekehrter Reihenfolge entsprechend) kurz angezeigt werden.

(a) Die auch über die Luhmann-Lektüre Rendtorffs hinaus verbreitete[54] Verzeichnung der Systemtheorie-Konstruktion ist die Identifikation der (als »Sinn« begrifflich erfaßbaren und so bestimmbaren) zu akzeptierenden Vorgegebenheit von *Welt* mit einem *Ursprünglichen*, das als solches von Abhängigem (dem individuellen »Subjekt«) reflexiv zu entwerfen, in diesem Entwerfen als seiner eigenen Wirksamkeit aber unmittelbar gegeben sei[55]. Rendtorff traut und mutet der als bloß faktische Welt schon wirklichen Freiheit zu, sich in der Transzendenz ihres eigenen *Möglichkeit*scharakters selbst zu erfassen, sieht aber in dieser Selbsterfassung des Menschen als Möglichkeit über das Faktische hinaus, als individuellen Subjekts von Freiheit, doch die »Allgemeinheit der *Wirklichkeit*«[56] am Werke. Wenn Sinnhaftigkeit des Wirklichen die Mitgegebenheit anderer Möglichkeiten an ihm ist, so bedeutet das aber für Luhmann, daß Wirklichkeit in ihrer

54 So z. B. bei Wagner 1975: 159, für den bei Luhmann »das Weltproblem das Gottesproblem ablöst«.

55 Vgl. z. B. Rendtorff 1975: 78. – »Durch den Gebrauch von Sinn wird *Welt* konstituiert als derjenige Gesamthorizont, in dem das System sich selbst auf seine Umwelt und seine Umwelt auf sich selbst bezieht« (Luhmann 1977d: 22). Aber das *scheint* nur eine nachträgliche Bestätigung der Interpretation Rendtorffs, denn Luhmann hält an der »angenommenen Gleichursprünglichkeit von System und Welt« fest, mit der er schon 1971 den Hinweis auf »die Gefahr« verband, »daß unter der Hand asymmetrische Verursachungs- und Begründungsvorstellungen eingeschmuggelt werden, die sich aus dem Ansatz selbst nicht ergeben« (1971a: 302 Anm. 16).

Hätte Wagner (1975: 158) die Formel Luhmanns von der »Gleichursprünglichkeit« nicht nach einer anderen Stelle (Luhmann 1971a: 307) zitiert und dessen damit verbundene Warnung (s. o.) beachtet – vielleicht hätte er nicht so unangefochten »Reduktion von Weltkomplexität durch Systembildung als *Selbstanwendung* der Welt auf sich selber interpretiert« (Wagner 1975: 159). Aber »Begründungsvorstellungen ein[zu]schmuggel[n]« scheint seine Absicht zu sein. Als »in gewisser Weise die theologische Fassung meines Problems, nicht aber meine These« hat Luhmann schon längst vorab (1971a: 298) Wagners (und Rendtorffs) entsprechende Lesart klassifiziert.

56 Vgl. Rendtorff 1975: 78ff, hier 80 – Hervorhebung von mir; F. S.

Allgemeinheit Möglichkeit sei[57]. Die Verweisungsstruktur »Sinn« erschließt ein grundsätzlich reziprokes, a-perspektivisches Netz von Gleichem, Möglichem-und-anders-Möglichem, sie kennt keine ausgezeichnete Richtung des Verweisens[58] weder auf ein Erstes noch auf ein Letztes, ist nicht-negierbar und gleichwohl bloße Faktizität des Immer-anders-möglich-seins und nicht Perfektionsbegriff eines unbedingten Ursprungs[59].

(b) Darum ist es auch verfehlt, nach der mitvollzogenen transzendentalen Reduktion von Geschichte auf Evolution, auf ein »Komplexitätsgefälle« zwischen Umwelt und System, wie nach einem »Subjekt der Geschichte« nach einem *Movens der Evolution* zu suchen[60] und als dieses mit einem Schein von Notwendigkeit den Komplexitäts›berg‹ (um die Gefälle-Metapher weiter auszuziehen) Umwelt anzusehen. Tut man dies aber wie Rendtorff, so muß man auch – dies geht erst recht an Luhmann vorbei – die Konzeption einer Art von Umwelt unterstellen, die gegen Wechsel der Systemreferenz, also Verwandlung aus Komplexitäts›berg‹ in Komplexitäts›tal‹ prinzipiell gefeit ist[61]: muß in der konkreten Individualität des Menschen eine schlechthinnige Umwelt aller Systeme entdecken und diese »innere Umwelt« »Freiheit« nennen[62], den *unbewegten Beweger aller Subjektivitätstheorie* – wenn

57 So ist Luhmanns (1971a: 315) Absicht, »Möglichkeit als eine *Generalisierung von Wirklichkeit* zu begreifen«, an Rendtorff zurückzuadressieren.

58 Allerdings muß Luhmann aus ebenso naheliegenden wie im Kontext seiner Theorie schwer unterzubringenden Gründen von den drei Weltdimensionen der Zeitdimension eine Gerichtetheit zubilligen (vgl. Luhmann 1967d: 125; 1971g: 36) – die er freilich auch wieder zu relativieren und zu marginalisieren sucht (vgl. Luhmann 1973i; 1977d: 28f).

59 Zum »Perfektions«-Begriff vgl. zuerst Luhmann 1972d: 59ff bzw. 1977d: 130ff, hier insbesondere Luhmann 1977d: 222! Die Zwiespältigkeit von Rendtorffs Luhmann-Interpretation zeitigt auch eine charakteristische Ambivalenz in der Verwendung von Figuren der »Perfektion«: zwischen dem immer mit einer Bindung ans ›Praktische‹ (und nur daran) versehenen Festhalten an »Unbedingtheit« (vgl. Rendtorff 1975: 74. 86f) und der theoretischen Präferenz für die – von Luhmann 1973f: 81 als Nachfolgebegriffe für »Perfektion« bezeichneten – Begriffe »Entwicklung« und »Reflexion«.

60 Vgl. hierzu schon Luhmann 1973f: 97 Anm. 32 und jetzt Luhmann 1978b: 428.

61 Das verbietet beispielsweise Luhmann 1975f: 210f.

62 Vgl. Rendtorff 1975: 36f. 42. 48 – wobei das ›Schiefe‹ des Arguments nicht der Ansatz bei der Individualität ist, sondern die Annahme, es ›passe‹ als Vervollständigung in die Konstruktion Luhmanns.

schon nicht Subjekt von Wirklichkeit überhaupt, so doch dessen »Platzhalter« (75).

(c) Schließlich: Systemtheorie ist – und dies zu unterstellen, ist das proton pseudos der Luhmann-Interpretation Rendtorffs – keine (Form von) Subjektivitätstheorie: ebensowenig eine, die Subjektivität von einer prima substantia zu Tätigkeit überhaupt transformiert hat, wie eine, in der »das transzendentale Subjekt dazu tendiert, seine Subjektivität zu verlieren und zu einem als einheitlich begreifbaren Zusammenhang von Regeln zu vertrocknen, die eine Mehrheit von empirischen Subjekten anwendet«[63]. Denn um die Gewinnung eines definitiven Grundes, um deswillen Theorie auf »Subjekt« oder »Subjektivität« rekurriert, bemüht sich Luhmann auch nicht bei der Thematisierung der »Selbst-Thematisierung«: »Die Kategorie der Reflexion aus der Sicht der Systemtheorie«[64] meint eben Selbstauffassung von Systemen unter der Perspektive ihrer Umwelt und damit Selbst-Distanzierung als Thematisierung der eigenen *Kontingenz*[65], nicht aber Eröffnung des Zugangs zu irgendeiner Notwendigkeit – sei es die Unbedingtheit »praktischer Wirklichkeit des individuellen Menschen« (74) oder das ungesellschaftlich »Allgemeine, Universelle von Subjektivität« (75), die »Tätigkeit, der sich alle bestimmte Wirklichkeit verdankt« (73).

Rendtorffs Luhmann-Interpretation erweist sich als Mißverständnis – aber noch als solches ist sie ingeniös zu nennen. Die Verzeichnungen, die Rendtorff an Luhmanns Theorie unterlaufen, gehen zu Lasten seines subjektivitätstheoretischen Interpretationsrahmens; daß er aber gleichwohl so vieles an *Luhmanns* Theorie zutreffend erfaßt und dabei nur weiter die Sprache seiner *eigenen* Theorie spricht, ist als Indiz dafür zu nehmen, daß die von ihm vollzogene Denkbewegung die der Systemtheorie selber ist[66]. Seine Präokkupation für das Modell der Subjektivitätstheorie, die er für die gebotene Form theologisch-theoretischer Artikulation des

63 Luhmann 1971g: 52 Anm. 25.

64 Luhmann 1973f: 72. Vgl. Rendtorff 1975: 72f.

65 Vgl. Luhmann 1973f: 76.

66 Zu erinnern ist auch an die (Rendtorffs Buch ebenso einrahmende wie ganz durchziehende) Entdramatisierung des als »Krise« Wahrgenommenen, dessen Temperierung zum Normalfall – anders gesagt: an die Thematisierung »historischer Prozesse« in einer entzeitlichenden und entgegenständlichenden Perspektive (vgl. Rendtorff 1975: 31f), die insofern eine strikt ›theoretische‹ ist, als sie nicht die des Handelnden ist und sein kann.

religiösen Selbstbewußtseins hält, hindert ihn nicht nur daran, diesen Sachverhalt zu erkennen (oder doch – sich selbst – einzugestehen[67]). Sie zeitigt auch, auf dem Boden der (im Wortsinne: verkehrten) These, »die Systemtheorie üb[e . . .] eine strukturell theologische Funktion aus« (53) – Theologie dabei verstanden als exemplarische Theorie konstruktiver Subjektivität, welche sich selbst auf die sie gründende Unmittelbarkeit reflexiv durchsichtig macht –, die ›schiefe‹ Ansicht, mit einer Rückführung der Systemtheorie auf Subjektivitätstheorie[68] nehme er die Herausforderung der Systemtheorie durch *deren* eigene unausgeschöpfte Möglichkeit auf. Aus der Annahme, die Systemtheorie sei als »Theorie des universellen Subjekts« abstraktes Komplement einer Theorie »des individuellen« (23f) und als solche in einer theologischen Theorie aufzuheben[69], die die Universalität von Welt und die Individualität des Menschen als Momente der konkreten Allgemeinheit des »wirklichkeitsmächtigen Subjekts« erfaßt, »dem sich alle bestimmte Wirklichkeit verdankt« (75), folgt die Absicht, Luhmanns Theorie durch die Habermas' zu ›vervollständigen‹[70] – wofür sich Rendtorff mit dem strategischen Mißgriff bei der Figur »innere Umwelt« die Möglichkeit verschafft.

Daß die Systemtheorie derartige Zumutungen an sich abgleiten läßt, wäre schon 1975 zu sehen gewesen. Neuerdings macht Luhmann das, unter ausdrücklichem Bezug auf den von Rendtorff als gesellschaftstheoretischen Gewährsmann für das theologische Interesse am Individuellen bemühten Habermas, explizit deutlich: Zwar bestätigt er Rendtorffs Kritik am gesellschaftstheoretischen Aussagewert des (Habermasschen) Krisen-Arguments (»Krisen wird man immer sehen . . .«), aber die Begründung dafür macht die Bestätigung für Rendtorff unbrauchbar: ». . . wenn man mit der

67 Weniger zurückhaltend der auf ähnlicher Linie argumentierende Wagner (1975: 153ff).

68 So auch Wagner 1975: 174: »Dadurch kann die Systemtheorie selbst als eine Ausdrucksmöglichkeit der Subjektivitätstheorie interpretiert werden.« Für das Selbstverständnis der Systemtheorie wäre die vorgeschlagene Rückführung auf *Subjektivitätstheorie* freilich nur Rück-Führung auf eine schon durch Generalisierung überholte Position – genau dies macht gerade der Aufsatz von Wagner *nicht* einleuchtend: daß nämlich die De-Substantiierung und Prozessualisierung von »Subjekt« zu »Subjektivität« *nicht* nur der unvollständige Vollzug einer Bewegung sei, die in der Auflösung des mit »Subjekt« Gemeinten in Bestimmungen der *Systemtheorie* ihr Ende findet.

69 Vgl. Rendtorff 1975: 78.

70 Vgl. Rendtorff 1975: 79.

Doppelbrille von Sollwerten und historischem Bewußtsein auf die Gesellschaft blickt«[71]. Mit der Kritik an der »Doppelbrille« bestreitet Luhmann nicht nur die Kompatibilität einer theoretischen Orientierung – so, mit der »humanistischen Tradition[72], bei Habermas – an einem zur »Intersubjektivität« aufgeweiteten »Subjekt«, unter dessen Begriff »die Sozialität als Eigenschaft des Menschen behandelt *und in dieser Form* normiert«[73] werde, mit der Systemtheorie. Er sperrt sich vielmehr damit auch gegen die von Rendtorff aufgebotene Theorie, die zwar an das individuelle Subjekt nicht gebunden ist, dieses aber als homologes Moment einer allgemeinen Subjektivität konzipiert, die für es Ermöglichungsgrund seiner Selbstrealisierung ist[74] und die darum »der Sache nach theologisch werden [muß] (77)«[75] (was Rendtorff schon Habermas kritisch empfiehlt). Genau damit aber verfehlt der »Doppelbrillen«-Träger Rendtorff die Intention Luhmanns, die er doch erfassen, umfassen und weiterführen wollte – denn einer Theorie, für die »das Gegebensein der Freiheit« nicht »unter die Gegebenheiten der Gesellschaft verrechnet«, sondern »nur in kontrafaktischer Weise als allgemeine Voraussetzung gewußt werden kann« (77)[76], »geht es in der Geschichte um noch etwas anderes als nur um die Geschichte selbst«[77].

71 Luhmann 1978d: 38.
72 Luhmann 1978d: 28ff.
73 Luhmann 1978d: 36f.
74 Vgl. Rendtorff 1975: 73f. 85f.
75 Auch wenn sie primär gegen die von klassisch-neuzeitlicher Erkenntnistheorie bedingte Prädominanz des »Subjekts« gerichtet ist, die *so* bei Rendtorff nicht gemeint ist, trifft Luhmanns prinzipielle These (1978d: 40) auch diesen: »[D]ie Systemtheorie [... hebt] den privilegierten Status des Subjekts auf [...], den zu übersehen ihr vorgeworfen war« und »gewinnt [...] Generalisierungsmöglichkeiten, die den Weg ins Transzendente oder Transzendentale vermeiden.«
76 Hier kommt die Zweideutigkeit von Rendtorffs theologischer Aneignung der Systemtheorie und zugleich das Unvermögen dieses Versuchs, wirklich die transzendenz-abstinente Systemtheorie anzueignen, erneut heraus: Zwar meint Rendtorff (und dies nicht ohne Grund, denn – so Luhmann 1972d: 93 bzw. 1977d: 177 – »Freiheiten wachsen nur mit Ordnungen, nicht nur gegen Ordnungen«), schon mit der hegelianisch (vgl. C-1 Anm. 29) begründeten Auffassung, »Theorie [...] sei Organ der Freiheit immer nur im Bündnis mit dem Bestehenden«, und entsprechender Kritik an der »Sollensgestalt der Theorie« von Habermas auf seiten Luhmanns zu stehen (vgl. Rendtorff 1975: 70); aber nur, indem er auch diesem eine »implizit theologische Voraussetzung« (Rendtorff 1975: 78) unterstellt, kann er an jener Meinung festhalten und zugleich an dem »Anspruch des Menschen [...], daß er in der empirisch gegebenen Welt nicht aufgeht« (Rendtorff 1975: 80). Einem vermeint-

Wenn im Vorstehenden der schwierige Versuch unternommen wurde, Rendtorffs Luhmann-Interpretation als zugleich treffend und verfehlt, eben: als ingeniöses Mißverständnis zu erweisen, so geschah das auf der Hintergrund-Linie einer von der Rendtorffschen wesentlich abweichenden Perspektive auf die Luhmannsche Theorie, deren theologische Bestimmtheit zugleich eine implizite Kritik am Theologie-Verständnis Rendtorffs bedeutet. Hinsichtlich Luhmanns nötigt diese Perspektive dazu, den Interpretierten und den Interpreten in der Sache deutlich voneinander abzusetzen, d. h. den mit der Absicht des Aufweises einer Theologieverwandtschaft an der Systemtheorie unternommenen Versuch einer Rückführung auf Subjektivitätstheorie abzuweisen und statt dessen die tiefsitzende Theologiefremdheit der Systemtheorie festzustellen. Und umgekehrt kommt zum Vorschein: indem Rendtorff das systemtheorie-kritische Potential des christlich unter dem Titel »Subjekt« zu denkenden durch dessen subjektivitätstheoretische (De-)Formation so weit entkonturiert hat, daß er es als *seinen* theologischen Begriff der Freiheit in der Systemtheorie wiedererkennen kann, hat er *die* unverzichtbare theologische Position sehenden Auges schon geräumt – nämlich das Positionelle.

lichen Bundesgenossen, der diesen Anspruch festhält, bestreitet Luhmann (1978d: 34) aber auch das Recht zu jener Meinung: »[D]er Mensch wird [. . .] als solcher bejaht, aber die Bejahung verliert jeden Bezug auf das, was ist. Sie wird kontrafaktisch gesetzt.«

77 Luhmann 1978d: 39, gegen Habermas.

2 Freiheit und »Subjekt«

2.1 *Kontingenz als Paradigma?*

Die Kirche »hat der modernen Welt eine Theologie der Kontingenz in Aussicht gestellt. Sie wird dieses Versprechen nur durch Organisation einlösen können«. So Luhmann am Ende seines Aufsatzes über »Die Organisierbarkeit von Religion und Kirchen«[1]. Einlösen durch Organisation – das bedeutet für Luhmann zunächst Umstellung der Systemsteuerung von Dogmatik auf Programme, Mobilisierung konsensbildender Themen und Identifikationsangebote nach Maßgabe von Mitgliedererwartungen: so etwa aufgrund der »Erfahrung, daß bei voll und ungebrochen in der Gesellschaft lebenden Menschen nicht mehr unmittelbare Kommunikation mit Gott, sondern nur noch Geld Identität vermittelt – und [man] deshalb eine Theologie braucht, in der das Geld einen anderen Stellenwert als bisher bekommt«[2]. Diese Konsequenz mag in ihrer Zwangsläufigkeit bezweifelt, ja bestritten werden. Unproblematisch scheint vielen Rezipienten Luhmanns allerdings das Grundsätzliche zu sein: daß Religion mit Kontingenz zu tun, ja darin ihr höchsteigenes Thema habe (und darum wohl auch eine entsprechende Theologie erforderlich sei), übernehmen in je eigener Weise Dahm[3], Lübbe[4] und sogar Bahr[5]. Gegen den Anschein dieser Selbstverständlichkeit kontrastiert freilich scharf der Einspruch, den jüngst Link erhoben hat[6]: im Blick auf die durch Technik und Wissenschaft vermittelten welthistorischen Folgen der nominalistischen Gotteslehre nennt er Kontingenz einen »unheilvollen Begriff«, auf den eine »bessere Logik« der Gotteserkenntnis verzichten solle. Hat dieser Einspruch gegen das Programm einer Theologie – und nicht nur einer Theologie! – der Kontingenz das sachliche Recht auf seiner Seite, so ist damit

1 Luhmann 1972f: 285.
2 Luhmann 1972f: 281.
3 Dahm 1975: 275ff.
4 Lübbe (1974: 177ff); er spricht freilich nur von »Kontingenzbewältigungs*praxis*« (Hervorhebung von mir; F. S.).
5 Bahr 1975: 224.
6 Link 1977: 13. 26.

zugleich die Unvereinbarkeit »besserer« Theologie mit der funktional-strukturellen Systemtheorie festgestellt und über deren systematische theologische Rezipierbarkeit negativ entschieden.

Wenn die nun folgende Abschlußerwägung ihren Ausgang von der Strittigkeit des theologischen Ranges von Kontingenz nimmt und die aus diesem Begriff sich ergebende Problematik zum Probierstein eines eventuellen Zusammenspiels von Systemtheorie und Theologie erhebt, so manifestiert sich darin eine doppelte Intention.

Zum einen soll gewährleistet sein, daß das angestrebte theologische Grundsatzurteil über die Systemtheorie sich auf die Prüfung nicht bloß von Äußerlichkeiten wird stützen können. Das garantiert schon die zentrale Bedeutung, die »Kontingenz« in der Theorie Luhmanns (auf der Ebene ihrer Darstellung ebenso wie der ihrer Herstellung) besitzt und die hier nicht erneut nachgewiesen zu werden braucht[7]. Hinzu kommt, daß sich für fundamentale Charakteristika der Konzeption Luhmanns, die die Bezugnahme der Systemtheorie auf »Kontingenz« als Problem integriert, ›Gegenstücke‹ in jener spätmittelalterlichen Diskussionslage finden ließen[8], der der Kontingenzbegriff seine am ehesten als maßgeblich zu bezeichnende Formulierung verdankt. (Auf diesen inneren, analogischen Zusammenhang der Systemtheorie mit nominalistischen Spekulationen kann hier nur beiläufig hingedeutet werden – ihn zu entfalten, würde weit über das hier Mögliche hinausgehen[9].)

Zum andern sollen damit von vornherein Bedingungen in Anschlag gebracht werden, die das Zustandekommen eines Urteils durch Verweis auf eine für Theologie und Systemtheorie gemeinsame gesellschaftlich-geschichtliche Lage erschweren. Diese Bedingungen sind gegenwartsdiagnostischer und theoriegeschichtlicher Art und betreffen die zeitgenössische Erfahrung der Realisierung von Freiheit sowie die Form, in der Freiheit und ihr Subjekt gedacht werden. So ruft der Kontingenz-Begriff *zunächst*

7 Vgl. nur B-6.2.1.1; B-6.2.1.2; B-7.2.2.

8 Zu denken ist dabei etwa an den Vorrang der Möglichkeit vor der Wirklichkeit, die Suspendierung des Gerichtetseins von Zeit (Petrus Damiani!), die funktionale Abstraktion, die unaufhebbare Unbestimmtheit der Welt, schließlich auch: Indifferenz als Gestalt von Freiheit.

9 Vgl. statt dessen immer noch Becker-Freyseng 1938, auch Faust 1932; knappe Übersicht bei Brugger 1976.

wegen seines Zusammenhangs mit dem der »Indifferenz«[10] die Erinnerung auf an das, was in Teil A unter den Titeln Narzißmus und Apathie/Anpassung etc. im Blick auf personale Akteure als Freiheitsfigur existentialer Indifferenz erläutert wurde (wobei auf derselben Ebene noch, im Anschluß an Marx formuliert, hinzuzufügen wäre: die Tauschwertsteuerung des gesellschaftlichen Verkehrs). Bilden doch das personale Indifferenz-Syndrom und insbesondere seine sozialstrukturellen Korrelate – De-Humanisierung des Sozialen, Differenzierung, Geld/Kapital – im Maße ihrer empirisch-analytischen Triftigkeit Randbedingungen nicht nur für Kritik an der Systemtheorie, sondern auch für eine theologische (Selbst-)Kritik der Begriffsstrategie spätmittelalterlicher Theologie im Lichte ihrer gesellschaftlichen Spätfolgen, die in der Zunahme ihrer Unerträglichkeit Herausforderung und zugleich in ihrer faktischen Universalisierung Fessel (theologischer) Alternativenbildung sind. Und *weiter* verweist der Begriff der Kontingenz, Paradigma einer unbestimmten Freiheit und darin Markierung eines Wendepunkts in der Geschichte der Metaphysik, die zur Kritik an Luhmann antretende Theologie (oder bescheidener: den Theologen) vorerst an die selbstkritische Frage, woher sie denn einen Begriff von Freiheit aufbringen soll, kraft dessen ihr Denken über Welt und Mensch dem eigentümlichen Sog der Systemtheorie widerstehen kann – teilt doch Theologie, die sich der neuzeitlichen Denkfigur »Subjekt« bedienen muß, sofern sie gegenwärtig Theorie der Wirklichkeit im ganzen will artikulieren (und damit überhaupt erst gegenüber einer Theorie wie der Luhmanns ›konfliktfähig‹ sein) können, im Paradigma »Kontingenz« eben die Voraussetzung, deren Folgerungen ihr in Luhmanns Auflösung und Rekombination nunmehr so befremdlich und herausfordernd gegenüberstehen.

Kurzum: Ohne daß aus der dabei leitenden Überzeugung, die Theorie Luhmanns sei theologisch unannehmbar, irgendein Hehl gemacht werde, soll die Systemtheorie in der folgenden knappen Abschlußerwägung nicht etwa in eklatanter Unterbietung des Differenzierungsaufwandes, der bei der Analyse von deren Darstellung und Herstellung getrieben wurde, durch groben Rundschlag ›theologisch erledigt‹ werden. Auf die angemessene Kritik der Theorie Luhmanns aber, die ihrem Gegenstand auf die Weise

10 Für Luhmanns Konstruktion aufgewiesen oben in B-7.2.3 und B-7.3.

gerecht werden kann, daß sie den ihm durch dessen Perspektivenreichtum verdankten Erkenntnisgewinn durch eigenes Dazulernen honoriert, ohne sich in dem notwendigen grundsätzlichen Widerspruch beirren zu lassen – auf eine solche Luhmann-Kritik ist das argumentative Instrumentarium der Theologie (noch) nicht eingerichtet: meines nicht und, soweit ich sehe, das anderer Fachgenossen auch nicht. In Ansehung dessen erhebt das Folgende nicht den Anspruch, selber schon als zureichende theologische Kritik der Systemtheorie gelesen zu werden, wohl aber den, vorbereitende Hinweise für eine solche zu geben: Hinweise, für deren einzelne Momente gar nicht durchweg Originalität behauptet wird, deren teilweise bewußt spekulativ vorgreifender Charakter die Möglichkeit ihres Uneinlösbarseins in der erprobenden Ausführung einzubeziehen zwingt und die in ihrem Zusammenhang doch nur um den Preis der Kurzschlüssigkeit der Kritik zu ignorieren wären.

2.2 *»Subjekt«: Notwendigkeit und Selbstdestruktion*

Für die Relevanz der Kritik kommt es zunächst auf die Ebene an, auf der Theologie die Konfrontation mit der Systemtheorie sucht: sie muß dem Universalitätsanspruch Luhmanns begegnen, Theorie der Wirklichkeit im ganzen zu formulieren. Auf dieser Ebene wird Theologie eingedenk des Philosophischen in ihr selbst gegen das auf Indifferenz gegründete Systemkonzept Luhmanns die Denkfigur »Subjekt« aufzubieten haben[11]. Dabei ist Halbherzigkeit durchaus fehl am Platze. Vielmehr wird Theologie bei der gedanklichen Explikation des ihr aufgegebenen Wortes in Sachen Luhmann vermittels der auf »Subjekt« sich gründenden Formen nicht

11 Und dies keineswegs bloß in der oberflächlichen Denkungsart der kulturkritischen Attitüde, die mit der Anmahnung des »Subjekts« den Untergang des ›Individuums‹ (oder der ›Person‹ oder des ›Menschen‹) in (s)einer durch undurchschaubare »Systeme« dominierten Welt beklagt und so lediglich ihre Begriffsschwäche zu Protokoll gibt. Derlei scheinhafte Kontrastierung verkennt, wie gerade die klassisch-neuzeitliche Form der Selbstauslegung des Menschen, »Subjekt«, Bedingungen der Möglichkeit ihres weltgeschichtlichen Wirksamwerdens heraufführt und wie aus beider Verbindung die Bewegung eines Übergehens von »Subjekt« in »System« entspringt, welches Übergehen dem Menschen, der als »Subjekt« sich festhalten will, als Drohung des Untergehens erscheint.

zurückzuscheuen brauchen vor den umfassenden Erwartungen, deren Erfüllung Erste Philosophie sich seit je – weit über das mit dem *terminus* »Subjekt« Benannte hinaus – vom Gebrauch dieser Figur der Letztbegründung versprochen hat: die Verbürgung der Einheit von Wahrheit und Freiheit in ihrem Grund, dem »Subjekt«.

Denn bei dem, was Theologie kritisch gegenüber Luhmann geltend zu machen hat, geht es ja auch um nichts anderes als ums Ganze, nämlich um die zentrale christliche Überzeugung: In Leben, Tod und Auferstehung des wahren Menschen Jesus Christus ist die Menschlichkeit des Schöpfergottes allen Menschen geoffenbart worden; von ihr sich im Glauben bestimmen zu lassen, bedeutet für den Menschen Erkenntnis seiner Erlösungsbedürftigkeit und zugleich Teilhabe an der wirklichen Erlösung in der christologisch qualifizierten Freiheit der Kinder Gottes, die keinen welthaften Bedingungen sich verdankt und doch das Worumwillen der ganzen, wieder als Gottes Schöpfung entdeckten Welt ist; das Gegebensein dieser Freiheit ist die entscheidende Bestimmung der Wirklichkeit im ganzen (die in einer Theorie über dieselbe angemessen artikuliert werden müßte).

Freilich: Theologie, die gemäß dieser Empfehlung die ihr voraufgehende Glaubensüberzeugung in den Formen des »Subjekt«-Denkens auslegt, verstrickt sich damit in die Geschichte der Denkfigur »Subjekt« selber. Diese Geschichte ist eins mit dem notwendigen Formwandel, den die Erste Philosophie in der Transformation der aristotelischen Ontologie zur neuzeitlichen Transzendentalphilosophie durchmacht und der in seinem Resultat, dem neuzeitlichen »Subjekt«, zu selbstdestruktiven Konsequenzen führt. Erkennbar wird der Ursprung dieser Selbstdestruktivität an dem entscheidenden Übergang im Zuge jener Transformation; dessen wesentliche Momente sollen kurz benannt werden[12]: das »Subjekt« neuzeitlichen Denkens konstituiert sich durch vereinseitigende Ausnützung des biblischen Motivs der Gottesebenbildlichkeit des Menschen in einem Akt der Usurpation der

12 Die Bestimmung des spezifisch Neuzeitlichen ist bekanntlich äußerst umstritten, und der Streit der ›Schulen‹ – ich nenne nur Heidegger, Blumenberg, Henrich – wird mit erheblichem Engagement geführt. Darauf einzugehen ist hier nicht möglich. Die Ausführungen oben im Text schließen sich an die m. E. überzeugende Rekonstruktion der Herausbildung des neuzeitlichen »Subjekts« an, die neuerdings Link (1977) und Picht (1973) vorgetragen haben.

Gottesprädikate der nominalistischen Theologie zugunsten des menschlichen Ich, welches, seinem Vor-Bild entsprechend, als eines gedacht wird, das einer – seiner – Welt prinzipiell getrennt (»Freiheit«) gegenübersteht; der bei Duns Scotus angelegten und von seinen Nachfolgern vollzogenen Überordnung der voluntas über den intellectus (Dei) folgt ein Rangtausch von Theorie und Praxis als ›Lebensformen‹ des »Subjekts« gegenüber dem seit Aristoteles herrschenden Verhältnis zugunsten eines Primats der Praxis; indem nunmehr »Praxis« Spiegelung der durch nichts (auch nicht durch Wahrheit) bedingten Freiheit des außerweltlichen Gottes in dessen endlich-menschlicher imago ist, macht ihr Primat »Theorie« im neuzeitlichen Sinne zu einem Instrument, und d. h. zu einem Instrument von Macht, die obendrein das endliche (sich als entweltlicht und entendlicht nur *denkende*) »Subjekt« sich in einem nun zwangsläufigen Selbstmißverständnis (der Mißachtung seines selbst nur zeitlichen Daseins) zu Unrecht zuschreibt.

Die Selbstdestruktivität des neuzeitlichen »Subjekts« gründet in der irreversiblen[13] ›Subjektivierung‹ dieser Denkfigur von der

13 In diesem Attribut wird die schon weiter oben aufgestellte Behauptung der Notwendigkeit des Formwandels der Ersten Philosophie wiederholt. Diese Behauptung läßt sich zweifach ausweisen.
Zum einen: Das Denken bleibt angewiesen auf den Rückgriff auf die Figur »Subjekt« als die Möglichkeitsbedingung aller Einheit in Gedachtem, ohne doch von der erkenntniskritischen Einsicht zurücktreten zu können, Denken, das erschwinglich ist, sei allemal eines endlicher Iche.
Zum andern (gewissermaßen ex post, aus den Folgen): Die Selbstdestruktivität des neuzeitlichen »Subjekts« wird nicht hier erstmals beachtet. Der anfängliche Fehler des Denkens des Subjekts (genetivus subiectivus *und* obiectivus!), welcher es selbst ist nach vollzogener Transformation der Ersten Philosophie, ist durch philosophiegeschichtliche Analyse aufzudecken, aber auch nur dies. Daß er nicht nur ›begangen‹ werden, sondern in den Folgen eines sich auf sich selbst stellenden Denkens endlicher Wesen zu weltgeschichtlicher Wirksamkeit gelangen konnte, mahnt alle Versuche einer praktisch werden wollenden Selbstaufklärung der Philosophie daran, daß nicht sie selbst »ihre Zeit« ist, sondern höchstenfalls »ihre Zeit in Gedanken erfaßt« (Hegel, Rechtsphilosophie Vorrede [Werkausgabe 7,26]) sein kann. Anders gesagt: Jenes sich auf sich selbst stellende Denken befriedigte ein dem gesellschaftlichen Lebensvollzug entwachsendes, keineswegs ephemeres Bedürfnis nach einer spezifischen Weise von Freiheit als Selbstmächtigkeit; und die Rücknahme seiner Konsequenz wird Konsequenz des Denkens selbst in Wirklichkeit nur sein können in dem Maße, wie auch in den das Denken tragenden Lebensvollzügen die Inversion jenes Bedürfnisses zu *seiner* Selbstzurücknahme die Macht dessen erreicht, was Marx eine »wirkliche Bewegung« (Marx/Engels, Deutsche Ideologie [MEW, 3,35]) nannte. Solches ist freilich heute – trotz Auschwitz, Hiroshima und ökologischer Apokalyptik – nicht abzusehen. – Vgl. auch C-2 Anm. 56.

Selbstbewegung des Seins (der göttlichen νόησις νοήσεως zur Freiheit des Selbstbewußtseins, des menschlichen Ich: das Subjekt, das nunmehr umfassende Einheit verbürgen soll, kann als – auf der Linie von Descartes über Kant und Fichte bis zu Husserl immer radikaler entweltlichtes – Ich jene prätendierte Einheit (die eine von Sein und Bewußtsein wäre) nicht leisten; das Subjekt aber, das allein dieser einheitsstiftenden Leistung fähig wäre, ist eben durch den Prozeß der ›Subjektivierung‹ (aus dem Ich als »Subjekt« hervorging) als ein theoretischer Begriff unzugänglich gemacht – wovon der aporetische Ausgang des Unternehmens eines ontologischen Beweises Gottes aus dem lediglich subjektiven Begriff desselben hinlänglich Zeugnis ablegt.

Der Mensch, dem seine Selbsttitulatur als »Subjekt« zumutet, wiewohl endliches Wesen, praktisch-theoretisch jene Einheit seiner selbst mit der Welt zu schaffen, die doch Allmacht voraussetzt, versagt vor seinem eigenen Gesetz. Denn in dem Maße, in dem der Mensch sich konsequent als »Subjekt« denkt, dementiert er zwangsläufig das wirkliche Gegebensein jener theologischen Voraussetzung, nämlich der imago-Relation der jüdisch-christlichen Schöpfungslehre, der er die Möglichkeit dieser Selbsttitulatur überhaupt verdankt. Subjekt-Denken kann, sofern es sich von den theologischen Wurzeln der Figur »Subjekt« trennt (und das muß es konsequenterweise tun[14]), dem Anspruch, unter den es sich damit stellt, nicht genügen[15].

14 Implizite oder explizite Empfehlungen zu einer Selbstzurücknahme der Konsequenz des Denkens von »Subjekt« erscheinen mir als Zeugnisse abstrakt-optimistischer Unterschätzung der Macht dieser Konsequenz, die eben nicht sich dem reinen Denken (dessen Konsequenz sie gleichwohl ist) verdankt.
Diese Unterschätzung mag sich äußern wie bei Heidegger, der über die »Erinnerung in die Metaphysik« (Heidegger 1961: II 481) den Cartesianismus der Neuzeit in seinen über das Denken hinausgehenden Folgen der relativen Gleichgültigkeit des bloß Historischen, Seienden überlassen zu müssen glaubt.
Umgekehrt ist nicht zu sehen, wie Henrich für seine Neuzeit-These von der Einheit der Subjektivität – als des Selbst und seines nicht-subjektiven und doch nicht fremden, sondern »internen Grundes« (Henrich 1973: 312) – nicht nur einen Rückbezug auf die vom »Baconismus des neueren Denkens« differenten Ausdrucksformen »moderner Grunderfahrung« (Henrich 1976a: 116) zeigen, sondern zugleich aus demselben Prinzip noch deren wirkungsgeschichtliche Marginalisierung oder Resorption durch jenen »Baconismus« (womit er, Heidegger auch im Ausdruck berichtigend, das von diesem Descartes Zugeschriebene meint) verständlich machen kann.
Und mit Link nicht nur konzeptionelle Entscheidungen in der spätmittelalterlichen Gotteslehre zu Recht als Ursprung der Aporie neuzeitlichen Subjekt-Denkens

Intention des Zusammenhangs, den die vorstehenden Ausführungen eröffnen, ist es, vorbereitende Hinweise für die notwendige theologische Kritik an der Theorie Luhmanns zu bieten. Das Bisherige scheint freilich die Theologie in dieser Hinsicht weniger auszurüsten als abzurüsten. Zumindest, daß die Aporetik des gerade zuvor dringend empfohlenen Ansatzes beim »Subjekt« vorsätzlich ans Licht gehoben wird, dürfte irritierend wirken. Doch soll dies nur vorsorglich darauf aufmerksam machen, daß die Berechtigung dieser theologischen Kritik sich nicht nur durch ihren Erfolg an der Sache, sondern unabhängig davon schon durch die theologische Qualität ihres Instrumentariums wird auszuweisen haben. So ist die obige philosophiegeschichtliche Skizze auch in einer Perspektive entworfen, die den theologischen Bedingungszusammenhang der Herausbildung des neuzeitlichen »Subjekts« nur erkennen läßt im gleichzeitig darauf fallenden Schatten theologischer Bedenken gegen diese metaphysische Denkfigur über-

anzusehen, sondern deren Revision auch noch als Bedingung eines wahren Wissens von und Umgangs mit der Welt für erfüllbar (und zureichend oder doch entscheidend) zu halten (vgl. Link 1977: hier bes. 26) – das hieße sich zutrauen, mit nichts in der Hand als einer richtig gedachten Kritik des Subjekt-Denkens auch den realen Bedingungszusammenhang von dessen neuzeitlicher Dominanz beseitigen zu können.

15 Hegel sieht das Dilemma der neuzeitlichen in der Transzendentalphilosophie gipfelnden Subjektivitätsphilosophie, das in der Abspaltung des Seins vom Bewußtsein bestand, und er sucht es zu beheben durch Wieder-Einschmelzung der aristotelischen Ontologie. An seinem Denken (oder dessen posthumer Variation durch Nachfolger) könnte das hier zum Problem Erhobene als gegenstandslos sich erweisen. Gleichwohl scheint mir – trotz Theunissen (1970: 420ff) – noch unausgemacht, ob nicht darin doch die in der Reflexionsstruktur von »Subjekt« aufbewahrte Form der klassischen aristotelischen θεωρία die damit inkompatible christliche Tradition von der Bestimmung des Menschen zu einer Freiheit, die nicht aus ihm stammt, übermächtigt. Besser belegt in der Hegel-Nachfolge ist jedenfalls ein anderes, im hier interessierenden Zusammenhang wenig hilfreiches Resultat der wohlbegründeten Kompensation der vereinseitigenden ›Subjektivierung‹ von »Subjekt« (wie es sich an der in C-1 erörterten Inklination der theologischen Subjektivitätstheorie Rendtorffs zur Systemtheorie Luhmann erkennen läßt): Folge der Umdeutung von Subjekt im Sinne einer De-Substanzialisierung und Prozessualisierung, die die Verbindung von Selbstbezüglichkeit und Produktivität zum »Subjekt« als Verwirklichung des Verwirklichens erscheinen läßt (vgl. Hegel, Rechtsphilosophie § 27, [Werkausgabe 7,79]: ». . . der freie Wille, der den freien Willen will«), ist das Übergehen von »Subjekt« in »System«. Horizont dieses Übergehens einer Figur der Freiheit und der Herrschaft in eine der Selbsterhaltung und Selbststeigerung ist die bürgerliche Gesellschaft, als welche die Dynamisierung der »Subjekt«-Bestimmungen real wird und in der zugleich jede humane Finalisierung (›Bestimmung des Menschen‹) vergleichgültigt wird.

haupt[16]. Das Folgende wird den Blickpunkt dieser Perspektive aufdecken: durch Erinnerung an den neutestamentlichen locus classicus christlichen Verständnisses menschlicher Freiheit.

2.3 Unfreiheit aus Selbstbezüglichkeit – eine theologische Erinnerung

Dieser für den christlich-theologischen Umgang mit der Denkfigur »Subjekt« grundlegende Text[17] findet sich im Brief des Paulus an die Römer; es ist der von seinem Kontext durch auffälligen Ich-Stil abgehobene Abschnitt Röm 7,7-25. Eine ausgeführte historisch-kritische Exegese dieses Textes zu bieten ist hier ausgeschlossen[18].

16 Zwei Momente an der rekonstruierten Genese des neuzeitlichen »Subjekt« speisen diese Bedenken: Zum einen das usurpative Unrecht des menschlichen Ich, zunächst die Schöpfer/Geschöpf-Relation in Anspruch zu nehmen und dann, nach Aneignung der Schöpfer-Qualitäten durch das Geschöpf, in ihrer Realität zu bestreiten; zum andern die Selbstüberschätzung im Anspruch des nun »Subjekt« sich nennenden Menschen, den Rang des Schöpfer-Gottes als des sich selbst begründenden und genügenden Grundes aller Wirklichkeit einzunehmen, die im bleibenden Allmacht-Defizit des Endlichen zum Vorschein kommt. Diese beiden Momente eines Übergangs europäischer Philosophiegeschichte reproduzieren die zentralen Motive der biblischen Sündenfalls-Erzählung: den Zugriff auf den Baum der Erkenntnis und den (danach!) versperrt bleibenden Zugriff auf den Baum des Lebens.

17 Als solcher wird er von Frey (1973: 355-362) ausdrücklich aufgenommen, der auch zu Recht auf die besondere Bedeutung des ›Praktischen‹ der thematischen Ich-Erfahrung hinweist.

18 Das verbietet sich hier v. a. deswegen, weil schon ein flüchtiger Blick auf die Auslegungsgeschichte zeigt, daß die Auslegung dieses Textes wie bei kaum einem andern dominiert wird von der theologisch-dogmatischen Prädisposition des jeweiligen Interpreten.
Aufweisen läßt sich das exemplarisch gerade an dem Autor, der in seiner Monographie über die Differenz der Anthropologie Luthers und Paulus' auf dieses Problem hinweist (Althaus 1963: 32f – eingeklammerte Seitenzahlen in dieser Anmerkung beziehen sich auf dieses Werk; bei Zitaten sind Sperrungen von mir aufgelöst. F. S.), aber meint, es durch vorurteilslose, von eigener theologisch-systematischer Beurteilung noch freie »historische Auslegung« lösen zu können (33ff, bes. 36). Denn zwar sieht Althaus »bei Luther« die »von Paulus praktisch gewiß nicht verleugnete Strenge« des Sündenverständnisses »erst zu ihrem ganzen theologischen Ausdruck gekommen« (95), er moniert aber zugleich am »Bild des Menschen, wie die reformatorische Theologie es zeichnet«, es sei »eindeutiger als das des Paulus« *und* »als die Wirklichkeit erlaubt«, so daß es »am Sünder das Geschöpf Gottes nicht mehr erkennen« lasse. Die hier – diesseits von Paulus *und* Luther – zum Kriterium erhobene »Wirklichkeit«, die »Wirklichkeit unseres Menschseins, wie sie sich im

Im hier interessierenden Zusammenhang genügt es aber auch, die zentrale Frage nach dem ›heilsgeschichtlichen Status‹ des Ich von Röm 7 in drei besonderen Hinsichten zu thematisieren: als Frage nach dem Kommen des »Gesetzes« und seiner möglichen Interpretation als paulinischer Deutung des Sündenfalls; als Frage nach dem Verhältnis von »Gesetz« und Ich; schließlich als Frage nach Unmöglichkeit oder Notwendigkeit, dem Ich einen ›Ort‹ zwischen Gesetz und Gesetz (dem des Buchstaben und dem des Geistes, zwischen Natur und Gnade) zuzusprechen. Auf diese Fragen hin lassen sich drei wesentliche Bestimmungsmerkmale des Ich von Röm 7 herausstellen.

Lichte der in Christus geschehenen Offenbarung des dreieinigen Gottes erschließt« (56), sieht Althaus in der anthropologischen Terminologie von Röm 7 durch den Begriff des νοῦς repräsentiert (65). Diese, von Paulus s. E. wirklichkeitsgerechter als von Luther geltend gemachte »Kontinuität zwischen dem Menschen ohne Christus und dem Menschen in Christus«, an welcher als an seinem eigenen Schöpfungswerk der erlösende Gott anknüpfen kann (65f), ist freilich alles andere als eine dem Paulus-Text durch sorgfältige »historische Auslegung« abzugewinnende theologische Figur, sondern ihrerseits ein theologisch-dogmatisches Vor-Urteil: nämlich der anthropologische Reflex eines Grund-Satzes von Althaus' Schöpfungslehre, in neutestamentlichen Kontext vorgetriebener Brückenkopf der fundamentaltheologischen Lehre von der Ur-Offenbarung, die in anderem Zusammenhang von Althaus entwickelt und dann u. a. auf Röm 7 gestützt wurde (Althaus 1966: 344ff).
Man mag dieses unentwirrbare Ineinander von Exegese und Dogmatik für eine keiner Erwähnung werte hermeneutische Selbstverständlichkeit halten oder im Gegenteil für eine eigenmächtige Beschlagnahme des Textes zwecks Einrückung in ihm äußerlich angetragene Argumentationszusammenhänge: jedenfalls belastet er die Herausarbeitung des authentischen Sinnes der paulinischen Sätze damit, daß jede exegetische Einzelentscheidung ungeachtet ihrer ›historischen‹ Begründung zugleich und unmittelbar zur dogmatischen wird – als Option für oder gegen in der Geschichte der Auslegung vertretene systematisch-theologische Konzepte.
Im Blick auf den speziellen Zweck des hier vorgenommenen Rückgriffs auf Röm 7 erlaube ich mir, auf eine ausgebreitete exegetische Erörterung zu verzichten (deren Ertrag nach dem jüngst mit Recht gezogenen Resumé von Deuser 1979: 425 theologisch »nur begrenzt zwingend[e]« Belege hervorbrächte), und beschränke mich oben im Text auf thetische Hinweise systematischen Charakters. Für Einzelheiten verweise ich statt dessen auf die einschlägigen Kommentare und Monographien, namentlich Käsemann (1973: 182-202), Michel (1978: 222-247) und neuestens Wilckens (1980: 72-117) – die beiden letzten mit umfänglicher Darstellung der Auslegungs- und Wirkungsgeschichte – sowie als ältere Grundlegungen Kümmel (1929: bes. 101-138) und Bornkamm 1950. Vgl. dazu auch den »existentialontologisch« angesetzten »Versuch einer Struktur-Analyse desjenigen Vollzuges, in dem die menschliche ›Ursünde‹, von der Paulus und Augustin reden, sich aktualisiert und immer erneuert« und zugleich »Aufweis der [. . .] Notwendigkeit eben dieser Struktur« von Jonas (1964: hier 94).

Aus vv. 7-13 das Doppelte: Es handelt sich um das allgemeine Ich, das durch die korporative Teilhabe an der (heils-)geschichtlich voraufgegangenen Geschichte Adams das des faktisch infralapsarischen Menschen ist; zum andern, daß der Mensch als Ich und zugleich als scheiterndes Ich *sich* konstituiert, indem er das qua Gesetz geordnete Gute selbst zur Geltung zu bringen sucht, d. h. er gerade im Selbst-sein-wollen nicht er selbst, sondern bloß Agent der Sünde ist. Wichtig ist dabei das heilsgeschichtliche Prae dieses Vorgangs (dessen beide Seiten diese Bestimmungsmerkmale ausmachen), der selbst pures Faktum, allen einzelnen Leben uneinholbar vorgegebene Notwendigkeit ist. Infolgedessen ergibt sich aus vv. 14-23 das Dritte: Die Befindlichkeit des Ich im Konflikt zwischen Wollen und Tun bzw. Gesetz und Gesetz (dem νόμος τοῦ θεοῦ bzw. τοῦ νοὸς und dem νόμος τῆς ἁμαρτίας) ist nicht die Schwebelage einer psychologischen oder ethischen Insuffizienz, die in *prinzipiell* offener Alternative nur *faktisch immer* statt zur Erfüllung zum Versagen führt; vielmehr ist gemeint das zwangsläufige Übermächtigtwerden selbst einer als gottgehorsam intendierten Handlung durch das allem Handeln unerreichbar vorausliegende gottlose Sein des Menschen[19]. Unwillen der zwingenden Erfolgslosigkeit jeder Heilsbemühung bleibt dem – faktisch post lapsum lebenden, ergo: als Ich sündigen – Ich nur noch der Klageschrei des einer Erlösung von sich selbst Bedürftigen: v. 24. Aus dieser ausweglosen Befangenheit in Sünde erlöst Gott den Menschen durch Christus; erlöst, ist der Mensch aus dem weltgeschichtlichen Äon der Sünde und des Todes in den des lebendig machenden Geistes übergegangen vom αὐτὸς ἐγὼ zum ἐν Χριστῷ Ἰησοῦ (Röm 7,25b und 8,1); nun ist er »im Geist« teilhaftig der dem Geschöpf bestimmten Freiheit: so das Thema des anschließenden Kapitels Röm 8.

Die moderne Exegese zieht namentlich aus der Stellung des Textes im Zusammenhang des Römerbriefes weitgehend den Schluß, das Schicksal des Ich von Röm 7 stelle das des unerlösten Menschen dar, freilich in der Sicht des erlösten[20]. Damit wider-

19 Vgl. das Ergebnis der Betrachtung von »Römer 7 in der Perspektive der geschichtsphilosophischen Handlungstheorie« bei Bader (1981: 47-55, hier 55): »Jetzt muß die Handlung, die an der Geschichte schlechthin teilhat, zu einer sich zwangsläufig verkehrenden Handlung werden«.

20 In dieser Hinsicht maßgeblich wurde bald nach Erscheinen die umfassende Untersuchung von Kümmel 1929. Keineswegs so uneingeschränkt rezipiert wurde

spricht sie der von Augustin im Anschluß an Ambrosius begründeten, über Luther auf Barth in die Gegenwart hineinreichenden Linie der Auslegungstradition, die im Ich das des Christen sieht[21]. Obwohl es sich darin um eine Verkennung des historischen Sinnes des Paulus-Textes handelt, möchte ich doch in dieser verschiebend-verschärfenden Interpretation eine angemessene Weitervertretung der Absicht des Paulus[22] sehen unter Bedingungen, die durch die Ausbreitung des Christentums und (im Zusammenhang damit) die Entwicklung des neuzeitlichen Subjekt-Denkens gegeben sind. Verschärfend nenne ich diese Auslegung, weil sie der Depravation des Glaubens (an die eigene Sündenverfallenheit) zum

freilich der ebenfalls dort vorgetragene Nachweis, bei dem Ich des Textes handle es sich nicht um das biografisch-private des Paulus, das sich in einer Generalbeichte expektoriere. Der konfessorische Gestus der Texte, der zu dieser biografisch-psychologisierenden Deutung verleitete, ergibt sich aber daraus, daß der Schreiber Paulus sein persönliches Ich als miteinbeschlossen erfährt in das menschheitlich-allgemeine, das er in seinem Text Röm 7,7-25 ›reden‹ läßt (gerade umgekehrt als in der anderen großen Ich-Passage des corpus Paulinum, Phil 3,3-7).

21 Also das (exemplarisch zu nehmende) des – Apostels – Paulus. Zu Augustins ›späterer‹, antipelagianischer Deutung des Ich als homo sub gratia (Zusammenstellung der Belege bei Kümmel 1929: 91 Anm. 2) vgl. insbesondere Jonas (1965: 50-59) und Wilckens (1980: 104-107).

Luther vertritt dieses Verständnis des Ich durchgängig in der entsprechenden Passage der Römerbriefvorlesung von 1515/16 (BoA 5, 255-260 – BoA bietet nur Auszüge; F. S.) sowie in Grund und Ursach aller Artikel ... von 1521 (BoA 2, 70, 32-37 zum Überdauern der »begirde ... noch der tauff«); vgl. auch den Traktat Von der Freiheit eines Christenmenschen 1520 (BoA 2, 20, 3-20: der bleibende Widerstreit zwischen innerem und äußerem Menschen) und den Hinweis im Sermon Von den guten Werken von 1520 (BoA 1, 290, 33).

Barth hält an der Deutung des Ich auf das Sein des Christen fest von der ersten (Barth 1919: 195-217) über die zweite (Barth 1929: 222-253) Römerbriefauslegung bis zur Versöhnungslehre der »Kirchlichen Dogmatik« (KD IV/1, 648-659).

22 Bultmann (1940: 47) hat recht: »Luthers Auffassung von Röm 7, 15ff ist zwar exegetisch falsch, aber sachlich nicht unpaulinisch«! Auf der Basis dieses »salomonischen Urteils« steuern neuerdings auch Luthers Deutung ablehnende Exegeten auf eine Interpretation zu, die im Horizont gegenwärtiger Glaubenserfahrung die differenten Parameter des Historisch-Exegetischen und des Theologisch-Sachlichen wieder integrieren läßt: vgl. dazu Deusers (1979: 425f) Hinweis auf Käsemann (1973: 202f) und Eichholz (1977: 259). Die Deutefigur der ›objektiven Verzweiflung‹ (Käsemann) oder der Erfahrung des »Verhängnischarakter[s] der Sünde« (Eichholz) aufzunehmen, durch die die ›zünftige‹ Exegese Barth (KD IV/1: 658f) naherückt, weigert sich indes unter Hinweis auf die Prävalenz des οὐδὲν ἄρα νῦν κατάκριμα von Röm 8, 1 Wilckens (1980: 116f) – die exegetische Variante des ›Immerschon‹-Arguments (vgl. oben C-1.2.1) der sich als ethische Theologie ausgestaltenden Subjektivitätstheorie Rendtorffs: vgl. dazu Bemerkungen zur Röm-7-Interpretation bei Rendtorff (1980: 41).

rechtfertigenden Werk oder doch zumindest der residualen Willensfreiheit als einer natürlichen Initiativkompetenz des Menschen zur Erlösung die Alleinwirksamkeit Gottes zum Heil aller, auch der sich schon Christen nennenden, entgegenhält. Angemessen erscheint sie mir deshalb, weil sie die forensische Deutung des Rechtfertigungsgeschehens ermöglicht, die unter Bedingungen der ›Subjektivierung‹ von »Subjekt« dessen extra-nos-Charakter festhält[23], wie er in der (wenn die anachronistische Verwendung des reformationszeitlichen terminus erlaubt ist: doch vorrangig ›effektiv‹ zu nennenden) Auffassung des ›historischen Paulus‹ gemeint ist.

Verifizieren läßt sich dies namentlich an der Weiterführung von Augustins Auslegung durch Luther. Augustin hatte seinerzeit in der Auseinandersetzung mit Pelagius sein ursprüngliches Verständnis des »Ich« von Röm 7 als homo sub lege geändert[24] zugunsten einer Deutung als homo sub gratia. Gegen Pelagius' These von der Kontinuität der Natur(= Schöpfungs)-Gnade und Erlösungsgnade, die eine Rehabilitation des νόμος im Rahmen einer pädagogischen Konzeption der Rechtfertigungslehre begründen sollte, setzte Augustin seinen Begriff der alleinwirkenden, von Natur schlechthin unterschiedenen Erlösungsgnade, der strikte Trennung von Innen und Außen, absolute Transzendenz Gottes und die Auffassung von menschlicher Freiheit als reiner Rezeptivität impliziert[25]. Aufgrund dessen konnte und mußte Augustin im

23 Vgl. dazu Joest (1967: 250-258, hier bes. 255): »Indem [...] seine [sc. des Menschen; F. S.] Geltung vor Gott der Be- und Verurteilung als Sünder entzogen und durch den Zuspruch der Gerechtigkeit neu bestimmt wird, wird auch die Wirklichkeitsmacht der Sünde im Menschen angegriffen. In ihm tritt gegen die Sünde neue Wirklichkeit auf den Plan. In jenem Kernbereich seines Selbst, den wir Luther folgend als das Grundgeschehen eines affektiven velle, eines vorentschiedenen Seins-für ... und Hängens-an ... beschrieben hatten, tritt ein Umbruch ein. Der Mensch wird eines anderen – aber eben dies bedeutet, daß er auch ein anderer wird.«

24 Das wird anhand von Augustins De diversis quaestionibus ad Simplicianum einerseits, Contra duas epistolas Pelagianorum andererseits dargestellt bei Jonas (1965: 41-59). Begründet ist dieser Auffassungswandel weniger (wenngleich auch) in neuen exegetischen Beobachtungen als vielmehr in der Wahrnehmung Augustins, daß durch die historische Verselbstverständlichung des ›Christseins‹ in seiner reichskirchlichen Formation die bleibende Exklusivität der Gnade als Heilsgrund bedroht wird; darauf weisen zu Recht Jonas (1965: 54) und, ausführlicher, Wilckens (1980: 105-107) hin.

25 Vgl. zu dieser zusammenfassenden Charakteristik der Antithese Augustin/Pelagius die bemerkenswerte Untersuchung von Greshake (1972: 193-274).

»Ich« von Röm 7 nunmehr den Gläubigen erkennen: *er* ist der Mensch, der – dem Gesetz-in-seinen-Gliedern untertan – am Vollbringen des Guten scheitert. Diese ekklesiologisch motivierte Radikalisierung des Erbsündengedankens von Röm 7 und der Gnadenlehre gelang Augustin aber nur um den Preis einer »prinzipiellen Entschärfung« des Sinnes der paulinischen, nun für den homo sub gratia geltend gemachten Aussagen: er brach die »Schärfe der Verzweiflung« des Ich dadurch, daß er das Gesetz-in-seinen-Gliedern nur über die Schwachheit des »Fleisches« siegen, das gläubige Ich ›selbst‹ aber als von der schon ergangenen Gnade Gottes unwiderstehlich verändertes inneres Sein des Menschen davon unberührt bleiben ließ[26].

Luther greift die ›spätere‹ Röm-7-Deutung Augustins zuerst in seiner Römerbrief-Vorlesung von 1515/16 auf[27], in der sich freilich eine wenig später zur Klarheit gediehene wesentliche kategoriale Korrektur Augustins bereits anbahnt: In Aufnahme von Augustins Innen/Außen-Trennung, aber gleichzeitiger Einbeziehung des ›Außen‹ in die Heilsrelevanz, revoziert Luther seines Vorgängers entschärfende Abtrennung des »Fleisches« als am Gläubigen nur noch äußerlich anhaftende Unwesentlichkeit; vielmehr betrachtet er die »Schwachheit« des »Fleisches« als anthropologisch essentiell, darum sub specie legis als »strafwürdig« und auch den Gläubigen belastend mit Schuld – die aber ihm Gott aus Gnaden nicht zurechne. Diese zusammenfassende Formulierung überspielt schon, in vereindeutigendem Vorgriff auf Späteres bei Luther, den Nachglanz Augustins in Luthers Verwendung des Begriffs »concupiscentia«, der seiner in der Röm-7-Auslegung verwendeten anthropologischen Begrifflichkeit ein zeitweiliges Schillern einträgt[28]. Denn der große Zug von Luthers theologischer Explikation

26 Vgl. dazu Jonas (1965: 54f).

27 Luther, Römerbriefvorlesung (BoA 5, 255, 22ff – und an vielen anderen Stellen).

28 So spricht Luther zwar in der Römerbriefvorlesung (BoA 5, 259, 34ff) von der mit concupiscentia identifizierten infirmitas nostra ad bonum nicht von einem Etwas *am* Menschen, sondern setzt sie mit ihm gleich (»Quia infirmitas illa nos ipsi sumus, ergo ipsa rea et nos rei sumus, donec cesset et sanetur«), bindet ihre den Menschen mit sich ziehende Strafwürdigkeit (»que in se quidem rea est«) aber an dessen consentire und operari. Concupiscentia scheint also doch die sinnliche Triebhaftigkeit am Menschen, caro im engeren Sinne, zu bezeichnen, zu der der Mensch in der neutralen Distanz des consentire oder non consentire stehen könnte – was deutlicher noch an einer anderen Stelle von Luthers Römerbriefvorlesung (BoA 5, 258, 12ff) herauskommt, wo Luther trotz der These »totus homo caro est [. . .] Ideo carnalis

der in Röm 7 artikulierten Erfahrung geht auf eine weitere Radikalisierung in der Erfassung des Selbstwiderspruchs, als sie Augustins Deutung des Ich auf den Christen schon dargestellt hatte. Nicht »quia carnem *habet*, sed ›quia caro *est*‹«[29], existiert der Glaubende coram Deo sich selbst als widersprüchliche Einheit von ›ganz Fleisch/ganz Geist‹ – für diese Doppel›natur‹ des Christen, dessen sündig-selbstbezogenes Handeln auf den von Gott gerechtfertigten Willen bestimmend so übergreift[30], daß beides für sich, wiewohl nur Teil am Menschen, dennoch dessen ganzen Charakter ausmacht[31], findet Luther schon in der Römerbrief-Vorlesung die paradoxe Formulierung: »Vide, ut unus et idem homo simul servit legi Dei et legi peccati, simul iustus est et peccat«[32]; er ist Gerechter und Sünder zugleich.

non potest dicere: ›in me id est in carne mea‹, quasi ipse aliud a carne per voluntatem sit«, fortfährt: »sed est idem cum carne per consensum in concupiscentias eius«. Gleichwohl kann die von Luther abhängige Questio de viribus ... von 1516 (Corollarium II), wo die Augustin-Assoziation über Röm 7 nicht hineinspielt, formulieren (BoA 5, 314, 4ff): »Carnis nomine dicitur homo vetus non tantum quia sensuali concupiscentia ducitur, Sed (etiam si est castus, sapiens, iustus) quia non ex Deo per spiritum renascitur.«
Ähnlich wird concupiscentia ihrer definitorischen Kraft hinsichtlich der anthropologischen Kategorie caro entkleidet in der Auslegung von Gal 3, 3 bei Luther, Galaterbriefvorlesung von 1516/17 (BoA 5, 335, 13ff): »Hic manifestissime patet, quod ›caro‹ non est tantum sensualis homo seu sensualitas cum suis concupiscentiis etc., sed omnino, quicquid est extra gratiam Christi. Nam certum est, quod Galatas ideo dicit carne consumari, [...] quia opera et iustitiam legis quaerebant. Igitur omnis iustitia et sapientia extra gratiam caro et carnalis est«. Vgl. auch die bei Joest (1967: 199) nach Luthers Druckbearbeitung von 1519 zitierte Version dieser Stelle, die durch die Einführung der termini ›spiritus‹ und ›fides‹ die Relevanz dieser Begriffsklärung für das Verständnis der Röm 7 artikulierten Erfahrung des unauflöslichen Widerspruchs von ›Fleisch‹ und ›Geist‹ im Ich des Menschen coram Deo verdeutlicht.

29 Luther, Galaterbriefvorlesung von 1516/17 (BoA 5, 335, 21f – Hervorhebung von mir; F. S.).

30 Luther, Römerbriefvorlesung (BoA 5, 258, 3ff): »Sed quia ex carne et spiritu idem unus homo constat totalis, ideo toti homini tribuit [sc. Paulus; F. S.] utraque contraria, que ex contrariis sui partibus veniunt. Sic enim fit communio ideomatum, quod idem homo est spiritualis et carnalis, iustus et peccator, bonus et malus«.

31 Vgl. Luther, Galaterbriefkommentar (WA 2, 589, 1ff): »Igitur spiritualis homo totus homo est, quantum sapit quae dei sunt, carnalis totus, quantum sapit quae sua sunt« – diese Stelle zitiert nach Joest (1967: 201), der kommentiert: »Es handelt sich also nicht um das Gegenüber sinnlicher und geistiger Affekte, sondern um das von Gottbezogenheit und Selbstbezogenheit (die sowohl in triebhafter wie in geistiger Lebensform erscheinen kann).«

32 Luther, Römerbriefvorlesung (BoA 5, 259, 6f).

Das soteriologische constitutum des Seins des Menschen im Simul . . . bedeutet umgekehrt das anthropologische constitutivum des Seins des Menschen in der Disjunktion eines Aut . . . aut . . .: Es gibt für den Menschen keine Prae-Position gegenüber der Alternative von iustitia und peccatum[33], in ihm kein Substrat beider als umfassendes Kontinuum[34], er ist kein selbstschöpferisches subiectum freien Übergehen-könnens – als Ich daseiend, bewirkt der Mensch sein Sünder-Sein[35]. Diese am Römerbrief gewonnenen Einsicht, daß es für den Menschen keinen Indifferenzpunkt als den Ort der Entscheidungsfreiheit zwischen Heil und Verderben gibt, spitzt Luther zehn Jahre später in seiner polemischen Schrift gegen Erasmus[36] zur These vom objektiven Schuldigsein des Menschen coram Deo unbeschadet des Fehlens relevanter Willensfreiheit[37] zu – ihr Ausdruck wird die Rede vom servum arbitrium (sachgemäß zu übersetzen als »Unfreiwilligkeit des freien Willens«[38]).

Das ist für Luther conditio humana, theologisch besehen: Der

33 Vgl. das »alterum fulmen« bei Luther, De servo arbitrio (BoA 3, 269, 37ff, hier: BoA 3, 270, 5ff): »Neque enim apud Deum relinquitur medium, inter iustitiam et peccatum, quod uelut neutrum sit, quasi nec iustitia nec peccatum«.

34 Vgl. Luther, Römerbriefvorlesung (BoA 5, 262, 7f): »[. . .] quia natura Dei est, prius destruere et annihilare, quicquid in nobis est, antequam sua donet«. Offenkundig versteht Luther die iustificatio impii, das ›donare sua Dei‹, nach dem Vorbild der creatio *ex nihilo*. Vgl. dazu auch Jüngel (1969: 217f).

35 Vgl. Luther, Heidelberger Disputation von 1518, These 13 (BoA 5, 378, 21f): »Liberum arbitrium post peccatum res est de solo titulo, et dum facit quod in se est, peccat mortaliter.« Post peccatum (sc. originale) ist das Ich des Menschen durch vorwerfbares Vergessen seiner anfänglichen und bleibenden Abhängigkeit vom Deus creator definiert, sein Lebensvollzug mithin ausnahmslos Leugnung seiner Geschöpflichkeit – vgl. dazu Luther, De servo arbitrio (BoA 3, 270, 13ff): »In Deum peccat impius, siue edat siue libat, aut quicquid fecerit, quia abutitur creatura Dei cum impietate et ingratitudine perpetua [. . .]«.

36 Luther, De servo arbitrio (BoA 3, 94-293). Vgl. dazu durchgängig – immer noch am lehrreichsten, weil kompromißlosesten – die Arbeiten von Iwand (1930a; 1930b).

37 Die Unentschuldbarkeit des Menschen angesichts des an ihn ergangenen Gottesworts betont Luther, De servo arbitrio (BoA 3, 180, 25ff): »[. . .] nec locum eis relictum excusandi, [. . .] ut [. . .] culpa nec sit legis nec legislatoris, sed ipsorum, cum lex assit, legislator docuerit, ut [. . .] reliqua sit [. . .] sola accusatio negligentiae et inoboedientiae«. ›Relevante‹ Willensfreiheit ist für Luther, De servo arbitrio (BoA 3, 285, 25ff) *nicht* das dem Menschen durchaus gegebene liberum arbitrium in inferioribus sei, sondern das von ihm energisch bestrittene erga Deum bzw. »in rebus, quae pertinent ad salutem uel damnationem« (BoA 3, 129, 6f).

38 So der Vorschlag von Picht (1968: 179).

Mensch erkennt entweder im Glauben Gott als Gott an (und das ist unmittelbar Erkenntnis in Gestalt des Bekenntnisses[39]: Ich, der homo peccator, vor Gott, dem Deus iustificans), oder er setzt im Vollzug seines natürlichen Unglaubens sich selbst an dessen Stelle. Tertium non datur – denn schon allein, dieser Disjunktion durch die (vom Glauben als selbstzerstörerische Illusion entlarvte) Annahme einer Freiheit der Wahl zwischen Glauben und Unglauben ein neutrales Vermögen des Übergangs einzufügen, heißt, in der Aneignung des Gottesprädikats »absolutum Velle«[40] auf der Seite des Unglaubens zu stehen. Servum arbitrium ist mithin Ausdruck für eine dreifache Einsicht: Zum einen die Einsicht in die bloße Vermeintlichkeit[41] der Willensfreiheit im Menschen, die in Wahrheit unter der Botmäßigkeit der das menschliche Sein mitsamt seinem in inferioribus homini freien Willen als ganzes bestimmenden Wirklichkeit steht[42]. Sodann die Einsicht in die grundsätzliche Unfähigkeit des Menschen, sich auf dem Wege der Selbstbestimmung jener das Selbst schon hinterrücks übermächtig bestimmenden Fremdbestimmung zu entziehen[43] (und sei es in die

39 Vgl. etwa Luther, Hebräerbriefvorlesung von 1517/18 (BoA 5, 355, 12f): »Illa est enim vera confessio, qua homo dat Deo gloriam de iustitia [...], sibi vero nil nisi peccatum [...].

40 Das von Luther, De servo arbitrio (BoA 3, 159, 4ff), so genannte »medium« wird von ihm an anderer Stelle ausdrücklich als »lib. arb. [...] plane diuinum nomen« bezeichnet (BoA 3, 127, 30).

41 Vgl. Luther, De servo arbitrio (BoA 3, 159, 25f): »[...] hoc merum figmentum Dialecticum est, quod in homine sit medium et purum uelle [...]«. In derselben Schrift auch Belege für die Verblendung des Menschen selbst hinsichtlich seiner Lage vor Gott, so: »Scriptura vero talem proponit hominem, qui non modo sit ligatus, miser, captus, aeger, mortuus, Sed qui addit, operante Satana principe suo, hanc miseriam caecitatis miserijs suis, ut se liberum, beatum, solutum, potentem, sanum, vivum esse credat« (BoA 3, 170, 36ff); ähnlich BoA 3, 164, 20.

42 Hierher gehört v. a. das von Luther, De servo arbitrio (BoA, 3, 126, 23ff) verwendete Bild von der humana voluntas als iumentum, um dessen Leitung Gott und der Satan im Streit liegen – daß Luther dabei gleichwohl ein »wirklich eigenes Wollen und Gehen des Selbst« meint, unterstreicht mit Recht Joest (1967: 221 Anm. 73). Vgl. auch in derselben Schrift: »[Satana] regnante, voluntas humana iam non libera nec sui iuris, sed serua peccati et Satanae, non potest uelle nisi quod princeps ille suus uoluerit« (BoA 3, 249, 21ff).

43 Luther spricht in De servo arbitrio von der essentiellen Ohnmacht des impius gegenüber seinem Begehren (BoA 3, 205, 11f: »Et tam non potest non cupere, quam non potest non esse«), ja an früherer Stelle auch von der Unfreiheit des Wollens gegenüber sich selbst: »Verum hanc libentiam seu uoluntatem faciendi non potest [sc. homo; F. S.] suis uiribus omittere, cohercere aut mutare, sed pergit uolendo et lubendo [...]« (BoA 3, 125, 27ff).

Freiheit des Glaubens). Schließlich die Einsicht in das einzigartig Rettende der in dieser fundamentalen Unfähigkeit sich manifestierenden, aller Aktivität zugrunde liegenden Passivität[44] – nämlich Gottes Handhabe für die Zuwendung des Menschen zur ihm von Gott bestimmten Freiheit des Geschöpfes zu sein.

Das mag als Skizze von Luthers Auffassung des in Röm 7 gestellten Problems der Freiheit genügen. Ihre Übersetzung der ἁμαρτία des Paulus in das ›servum‹ des servum arbitrium bringt die Intention des Paulus in neuem Horizont sachgemäß zur Geltung – trägt sie doch der durch historische Differenz veränderten Lage in doppelter Weise Rechnung. Denn zum einen ist der natürliche Mensch, dessen Gefangenschaft unter der hamartia Paulus beschreibt, zu Luthers Zeit ›natürlich‹ Christ; als solcher aber kann er, seiner Bedürftigkeit und Gottes Zusage der Gnade zum Heil längst bewußt, kritisch getroffen werden durch den Vorhalt gott-loser Selbstverwirklichung nicht mehr am Tun von dem Menschen äußerlicher Werkgerechtigkeit, sondern nur an deren Verinnerlichung in der Form des freien Willens. Scheint dies auch ein nur für die Applikation christlicher *Predigt* relevanter Gesichtspunkt zu sein, so stellt er doch nichts weniger dar als die Kehrseite des zweiten, theoretisch erheblichen: Luther baut die Lehre vom servum arbitrium auf gegen die implizite These des Erasmus von der Begabung des Menschen mit einem von jeder weiteren Bestimmung freien absolutum velle. Das absolutum velle des Menschen aber ist die anthropologisierte Form der voluntas Dei – weder würde der Gott der (spätscholastischen) Philosophen mit dieser Eigenschaft gedacht, noch ließe sie sich dann auch dem Menschen ansinnen, lebte nicht die philosophische Gotteslehre von den Inhalten christlichen Schöpfungsglaubens. Insofern reflektiert sich in Luthers Lehre vom servum arbitrium (die im Modus einer Grunderfahrung die Illegitimität des menschlich-geschöpflichen Anspruchs, sich als Subjekt in Selbstbestimmung zu denken, zur Geltung bringen will) die Selbstverkehrung der Freiheit unter Bedingungen prinzipieller ›Subjektivierung‹ von »Subjekt«.

44 Luther, De servo arbitrio (BoA 3, 127, 16ff): »At si uim lib. arbi. eam diceremus, quo homo aptus est rapi spiritu et imbui gratia Dei, [...] recte diceretur. hanc enim uim [...] dispositiuam qualitatem et passivam aptitudinem, *et nos confitemur*« (Hervorhebung von mir; F. S.); wo die libertas des arbitrium im Menschen definiert wird durch rapi spiritu, kann auch Luther ihr beipflichten. Zum kategorialen Rang des rapi bei Luther vgl. Joest (1967: 219ff) mit weiteren Belegen.

2.4 servum arbitrium: Aufhebung von »Subjekt« – Jenseits der Theorie

Gegen die Zumutung des servum arbitrium hat sich ein vielstimmiger Protest erhoben, gerade auch unter Theologen[45]. Man suchte Luthers krasses und mit einiger Maßlosigkeit vorgebrachtes Nein zur Willensfreiheit im Menschen zu temperieren und in den Horizont der Welt der Mitteldinge zurückzuholen – indem man das in radikaler Einseitigkeit zum Paradigma des Menschseins schlechthin erhobene servum arbitrium zum Extremfall, zum mitspielenden Moment im Gottesverhältnis des Menschen modifizierte oder als problematische Verallgemeinerung einer höchst individuell ausgeprägten Gottesbeziehung (Luther-)biographisch relativierte. Bei aller Differenziertheit in sich verfolgt dieser Protest das theoretische Interesse an einer Vermittlung zwischen konkurrierenden Konzepten menschlicher Freiheit: an der Herstellung von Kompatibilität zwischen der Auffassung (philosophischer Provenienz), die Bestimmung des Menschen finde ihre Erfüllung in der Verwirklichung seiner selbst als Subjekt von Autonomie, und der, sie werde in der Zurechnung der iustitia aliena aufgrund von Tod und Auferweckung Christi gegeben. Dieser Vermittlungsversuch, der mit dem Festhalten der Willensfreiheit im Menschen zugleich die theologische Legitimität der neuzeitlichen Denkfigur »Subjekt« geltend macht und sich ihrer unbefangen bedient, verbessert für die Theologie die Beteiligungschancen und die Aussicht auf Gehör im Diskurs neuzeitlicher (Freiheits-)Theorie – er geht indes auf Kosten der Möglichkeit zutreffender Rede von libertas Christiana.

Angesichts dessen erscheint es mir notwendig, die Ausarbeitung des an sich selbst scheiternden Ich von Röm 7 zum servum arbitrium ihrerseits erst recht als Einspruch gegen die Selbst-Titulatur des Menschen als »Subjekt« und die in sie eingegangene Prämisse hinsichtlich des Grundes seiner Freiheit zu profilieren. Denn servum arbitrium ist das para-theoretische Gegenkonzept zur neuzeitlichen Denkfigur »Subjekt«. Gegenkonzept ist es, weil es, statt im Dienste der Fiktion einer Selbstbegründung seine unablösbare Bedingtheit zu verdrängen, die Unselbständigkeit

45 Vgl. den – trotz reichlich beckmesserischer Attitüde instruktiven – Forschungsbericht von Schwarzwäller (1969).

seines Seins als Grund aller möglichen (und intendierten) Freiheit festhält. Gerade darin aber ist es paratheoretisch (in dem emphatischen Sinne als neuzeitlich allein ausweisbarer Theorie)[46]; denn bei ihm führt der – von Augustin in zugleich elenchthischer und doxologischer Absicht initiierte, dann aber von der neuzeitlichen Philosophie ›emanzipatorisch‹ beanspruchte (und namentlich von Fichte und Husserl als den radikalsten Subjekt-Denkern ausdrücklich aufgenommene) – reditus in se ipsum[47] nicht zu dem gesuchten fundamentum inconcussum, sondern zu dem exemplarischen Bekenntnis von Röm 7,24, in dem das falsche Subjekt das Unausweichliche von Tatsache wie Erfolglosigkeit seiner Selbstbefreiungsbewegung vor dem wahren Subjekt beklagt.

Ein letzter Gedankengang soll demgemäß die neuzeitliche Denkfigur »Subjekt« und die in ihr gedachte Freiheit ins Licht der im servum arbitrium formulierten ›praktischen‹ Erfahrung rücken und auf die Konsequenzen hinweisen, die sich daraus generell für den theologischen Umgang mit dieser ›theoretischen‹ Denkfigur und speziell für deren Stichhaltigkeit als Instrument der Kritik an der Theorie Luhmanns ergeben. Menschwerdung des Menschen als Erfüllung seiner Bestimmung zur Freiheit: das sei hier nicht das medium einer zweifelhaften Vermittlung, sondern das tertium einer (zugegeben: abstrakten – aber doch heuristisch fruchtbaren) vergleichenden Kontrastierung von philosophischer und theologi-

46 Zwar haben servum arbitrium und »Subjekt« Universalitätsansprüche gemein, sie unterscheiden sich aber hinsichtlich der Dimension, in der ihr Recht erwiesen werden soll: der Dimension »*praktischer* Erfahrung mit sich selbst« bzw. der »theoretischen Selbstergründung« (wie es Frey 1973: 357 für das Ich von Röm 7 und das Ich des sog. deutschen Idealismus entsprechend gegenüberstellt).
Praktische Selbsterfahrung ist die Dimension, in der der Mensch vom Bewußtsein der Wirklichkeit, die ihn unablöslich bestimmt, sich nicht ohne Selbstwiderspruch dispensieren kann. Ihr gehört das servum arbitrium zu, das für Iwand (1957: 256f) schon von Luther gegen das unter dem Namen des Menschen freien Willens visionär gewahrte neuzeitliche ›Subjekt‹ aufgeboten worden ist, dem »[a]lle Wirklichkeit [sich auflösen wird] in seine ureigensten Möglichkeiten«. Den wirklichen Menschen vor dem durch seine Selbstdeutung als ›Subjekt‹ über ihn kommenden Verlust des »*Zugang*[s] zu dieser seiner Wirklichkeit« (sc. Gott) zu bewahren, »ihn an seine *Endlichkeit*, an seine mit seinem So-und-nicht-anders-sein gegebene Bestimmtheit« zu »erinnern« – darum muß es heißen: servum arbitrium.

47 »Noli foras ire; in te ipsum redi: in interiore homine habitat veritas« schreibt Augustin in De vera religione 39, 72. Mit einer deutlichen Anspielung auf diesen Grund-Satz beginnt Fichte seine »Erste Einleitung in die Wissenschaftslehre« von 1797 (WW I, 422) – mit diesem Zitat schließt Husserl (1963: 183) seine »Cartesianischen Meditationen«.

scher Antwort auf die Frage nach der Angemessenheit der Selbst-Titulatur des Menschen als »Subjekt« und damit nach dem Recht der vorgreifenden Erwartung, Freiheit sei durch eine Figur reflexiver Letztbegründung zu verbürgen.

Philosophisch wird Menschwerdung des Menschen maßgeblich als eine Bewegung gedacht, die modern als die der Emanzipation sich bezeichnen ließe. Der Differenz zwischen antiker Ontologie und neuzeitlicher Transzendentalphilosophie entspricht eine der Form, als die Freiheit gedacht wird: als Autarkie bzw. Autonomie. Während das Erreichen der Autarkie die reale Unabhängigkeit des Menschen von Arten des Tuns, die ihr Worumwillen nicht in sich tragen, voraussetzt (Aristoteles), so Verwirklichung von Autonomie, abstrakter, die Möglichkeit der Unterscheidung des empirischen und des transzendentalen Charakters des Menschen – welch letzterer allein der Ort von Freiheit ist (Kant).

Gewichtiger als diese Differenz ist freilich das Gemeinsame, daß Freiheit als vollkommene Selbstbeziehung gedacht wird, in der sich selbst begründenden (weil genügenden) Reflexionsstruktur des Subjekts. Unter Bedingungen der neuzeitlich vollzogenen »Subjektivierung« von »Subjekt« bedeutet dies: Ist Freiheit als Autonomie Verwirklichung vollkommenen Menschseins, so in der Weise, daß der Mensch nur und gerade darin ganz er selbst, das Subjekt ist, daß er, indem unbedingt frei gegenüber allem anderen (Nicht-Subjekt), unbedingt unfrei gegenüber sich selbst ist. Und zweitens zeigt sich dort, wo das Subjekt ganz-es-selbst ist, gerade dessen Unfähigkeit, einzulösen, was es versprach: Einheit seiner selbst und alles dessen, was nicht es selbst ist, zu sein[48].

48 Habermas' Beispiel zeigt, daß der Versuch einer Theorie der Emanzipation, dieses Defizit des Subjekts vor seinem eigenen Anspruch durch Herabsetzung des Anspruchs zu verringern (statt Subjekt zu *sein*, solle der Mensch nur noch *als* Subjekt *anerkannt* sein), nicht nur dem neuzeitlich subjektivierten Subjekt nicht hilft, die gebotene Einheit zu begründen, sondern es sogar, freilich vergeblich, an die Hintertür vorneuzeitlicher Theorie anklopfen läßt.
Emanzipation des Menschen als Verwirklichung des praktischen Subjekts setzt zwar »Arbeit« (bei Aristoteles; ποίησις) real voraus, aber nur als aus ihrer eigenen Bewegung definitorisch ausgeschlossen; sie vollzieht sich in »Interaktion«, »kommunikativem Handeln« (bei Aristoteles: πρᾶξις), bis sie auf die Verzerrungen des herrschaftsfreien Dialogs durch Bedingungen der Endlichkeit stößt; sie vollendet sich nach »Virtualisierung der Zeitdimension« im endlosen Gespräch des »Diskurses« – der als Analogon zu Aristoteles' θεωρία weder eine materialistische Form ist, »Subjekt« als wirklich zu denken, noch, da nur in neuzeitlicher Subjektivierung gebrochenes Analogon, wirklich »Subjekt« zur Darstellung bringt wie die Selbstan-

Demgegenüber könnte sich die theologische Antwort, exemplarisch formuliert durch Paulus und Luther, vom Dilemma des Subjekt-Denkens fernhalten – wie es zunächst scheint. Sie deutet Menschwerdung statt als Erscheinung der Selbständigkeit des Menschen umgekehrt als solche seiner Unselbständigkeit, die noch in deren göttlicher Zurechtbringung bestätigt wird: als Rechtfertigung und Erlösung.

Deshalb sind die Bezeichnungen für die natürliche Tendenz des Menschen zu Selbstbestimmung auch negative: ἁμαρτία (Paulus) bzw. servum arbitrium (Luther). Daß ἁμαρτία eine weltumspannende Macht[49] ist, die dem Menschen ob seiner Weltzugehörigkeit keine Wahl läßt, als seiner göttlichen Bestimmung zuwider zu handeln, ist bei Luther – als servum arbitrium die Unfähigkeit, selbst sein Heil zu wirken – in die Struktur des Menschen hineinverlegt[50]. In beiden Modellen ist ausgedrückt, daß der Mensch für sich, auch wenn er seine besten Möglichkeiten verwirklicht, nur sein prinzipielles Sünder-sein vollendet[51], das darin besteht, Gott nicht Gott und den Menschen nicht den Menschen sein zu lassen[52].

Darin, daß servum arbitrium Strukturbestimmung des Menschen ist, deutet sich freilich das Dilemma der Theologie an: Selbst

schauung des aristotelischen Gottes. In ähnlicher Weise kritisch zu Habermas' Theorie äußert sich Rudolph (1977). Um der Korrektheit willen muß freilich hinzugefügt werden, daß Habermas in seinen Arbeiten ab 1973 jedenfalls den von Rudolph mit Theunissen (1969) besonders inkriminierten Begriff des weltgeschichtlichen Subjekts ›Menschengattung‹ fallengelassen hat.

49 Das bei Paulus zu beachten, schärft insbesondere Käsemann (1973) immer wieder ein.

50 Ohne daß dadurch bei Luther der Macht-Charakter der Sünde geleugnet wäre; vgl. nur Luther, De servo arbitrio (BoA 3, 241, 23ff), wo vom beständigen Kampf der regna Dei und Satanae um die praestantissima in hominibus die Rede ist.

51 Vgl. Luther, De servo arbitrio: »Quid igitur reliquum est, quam lib. arbi., dum optimum est, pessimum esse, et quo magni conatur, hoc peius fieri et habere?« (BoA 3, 260, 11ff); »[. . .] id quod in hominis natura est praestantissimum, nihil aliud quam carnem, id est, impium esse« (BoA 3, 238, 11f), außerdem (BoA 3, 266, 11ff).

52 So Luther, Disputatio contra scholasticam theologiam (BoA 5, 321, 24f): Non ›potest homo naturaliter velle deum esse deum‹, Immo vellet se esse deum et deum non esse deum.« – Dazu auch Barth (KD IV/1: 532): Der Mensch »stürzt, indem er sich erhebt, wo er sich nicht erheben wollen sollte, wo er der Gnade Gottes entsprechend in Demut frei, wahrhaft Mensch sein könnte. Er stirbt daran, daß er sich ein Leben nehmen will, das er, wenn er es dankbar empfangen wollte, in Frieden leben dürfte« (Sperrungen aufgehoben; F. S.).

nur Auslegung der Predigt von der in Christus rechtfertigenden Gnade Gottes, die den Menschen von der Unfreiheit seines Selbständigseinmüssens befreit, kann sie doch nur denkende Auslegung, eben Theo-logie, sein – und ist als solche mit ihrem ersten Satz, mit der Reflexionsstruktur des vor allem anderen sich selbst denkenden Subjekts behaftet. Indem so Theologie durch die Form ihres Denkvollzuges den Inhalt dementiert, um dessentwillen sie denkt[53], teilt sie das Schicksal der Philosophie, als Theorie Notwendigkeit und Selbstdestruktion der Denkfigur »Subjekt« zu vollziehen. Im Dilemma der Theologie wird so augenfällig, was als Aporie in neuzeitlicher Theorie verborgen ist.

Als endlich-subjektive Tätigkeit ist Theorie Moment von Praxis[54] und so vom Scheitern des in dieser sich selbst vollziehenden Subjekts gezeichnet: sie gewährleistet Einheit der Wirklichkeit im Bewußtsein – um den Preis einer Aussperrung des Seins, die sie vollzieht in einer als Selbstdispensierung gedachten Kritik ihrer Reichweite. Damit ist die aristotelische Bestimmung des Verhältnisses umgekehrt: dort ist Praxis in ihrer vollendeten Form[55] Gleichgestaltung und Mitvollzug der Tätigkeit des eines anderen unbedürftigen Gottes, des Subjekts oberhalb der Scheidung von Sein und Bewußtsein. Versuche, diesem Dilemma der Theoriebildung zu entgehen durch Rückgang hinter den neuzeitlichen »Sündenfall«, Einheit der Wirklichkeit aus der Reflexionsfähigkeit des als Subjekt sich nur denkenden Menschen begründen zu wollen, springen aus den mit Praxis gegebenen Randbedingungen von Theorie heraus.

Luther hatte seine Auslegung von Röm 7 zu der These verdichtet, daß der Christ simul iustus et peccator sei. Er trägt damit dem Sachverhalt Rechnung, daß der Mensch, wiewohl von der unlösbaren Aufgabe, selbst seine Bestimmung zu erfüllen, durch Gottes

53 Es ist dies eine unausweichliche Antinomie der Theo-logie, die von Picht in zahlreichen Arbeiten – zuletzt etwa Picht (1977) – als Spannung von Eschatologie und Ewiger Gegenwart, Evangelium und Metaphysik herausgearbeitet wird.

54 Dies bestätigt auch Blumenberg (1974: 236), der »Theorie nicht mehr auf den Ruhepunkt eines beseligten Betrachters, sondern auf die Werkstatt menschlicher Anstrengung bezogen« sieht. Die Werkstatt-Metapher verweist zugleich auf den Grund, aus dem er die hier vertretene These vom Scheitern des Subjekts nicht teilt: Theorie ist für ihn spätmittelalterlich nicht in den Horizont der (klassischer θεωρία homologen) »Praxis« übergegangen, sondern in den vom Erheben prinzipieller Wahrheits- und Einheitsansprüche entlasteten technischer Hypothesenbildung.

55 Vgl. Picht 1964: 134f.

Gnade befreit – ›schon jetzt, propter Christum per fidem‹ –, dennoch zeitlebens sein durch die Negation Gottes als des wahren Subjekts sich selbst verderbendes Leben als Schöpfer seiner selbst und der Welt leben muß. Wollte die Theorie die christliche Verkündigung der befreienden Gnade als eine *Denk*figur sich aneignen, die der zerstörerischen Bewegung des Subjekt-Denkens Einhalt geböte, so verkehrte sie sie unter der Hand, indem sie ihr theoretische Form gibt, zu einem Mittel der Selbsterhaltung. Demnach bleibt für Theorie nur der Weg ›nach vorn‹, die »Vervollkommnung ihres Fehlers«[56], vom Menschen-als-Subjekt aus zu denken. Verwirklichte Autonomie des Menschen ist vollkommene Verifikation des servum arbitrium. Diese Konsequenz von Theorie erfüllt sich, lebenspraktisch, in der Erfahrung dessen, wozu der lutherische Imperativ ›pecca fortiter, sed fortius fide‹ ermutigt – dies freilich nicht in der Erfolgsgewißheit eines absoluten Wissens, wie sie noch Kleist im Aufsatz »Über das Marionettentheater« trägt[57], sondern eher im Vertrauen auf die Wahrheit des Kraftzusammenhangs gegenläufiger Bewegung, in dem für Benjamin die »profane Ordnung« mit dem »Kommen des messianischen Reichs« steht[58]. Die Wahrheitsbedingung solch gegenläufiger Bewegung ist freilich, rückbezogen auf die Bemühung von Theorie, eine ganz und gar außertheoretische: die allem Erkennen und Handeln des Menschen vorausliegende Begründung der Freiheit in Kreuz und Auferweckung Christi.

Theorie, die als solche der Subjektivität aus Freiheit vom Bekenntnis sich emanzipiert dünkte, würde im Tun der libertas Christiana sich vollenden: »Hier stehe ich, ich kann nicht anders.« Kommt dies Konfessorische doch nicht von ungefähr in die Theorie, sondern aus der Unbedingtheit des Subjekts; die ist

56 So Schelling, Philosophie der Offenbarung (WW 13, 89) über Hegel. Zum Scheitern von Schellings eigenem Versuch, das Denken der Konsequenz dieses Fehlers durch dessen Hintergehung in Positiver Philosophie zu entwinden, vgl. jetzt die Untersuchung von Korsch (1980: hier 298) mit ihrem Hinweis auf die bleibende Differenz zwischen dem »auf der Selbstanalyse der Vernunft« und einem »davon unabhängig zu denkende[n] Freiheitsbegriff«.

57 Kleist 1810.

58 »Wenn eine Pfeilrichtung das Ziel, in welchem die Dynamis des Profanen wirkt, bezeichnet, eine andere die Richtung der messianischen Intensität, so strebt freilich das Glückssuchen der freien Menschheit von jener messianischen Richtung fort, aber wie eine Kraft durch ihren Weg eine andere auf entgegengesetzt gerichtetem Wege zu befördern vermag, so auch die profane Ordnung des Profanen das Kommen des messianischen Reiches« (Benjamin 1921: 204).

freilich seiner Intention nach ein Bekenntnis der Selbstmächtigkeit, seiner Wirklichkeit nach das der getrosten Verzweiflung, die in Röm v. 7 24 sprechen muß, aber zugleich v. 25a sagen darf.

Dies führt – in einer These, die, selbst Indikativ christlicher Hoffnung, Theorie nur im Konditional zugehören kann – zum Schluß:

Die Wahrheit des Subjekt-Denkens, die seine Notwendigkeit und seine Selbstdestruktion übergreift, erscheint im Moment seiner unausdenklichen Aufhebung. Will der Mensch als Subjekt sich gelingen, so muß er, was als dem Subjekt ihm doch versperrt ist: hoffen auf ein Außer-sich, auf Aufhebung des Zwanges. Vollendet, wäre das Subjekt zu sich selbst und, ineins damit, von sich losgekommen: Der Mensch, nicht mehr zum Subjekt sich machen müssend, könnte endlich Subjekt sein. Jedoch, als Vollendetes in seiner Identität nicht mehr gefährdet, wäre Subjekt sein Anderes sich vom Leibe zu halten nicht mehr genötigt. Mit der Praxis der Selbsterhaltung verliert freilich auch die ihr zugehörige Form des Menschen, die des Subjekts, ihre Funktion – Erlösung läßt Begriffe obsolet werden. Daß der Titel des Subjektes dem Menschen obsolet wird, wann er im Moment der Erlösung ganz erfüllt ist, heißt, daß, was aus Usurpation geboren ist, als Abtretung sein Leben verliert.

2.5 Indifferenz als Freiheit?

Von all dem scheint die Systemtheorie gar nicht betroffen zu sein: will sie sich doch nicht nur »von Vernunft und von Herrschaft emanzipiert«[59] haben, wie Luhmann Habermas entgegenhält, sondern erst recht vom Denken eines Subjekts, das in der Betätigung seiner infralapsarischen Freiheit sich selbst mißlingt. Die Freiheit[60], die *sie* meint, ist nicht mehr hineingezwungen in die selbstzerstörerischen Bewegungen der Freiheit-als-Selbsterhaltung und läßt die Verstrickung in Gestalten der Freiheit des Sollens außer sich: sie ist deren Quersumme, vorwurfsloses Resultat von deren Mißlingen, das in ihr untergegangen ist – sie ist ›theoretisch‹ Freiheit des Könnens, die in einer Freiheit selbst-losen Lassens ›praktisch‹

59 Luhmann 1971a: 401.
60 Vgl. hierzu A-1 und A-4.2.

wird. Gälte also: Systemtheorie theoria naturaliter Christiana? Keineswegs.

Ihr Nicht-betroffen-sein ist, weil konzeptionell beabsichtigt, Indiz und Urteil. Wie bei Duns Scotus die Kontingenz des göttlichen Schöpfungsaktes übersprang aufs Geschaffene als Qualität der Welt[61], so korrespondiert bei Luhmann die Kontingenz des Bestandes sinnhaft konstituierter Welt einer entsprechenden entqualifizierenden Qualifikation sinnkonstituierender Systeme, sozialer wie personaler: deren Indifferenz. – Darum ist es auch nicht verwunderlich, daß gerade »jemand, der auch sich selbst gegenüber keinen Wirklichkeitssinn aufbringt, [... der] Mann ohne Eigenschaften« den Gedanken faßt, »daß wahrscheinlich auch Gott von seiner Welt am liebsten im Conjunctivus potentialis spreche (hic dixerit quispiam = hier könnte einer einwenden ...), denn Gott macht die Welt und denkt dabei, es könnte ebenso gut anders sein.« So kann man es bei Musil lesen[62], dessen großer Roman ein unübertreffliches Repertorium literarisch vermittelter Anschauung dessen ist, was in anderer – eben: theoretischer – Artikulation den spezifischen Komplex von Merkmalen systemtheoretischen Erfassens und Erfaßtseins von Welt ausmacht[63].

Musils Welt des »Seinesgleichen«, Korrelat der Omnipotenzphantasie eines narzißtischen Charakters und der Selbstsubsumtion eines sich entgrenzenden Ich unters Allgemeine[64]: das ist die Welt der Systemtheorie, Produkt und Produzentin der in Steigerung und Reduktion von Komplexität, Auflösung und Rekombination um den kategorischen Konjunktiv (»alles könnte anders sein – und fast nichts kann ich ändern«[65]) eines als Kontingenz erfaßten Bestands von Welt äquilibrierenden Indifferenz. Nicht das konfessorische »Ich kann nicht anders« ist der konstitutive Freiheitsgestus der Systemtheorie; sie hat, als Praxis genommen, ihren terminus ad quem im Immer-auch-anders-können eines auf sich selbst angewandten Opportunismus: »Selbst die Werte der Stetigkeit, Berechenbarkeit, Verläßlichkeit und Vorhersehbarkeit

61 Vgl. dazu Link (1977: 13).
62 Musil 1970: 18f.
63 Vgl. dazu eingehend unten D. – Erstaunlich genug ist es angesichts dieses Umstands, daß von den zahlreichen Luhmann-Interpreten und -Kritikern nur Lipp (1972: 359 Anm. 58; bestätigt bei Willms 1973: 26 Anm. 47) und Folkers (1977: 513 Anm. 9) Musil als Verständigungsmittel heranziehen.
64 Vgl. hierzu A-3.
65 Luhmann 1969e: 44.

müssen im opportunistischen Kalkül noch zu Geltung kommen«[66]. Das aber *ist* überhaupt kein terminus – kann es auch nicht sein in einer Theorie, für die »Grenze« nur Modus von Grenzenlosigkeit ist, relative Invarianz in der Reflexion. Aber nicht in der Suspendierung von Grenzen durch deren Reflexion[67] wird Freiheit wirklich, sondern in der wirklichen Erfahrung von Grenzen und ihrer Überwindung: dem vorbehaltlosen Sich-einlassen auf Andere – der Liebe[68].

Glaube, jedenfalls der christliche, hat sein Worumwillen nicht in der dem Theoretiker sich öffnenden Unendlichkeit von Möglichem und anders Möglichem, sondern in praktisch bestimmter Wirklichkeit; er geht auf eine Welt, deren Freiheit Freiheit des Müssens ist und die ihr Maß nicht in der Anzahl disponibler Wahlmöglichkeiten des liberum arbitrium hat, sondern vielmehr in der teilgebenden Teilhabe am Glück des Anderen. Theologie wird dem denkend zu entsprechen suchen – Luther kritisierte an Erasmus darum auch nicht einen Mangel an deliberatio, sondern an assertio[69]. Sie wird deshalb sub specie temporis an der Denkfigur »Subjekt« festhalten als der Platzhalterin des Unbedingten, um so Kritik an der Systemtheorie anzumelden, die eine Gesellschaftsformation theoretisch affirmiert, deren reale Selbstabstraktion[70] so

66 Luhmann 1971c: 167.

67 Reflexion als Selbst-Thematisierung von Systemen, nämlich Thematisierung ihrer Grenze als der spezifischen Weise ihres Bezogenseins auf Umwelt (Anderes) im Kontext anderer Möglichkeiten (der Welt) führt nach Luhmann (1973f: 75f) nur zur Zugänglichkeit eigener *Kontingenz;* vgl. jetzt auch Luhmann (1980c: 55) mit der spitzen Formulierung: »Das ›Ich‹, das alle Bewußtseinsakte begleitet, ist ein ›Ich kann auch anders‹«.

68 Dasselbe meinen die schönen Sätze, mit denen Folkers (1978: 513f) seine ebenso dichte wie klare Interpretation der »Logik der Funktion in gesellschaftlichen Verhältnissen« schließt – mit dem Hinweis auf den »Vorschein von Manifestationen der Erfüllung«, deren »älteste und jüngste [. . .] im Bereich des Sozialen [. . .] das Glück [ist], dem kein Funktionalismus nehmen kann, daß es außer allem Verhältnis ist. Glück enthebt den Menschen im Beisichsein der Angst, die anderen zu verlieren und im Außersichsein der Angst, sich selbst zu verlieren und in beiden der mühsamen Arbeit der Identität.« Ich stehe nicht an zu behaupten, daß »Glück« hier gerade dasjenige meint, von dem Benjamin (1921: 204) im Theologisch-politischen Fragment sagt, in ihm und nur in ihm sei »allem Irdischen sein Untergang bestimmt«. Vgl. auch A-4.2.

69 Luther, De servo arbitrio (BoA 3, 97, 31ff).

70 »Die Bedingungen anderer Möglichkeiten liegen in der Selbstabstraktion wirklicher Systeme« (Luhmann 1973f: 90). Und schon früher hieß es, am Ende des »Lobs der Routine« (Luhmann 1964b: 138), der erforderliche »Menschentyp« müsse »zur

weit fortgeschritten ist, daß die Figur des »Subjekts«, an sich eine der Freiheit mißlingenden Sollens, so doch theoretische Chiffre für die Unbedingtheit jener praktischen Erfahrung einer Freiheit des Müssens, eine verschwindende Winkelexistenz in den Köpfen von auf dem Absterbeetat stehenden Alteuropäern nur noch fristet[71].

Das Unternehmen solcher Kritik an der Systemtheorie wird freilich zwei Bedingungen einzuhalten haben. Zum einen: Indem Theologie an der Denkfigur »Subjekt« festhält, weil gerade diese Selbstauslegung des Menschen als Form das Worumwillen einer Freiheit des Müssens gegen den (damit verwechselbaren) Sog der Systemtheorie im Denken erinnerlich hält, so wird sie mit »Subjekt« doch nur eine Figur der Freiheit geltend machen können, die von wegen ihrer Genese im Horizont mittelalterlicher Theologie der Kontingenz zugleich Figur der Freiheit *und* der Herrschaft ist. Angesichts dessen am »Subjekt« festzuhalten, darf dann nur geschehen im Bewußtsein einer doppelten Fragwürdigkeit: der Fragwürdigkeit solchen Festhaltens schon, das die Vorläufigkeit des Scheins eines Letzten zu erkennen hat, den der mit der Behauptung als »Subjekt« gesetzte und im Übergreifen aufs Andere (Nicht-Subjekt) sich realisierende Selbstseins-Anspruch des Menschen erzeugt; der Fragwürdigkeit einer Form, die jenes – ihr eigenes – Worumwillen im Gange ihrer und damit seiner Selbstrealisierung mit dem Vergessenwerden bedroht. Denn als Figur der Freiheit und der Herrschaft *ist* »Subjekt« Übergehen in das, worin es sich auflöst, ohne sich aufzuheben – »System«. Vermeidbar wäre solches Übergehen von »Subjekt« in »System« allein, wenn es gelänge, einen Begriff von Freiheit zu fassen, der nicht zugleich ein Begriff der Herrschaft ist. Aufhebung von Herrschaft, wie sie gegenwärtig in der bürgerlichen Gesellschaft als die von »System« über »Subjekt« real ist (und von Luhmann durch konzeptuelle Liquidation des »Subjekts« obendrein entproblematisiert wird),

Selbstabstraktion fähig werden, durch die er auf die Rationalisierung der sozialen Systeme parieren kann. Wir haben noch keine Ethik für solche Lösungen und neigen dazu, sie als menschlich unbefriedigend zu verwerfen. Aber es könnte sein, daß uns da ein altes Vorurteil narrt.«

71 Vgl. noch einmal Folkers (1977: 541): »Glück ist in Winkeln angesiedelt, dem Spott der Wissenden und dem berechtigten Verdacht der Aufklärer ausgesetzt. So ist das Glück zugleich über die Gesellschaft hinaus und hinter ihr zurück. Es ist die Ohnmacht der Funktion, das Glück in dies zweifache Jenseits der Gesellschaft vertrieben und es um sein bestes Teil, die Gemeinschaft mit den anderen, gebracht zu haben.«

muß dann freilich auch, will sie nicht in deren Restitution wieder einmünden, letzten Endes Aufhebung der Freiheit sein, die als »Subjekt« gedacht wird[72].

Sodann gilt es, die gesellschaftlich-geschichtliche Lage als Ermöglichungsgrund der Kritik in Rechnung zu ziehen. Zwar »läßt sich zeigen, daß [die] Thematisierung der Welt als kontingente Selektion der Entwicklung des neuzeitlichen Gesellschaftssystems vorgreift«[73]; seit dem Spätmittelalter aber ist die gesellschaftliche Evolution nachgezogen und hat der Theorie der Kontingenz reichlich Außenstabilisierung verschafft – mit der Kehrseite, daß es für Theoriebildung, die gerade das Kontingenz-Denken zu bestreiten sucht, nur noch Orte gesellschaftsstrukturell irrelevanter Marginalität gibt, wenn Anschlußmöglichkeiten nicht ganz fehlen: »Der Bezug auf eine alle Menschen bindende moralische Ordnung [. . .] braucht nicht explizit geleugnet zu werden. Es mag ihn heute noch geben; aber er ist nicht mehr instruktiv genug, um die erforderlichen Konfliktentscheidungen, Richtungswahlen, Lernvorgänge, Reformplanungen anleiten zu können. Über die Kühnheit des ›etsi non daretur Deus‹ sind wir längst hinaus. Es geht nicht mehr darum, daß es, auch abgesehen von Gott, eine erkennbare natürliche und moralische Ordnung gäbe, sondern darum, daß wir, auch wenn es eine solche Ordnung gäbe, gleichwohl planen und normieren müßten«[74].

»Kontingenz« scheint aus einer von spekulativer Theologie für ihren Bedarf erdachten Bezeichnung zum Charakter der Bedrohlichkeit von Erfahrung – der Natur ebenso wie der Naturwüchsigkeit von Gesellschaft – geworden zu sein, und es scheint weiter, als habe die Welt den point of no return schon längst passiert. Das brächte Theologie in eine schwierige Lage. Aber es ist weder ihr garantiert, daß sie es leicht haben, noch der Welt, daß ein return statthaben werde.

72 Für diese Überlegung wesentliche Anstöße verdanke ich einem Gespräch mit Michael Theunissen.

73 Luhmann 1972f: 254.

74 Luhmann 1973d: 234.

D Literarische Zugabe

Leben im Konjunktiv oder Über die Schwierigkeit Ich zu sagen*

». . . ein Essay ist nicht der vor- oder nebenläufige Ausdruck einer Überzeugung, die bei besserer Gelegenheit zur Wahrheit erhoben, ebensogut aber auch als Irrtum erkannt werden könnte (von solcher Art sind bloß die Aufsätze und Abhandlungen, die gelehrte Personen als ›Abfälle ihrer Werkstätte‹ zum besten geben); sondern ein Essay ist die einmalige und unabänderliche Gestalt, die das innere Leben eines Menschen in einem entscheidenden Gedanken annimmt« (253)[1].

1.1 Der poeta doctus bittet den Theologen um Belehrung: »Sie haben in Ihrem Brief an W. geschrieben, daß Sie über das Wort des Apostels Paulus ›Haben als hätte man nicht!‹ predigen wollten. Wo finde ich, sehr ungeübt in religiösen Schriften, diesen Ausspruch am leichtesten und aufschlußreichsten?«[2] Und in der Tat ist Robert Musil 1940, als die Abschlußkrise seines unvollendbaren Romans

* Geringfügig veränderte und um einige Belege ergänzte Fassung meines gleichnamigen Beitrags in: Schöpferische Nachfolge. Festschrift für Heinz Eduard Tödt. Hrsg. von Christofer Frey/Wolfgang Huber u. a., Heidelberg 1978, 1-35.

1 Eingeklammerte Seitenzahlen beziehen sich hier und im folgenden auf Musil 1970; diese wirkungsgeschichtlich bestimmende Ausgabe mit der darin gebotenen Ordnung der Nachlaß-Kapitel (Seitenzahlen 1045 und folgende) einschließlich der Einbeziehung der aus den 20er Jahren stammende Entwürfe zur »Reise ins Paradies«, in denen »Agathes« Bruder noch »Anders« heißt, ist Grundlage der Analyse. Eine Beteiligung am philologischen Grabenkrieg um das Recht dieser Einbeziehung in die von Musil gemeinte Endgestalt des Romans (wenn es denn eine solche sollte geben können), ist hier nicht beabsichtigt; der Überprüfbarkeit halber sind den Seitenzahlen 1045ff der Ausgabe von 1970 jeweils nach Schrägstrich die entsprechenden Seitenzahlen der nunmehr maßgeblichen kritischen Neuausgabe (Musil 1978) beigefügt. – Aus der Musil-Literatur sind, als besonders lehrreich, benutzt: Laermann 1970; Böhme 1974; sowie (bei abweichender Gesamtlinie) Schöne 1961.

2 In seinem Brief vom 21. 7. 1940 an den Zürcher Pfarrer Robert Lejeune, einen der wenigen Freunde des Exilierten in Genf; zitiert nach Musil (1957: 778).

schon längst als Lebenskrise seine letzten Jahre überschattete, im ὡς μή-Gestus der paulinischen Paränese von 1. Kor 7, 29-31 auf *das* Paradigma der Lebensform des »Mannes ohne Eigenschaften« gestoßen. Dieses ist es, welches er – offenbar unbekannterweise und gleichsam in einer Laienexegese – in dem Roman seines Lebens ausgelegt hat: in der minutiösen Beschreibung der Welt des »Seinesgleichen« (81 u. ö.), als deren inneres Jenseits Ulrich den »anderen Zustand« (766) sucht.

Die Welt des »Seinesgleichen« – das ist, um eine Formulierung Musils zu variieren, das »Kakanien« der »Parallelaktion« plus Ulrich minus Ulrich. Die »Welt von Eigenschaften ohne Mann« (150) und der Mann ohne Eigenschaften entsprechen einander – auf die grundlegende Bedeutung der Analogie für die Konstruktion des Romans wird in der Musil-Forschung vielfach hingewiesen – ebenso wie die sich in der Parallelaktion manifestierende Sucht nach der »ganz großen Idee« (95 f.) und die in Ulrich aufsteigende Erwartung: »wenn etwas für ihn aufbewahrt war, so mußte es etwas ganz anderes sein« (257).

1.2 Wenn ich hier nach der Lebensform des »Mannes ohne Eigenschaften« frage, so verbietet es sich, eine Antwort auf dem Wege narrativer Erklärung zu gewinnen. Und dies keineswegs nur aus Raumgründen (von Gesichtspunkten literarischer Qualität zu schweigen), sondern weil »die Geschichte dieses Romans (...) darauf hinaus(kommt), daß die Geschichte, die in ihm erzählt werden sollte, nicht erzählt wird« (1598/1937).

So notiert es sich Musil selber 1932, und auch seinen Helden Ulrich läßt er »bemerken«, daß »ihm dieses primitiv Epische abhanden gekommen sei«, jener Glaube an die Fiktion vom »Lauf« des Lebens, »woran das private Leben noch festhält, obgleich öffentlich alles schon unerzählerisch geworden ist und nicht einem Faden mehr folgt, sondern sich in einer unendlich verwobenen Fläche ausbreitet« (650).

Dieser Selbsteinschätzung Ulrichs folgend, wähle ich statt eines paraphrastischen Verfahrens den Zweischritt eines analytisch-synthetischen, das sich von der Nacherzählung einer Geschichte unterscheidet wie die Beschreibung eines Werkes nicht-gegenständlicher Malerei. Ob dieses Verfahren jener »Gestalt in einem Buch« gemäß ist, »von der alles Unwesentliche fortgelassen ist, damit sich das übrige magisch zusammenschließe« (592), und der gleich zu leben Forderung des Mannes ohne Eigenschaften an sich selber ist? Das wird sich zeigen müssen daran, wieviel sichtbar wird, wieviel verständlich von der fehlenden »Formel« (252), die das zunächst »Auseinandergefallene« sodann »von neuem zusammenzubringen« (594) imstande ist – der Lebensform *des* Mannes ohne Eigenschaften nicht zuletzt, der nicht im Buch vorkommt. Der im Buch zumindest, der Ulrich heißt, kennt das Verfahren schon von der »Maschine (...), die ihn in unpersönliche, allgemeine Bestandteile zergliederte« (159), ja es »begeisterte ihn« sogar:

»Das Wunderbarste daran war, daß die Polizei einen Menschen nicht nur so zergliedern kann, daß von ihm nichts übrigbleibt, sondern daß sie ihn aus diesen nichtigen Bestandteilen auch wieder unverwechselbar zusammensetzt und an ihnen erkennt.« (160)

Die auf dieser Basis gewonnene »Erkenntnis« lautet zwangsläufig ›unverwechselbar Seinesgleichen‹, und da es »für diese Leistung nur nötig (ist), daß etwas Unwägbares hinzutritt, das sie Verdacht nennt« (160), räume ich ein, daß auch meinem Verfahren ein Verdacht die Richtung weist: nämlich, der Mann ohne Eigenschaften, aber aus »unpersönlichen, allgemeinen Bestandteilen«, könnte auch als deinesgleichen, meinesgleichen zu »erkennen« sein. Also – »Ulrich (wird) befragt« (159): er, als Fall von ...

2.1 »Es ist nicht schwer, diesen zweiunddreißigjährigen Mann Ulrich in seinen Grundzügen zu beschreiben, auch wenn er von sich selbst nur weiß, daß er es gleich nah und weit zu allen Eigenschaften hätte und daß sie ihm alle, ob sie nun die seinen geworden sind oder nicht, in einer sonderbaren Weise gleichgültig sind.« (151)

Mit dieser zuversichtlich stimmenden Feststellung beginnt Musil das Kapitel, in dessen Verlauf er Ulrich in die wundersame zergliedernd-zusammensetzende Maschine geraten läßt, der zu entkommen dieser, der sich »für das Werkzeug zu einem nicht unbedeutenden Zweck, den er noch rechtzeitig zu erfahren hoffte« (151), hält, sich durch das rettende Schlupfloch einer Notlüge selbst ins Amt des »Sekretärs der großen patriotischen Aktion« (160) stürzt. Dieses Kapitel mit seinem großen Bogen zeigt drei »Grundzüge« Ulrichs und schließt sie zusammen in der Bestimmung »Geist«, dem, selbst als Figur der Herrschaft eingeführt, in der potenzierenden Personifikation Ulrichs als eines »Fürsten des Geistes« (152) sogleich seine Machtlosigkeit gegenüber der Objektivität des »eisernen Hebelwerks Staat« (156) demonstriert und allein seine Selbstinstrumentalisierung als Rettung angeboten wird.

2.1.1 »Es hat sich mit der Zeit eine gewisse Bereitschaft zur Verneinung in ihm entwickelt« (151) – Grundzug Nummer eins. Zum Beispiel Zuschauerhaltung und Berührungsangst: Führt sich Ulrich schon bei seinem ersten Auftritt im Roman ein als Zuschauer des Lebens, zu dessen »Gefilz von Kräften« (13) auf Distanz des Beobachters (dem nur mit Vorbehalt das Attribut »teilnehmend« beigelegt werden kann), so ist das Stehen »hinter einem der Fenster« (12) für alles Weitere Wesensbestimmung dessen, der »ein Charakter (ist), auch ohne einen zu haben« (150). Sofern Ulrichs Haus das Sichtbare seiner unsichtbaren Persönlichkeit ist, tautologisches Außen eines Innen, »Residenz für einen Residenten« (21), bringt das »Fenster« das Privative dieses Privatiers zur Erscheinung und zugleich das Scheinhafte der »Rettung der Eigenheit« (47) durch Privation: gerade indem es das Selbst durchsichtig werden läßt auf das von ihm Ausgegrenzte hin, macht es das Eingrenzende seines Ausgrenzens deutlich, und es präsentiert gleichwohl der Unbestimmtheit des Drinnen als einzige Bestimmung das Draußen. Aber eben nur *als* Ausgegrenztes ist das Draußen Bestimmung, welche den bestimmungssüchtigen drinnen »hinter dem Fenster« Stehenden lediglich als ›nicht-draußen‹ bestimmt:

»Seit langem blieb ein Hauch von Abneigung über allem liegen, was er trieb und erlebte, ein Schatten von Ohnmacht und Einsamkeit, eine universale Abneigung, zu der er die ergänzende Neigung nicht finden konnte« (59 f.).

Hinter dem Fenster – das ist Ulrichs Platz (im, oder richtiger:) gegenüber dem Leben: es ist der Platz desjenigen, der mit Anderem in Berührung kommen möchte, ohne sich auf es einlassen zu müssen; dem die Bewegungen des Äußeren (12: »die Geschwindigkeiten, die Winkel, die lebendigen Kräfte vorüberbewegter Massen . . .«) nur Anlaß für Bewegungen des Innern (12: ». . . die das Auge blitzschnell nach sich ziehen«; »Pendelbewegungen der Seele«) sind, und der bei allem »ein Mensch« ist, »der gar nichts tut« (12). Der Sehnsucht, die sich hier zu Wort meldet, verschlägt freilich Angst, die sich als wissende Enttäuschung gibt, die Sprache, und der Mann ohne Eigenschaften »wandte sich ab wie ein Mensch, der verzichten gelernt hat, ja fast wie ein kranker Mensch, der jede starke Berührung scheut« (13).

Sich-beziehen auf Anderes in der Weise des Sich-nicht-Beziehens ist Ulrichs Maxime. Mit dieser Distanzierung vom Anderen glaubt sich Ulrich obendrein der »atmosphärischen Feindseligkeit« seiner Zeit gemäß und zugehörig, in der »die tiefste Anlehnung des Menschen an seinen Mitmenschen in dessen Ablehnung besteht« (26). Und spät erst entdeckt er sich im Gespräch mit Agathe, daß auch alle seine Geliebten »eigentlich nur Beispiele (seines) Unvermögens (sind), in natürliche Beziehungen zu anderen Menschen zu treten. (. . .) im Grunde genommen, habe ich mir immer nur Geliebte ausgesucht, die ich nicht mochte –« (899).

Darum ist es auch kein Widerspruch zur Berührungsangst, sondern deren aufs Wirkliche gerichteter Ausdruck, wenn diese – explosiv – in manifeste Aggression gegen das berührbar Wirkliche umschlägt: »Er wandte sich ab (. . .), und als er, sein angrenzendes Ankleidezimmer durchschreitend, an einem Boxball, der dort hing, vorbeikam, gab er diesem einen so schnellen und heftigen Schlag, wie es in Stimmungen der Ergebenheit oder Zuständen der Schwäche nicht gerade üblich ist.« (13)

Vergewissert sich doch so das Innere des Äußeren – aber nur in Form dessen unbestimmter Negation: nicht das wirkliche Andere ist es, worauf sich das sich zurückhaltende Ich vorbereitet, sondern »etwas ganz anderes« (257), dessen Möglichkeitscharakter die bestimmte Beschränktheit des Wirklichen außer sich läßt. Jedoch weniger noch, Wirkliches zu berühren, ängstigt den Berührungsängstlichen, als vielmehr, vom Wirklichen berührt zu werden, das heißt selber als bloß Wirkliches fixiert, identifiziert und der seligen Unendlichkeit des inneren Möglichen beraubt zu werden. Darum auch kann sich Berührungsangst zum klaustrophoben »Unbehagen« verdichten, das Ulrich in der »leuchtenden, schaukelnden Schachtel«, der Straßenbahn, befällt und sich erst »in dem größeren Menschenbehältnis der Stadt« zu »Heiterkeit« (360) wandelt wie dem Philobaten der Balintschen Typenlehre in seinen »freundlichen Weiten«[3].

3 Balint 1972: 30 u. ö.

Die Ersetzung von Zeitbestimmungen durch solche des Raumes macht hier die (im Roman durchweg vorherrschende) Auszeichnung der Dimension des Raumes vor der der Zeit bemerkbar – der Zeit, die, als Weltgeschichte wirklich werdend, das claustrum dieser Phobie ist und der Ulrich vergeblich zu entkommen sucht. »Empört« er sich in der Straßenbahn gegen das »Der Geschichte zum Stoff dienen« (360), so wird sein Fußweg nach Haus, auf dem er sich »ein wenig (vergeht)« (362), Gleichnis für den »Verlauf der Weltgeschichte«, in dem »ein gewisses Sich-Verlaufen (liegt)« (361). Aber auch sein Haus ist nicht das sichere Refugium: zwar gibt es sich, mit dem »etwas verwackelten Sinn« (12) aus Überdetermination durch verschiedene Baustile in seinem Erscheinungsbild zeitdimensional unbestimmt, als der unberührbare Innenraum des zeitflüchtigen Zuschauers – der aber (pars pro toto: das Fenster) bleibt bezogen aufs und einbezogen ins eindringende Außen.

Im Hause wird Ulrich also bereits von der Weltgeschichte erwartet, der er sich zu entziehen wünscht und die gleichwohl »bereit« steht, »ihn zu verschlingen« – diesmal nicht »in Gestalt einer einflußreichen Dame von unbeschreiblicher geistiger Anmut« (91), sondern in Form des »üblichen Haufens von Schriftstücken« (363) der Parallelaktion. Die Flucht muß weitergehen (363: »Ulrich schob das Paket wirklicher Welt zurück«) bis ins Imaginäre, wo »Zimmer, Haus, Zeitgefühl verschwunden« (364) sind. In diesem Raum erst ist die Flucht vor der Zeit am Ziel, wo Geschichte – prinzipiell jenseits allen »Mitmachens« (360) – sensu strictiori »gemacht«, das heißt »erfunden« werden kann (362): im »Programm, Ideengeschichte statt Weltgeschichte zu leben« (364). Im Ertrotzen des Möglichen, der Forderung, »man müsse die Wirklichkeit abschaffen« (365), gewinnt die »Bereitschaft zur Verneinung« (151), Ulrichs prinzipieller Nonkonformismus, die radikale Form, »Drang zum Angriff auf das Leben und zur Herrschaft darüber« (592) zu sein.

Im Innenraum des Möglichen Herr über das Wesentliche zu sein, soll dem Zuschauer des bloß Wirklichen seine abständige Position sichern – aber wenn das Sehen reziprok wird, der Sehende gesehen, der im Möglichen sich bewahrende Zuschauer als Nicht-Mitmacher des Wirklichen ertappt wird, schmilzt der als Selbstschutz vermeinte Abstand widerstandslos dahin. Heinrich hat die Dialektik des Nein-sagens als Vollzug und Kriterium gelingender

Identifikation entfaltet und gezeigt, daß das Nein-sagen zu allem und jedem ein ins Leere treibender Versuch des Nein-sagenden ist, sich über das Verneinte zu erheben, der unversehens umschlagen muß in hemmungslose Unterwerfung unter das, was zuvor als bedrohlich galt[4]. Hatte Ulrich sich um der »Rettung der Eigenheit« (47) willen dem Wunsch seines um des Sohnes Fortkommen besorgten Vaters verschlossen (91) und war im Abschied von den Berufsrollen, Privatier im Schlößchen, verharrt, so bedurfte es doch nur der Zufälligkeit einer Festnahme, um seine prinzipielle Nicht-Beteiligung zu brechen: Als er, »innere Autorität des Geistes«, von der »äußeren Autorität des Wachtmeisters (. . .) nach seinem Beruf gefragt, ›privat‹ angab« und fürchtet, die Ratlosigkeit des Ordnungsorgans werde ihn als ›sozial ortlos‹ (»obdachlos«) subsumieren, flieht er unter den Schirm der bequemeren Subsumtion, »Freund des Grafen Leinsdorf und Sekretär der großen patriotischen Aktion« (160) zu sein – den unvermeidlich-gemiedenen Schlund des Seinesgleichen. Den er nun kraft seines »zehnten Charakters« (34) zu unterleben suchen muß – in der Existenz eines Swinegels verkehrt: »ik bün al nich mehr do«.

2.1.2 Ulrich »hätte« es – Grundzug Nummer zwei – »gleich nah und weit zu allen Eigenschaften«, doch sie sind ihm »in einer sonderbaren Weise gleichgültig« (151). Dieses Vermögen der Selbstverwirklichung in einander Konträrem begründet die spezifische Äquilibristik eines »Möglichkeitsmenschen« (16), gleichsam – mit einem vom Ulrich kongenialen Ausdrucksverleiher Marquard geborgten Ausdruck – »die Kunst, es nicht gewesen zu sein«[5]. Ein solcher, dem, wie Ulrich, »alle Grundsätze zur Verfügung (stehen)« (19), wird mit ihnen spielen (vgl. 560), hypothetische Handlungs- und Gefühlssequenzen entwerfen (vgl. 1128/1217), mit ihnen Gedankenexperimente veranstalten im Lebens-»Laboratorium« Welt, »wo die besten Arten, Menschen zu sein, durchgeprobt und neue entdeckt werden müßten« (152). In Wirklichkeit wird er mit keinem Ernst machen, denn »eine Stimme« – die des »zehnten Charakters« (34) – »flüstert« hinter jedem solchen Versuch, mit dem Versuchen aufzuhören: »Unsinn!« (1244/1128) Gleich einer Zwangsvorstellung, in jedem Eingang nur den möglichen Ausgang

4 Vgl. Heinrich 1964: 40 u. ö.
5 Marquard 1972: 73.

zu sehen, begleitet die Bereitschaft zum Dementi eine jede Behauptung Ulrichs, durch die er auf etwas Bestimmtes festgelegt werden könnte, wobei das Dementi der entsprechenden Behauptung al pari steht, was beider Unwahrheit angeht. (Wie schon in Ulrichs Polizeiverhör, wo sich der Mann ohne Eigenschaften mit einer fremden Eigenschaft tarnt (160): nur als ein anderer, als er ist, in der Eigenschaft eines Jemand – Umkehrung der List des Odysseus bei Polyphem – entkommt er der Gefahr, in seiner wesentlichen Eigenschaftslosigkeit erkannt und als der ›ganz andere‹ einer ›Welt von Eigenschaften‹ sistiert zu werden.)

Denn Wahrheit – so die Auffassung des Romans – entzieht sich gerade prinzipiell bestimmtem Behaupten ebenso wie der Möglichkeitsmensch bestimmenden Eigenschaften. Darum verharrt Ulrich, in sich selber ohne Weg und Ziel, unentschieden lebend (153) angesichts der möglichen wirklichen Eigenschaften im Warten auf die wahre mögliche, in der er »sich (...) vollständig ausdrücken kann« (1245/1129); jene nämlich sind auf diese nur negativ bezogen wie die »einander entgegengesetzten Unwahrheiten« auf die Wahrheit, die in solche »zerlegt auf die Welt kommt« (490). Sein »Möglichkeitssinn« – definiert als die »Fähigkeit (...), alles, was ebensogut sein könnte, zu denken und das, was ist, nicht wichtiger zu nehmen als das, was nicht ist« (16) – läßt ihn die Wirklichkeit auch seines zeitlichen Lebens sub specie aeternitatis sehen, gleichsam mit dem Auge des nominalistischen Schöpfergottes, der »die Welt (macht) und denkt, es könnte alles ganz anders sein« (19). Wie vor dem Auge dieses Gottes die wirkliche und im wechselnden Werden ihrer Gestalten sich als »Wirklichkeit« selber abschaffende (289; vgl. 1245/1129) Welt nur eine gleichgültige Version der in seinen »noch nicht erwachten Absichten« (16) verbliebenen möglichen ist, so gilt dem Möglichkeitsmenschen, der, mit diesem Auge sehend, »gleichsam den Wald (will)« (17), ein Baum gleich, das heißt gleich wenig wie der andere.

Da also Eigenschaften, einmal auf die Welt gekommen und damit wirklich, untereinander nichts voraushaben und allen im gleichen Maße Möglichkeit abgeht, kann Ulrich sich getrost welche zuteilen lassen und vom »Genie seiner Lieferanten« (21) die »Einengung« erwarten, die »menschliche Begabung« (481) zu ihrer Entfaltung braucht. Daß er, der auf »etwas ganz anderes« (257) wartet, sich auf diese Weise dem Bestimmtwerden durch die Welt des Seinesgleichen ausliefert, ist nur der Schein einer Inkonsequenz, denn die so gestifteten »Beziehungen zur Welt« sind »blaß, schattenhaft und verneinend« (265) – das »Unwesentliche«, aus dem Geschichte entsteht und aufgrund dessen »geschieht, was keinen rechten Grund hat« (134). Indem sich der Möglichkeitsmensch nach außen der Wirklichkeit fügt, verkehrt sich auch das logische Prius der inneren Ganzheit (215: »ein Mensch zu sein«) gegenüber der äußeren Zerteilung nach Eigenschaften ins faktische Prae des Allgemeinen gegenüber dem Einzelnen, die Abhängigkeit des »Wert(es) einer Handlung oder Eigenschaft (. . .) von dem bald so, bald anders beschaffenen Ganzen, dem sie (angehören)« (250).

Es bleibt ihm aber gegenüber diesen fremden Eigenschaften, die »mehr zueinander als zu ihm« (148) gehören, die »Freiheit des Innern«, »daß man sich alles denken kann, daß man in jeder menschlichen Lage weiß, warum man sich nicht an sie zu binden braucht, und niemals weiß, wovon man sich binden lassen möchte« (265) – wesentliche Eigenschaftslosigkeit, Substanz ohne Akzidenzien. Wer er ist, aus »Eigenschaften ohne Mann« (150) synthetisiert, das ist nicht der, als den er sich meint, und als wen er sich meint, das weiß er nicht – es schwebt ihm nur vor, »schatten- und traumhafter« (592), als »etwas schwer Ausdrückbares« (17): etwas, das nicht wirklich ist, sondern »abstrakt« und darum gerade Ort des »Wesentlicheren« (69) wie der »Mittelwert« extremer statistischer Größen, auf den allein »(es an)kommt« (491); eine ausgesparte Unbestimmtheit in den äquidistanten Mitte eines Kranzes bestimmter aber gleichgültiger Eigenschaften. Oder, wie Clarisse Ulrich unwidersprochen interpretiert: ». . . wenn man uns aufschneiden würde, so würde unser ganzes Leben vielleicht wie ein Ring aussehen, bloß so rund um etwas (. . .) Ich meine, in seiner Mitte ist doch nichts, und doch sieht er genau so aus, als ob es ihm nur darauf ankäme.« (369) Was schwebt Ulrich vor? ›Etwas‹ – das heißt: ›nichts‹. Also er selbst.

2.1.3 »Ich liebe mich einfach selbst nicht« lautet der Gedanke, der Ulrich unversehens (er »wußte selbst nicht warum«) als Antwort auf sein Existenzproblem – »warum lebte er also unklar und unentschieden?« (153) – überwältigt. Unlebendig und immer unlebendiger werdend (»dieser langsam erkaltende, lächerliche Tropfen Ich«; 153), doch zugleich voller Sträuben gegen diesen

Verhärtungsprozeß (». . . der sein Feuer, den winzigen Glutkern nicht abgeben wollte«; 153), verharrt der Möglichkeitsmensch unentschieden wie Buridans Esel zwischen konträren Lebensweisen, von denen er sich angezogen fühlt und sich doch befremdet fernhält in der Furcht, um sein Eigenstes gebracht zu werden. Ist ihm doch die Voraussetzung fremd, an die der »Besitz von Eigenschaften« gebunden ist: die »Freude an ihrer Wirklichkeit« (18). Das Ich, das nicht zu »lieben« er sich »traurig« (153) eingestehen muß, ist das Ich, das er *werden* müßte – er aber will Ich *sein*. Daß er sich so aufs Ich versteift, stricte Individuum sein will, zwingt Ulrich, a-sozial und ineffabile zu bleiben (153: »was ihn in eine abgeschiedene und unbenannte Daseinsform bannte«), entspricht aber allein der Absicht, die ihn »Urlaub von seinem Leben« (47) nehmen ließ. Der Entschluß zur Nicht-Definierbarkeit kostet freilich den Preis der Verwechselbarkeit wie etwa der zwischen dem privatgelehrten reflecteur und einem asozialen Nichtstuer (160), so daß die Absicht nicht als die gemeinte ausgeführt werden kann, sondern nur als ihr Gegenteil. Grundzug Nummer drei lautet also: Erhaltung des Selbst als Preisgabe des Selbst.

Daran lassen sich fünf Momente unterscheiden, die im folgenden namhaft gemacht werden sollen. Zunächst: (a) Ulrichs spezifische Anspannung, sich aufs (mögliche) Handeln vorzubereiten, in der er peinlich darauf bedacht ist, nicht (wirklich) ins Handeln überzugehen. Seine häusliche Gymnastik soll seinen »Leib in dem Zustand eines Panthers (. . .) erhalten, der jedes Abenteuers gewärtig ist« (46), und genau so »betrachtet« er »die Wissenschaft als eine Vorbereitung, Abhärtung und Art von Training« (ebd.). Von der Mathematik – letzte Station in der Kostümprobe der Berufsrollen, seiner »Versuche, ein bedeutender Mann« (35) zu werden – läßt er freilich enttäuscht ab, als er erkennt, daß die dort gebotene Formation des Geistes ihn nicht über die Skala abstrakt-allgemeiner Leistungsnormen erheben kann, der gemäß auch ein Rennpferd als »genial« (44) gilt; er nimmt »Urlaub von seinem Leben (. . .), um eine angemessene Anwendung seiner Fähigkeiten zu suchen« (47), nämlich »seine Tat«, zu der er »berufen« ist (151). Der Rückzug der sich Vorbereitenden führt ins Nichts-tun, welches ein Tun-wollen ist im Bewußtsein eines Tun-könnens, das, selber unbestimmt, nur noch kein Objekt hat. Der sich Vorbereitende »zögert (. . .), aus sich etwas zu machen« (250), er

»(wartet) hinter seiner Person, sofern dieses Wort den von Welt und Lebenslauf geformten Teil eines Menschen bezeichnet« (256). Wartend »wie der Gefangene von Vorbereitungen (...), die nicht zu ihrem eigentlichen Ende« kommen (593), sucht das Ich seine Potenz zu erhalten, eines Unendlichen mächtig zu sein, und ihm geht »darüber das Gefühl der Notwendigkeit aus« (593), die mit der Endlichkeit des Ich verschwistert ist.

Die Nähe dieser Haltung zu den Allmachtsphantasien des primären Narzißmus ist deutlich; dessen »ozeanischem Gefühl« entsprechen hier im Roman die zahlreichen Flüssigkeitsmetaphern, die (b) eine Entgrenzung des Ich und zugleich eine De-Humanisierung seines Lebensvollzuges indizieren. Nicht nur ist das »Gefühl (...), eine feste Haut um mich zu haben«, bei Ulrich »nicht sehr stark entwickelt« (289), sondern in noch tieferer Regression phantasiert er sich um zum »Tröpfchen« in der »Muttermuschel« (152). Und seinen ehemaligen Jugendfreund Walter, dessen lebensuntüchtigen Ganzheits-Idealismus zu teilen er sich nicht ohne stilles Heimweh danach versagt hat, »ärgert« (218) Ulrich mit der zeitgemäß zynischen Feststellung: »Es steht nicht mehr ein ganzer Mensch einer ganzen Welt gegenüber, sondern ein menschliches Etwas bewegt sich in einer allgemeinen Nährflüssigkeit.« (217)

Und das Gefühl schließlich, daß »das im Ganzen Beharrende« »so vollständig und fertig (sei), daß man ein überflüssiger Nebel daneben ist« (130), verdichtet sich (c) zum Bewußtsein einer Depotenzierung des Ich durch das Äußere, dem es nicht mehr »als ein Souverän, der Regierungsakte erläßt«, gegenübersteht, sondern das seinerseits auf es übergreift: »Gesetze der Persönlichkeit« lassen, was sich als autonomes Subjekt noch vorkommen mag, Objekt neben andern werden und »die Persönlichkeit bald nicht mehr sein als ein imaginärer Treffpunkt des Unpersönlichen« (474). Es ist dies ein Bewußtsein, auf dessen antitranszendentalistische Pointe nicht nur der mit einer Arbeit über Ernst Mach promovierte Musil seinen Helden, den urlaubenden Mathematiker Ulrich den positivistischen Gemeingeist der zeitgenössischen Wissenschaft bringen läßt – vielmehr reflektiert sich darin, hinter beider Rücken am Werke, der Durchgriff der bürgerlichen Gesellschaftsformation, die Lebendiges dem Toten subsumiert, auf die vermeintlichen reservations der schönen Seele. (Daß damit der Roman selbst und sein – »sich von der Welt (freihaltender)« (250) Held noch in der Weise ihrer Erkenntnis dieses Durchgriffs dessen

Ausdruck sind, muß unten noch einmal aufgenommen werden.) Diesem letzteren verdankt es sich auch, wenn das Gleichnis von der Marionette aus Kleists berühmtem Aufsatz[6] bei beibehaltener Intention, die Herrschaft des Bewußtseins zu relativieren (29: »kleinster Lichtstrahl von Überlegung«), aus Ulrichs Mund nur mit Vertauschung des determinans zwischen »Gliedern« und »Seele« (Kleist) kommt: »die Muskeln und Nerven fechten mit dem Ich; dieses aber, das Körperganze, die Seele, der Wille, diese ganze, zivilrechtliche gegen die Umwelt abgegrenzte Haupt- und Gesamtperson wird von ihnen nur so obenauf mitgenommen« (28 f.).

Damit ist (d) die Fremdbestimmung des um seine Selbstbestimmung gekommenen Ich zugegeben. Wie »Geschichte (...) ohne Autoren (...) nicht von einem Zentrum her, sondern von der Peripherie (entsteht)« (360 f.), so sind sich auch die Menschen, von denen sich »die Erlebnisse (...) unabhängig gemacht haben« und »aufs Theater (...) in die Bücher, in die Berichte der Forschungsstätten und Forschungsreisen (gegangen sind)«, (150) in Wirklichkeit selbst äußerlich, wie ein »Mann, der zu ihnen gekommen ist, dessen Leben sich in sie eingelebt hat« (131). »Es ist etwas mit ihnen umgegangen wie ein Fliegenpapier mit einer Fliege (...) und hat sie allmählich eingewickelt, bis sie in einem dicken Überzug begraben liegen, der ihrer ursprünglichen Form nur ganz entfernt entspricht.« (131)

Was Ulrich in Form dieser Gedanken durch den Kopf geht, ist das Allgemeine seiner Zeit, aber »natürlich berührte ihn«, der sich diesem wenigstens um das Besondere seiner inneren Distanz überhoben glaubt, »alles das auch persönlich« (132). Und so ist er auch betroffen, wenn Arnheim diese Gedanken fortsetzt mit Überlegungen, die die »Schöpfungskraft der Oberfläche, verglichen mit dem unfruchtbaren Eigensinn des Gehirns« (408), bewundern: Arnheim, der Vertreter der »neuen Zeit« (58), die den zweideutigen Stillstand Kakaniens, das »sich selbst irgendwie nur noch mitmachte« (35), an sich schon überholt hat im Machen einer eindeutigen, der »kommenden Entwicklung« (407); für den »diese heraldischen Herrschaften, die sich nicht einmal selbst erhalten können (...), im Grunde genommen in einen Naturschutzpark (gehören)« (406); der seine Aufgabe diesseits aller schöngeistigen

6 Vgl. Kleist 1810: 72f. 74.

Oszillation der Seele (380 ff.) darin sieht, der »heraldischen Herrschaften« unzeitgemäße Parallelaktion auf ihren rationalen Kern zu bringen, wobei dic von jenen krampfhaft gesuchte »erlösende« Idee für ihn »in sympathischer Weise mit der Vorstellung gesteigerten Umsatzes zusammen«hängt (409) – er betreibt »die Entthronung der Ideokratie, des Gehirns, die Verlegung des Geistes an die Peripherie« (408). Diese zeitgemäße »Verlegung des Geistes« an die Oberfläche, in die Zirkulationssphäre (Marx), fügt zur bloß zugegebenen Fremdbestimmung des Ich – welches, »sich von der Welt (frei haltend)« (250), sich selbst erhalten will und doch, von sich als »man« redend, »seiner eigenen Zeit nicht böse sein (kann), ohne selbst Schaden zu nehmen« (59) – deren Affirmation.

Darin vollendet sich die Selbsterhaltung-als-Selbstpreisgabe: (e) Selbstsubsumtion des sich im Innen ver-haltenden Ich unters Äußere, die Austauschbarkeit des Seinesgleichen. »Die Sache hat uns in der Hand« (32) – mit diesem Satz formuliert Musil in einem der ersten Kapitel des Romans das Prinzip der (als Arnheimsche Utopie eines höchst rationalisierten Umsatzes von Menschen wie Dinge lesbaren) »überamerikanischen Stadt« (31), die ihm Folie und Rahmen für den Entwurf der widersprüchlichen Szenerie Kakaniens abgibt. Daß dieser Satz als Rahmen auch für die Existenz des Mannes ohne Eigenschaften gilt, bestätigt sich, indem Ulrich im Kapitel »Heimweg« (unmittelbar vor dem Übergang zum Dritten Buch) bemerkt, daß er sein »privates« Leben nicht mehr in Form einer biografisch erzählbaren Identität auffassen kann, sondern nur, gleichsam als selber »öffentliches«, wie es »sich in einer unendlich verwobenen Fläche ausbreitet« (650). Weder die innere Trennung von der Parallelaktion (596) noch der Entschluß, das Angebot Arnheims zum Eintritt in dessen Firma (640) auszuschlagen (648), hat diesen Rahmen sprengen können. Daß auch der Weg »Ins Tausendjährige Reich« (so der Titel des Dritten Teils) über diesen Rahmen nicht hinausführt, bedarf noch des analytischen Aufweises. Zuvor jedoch ein erster synthetischer Schritt.

2.2.1 Der Geist der Zeit, »deren Geist einem Warenmarkt gleicht« (407): der Geist der »Gegenwart«, die einen »Menschenschlag« wie Ulrich »hervorgebracht« (64) hat; der Geist, der die Welt synthetisiert wie in einem Laborversuch und sie wieder auflöst um anderer Möglichkeiten willen, so daß unklar schillert (39 f.), ob sein Name der des Schöpfers oder des Teufels (153: »er bringt durcheinander«) ist; der Geist, der das menschliche Ich herabsetzt zum »erkaltenden Tropfen« an den »Wänden der Welt« (153) – das ist, unschwer zu erkennen, der Geist des Funktionalismus.

Die Nähe zum Funktionalismus ist zwar sachlich begründet, aber die Dichte und Breite der Berührung Musilscher Reflexionen mit der Theorie Niklas Luhmanns, der gegenwärtig maßgeblichen Version des sozialwissenschaftlichen Funktionalismus, gleichwohl frappierend. Ich illustriere, was auch nur einigermaßen vollständig vorzuführen hier unmöglich ist, an einigen Parallelen. Was bei Musil heißt: »Mit großer und mannigfaltiger Kunst erzeugen wir eine Verblendung, mit deren Hilfe wir es zuwege bringen, neben den ungeheuerlichsten Dingen zu leben und dabei völlig ruhig zu bleiben (...) Wir sind imstande, zwischen einem offenen Himmelsabgrund über unserem Kopf und einem leicht zugedeckten Himmelsabgrund unter unseren Füßen, uns auf der Erde so ungestört zu fühlen wie in einem geschlossenen Zimmer. (... D)ie wichtigsten geistigen Vorkehrungen der Menschheit dienen der Erhaltung eines beständigen Gemütszustands (...) inmitten der fast unendlichen Unbekanntheit der Welt (...)« (526 f.) – das lautet bei Luhmann prosaisch: »In gewissem Sinne beruht demnach alle Struktur auf Täuschung – auf Täuschung über die wahre Komplexität der Welt.« Dafür ist »zweierlei wesentlich: ein gewisses Maß an funktionaler Latenz, die eine Reproblematisierung der Struktur unterbindet, und eine Bereitstellung von Mechanismen, die den Umgang mit den unvermeidlichen Enttäuschungen regeln.«[7]

Und Luhmanns These zur Vergleichgültigung konkret erlebter Zeit durch Mobilisierung ihrer abstrakten Modi – »Die Gegenwart versteht sich als Vergangenheit künftig-kontingenter Gegenwarten und wählt sich selbst als Vor-Auswahl im Rahmen künftiger Kontingenz.«[8] – hat ihr Gegenstück bei Musil: »Wenn man bloß ein bißchen achtgibt, kann man wohl immer in der soeben eingetroffenen letzten Zukunft schon die kommende Alte Zeit sehen« (132); oder: »Zwei Wochen später war Bonadea schon seit vierzehn Tagen seine Geliebte.« (30)

Schließlich: Wenn Luhmann schreibt: »Der Entscheidungsvorgang kann dadurch reflexiv gemacht werden, daß die (vorläufig

7 Luhmann 1967d: 120.
8 Luhmann 1973i: 123.

endgültige) Entscheidung als ein kommunikativer Akt besonderer Art veräußerlicht und verselbständigt wird. In dieser Form kann sie dann Gegenstand zeitraubender vorheriger Überlegungen und Beratungen sein (, . . .) kann arbeitsteilig organisiert werden (. . .). Man kann dann nicht nur entscheiden, wie, sondern auch, wann man entscheiden will, ja man gewinnt sogar die Möglichkeit, zu entscheiden, nicht zu entscheiden.«[9] – so ist das mehr als ein verallgemeinernder, in der Beharrungskraft des Bürokratie-Jargons mit der gräflich Leinsdorfischen Formel »vorläufig definitiv« (226) punktgenau kongruierender Kommentar zur Parallelaktion, die quasi fachgerecht Aktivität mittels Aktenproduktion vermeidet (363). Es enthält vielmehr in nuce dasselbe naturalisierende Paradigma von Geschichte, das Ulrich, provoziert durch diese neuerliche Berührung mit der Wirklichkeit, als Theatermodell ent- und verwirft. Wie die Instanzen der Parallelaktion nicht ›wünschen‹, sondern »als erwünscht (. . .) erachten« (363), so ist Geschichte das Welttheater, in dem »man liebt, weil und wie es die Liebe gibt« (364): Eintritt von Körpern in vor(her)gesehene Konstellation (250: ». . . alle moralischen Ereignisse (fanden) in einem Kraftfeld statt, dessen Konstellation sie mit Sinn belud«). Sogar noch dies, daß ›Schicksal‹, jene astrologische Bedeutung von ›Konstellation‹, in der entgötterten Mythologie der bürgerlichen Gesellschaft zu ›Zufall‹ abgeblaßt ist (vgl. 904), ist als Wissen in die Sprache der Administration von Geschichte inkorporiert; drückt deren Zweigliedrigkeit doch (so Luhmann) jene reflexive Distanz aus, die dem Entscheider erlaubt, das Entschiedene als kontingent zu behandeln.

Die Parallelbeispiele ließen sich nahezu beliebig vermehren; unbestritten wird jedoch die Frage nach dem bei Musil wie Luhmann leitenden Zusammenhang, den diese Parallelen vermuten lassen, durch Aufzählung dieser Beispiele weniger beantwortet als vielmehr durch deren Disparatheit erst recht gestellt. Wenn der Geist des Funktionalismus der Geist der Zeit ist, die eine »Welt von Eigenschaften ohne Mann« samt dem zugehörigen Mann ohne Eigenschaften hervorgebracht hat, so müssen die oben analysierten »Grundzüge« Ulrichs als solche der Welt des »Seinesgleichen« auf Grundfiguren der gesellschaftstheoretischen Konzeption Luhmanns zurückbeziehbar sein: was nun an der Passage über den

9 Luhmann 1966b: 98.

»Geist« (aus dem schon für die Ulrich-Analyse als Ausgangspunkt benutzten Kapitel) gezeigt werden soll.

Denn Ulrich, der »von etwas gezwungen (wird), gegen sich selbst zu leben, obgleich er sich scheinbar ohne Zwang gehen läßt« (151 f.), unterliegt »dem Zwang zu jenem Binden und Lösen der Welt, das man (...) Geist nennt« (153).

So vollzieht er wissend mit, was dem zur Parallelaktion exaltierten ›Seinesgleichen‹ bewußtlos »passiert« (35).

Der Geist »bringt durcheinander, löst auf und hängt neu zusammen« (153): Diesem zeitlosen Wesen, welches »den Jahrhunderten (abzulernen)« (153) versteht, der »so erfahrenen Person, wie es die Menschheit ist« (251), gelten »gut und böse« nur als »Funktionswerte« (37), »die von dem Zusammenhang abhängen, in dem sie sich befinden« (153). Mag dieser Zusammenhang auch ein historisch variabler sein, in dem »Laster zu Tugenden und Tugenden zu Lastern werden können« (153), und Ulrich als ein »fahrlässiger Bewußtseinszustand der Welt« erscheinen, der von einem »einheitlichen Lebensgefühl« abgelöst gehörte – so beginnt dieser doch schon Wirklichkeit zu werden in einer in funktionale Subsysteme differenzierten Gesellschaft, die »Kirchen (baut) und gegen die Kirchen wieder Universitäten« (27). Kakanien selbst, die »unmögliche, aber wirkliche« (369) Vereinbarkeit des Unvereinbaren in seinen »Gliedern, die einander mit vereinten Kräften hindern, etwas zu sein« (451), ist als gesellschaftliche Wirklichkeit Entsprechung des Wissenden – Ulrichs gemäß Grundzug Nummer zwei – und zugleich des funktionalistischen Prinzips, »alle Substanzen in Funktionen aufzulösen und alles, was ist, mit anderen Möglichkeiten zu vergleichen«, was zu einem »grundbegrifflichen Bezugsrahmen« führt, »mit dem (sc. der Funktionalismus; F. S.) diesen Anforderungen äußerster Komplexität gerecht werden kann«[10]. Damit ist Ansatz und entfaltete Form des »Geistes« angedeutet.

Das Umdenken von Substanzen auf Funktionen ist ein Verfahren der Abstraktion, und indem der Geist es beherrscht, teilt er Ulrichs Grundzug Nummer eins, die »Bereitschaft zur Verneinung« (151). Abstraktion des konkreten Seienden auf zu ihm verbundene, aber gegenüber diesem Verbundensein indifferente Merkmale soll, so Luhmann, nicht deren Gleichheit-an-sich her-

10 Luhmann 1967a: 72.

ausarbeiten, sondern die Gleichheit einer Relation: äquivalente Verbindbarkeit zu anderem. Der Geist »weiß, daß die Schleimhaut der Lippen mit der Schleimhaut des Darms verwandt ist, weiß aber auch, daß die Demut dieser Lippen mit der Demut alles Heiligen verwandt ist (...) Er anerkennt nichts Unerlaubtes und nichts Erlaubtes, denn alles kann eine Eigenschaft haben, durch die es eines Tages teil hat an einem großen neuen Zusammenhang.« (153 f.)

Er »haßt (...) alles, was so tut, als stünde es ein für allemal fest« (154), mobilisiert es prinzipiell, also nach allen Richtungen, mit dem Effekt, daß das Omniversum des Veränderlichen in seiner Gänze den Schein der Unveränderlichkeit restituiert, freilich, nun als »bewegliches Gleichgewicht, das in jedem Augenblick Leistungen zu seiner Erneuerung fordert« (252). Und so endet »der große Jenachdem-Macher« (154), treffen sich die bewegte Unbeweglichkeit Kakaniens und der innerlich emigrierte Mitmacher Ulrich in Luhmanns »weder Wahrheit noch Werte« vertretendem »Konservativismus aus Komplexität«[11].

Denn »jeder Fortschritt ist ein Gewinn im Einzelnen und eine Trennung im Ganzen; es ist das ein Zuwachs an Macht, der in einen fortschreitenden Zuwachs an Ohnmacht mündet, und man kann nicht davon lassen« (154): Dem objektiven Zwang der Welt, die sie – im Behandeln und Bedenken – zu beherrschen suchen, in der es »immer mehr Ordnungen und immer weniger Ordnung« (379), nur noch »Komparativ« statt »Superlativ« (94) gibt, gehorchen, in und von dieser Welt lebend, schließlich alle – gemäß Ulrichs Grundzug Nummer drei. »Ein von Verantwortung durchdrungener Geist« wie Graf Leinsdorf, dessen falsches Selbstbewußtsein, die Parallelaktion zu *leiten*, unaufhaltsam zur Konzession seines wirklichen Gegenteils umgeformt wird, kann sich schon früh der Erkenntnis nicht verschließen, daß »die sachlichen Zusammenhänge (...) ihre eigene Vernunft (haben)«, die mit der »schönen Einfachheit der Überlieferung« (99) nicht zu erfassen ist. Ulrich, der Geist, der stets verneint, verifiziert seine aus der systemperspektivischen Sicht des Beobachters der scheinhaften Äquilibristik des Seinesgleichen gewonnene These, »wirklicher Fortschritt« sei, »was keiner wollte« (483) und er erst recht nicht, im eigenen Unterschlüpfen unters Dach der Parallelaktion. Und

11 Luhmann 1968d: 76.

Luhmann, der konzeptionell genötigt ist, Reduktion von Komplexität durch Steigerung von Komplexität zu leisten, überlastet sich mit Komplexität, in deren adäquater Erfassung die Theorie sich ›festfährt‹ und in experimentierender Theorieumbautechnik hochtourig ›durchdreht‹, hineingerissen in die Möglichkeitssucht des selbstentworfenen Omniversums.

Ich fasse zusammen. Der ihnen gemeinsame Möglichkeitssinn führt den Mann ohne Eigenschaften und den Funktionalisten Luhmann zusammen in der grundlosen Grundannahme der Veränderlichkeit der Welt um den Preis konzeptioneller Vergleichgültigung und faktischer Affirmation ihrer bestehenden Gestalt. Funktionale Analyse im Sinne Luhmanns geht nicht darauf aus, Kausalbeziehungen festzustellen; sie setzt sie vielmehr voraus, um, von der Eindeutigkeit ihres wirklichen »wenn ..., dann ...« abstrahierend, den strukturierten Möglichkeitsbereich eines »wenn ..., dann ... oder... oder usw.« dem Vergleich zugänglich zu machen. Sie dient damit der Disziplinierung der Phantasie wie die von Ulrich geforderte »phantastische Genauigkeit«, die sich »an die Tatsachen hält« (247) und dabei, statt kausal erklärend – denn »in unserem wirklichen (...) Leben (...) geschieht immer das, was eigentlich keinen rechten Grund hat« (134) – sich ans Vergleichen macht (wie der Roman in Überfülle belegt). Wenn Ulrich die Anarchie der Oberfläche (das »Fortwursteln«; 216), die Fortschritt und Weltgeschichte heißt, in die Formel zusammenfaßt »als glitte das eine Bein der Welt immer zurück, wenn sich das andere vorschiebt« (27), so drückt Luhmann die »Reverenz, die der Soziologe der Geschichte (...) zu erweisen hat, (...) in einer einzigen Formel für die Praxis« aus: »Nichts zu ändern, es sei denn, daß dem zu ändernden Zustand all seine Funktionen abgetauscht werden können«[12].

Indem Luhmanns Funktionalismus Gründe selbst als Phänomene, nämlich als variabel, behandelt, ist er radikale Theorie einer Oberfläche, die sich von Gründen aus »Vernunft« und »Herrschaft emanzipiert«[13] glaubt; damit überholt der Theoretiker der Kontingenz den Zuschauer des Seinesgleichen, in dem »das Prinzip des unzureichenden Grundes «(134) gilt: den konservativeren Utopisten, den seine Metapher vom »›Konkav‹- und ›Konvexempfin-

12 Luhmann 1967a: 85.
13 Luhmann 1971a: 401.

den‹« (688) in die Suche nach dem Inneren des Äußeren verleitet – und ihn dabei verkennen läßt, daß die Welt des Seinesgleichen etwas ist (und hier führe ich selber einen Vergleich ein, der dem Mathematiker Ulrich wohl angestanden hätte, ihm aber entgeht und entgehen muß) wie das in sich verwundene Möbiussche Band, welches, selbst wenn man es aufschnitte unter Wahrung seiner Ringform, nur an Ausgebreitetheit seiner *einen* Fläche, nicht aber eine »Rückseite« gewinnt. Um dieses Spezifikum des Musilschen Möglichkeitsmenschen zu begreifen, muß ein noch fehlender analytischer Schritt nachgeholt werden.

2.2.2 Selbsterhaltung als Selbstpreisgabe – unter diesem Titel war schon der dritte Grundzug des Mannes ohne Eigenschaften entfaltet worden bis hin zur Selbstsubsumtion des Ich in die unendliche Weite des Seinesgleichen. Dabei endend, habe ich eine Ambivalenz dieses Grundzuges übersprungen, der ebenso auch in die Sehnsucht mündet, statt in »vorläufig definitive« (226) in »(endgültige) Geschehnisse verwickelt zu sein« (738); die Form dieses Versuches der Rettung des Ich durch seine Aufopferung ans Wesentliche statt ans Gleichgültig-Oberflächliche gewinnt Ulrichs Warten »auf etwas ganz anderes« (257) erst, als das Selbstverständnis der Parallelaktion sich vom »Mitmachen der Jahrhunderte« (360) zum »Es muß etwas geschehen!« (590) zugespitzt hat. Im Maße der Zeit, während derer das erwartete »ganz andere« als ein äußeres Objekt für »seine Tat« (151), in der er als wirklich Ich sich zu erfahren hofft, Ulrich versagt ist und bleibt, verliert sich das Bewußtsein des Tun-Könnens und steigt die Nötigung, das »ganz andere« aus dem Äußeren ins Innere der Subjektivität zu verlegen, um der gegenüber dem Wirklichen »sich abseits stehen« fühlenden (825) Potenz des Ich zu »seiner Tat« gewiß zu bleiben.

Als Lösungsangebot für sein Problem der Parusieverzögerung des Ich kommt auf Ulrich das »ganz andere« in Gestalt der anderen Person seiner »vergessenen Schwester« (671) Agathe zu, die ihm bei der ersten Wiederbegegnung, durch schicksalhaften »Zufall« bis ins Äußerliche der Kleidung ihm »ganz ähnlich« (676), als alter ego entgegentritt und die Vision von der Einheit seines Ich als Möglichkeit eröffnet, die ihm in der Zerreißung des zur Wirklichkeit werdenden Ich entgehen mußte. Diese Lacansche Szenerie von imaginärer Evidenz der Einheit des Ich gegen die Bedrohung durch die Phantasie vom zerstückelten Körper[14] steckt den Rahmen für alles weitere ab: Ulrichs Weg mit Agathe »ins tausendjährige Reich« oder, wie es ebenso beziehungsreich heißt, den »anderen Zustand« (766), der die Wirklichkeit der Einen Möglichkeit sein soll, und dessen ins Andere *dieses* Anderen wieder zurücksinkendes Scheitern.

Der Andere Zustand ist bestimmt durch Negation der privativen Wirklichkeit des Seinesgleichen und sein »Inhalt«, wie Ulrich »etwas befangen (überlegt)«, vielleicht »nichts anderes als das Anschwellen dieser Kraft, die sich anfänglich nur zu zweien zeigt, bis zu einer brausenden Gemeinschaft aller« (875 f.). Seine Bestimmungen werden positiv entfaltet in Ulrichs Rezeption mystischer Überlieferungen, die er in »heiligen Gesprächen« (746 ff.) mit der wirklichkeitswidrig zum Zwilling (904) erklärten Schwester Agathe teilt. »Dem unwesentlichen Leben« in dessen inneres Jenseits »entschlüpft« (762), glaubt sich der Mann ohne Eigenschaften, der sich »von der Welt frei« (250) hält, in der heimatlichen All-Einheit des Möglichen aufgehoben.

Daß sie »in das Tausendjährige Reich eingehen«, bedeutet für Ulrich Agathes Wunsch, »in der nächsten Zeit« bei ihm zu wohnen, und zugleich den letzten »Versuch seines ›Lebens auf Urlaub‹« (801). Der Mikrokosmos, sein zum idyllischen Diminutiv werdendes »kleines Haus«, das sich »in seiner Phantasie (...) zu einer Muschel (verändert), in der man wie einen fernen Strom das Rauschen der Stadt hört« (801), oder auch der von einem Gitter eingefriedete Garten (1162ff/1405ff) ist Ort der Handlung, die ein »Zustand« ist, Zustand der »mystischen Anteilnahme« (1128/1218) am Makrokosmos. Dieser »uneingeschränkte« (827) Zustand, der keine zerreißende Distinktionen in der Objektwelt kennt – »die Einzelheiten (...) sind geschwisterlich und (...) ›innig‹ untereinander verbunden« (762) – und nicht deren bedrohliche Fremdheit gegen das Ich (»irgendwie geht alles grenzenlos in dich über«; 762), verlangt dem Ich kein Leisten ab, welches Sich-erhalten im Unterschiedenen ist, sondern nimmt es, selbstlos sich lassendes, hinein darin, daß »alles ein Ja ist« (827). Dieses Ja ist Signum der übergegensätzlichen Einheit (1128/1218), in der aufgehend die Geschwister ihre Identität (724 f.: »ich möchte wohl einmal ganz eins und einverstanden mit mir sein«) zu finden

14 Vgl. Lacan 1949.

hoffen, von der Wirklichkeit sie immer nur absperrt. Die in die Beschreibung dieses Zustandes unbewegter Bewegtheit (vgl. 155) immer wieder eingehenden Wendungen wie »Traumzustand« (762), »undeutliches Echo« (1140/1230) u. ä. erinnern an die früheren Ahnungen des gespaltenen Ulrich (z. B. 592), und die »Meeres«-Metaphorik (»meeresartiges Grau« 767; »gestrandete Boote« 1143/1232 u. ö.) deutet voraus auf den Ort der »Reise ins Paradies« (1407 ff./1627 ff.), wo die »Reise an den Rand des Möglichen« (761) an ihr wirkliches Ziel kommen sollte.

Die »heiligen Gespräche« bereiten zwischen den Geschwistern gewissermaßen kategorial das Verständnis des »Möglichen« vor, an dessen »Rand« die »Reise ins Paradies« führt – des Inzestes, der, selber Nichtachtung universeller Tabuschranken, als Verkörperung mystischer Grenzenlosigkeit dargestellt wird. War schon in den Gesprächen die objektlose Liebe heimliches thema probandum, so ist der Inzest für Ulrich deren besonderer Fall als Versuch der Selbstliebe (vgl. 153) an seiner »Eigenliebe« (899) Agathe. Nicht nur Regression in phantastische Potentialität allseitigen Vermögens (wie es Ulrich 902 erinnert) zugleich mit dem Schein ihres Verlustes soll das »mit einemmal in Agathe oder sie in ihm« (1411/1656) der »Reise ins Paradies« realisieren; sondern dieser Name meint noch eine andere, universale Rückkehr der Welt zum reinen Möglichen: Bewahrheitung des Mythos vom Androgynen (903 ff.), dem Zweieinen als dem möglichen Ganzen, im wirklichen Ganzseinkönnen der »Zwillinge« (904); Wiederherstellung der Welt von dem Trennungen aufrichtenden Sündenfall, ein »Traumzustand« (762) in Reichweite Gottes (vgl. 1144/1233) zu Zeiten seiner »noch nicht erwachten Absichten« (16).

Aber die Möglichkeitsexistenz läßt sich nicht in Gestalt eines wirklichen Zweieinen, gar »bis zu einer brausenden Gemeinschaft aller« (876) stabilisieren; der im Stande »höchster Selbstlosigkeit (ausgesprungene) Keil (...), der die Welt geteilt hat« (1144/1234), dringt wieder ein, und entgegen den Hoffnungen kann doch nicht »in diesem Zustand nichts geschehen, was nicht mit ihm übereinstimmt« (763), sondern die Ausnahme zieht mit sich, wovon sie Ausnahme ist. Was sich in seiner Selbstlosigkeit rein aus sich selbst als Anfang einer wahren Welt bestimmen zu können meinte (1166/1353: »wie zwei Spiegel einander dasselbe Bild zuwerfen, das immer inständiger wird«), erweist sich der »Trennung« bedürftig und des Dritten, der wirklichen Welt (1413/1658). Indem

Musil, contre cœur, diesen »letzten Versuch« des Möglichkeitsmenschen vor der Wirklichkeit nicht aushalten läßt, zeigt sich die Immanenz des Anderen Zustands, seine komplementäre Zugehörigkeit zur wirklichen Welt des Seinesgleichen.

Ist das Andere des Anderen Zustands doch nichts, als daß sich die »Grundzüge« Ulrichs in ihm spiegelverkehrt finden. Der privative Zug des zweckbestimmten Jahres »Urlaub vom Leben« (47) wird für den Mystiker zur inklusiven »Absicht auf Dauerferien« (767); an der Stelle von An-sich-halten und Sich-bewahren, dem Nein zum Etwas, steht Sich-verlassen und Zu-sich-kommen, das Ja zum Nichts. Nicht als Herausforderung zum Widerstand und als Zumutung gilt das Erwerbbarsein unvereinbarer Eigenschaften, sondern als Einladung und Angebot der Fülle polarer Totalität. Und die schon zynisch reduzierte These zur Selbsterhaltung eines entstrukturierten Ich, daß nur noch »ein menschliches Etwas (...) sich in einer allgemeinen Nährflüssigkeit (bewege)« (217), findet nun ihre freudig-erwartungsvolle Wiederholung: »wir (werden) gar nicht mehr wir bleiben und uns nur in alle Welt verflochten aufrecht erhalten« (802).

Die Symmetrieachse, an der diese Spiegelverkehrung stattfindet, scheidet Leisten und Lassen als Weisen der Erzeugung der auf beiden Seiten beobachtbaren Reglosigkeit des Daseins. Die Figur der überbietenden Rücknahme von Bewegung in Zuständlichkeit findet in den dem Anderen Zustand gewidmeten Kapiteln mannigfachen Ausdruck: sei es, daß Ulrich die »neue Beziehung« jenseits des »unwesentlichen Lebens« als »gar keine Beziehung« (762) auslegt; sei es, daß »jene Liebe (...) nicht wie ein Bach zu einem Ziel fließt, sondern wie das Meer einen Zustand bildet« (801); sei es das »Gefühl (...), daß wir die Mitte unseres Wesens erreicht haben, (...) wo die Bewegung Ruhe ist, daß wir an die Achse des Kreisels gelangt sind« (1212/1423). Der beziehungsreichste Ausdruck für dasjenige, wohin Leben um seiner ruhigen Ganzheit im Möglichen willen unter Negation seiner wirklichen Bewegtheit zurückkehrt, ist die (auch als Imperativ zu lesende) Metapher des »Stillebens« (1140/1229), das eine heimliche Verwandtschaft zum Tode hat: die »Nature morte« (1140/1229). Zwei Konnotationslinien möchte ich verfolgen, die die »seltsame Ähnlichkeit« (1141/1230) dieses Topos mit Ulrichs mißlingendem Versuch verdeutlichen, sein Leben zu gewinnen durch Reduktion des Lebens um seine wirkliche Erscheinung auf dessen mögliches Wesen.

a) Sein »Zögern«, im wirklichen Leben »aus sich etwas zu machen«, ist motiviert durch die Schreckensvision, daß bestimmtes Leben das Stigma des Todes an sich trägt: sind für ihn doch erworbene Eigenschaften (»ein Charakter, Beruf, eine feste Wesensart«) »Vorstellungen, in denen sich schon das Gerippe durchzeichnet, das zuletzt von ihm übrigbleiben soll« (250). Später interpretiert er sein Ich-Ideal zusätzlich durch die Figur der »Gestalt in einem Buch, von der alles Unwesentliche fortgelassen ist, damit sich das übrige magisch zusammenschließe« (592); »Fortlassen« des »Unwesentlichen« meint das Sich-freihalten von todesgezeichneter Wirklichkeit umwillen des »übrigen«, welches nur-Mögliches ist – das aber als redundanzlose Konkretion (»sich zusammenschließen«) des Wesens von Leben zusammenfällt mit dem »übrigbleibenden« Gerippe des Todes.

b) Eine andere Formulierung des »Mensch werde wesentlich« (Angelus Silesius) ist Ulrichs »Programm, Ideengeschichte statt Weltgeschichte zu leben« (364), zu dem »eine Art Keltern und Kellern und Eindicken des geistigen Saftes« (365) gehöre. Solches »Keltern (...) des geistigen Saftes« ist offenbar in dem »Ideal der drei Abhandlungen« (244 ff.) vorausgesetzt, auf die konzentriert wie zu einer hochwirksamen »Essenz« (246) ein »Lebenswerk« (245) seine höchste Steigerung erreichen würde. Beides deutet an, daß die anomischen Ängste des sich bildenden Ich vor »Zerpreßtwerden und Zerfliegen« (132) für Ulrich nicht gleich bedrohlich sind; zwar wird er sich dessen nicht erwehren, »daß zwischen dem nebelhaften eigenen Ich und dem schon zur fremden Schale erstarrten Ich der Vorgänger wieder nur ein Schein-Ich, eine ungefähr passende Gruppenseele eingeschoben wird« (132) und er den »milden Erfrierungstod« (132) des Seinesgleichen schon antizipiert, aber seine Hoffnung geht doch darauf, durch Kondensation des »nebelhaften« sein wahres Ich im Jenseits des Seinesgleichen als Möglichkeit zur Erscheinung zu bringen.

Ein vergeblicher Umweg – denn die Stillegung des Geschehens im post-histoire des Seinesgleichen bestimmt noch ihr Spiegelbild, das pre-histoire des Anderen Zustands: denn die »Kristallisation«, die Ulrichs Gehlenscher Geist[15] erlebt – »als ob die fünf Personen, die da sprachen, soeben aus einer flüssigen Trübung herauskristallisiert wären, die seine Sinne seit Monaten umfangen hatte« (590) –

15 Vgl. Gehlen 1961: 321. 323.

als Resultat eines von der Gegensätzlichkeit der Absichten erzwungenen Vermeidungsverhaltens, kehrt wieder im nachträglich gewonnenen Vor-Bild der »nature morte«. Deren Stille, als gemalte selbst nur Bild des Wunsches einer anderen Welt, soll sich aber nicht dem »unendlich verwobenen« (650) Geflecht menschlicher Leistungen verdanken, dessen Ruhe-Moment nur das »bewegliche Gleichgewicht« eines prekären »Augenblicks« unter Bedingungen des Seinesgleichen ist; vielmehr ist sie vorgestellt als qualitativer Ausdruck (592: »Geheimnis der Ruhe«) einer voranfänglichen Position der Geschichte, mystischer Augenblick der »Welt« vom sechsten Schöpfungstag: wo Gott und die Welt noch unter sich waren, ohne den Menschen« (1141/1230).

Das »langsame Erkalten« des »lächerlichen Tropfen Ich« an den »Wänden der Welt« (153), Nicht-Identität – als Bedrohung gefürchtet im »Widerstreben eines kleinen entlassenen Atemzuges der Schöpfung gegen die versteinerte Mondlandschaft, in die er hineingerät« (596, wo die in Untätigkeit gebannte Parallelaktion gemeint ist), schlägt sie um in ersehnte Bestimmung, in der das »Tröpfchen Ich (...) zärtlich an der Schale der Muttermuschel hängenbleibt und schließlich zu einem Körnchen in ihrer Wand erstarrt« (152 f.): Utopie regressiven Einbezogenwerdens des Menschen, für den es ein »Ganzes« seiner selbst »nicht mehr« (217) gibt (155: »das fehlende, vielleicht nur kleine Stück, das den zerbrochenen Kreis schließt«; vgl. auch 591 f.), in die »höchste Selbstlosigkeit« der als Ganzheit imaginierten (1144: »als wäre ein Keil ausgesprungen, der die Welt geteilt hat«) vormenschlichen Natur des »Stillebens« (1140 f./1229 f.), das ein »sich totstellen« (1145/1234) meint. Und diese Überlebensgebärde des gegenüber tödlicher Bedrohung nicht mehr Widerstandsfähigen ist es denn auch, wenn Ulrich als wirklicher Repräsentation der erlösenden reinen Möglichkeit der nature morte – nochmalige Umkehrung des Spiegelns – immer wieder der »Stadt« bedarf; nicht nur Metapher der fremden Welt ist sie nämlich, von der der Möglichkeitsmensch sich im Warten »hinter seiner Person« (256), dem ›Fenster‹ des Interieur, sich freihält, sondern mehr noch wirkliches Medium des ›Eintauchens‹ und ›Sich-gehen-lassens‹ (vgl. z. B. 129), in dem der Selbstlose sein als Anderer Zustand nicht realisierbares itinerarium mentis in Deum wirklich durchläuft.

3.1 Hier abbrechend eher als zu Ende, fasse ich in einem zweiten synthetischen Schritt zusammen. »In summa:« – das wäre eine einleitende Wendung sonst, aber sie verbietet sich hier. Denn zwar ist nun die für die Lebensform des Mannes ohne Eigenschaften gültige Formel verständlich (die Ulrich sich selbst schon früh zuspricht), »jener Ausdruck, den das Ziel einer Bewegung, noch ehe es erreicht ist, in einem glücklichen Augenblick finden muß, damit das letzte Stück des Weges zurückgelegt werden kann« (252), aber diese Lebensform hat keine summa, vielmehr wird diese nur vergeblich gesucht im mystischen »alles zugleich« (753) des Anderen Zustandes, das als reine Möglichkeit Grund der sich in Gegensätze getrennt vollziehenden Wirklichkeit des Seinesgleichen sein soll. Statt einer summa kennt sie allenfalls eine Quersumme aus der Zweiheit der »Schicksale« (724: »ein regsam-unwichtiges, das sich vollzieht, und ein reglos-wichtiges, das man nie erfährt«), die Ulrich immer wieder »zwei Ulriche« (155) sein lassen und ihn hindern, mit sich selbst übereinzustimmen. Diese Quersumme läßt sich in eine Formel zusammenfassen, die freilich an sich nur Ausdruck des Gegensätzlichen ist, deren Mittelwert (491) sie bildet: im Oxymoron »aktiver Passivismus« (356).

Dabei läßt sich ein (hier im einzelnen nicht zu begründender) Zusammenhang zwischen dieser Form der »Formel« und ihrer inhaltlichen Bestimmtheit zeigen: In seiner Einleitung in die Philosophie der Offenbarung entwickelt Schelling aus dem sokratischen Diktum vom Wissen des Nichtwissens die überordnende Bestimmung des Verhältnisses der negativen zur positiven Philosophie, welche letztere in dem Begriff der »eigentlichen Freiheit«, die »nicht im seyn-, nicht im sich-äußern- – sondern im nicht-seyn-, im sich nicht äußern-Können (besteht)«[16], ihren einen Grundgedanken findet. Deutlich gegen den Hegel zugeschriebenen Begriff von Freiheit als eines notwendigen Sich-äußerns und im spekulativen Rückstieg hinter diesen formuliert, hat dieses schöpfungstheologische Philosophem – konzentratives Sich-Zurückhalten des Vermögens zur Aktion umwillen dessen, daß in der Aktion das Vermögen nicht verschwinde – seine ontogenetische Entsprechung in der Freiheitsfigur der narzißtischen Omnipotenzphantasie, jener Frühstufe der Bildung des Ich, die Ulrichs Persönlichkeitsstruktur bestimmt und an die er sich unschlüssig-sehnsüchtig zurückerinnert (902).

16 Vgl. Schelling, Philosophie der Offenbarung, WW 13, 97ff. 209.

Die Formel vom »aktiven Passivismus« meint die Freiheit des Sich-nicht-äußern-Könnens, die Entschlossenheit Ulrichs, sein Verhalten ein Ver-halten sein zu lassen. Entwickelt als negative Freiheit in der Kraft des und gegenüber dem Seinesgleichen, prägt sich die Struktur des Sich-Zurückhaltens auch dem Anderen Zustand noch ein: bedeutet »aktiver Passivismus« beim Ulrich des Seinesgleichen ein bewußtes Sich-fern-halten, so beim Ulrich des Anderen Zustands ein willentliches Sich-einlassen – beide Versuche der Identitätsbildung, Selbstbewahrung durch Selbstentzug ebenso wie Selbstgewinn durch Selbstaufgabe, terminieren in Identitätsdiffusion. Die angespannte Geste des »aktiven Passivismus« macht an der Fragilität des widersprüchlich-einen Ulrich diejenige der Welt des Seinesgleichen sichtbar, der gegenüber ein Anderer Zustand entworfen werden kann, ohne doch ein Entkommen aus ihr real werden zu lassen. Noch der grundsätzliche Protest gegen es sinkt ins gesellschaftliche Seinesgleichen zurück: der sich im Bewußtsein *bloßer* Vorläufigkeit seines wirklichen Lebens Zurückhaltende »(kommt) sich schließlich wie der Gefangene von Vorbereitungen vor, die nicht zu ihrem eigentlichen Ende« kommen (593), und das Tausendjährige Reich kommt nicht einmal »zu zweien« (875 f.) über den Privatismus eines transitorischen Augenblicks hinaus, aus denen »der in keiner Weise bis zu Ende durchführbare (...) bestehende Zustand«, der »unmöglich, aber wirklich« (369) ist, besteht. Was das bedeutet, versuche ich in einem umgekehrten Gang vom Inhalt der Formel zu ihrer Form zu erläutern.

Als »aktiver Passivismus« reflektiert sich in Ulrichs Lebensexperiment die Null-Resultante einander entgegengesetzt wirkender Kräfte (590), die das Ergebnis des gesellschaftlichen Versuchs bildet, in der Parallelaktion die vermißte Einheit des Seinesgleichen (107: »die österreichische Kultur in ihrem innersten Wesen«) in der »ganz großen Idee« (97) zu bestimmen, die, anfangs als »unermeßliche (...) Leere« (107) empfunden, bis zum Ende doch nicht bestimmter wird als »etwas« (590). Diese Immobilisierung des Lebens in seiner Selbst-Durchstreichung qua Mimikry des Todes hatte ich oben an der Gestalt Ulrichs als das Seinesgleichen und Anderen Zustand zusammenschließende Allgemeine dargestellt; lassen sich beide Varianten der Beziehungslosigkeit – das abstrakt-allgemeine Nein, das Ulrich spricht, ebenso wie das abstrakt-allgemeine »Ja« (827), in dessen Gesprochenwerden er einzugehen sucht (vgl. 1412/1657) – systematisch als solche derjenigen Verhältnislosigkeit verstehen, die im strengen Sinne den Begriff des Todes ausmacht.

Solche Verhältnislosigkeit ist aber zugleich und notwendigerweise Signatur der bürgerlichen Gesellschaft, die unter der Herrschaft ihres Prinzips der Subsumtion alles Lebendigen unters Tote[17] jede Differenz des konkreten Lebens auflösen muß in die Indifferenz des abstrakten und die Kommunikation qualitativ bestimmten Lebens von Menschen in das Scheinleben der Austauschbarkeit des Seinesgleichen. Im selben Maße, wie sich der »Fortschritt« der bürgerlichen Gesellschaft im Bewußtsein *ihrer* Freiheit zur Transformation von Leben in Tod zu einem funktionalistischen Selbstverständnis verdichtet, das sich an seiner Fähigkeit zur neutralisierenden Absorption von Widersprüchen hocharbeitet, verliert die Form des Oxymoron, derer sich Ulrich existenziell bedient, ihre kritische Kraft. Formulierung eines Widerspruches an sich selbst, bleibt sie in der fortgeschrittenen bürgerlichen Gesellschaft, statt auch ›Protestation‹ gegen die erzeugte Indifferenz von Tod und Leben zu sein, deren bloßer Ausdruck[18].

3.2 Das lehrt Robert Musil, dessen Ulrich in »aktivem Passivismus« seine Freiheit von der Welt des Seinesgleichen zu wahren sucht und ihr doch gerade damit, wissend-unwissend, aufs genaueste akkordiert. Kein Wunder dann, daß das ›Haben als hätte man nicht!‹, das Musil als Analogie zu seiner Ulrich-Formel faszinierte, auch im Zentrum einer so bürgerlichen Theologie wie der Bultmanns steht[19]. Der Intention nach Paradigma der Entweltlichung des Glaubenden, seiner inneren Distanz zum σχῆμα dieser vergehenden Welt, ist der paulinische Topos des ὡς μή, nach seiner gesellschaftlichen Realität genommen, zu diesem σχῆμα selbst gehörig, nämlich als Ausdruck derjenigen Freiheit, die bürgerliche Gesellschaft ebenso ermöglicht wie verlangt: Indifferenz; die

17 Vgl. Marx, Das Kapital Bd. I (MEW 23, 247): »Das Kapital ist verstorbene Arbeit, die sich nur vampyrmäßig belebt durch Einsaugung lebendiger Arbeit, und umso mehr lebt, je mehr sie davon einsaugt.«

18 Anders als das, dem Marx (Einleitung Zur Kritik der Hegelschen Rechtsphilosophie, MEW 1, 378) sogar noch unter dem Namen des »religiösen Elends« (!) attestierte, »in einem der *Ausdruck* des wirklichen Elends und in einem die *Protestation* gegen das wirkliche Elend« zu sein.

19 Vgl. nur Bultmann 1965: 186. 352f.

Fähigkeit, sein Herz an kein Ding in der Welt, einschließlich die eigene Person, zu hängen und vielmehr alles Leben prinzipiell als Mittel statt als Zweck anzusehen – Marx' Schrift »Zur Judenfrage«[20] mag diesen ›verweltlichten‹ Begriff der christlichen Freiheit von der Welt exemplarisch belegen.

Diese Problemlage ist Anlaß, alte Fragen der Rechtfertigungslehre neu durchzudenken. Etwa: Was kann das kritische Konzept der iustitia passiva noch kritisieren, wenn die Einrichtung der Welt, die Produzenten ihre Produkte für schlechten Tauschwert fortnimmt und Leistungen systematisch unabhängig von ihren Urhebern denkt, eine iustitia activa aus ›Werken‹ gar nicht mehr zuläßt[21]? Oder: Nötigt nicht das Problem der Ich-Identität, die, ihrer gesellschaftlichen Produziertheit zum Trotz, aber in Einklang mit der Sprache, die vom »Gelingen« redet, theologisch eher als Gnade denn als Leistung aufzufassen ist, zu einer dialektischeren Fassung des Verhältnisses von Glaubens- und Werkgerechtigkeit, als es eine Theologie erreicht, die das ὡς μὴ als normative Struktur der – sei's auch: sublim gedachten – Weltlosigkeit eines Christenmenschen liest?

Fragen, die hier nur gestellt werden, ohne daß ihnen sogleich eine Antwort folgte – aber ein erster Schritt darauf hin, und vielleicht nicht der schlechteste, mag es sein, wenn der Theologe, der nicht darauf verzichten will, das ›Haben als hätte man nicht‹ als Paradigma christlicher Freiheit weiterhin auszulegen, zuerst den poeta doctus darüber um Belehrung bittet, wie dieses Wort von einer Zeit, deren Geist der Geist des Funktionalismus ist, schon in eigener Macht in die Formation der Gesellschaft und die von ihr prämiierten Formen des Ich hinein ausgelegt worden ist.

20 Marx, Zur Judenfrage (MEW 1, 347-377).

21 So daß dem entschiedenen Protest (»non ›efficimur iusti iusta operando‹, sed iusti facti operamur iusta«), den Luther – hier z. B. in der Disputatio contra scholasticam theologiam von 1517 (BoA 5, 323, 16f.) – gegen den Aristotelismus des natürlichen Verstandes erhebt, sein Gegenüber verloren gegangen wäre.

Literaturverzeichnis

A Schriften von Niklas Luhmann 263
B Sonstige zitierte Schriften 272

Zitiert wird in der Regel mit Nennung des Autorennamens, der Jahreszahl (bei mehreren Veröffentlichungen in einem Jahr zuzüglich des Kennbuchstabens), Seiten- bzw. Spaltenzahl (und ggf.) Anmerkungsziffer. Für Ausnahmen siehe die Vorbemerkung zu Abteilung B des Literaturverzeichnisses.

Jahreszahlen beziehen sich auf die Erstveröffentlichung.

Bei mehrfachen Veröffentlichungen von *Aufsätzen* wird nur der am leichtesten zugängliche Fundort angegeben, nach dem auch zitiert wird und wo sich die Angaben über den *Ort* der Erstveröffentlichung finden.

A. Schriften von Niklas Luhmann

Dieses Verzeichnis strebt eine *bedingt vollständige* Übersicht über die veröffentlichten Arbeiten von Niklas Luhmann an.

Nicht berücksichtigt sind:

- Rezensionen Luhmanns über Schriften Dritter
- Vorworte Luhmanns zu unveränderten Neuauflagen seiner Bücher (Ausnahme 1975p)
- Teilnachdrucke aus Luhmanns Büchern oder Aufsätzen (gelegentlich unter redaktionell veränderten Titeln) in von Dritten herausgegebenen Sammelwerken
- Übersetzungen von Schriften Luhmanns in andere Sprachen.

Luhmann, Niklas (1958) Der Funktionsbegriff in der Verwaltungswissenschaft; in: Verwaltungsarchiv 49, 1958, 97-105.
- (1960) Kann die Verwaltung wirtschaftlich handeln?; in: Verwaltungsarchiv 51, 1960, 97-115.
- (1962a) Der neue Chef; in: Verwaltungsarchiv 53, 1962, 11-24.
- (1962b) Funktion und Kausalität; in: Luhmann 1970a, 9-30.
- (1962c) Wahrheit und Ideologie. Vorschläge zur Wiederaufnahme der Diskussion; in: Luhmann 1970a, 54-65.
- (1963a) Einblicke in vergleichende Verwaltungswissenschaft; in: Der Staat 2, 1963, 494-500.

Luhmann, Niklas/Becker, Franz (1963b) Verwaltungsfehler und Vertrauensschutz. Möglichkeiten gesetzlicher Regelung der Rücknehmbarkeit von Verwaltungsakten. Berlin.

Luhmann, Niklas (1964a) Funktionen und Folgen formaler Organisation. Berlin.

– (1964b) Lob der Routine; in: Luhmann 1971d, 113-142.

– (1964c) Funktionale Methode und Systemtheorie; in: Luhmann 1970a, 31-53.

– (1964d) Zweck-Herrschaft-System: Grundbegriffe und Prämissen Max Webers; in: Luhmann 1971d, 90-112.

– (1965a) Öffentlich-rechtliche Entschädigung rechtspolitisch betrachtet. Berlin.

– (1965b) Die Gewissensfreiheit und das Gewissen; in: Archiv für Öffentliches Recht 90, 1965, 257-286.

– (1965c) Die Grenzen einer betriebswirtschaftlichen Verwaltungslehre; in: Verwaltungsarchiv 56, 1965, 303-314.

– (1965d) Grundrechte als Institution. Ein Beitrag zur politischen Soziologie. Berlin.

– (1965e) Spontane Ordnungsbildung; in: Fritz Morstein Marx (Hg.), Verwaltung. Eine einführende Darstellung. Berlin 1965, 164-183.

– (1966a) Die Bedeutung der Organisationssoziologie für Betrieb und Unternehmung; in: Arbeit und Leistung 20, 1966, 181-189.

– (1966b) Reflexive Mechanismen; in: Luhmann 1970a, 92-112.

– (1966c) Art. Organisation, soziologisch; in: Evangelisches Staatslexikon, Stuttgart-Berlin 1966, Sp. 1410-1414.

– (1966d) Politische Planung; in: Luhmann 1971d, 66-89.

– (1966e) Recht und Automation in der öffentlichen Verwaltung. Eine verwaltungswissenschaftliche Untersuchung. Berlin.

– (1966f) Theorie der Verwaltungswissenschaft. Bestandsaufnahme und Entwurf. Köln/Berlin.

– (1967a) Soziologische Aufklärung; in: Luhmann 1970a, 66-91.

– (1967b) Gesellschaftliche und politische Bedingungen des Rechtsstaats; in: Luhmann 1971d, 53-65.

– (1967c) Positives Recht und Ideologie; in: Luhmann 1970a, 178-203.

– (1967d) Soziologie als Theorie sozialer Systeme; in: Luhmann 1970a, 113-136.

– (1967e) Verwaltungswissenschaft in Deutschland; in: Recht und Politik 1967, 123-128.

– (1968a) Die Knappheit der Zeit und die Vordringlichkeit des Befristeten; in: Luhmann 1971d, 143-164.

– (1968b) Selbststeuerung der Wissenschaft; in: Luhmann 1970a, 232-252.

– (1968c) Soziologie des politischen Systems; in: Luhmann 1970a, 154-177.

– (1968d) Status quo als Argument; in: Horst Baier (Hg.), Studenten in Opposition. Bielefeld 1968, 74-82.
– (1968e) Moderne Systemtheorien als Form gesamtgesellschaftlicher Analyse; in: Habermas/Luhmann 1971i, 7-24.
– (1968f) Tradition und Mobilität. Zu den »Leitsätzen zur Verwaltungspolitik«; in: Recht und Politik 1968, 49-53.
– (1968g) Vertrauen. Ein Mechanismus der Reduktion sozialer Komplexität. Stuttgart.
– (1968h) Zweckbegriff und Systemrationalität. Über die Funktion von Zwecken in sozialen Systemen. Tübingen.
– (1968i) (Diskussionsbeitrag); in: Spätkapitalismus oder Industriegesellschaft? Verhandlungen des 16. Deutschen Soziologentages. Hg. von Theodor W. Adorno. Stuttgart 1969, 267-269.
– (1969a) Die Bedeutung sozialwissenschaftlicher Erkenntnisse zur Organisation und Führung der Verwaltung; in: Die Verwaltung im modernen Staat. Berliner Beamtentage 1969, 70-82.
– (1969b) Funktionen der Rechtsprechung im politischen System; in: Luhmann 1971d, 46-52.
– (1969c) Art. Gesellschaft; in: Sowjetsystem und demokratische Gesellschaft. Eine vergleichende Enzyklopädie, Band 2. Freiburg-Basel-Wien 1969, Sp. 956-972.
– (1969d) Art. Kommunikation, soziale; in: Erwin Grochla (Hg.), Handwörterbuch der Organisation. Stuttgart 1969, Sp. 831-838.
– (1969e) Komplexität und Demokratie; in: Luhmann 1971d, 35-45.
– (1969f) Legitimation durch Verfahren. Neuwied/Berlin.
– (1969g) Funktionale Methode und juristische Entscheidung; in: Archiv für Öffentliches Recht 94, 1969, 1-31.
– (1969h) Normen in soziologischer Perspektive; in: Soziale Welt 20, 1969, 28-48.
– (1969i) Gesellschaftliche Organisation; in: Erziehungswissenschaftliches Handbuch, hrsg. von Thomas Ellwein, Hans-Hermann Groothoff, Hans Rauschenberg, Heinrich Roth, Band I, Berlin 1969, 387-407.
– (1969k) Die Praxis der Theorie; in: Luhmann 1970a, 253-267.
– (1969l) Klassische Theorie der Macht. Kritik ihrer Prämissen; in: Zeitschrift für Politik NF 16, 1969, 149-170.
– (1970a) Soziologische Aufklärung. Aufsätze zur Theorie sozialer Systeme. Köln/Opladen.
– (1970b) Evolution des Rechts; in: Rechtstheorie 1, 1970, 3-22.
– (1970c) Die Funktion der Gewissensfreiheit im öffentlichen Recht; in: Funktion des Gewissens im Recht. Schriften der Evangelischen Akademie in Hessen und Nassau, Nr. 86. Frankfurt 1970, 9-22.
– (1970d) Zur Funktion der »subjektiven Rechte«; in: Jahrbuch für Rechtssoziologie und Rechtstheorie 1, 1970, 321-330.
– (1970e) Gesellschaft; in: Luhmann 1970a, 137-153.

– (1970f) Gesetzgebung und Rechtssprechung im Spiegel der Gesellschaft; in: Udo Derbolowsky/Eberhart Stephan (Hg.), Die Wirklichkeit und das Böse. Hamburg 1970, 161-170.
– (1970g) Institutionalisierung: Funktion und Mechanismus im sozialen System der Gesellschaft; in: Helmut Schelsky (Hg.), Zur Theorie der Institution. Düsseldorf 1970, 27-41.
– (1970h) Öffentliche Meinung; in: Luhmann 1971d, 9-34.
– (1970i) Positivität des Rechts als Voraussetzung einer modernen Gesellschaft; in: Jahrbuch für Rechtssoziologie und Rechtstheorie 1, 1970, 175-202.
– (1970k) Reform und Information: Theoretische Überlegungen zur Reform der Verwaltung; in: Luhmann 1971d, 181-202.
– (1970l) Wirtschaft als soziales System; in: Luhmann 1970a, 204-231.
– (1970m) Art. Verwaltungswissenschaft I; in: Staatslexikon 6. Aufl., Band 11 (3. Ergänzungsband), Sp. 606-620.
– (1971a) Systemtheoretische Argumentationen. Eine Entgegnung auf Jürgen Habermas; in: Habermas/Luhmann, 1971i, 291-405.
– (1971b) Information und Struktur in Verwaltungsorganisationen; in: Verwaltungspraxis 25, 1971, 35-42.
– (1971c) Opportunismus und Programmatik in der öffentlichen Verwaltung; in: Luhmann 1971d, 165-180.
– (1971d) Politische Planung. Aufsätze zur Soziologie von Politik und Verwaltung. Opladen.
– (1971e) Grundbegriffliche Probleme einer interdisziplinären Entscheidungstheorie; in: Die Verwaltung 4, 1971, 470-477.
– (1971f) Reform des öffentlichen Dienstes: Zum Problem ihrer Probleme; in: Luhmann 1971d, 203-256.
– (1971g) Sinn als Grundbegriff der Soziologie; in: Habermas/Luhmann 1971i, 25-100.
– (1971h) Das »Statusproblem« und die Reform des öffentlichen Dienstes; in: Zeitschrift für Rechtspolitik 4, 1971, 49-52.
Habermas, Jürgen/Luhmann, Niklas (1971i) Vgl. Literaturverzeichnis (Abteilung B).
Luhmann, Niklas (1971k) Die Weltgesellschaft; in: Luhmann 1975b, 51-71.
– (1971l) Brief an den VDS vom 4. Mai 1970; in: Joachim Hirsch/Stephan Leibfried, Materialien zur Wissenschafts- und Bildungspolitik. Frankfurt 1971, 457-458.
– (1971m) Projektentwurf: Forschungsprogramm Erwartungen und Enttäuschungen; in: Joachim Hirsch/Stephan Leibfried, Materialien zur Wissenschafts- und Bildungspolitik. Frankfurt 1971, 435-436.
– (1972a) Systemtheoretische Ansätze zur Analyse von Macht; in: Systemtheorie. Hg. von Ruprecht Kurzrock. Berlin 1972, 103-111. (textidentisch mit Luhmann 1977f)

– (1972b) Verfassungsmäßige Auswirkungen der elektronischen Datenverarbeitung; in: Öffentliche Verwaltung und Datenverarbeitung 2, 1972, 44-47.
– (1972c) Systemtheoretische Beiträge zur Rechtstheorie; in: Jahrbuch für Rechtssoziologie und Rechtstheorie 2, 1972, 255-276.
– (1972d) Religiöse Dogmatik und gesellschaftliche Evolution; in: Dahm/Luhmann/Stoodt 1972, 15-132.
– (1972e) Knappheit, Geld und die bürgerliche Gesellschaft; in: Jahrbuch für Sozialwissenschaft 23, 1972, 186-210.
– (1972f) Die Organisierbarkeit von Religionen und Kirchen; in: Jakobus Wössner (Hg.), Religion im Umbruch. Stuttgart 1972, 245-285.
– (1972g) Politikbegriffe und die »Politisierung« der Verwaltung; in: Demokratie und Verwaltung. 25 Jahre Hochschule für Verwaltungswissenschaften Speyer. Berlin 1972, 211-228.
– (1972h) Rechtssoziologie. 2 Bände. Reinbek.
– (1972i) Rechtstheorie im interdisziplinären Zusammenhang; in: Anales de la Catedra Francisco Suarez 12, 1972, 201-253.
– (1972k) Religion als System. Thesen; in: Dahm/Luhmann/Stoodt 1972, 11-13.
– (1972l) Sinn als Grundbegriff der Soziologie; in: Zeitschrift für Akademiearbeit und Erwachsenenbildung 8, 1972, 18-23.
– (1972m) Einfache Sozialsysteme; in: Luhmann 1975b, 21-38.
– (1972n) Überlegungen zum Verhältnis von Gesellschaftssystemen und Organisationssystemen; in: Kommunikation und Gesellschaft. Möglichkeiten und Grenzen von Kommunikation und Marketing in einer sich wandelnden Gesellschaft. Karlsruhe 1972, 144-149.
– (1972o) Art. Funktion IV; in: Historisches Wörterbuch der Philosophie Band 2, Basel 1972, Sp. 1142-1143.
– (1972p) Art. Funktionalisierung; in: Historisches Wörterbuch der Philosophie Band 2, Basel 1972, Sp. 1143.
– (1973a) Formen des Helfens im Wandel gesellschaftlicher Bedingungen: in: Luhmann 1975b, 134-149.
– (1973b) Gerechtigkeit in den Rechtssystemen der modernen Gesellschaft; in: Rechtstheorie 4, 1973, 131-167.
Luhmann, Niklas/Mayntz, Renate (1973c) Personal im öffentlichen Dienst: Eintritt und Karrieren. Baden-Baden.
Luhmann, Niklas (1973d) Das Phänomen des Gewissens und die normative Selbstbestimmung der Persönlichkeit; in: Franz Böckle/Ernst-Wolfgang Böckenförde (Hg.), Naturrecht in der Kritik. Mainz 1973, 223-243.
– (1973e) Die juristische Rechtsquellenlehre aus soziologischer Sicht; in: Günter Albrecht, Hansjürg Daheim, Fritz Sack (Hg.), Soziologie: Sprache – Bezug zur Praxis – Verhältnis zu anderen Wissenschaften. FS für René König. Opladen 1973, 387-399.

– (1973f) Selbst-Thematisierungen des Gesellschaftssystems. Über die Kategorie der Reflexion aus der Sicht der Systemtheorie; in: Luhmann 1975b, 72-102.
– (1973g) Politische Verfassungen im Kontext des Gesellschaftssystems; in: Der Staat 12, 1973, 1-22, 165-182.
– (1973h) Vertrauen. Ein Mechanismus der Reduktion sozialer Komplexität. 2., erweiterte Auflage. Stuttgart.
– (1973i) Weltzeit und Systemgeschichte. Über die Beziehungen zwischen Zeithorizonten und sozialen Strukturen gesellschaftlicher Systeme; in: Luhmann 1975b, 103-133.
– (1973k) Zurechnung von Beförderungen im öffentlichen Dienst; in: Zeitschrift für Soziologie 2, 1973, 326-351.
– (1973l) Artt. Äquifinalität. Agraria. Enttäuschungsfestigkeit. Gesellschaft (Einleitung. 1. 2.). Legeshierarchie. Selektion (1. 2.). Societas civilis (mit Ottheim Rammstedt). Stabilisierung. Unsicherheitsabsorption. Variation. Wahrheitsfähigkeit. Weltgesellschaft; in: Werner Fuchs u. a. (Hg.), Lexikon zur Soziologie. Opladen 1973.
– (1974a) Einführende Bemerkungen zu einer Theorie symbolisch generalisierter Kommunikationsmedien; in: Luhmann 1975b, 170-192.
– (1974b) Der politische Code: »konservariv« und »progressiv« in systemtheoretischer Sicht; in: Zeitschrift für Politik 21, 1974, 253-271.
– (1974c) Die Funktion des Rechts: Erwartungssicherung oder Verhaltenssteuerung?; in: Die Funktionen des Rechts, Beiheft 8 des Archivs für Rechts- und Sozialphilosophie, Wiesbaden 1974, 31-45.
Lange, Elmar/Luhmann, Niklas (1974d) Juristen – Berufswahl und Karrieren; in: Verwaltungsarchiv 65, 1974, 113-162.
Luhmann, Niklas (1974e) Symbiotische Mechanismen; in: Otthein Rammstedt (Hg.), Gewaltverhältnisse und die Ohnmacht der Kritik. Frankfurt/M. 1974, 107-131.
– (1974f) Rechtssystem und Rechtsdogmatik. Stuttgart.
– (1974g) Reform des öffentlichen Dienstes: Ein Beispiel für Schwierigkeiten der Verwaltungsreform. (Vorträge der Hessischen Hochschulwoche Bd. 76). Bad Homburg. Berlin. Zürich, 23-39.
– (1974h) Institutionalisierte Religion gemäß funktionaler Soziologie; in: Concilium 10, 1974, 17-22.
– (1974i) System – Systemtheorie; in: Christoph Wulf (Hg.), Wörterbuch der Erziehung. München-Zürich 1974, 582-585.
– (1974k) Die Systemreferenz von Gerechtigkeit, in Erwiderung auf die Ausführungen von Ralf Dreier; in: Rechtstheorie 5, 1974, 201-205.
Lange, Elmar/Luhmann, Niklas (1975a) Abiturienten ohne Studium im öffentlichen Dienst: Einige Zusammenhänge zwischen Ausbildung und Karrieren; in: Die Verwaltung 8, 1975, 230-251.
Luhmann, Niklas (1975b) Soziologische Aufklärung 2. Aufsätze zur Theorie der Gesellschaft. Opladen.

– (1975c) Evolution und Geschichte; in: Luhmann 1975b, 150-169.
– (1975d) Über die Funktion der Negation in sinnkonstituierenden Systemen; in: H. Weinrich (Hg.) 1975, 201-218.
– (1975e) Interaktion, Organisation, Gesellschaft. Anwendungen der Systemtheorie; in: Luhmann 1975b, 9-20.
– (1975f) Komplexität; in: Luhmann 1975b, 204-220.
– (1975g) Konfliktpotentiale in sozialen Systemen; in: Der Mensch in den Konfliktfeldern der Gegenwart. Hrsg. von Landeszentrale für politische Bildung des Landes NRW. Köln 1975, 65-74.
– (1975h) Macht. Stuttgart.
– (1975i) Negation und Perfektion; in: H. Weinrich (Hg.) 1975, 469.
– (1975k) Negierbarkeit; in: H. Weinrich (Hg.) 1975, 460-462.
– (1975l) The Legal Profession: Comments on the Situation in the Federal Republic of Germany; in: The Juridical Review 20, 1975, 116-132.
– (1975m) Systemtheorie, Evolutionstheorie und Kommunikationstheorie; in: Luhmann 1975b, 193-203.
– (1975n) Allgemeine Theorie organisierter Sozialsysteme; in: Luhmann 1975b, 39-50.
– (1975o) Veränderungen im System gesellschaftlicher Kommunikation und die Massenmedien; in: Oskar Schatz (Hg.), Die Elektronische Revolution. Graz-Wien-Köln 1975, 13-30.
– (1975p) Vorwort zur Neuauflage (von »Legitimation durch Verfahren«). Neuwied-Berlin 1975, 1-8.
– (1975q) Wabuwabu in der Universität; in: Zeitschrift für Rechtspolitik 8, 1975, 13-19.
Luhmann, Niklas/Schorr, Karl E. (1976a) Ausbildung für Professionen – Überlegungen zum Curriculum für Lehrerausbildung; in: Jahrbuch für Erziehungswissenschaft 1976, 246-277.
Luhmann, Niklas (1976b) Ausdifferenzierung des Rechtssystems; in: Rechtstheorie 7, 1976, 121-135.
– (1976c) The Future Cannot Begin. Temporal Structures in Modern Society; in: Social Research 43, 1976, 130-151.
– (1976d) Art. Komplexität; in: Historisches Wörterbuch der Philosophie, Band 4, Basel 1976, Sp. 939-941.
– (1976e) Zur systemtheoretischen Konstruktion von Evolution; in: Zwischenbilanz (1976), 49-52.
– (1976f) Ist Kunst codierbar?; in: Siegfried I. Schmidt (Hg.), »Schön«. Zur Diskussion eines umstrittenen Begriffs. München 1976, 60-95 (dazu Beiträge zur Diskussion: 152-217).
– (1976g) Generalized Media and the Problem of Contingency; in: Jan J. Loubser et al. (Hg.), Explorations in General Theory in Social Science. Essays in Honour of Talcott Parsons, Band 2, New York 1976, 507-532.
– (1976h) Rechtsprechung als professionelle Praxis; in: Bernhard Gebauer

(Hg.), Material über Zukunftsaspekte der Rechtspolitik. Politische Akademie Eichholz, Materialien Heft 36. 1976, 67-71.
- (1976i) »Theorie und Praxis« und die Ausdifferenzierung des Wissenschaftssystems; in: Theorie en praxis in de sociologiese teorie, Serie Amsterdams Sociologische Tijdschrift Theorie Nr. 1. Amsterdam 1976, 28-37.
- (1976k) A General Theory of Organized Social Systems; in: Geert Hofstede/M. Sami Kassem (Hg.), European Contributions to Organization Theory. Assen-Amsterdam 1976, 96-113.
- (1977a) Arbeitsteilung und Moral. Durkheims Theorie; in: Emile Durkheim, Über die Teilung der sozialen Arbeit. Eingeleitet von Niklas Luhmann. Frankfurt 1977, 17-35.
- (1977b) Der politische Code. Zur Entwirrung von Verwirrungen; in: Kölner Zeitschrift für Soziologie und Sozialpsychologie 29, 1977, 157-159.
- (1977c) Differentiation of Society; in: Canadian Journal of Sociology 2, 1977, 29-53.
- (1977d) Funktion der Religion. Frankfurt.
- (1977e) Interpenetration – Zum Verhältnis personaler und sozialer Systeme; in: Zeitschrift für Soziologie 6, 1977, 62-76.
- (1977f) Macht und System – Ansätze zur Analyse von Macht in der Politikwissenschaft; in: Universitas 32, 1977, 473-482.
- (1977g) Probleme eines Parteiprogramms; in: H. Baier (Hg.) 1977, 167-181.
- (1977h) Theoretische und praktische Probleme anwendungsbezogener Sozialwissenschaften; jetzt in: Wissenschaftszentrum Berlin (Hg.), Interaktion von Wissenschaft und Politik. Theoretische und praktische Probleme der anwendungsorientierten Sozialwissenschaften. Frankfurt/New York 1977, 16-39.
- (1977i) Staat und Gesellschaft. Struktur und Legitimationsprobleme des modernen Staates. Gesprächsbeiträge (neben Veit-Michael Bader) in: Peter Furth/Mathias Greffrath, Soziologische Positionen – Interviews und Kommentare. Eine Einführung in die Soziologie und ihre Kontroversen. Frankfurt 1977, 42-60.
- (1978a) Die Allgemeingültigkeit der Religion. Diskussion in: Evangelische Kommentare 11, 1978, 350. 355f.
- (1978b) Geschichte als Prozeß und die Theorie sozio-kultureller Evolution; in: Karl-Georg Faber/Christian Meier (Hg.), Historische Prozesse. (Theorie der Geschichte. Beiträge zur Historik, Bd. 2). München 1978, 413-440.
- (1978c) Handlungstheorie und Systemtheorie; in: Kölner Zeitschrift für Soziologie und Sozialpsychologie 30, 1978, 211-227.
- (1978d) Soziologie der Moral; in: Luhmann/Pfürtner (Hg.) 1978e, 8-116.

Luhmann, Niklas/Pfürtner, Stephan H. (1978e) Theorietechnik und Moral. Frankfurt.

Luhmann, Niklas (1978f) Interpenetration bei Parsons; in: Zeitschrift für Soziologie 7, 1978, 299-302.

– (1978g) Erleben und Handeln; in: Hans Lenk (Hg.), Handlungstheorien interdisziplinär II. Handlungserklärungen und philosophische Handlungsinterpretation. Erster Halbband. München 1978, 235-253.

– (1978h) Grundwerte als Zivilreligion. Zur wissenschaftlichen Karriere eines Themas; in: Archivio di Filosofia, Roma 1978, 51-71.

– (1978i) Organisation und Entscheidung. (Rheinisch-Westfälische Akademie der Wissenschaften – Vorträge G 232) Opladen.

– (1978k) Temporalization of Complexity; in: R. Felix Geyer/Johannes van der Zouwen (Hg.), Sociocybernetics Bd. 2, Leiden 1978, 95-111.

– (1979a) Wie man Erwartungen bündeln kann; in: Marquard/Stierle (Hg.) 1979, 594-596.

– (1979b) Identitätsgebrauch in selbstsubstitutiven Ordnungen, besonders Gesellschaften, in: Marquard/Stierle (Hg.) 1979, 315-345.

Luhmann, Niklas/Schorr, Karl E. (1979c) Reflexionsprobleme im Erziehungssystem. Stuttgart.

Luhmann, Niklas (1979d) Schematismen der Interaktion; in: Kölner Zeitschrift für Soziologie und Sozialpsychologie 31, 1979, 237-255.

– (1979e) Suche der Identität und Identität der Suche – über teleologische und selbstreferentielle Prozesse; in: Marquard/Stierle (Hg.) 1979, 593 bis 594.

– (1979f) Zeit und Handlung – eine vergessene Theorie; in: Zeitschrift für Soziologie 8, 1979, 63-81.

– (1979g) Die Organisationsmittel des Wohlfahrtsstaates und ihre Grenzen; in: Heiner Geißler (Hg.), Verwaltete Bürger – Gesellschaft in Fesseln. Frankfurt/Berlin/Wien 1979.

– (1980a) Gesellschaftsstruktur und Semantik. Studien zur Wissenssoziologie der modernen Gesellschaft. Band 1. Frankfurt.

– (1980b) Talcott Parsons: Zur Zukunft eines Theorieprogramms; in: Zeitschrift für Soziologie 9, 1980, 5-17.

– (1980c) Temporalstrukturen des Handlungssystems – Zum Zusammenhang von Handlungs- und Systemtheorie; in: Wolfgang Schluchter (Hg.), Verhalten, Handeln und System. Talcott Parsons' Beitrag zur Entwicklung der Sozialwissenschaften. Frankfurt 1980.

B. Sonstige zitierte Schriften

Abweichend von der allgemeinen Regel – Autorenname, Jahreszahl, Seiten- bzw. Spaltenzahl – werden Schriften folgender Autoren mit üblichen Kurztiteln zitiert:

Aristoteles, Metaphysik (nach Bekker-Numerierung): Übersetzt von Hermann Bonitz (ed. Wellmann). Mit Gliederungen, Registern und Bibliographie herausgegeben von Héctor Carvallo und Ernesto Grassi. Hamburg 1966.

Barth KD (mit Bandzahl, Seitenzahl): Karl Barth, Kirchliche Dogmatik. Zürich 1932-1967.

Fichte, (Kurztitel), *WW* + Bandzahl, Seitenzahl: Johann Gottlieb Fichtes sämmtliche Werke. Herausgegeben von I. H. Fichte. Berlin 1845-1846 (= Nachdruck Berlin 1971).

Hegel, (Kurztitel), *Werkausgabe* + Bandzahl, Seitenzahl: Georg Wilhelm Friedrich Hegel, Werke in 20 Bänden. Auf der Grundlage der Werke von 1832-1845 neu edierte Ausgabe. Redaktion: Eva Moldenhauer und Karl Markus Michel (Theorie Werkausgabe). Frankfurt 1969-1971.

Kant, (Kurztitel + Seitenzahl der Originalausgabe), *Werkausgabe* + Bandzahl, Seitenzahl: Immanuel Kant, Werke in zwölf Bänden. Herausgegeben von Wilhelm Weischedel. (Theorie Werkausgabe) Frankfurt 1968.

Luther, (Kurztitel), *BoA* + Bandzahl, Seitenzahl, Zeilenzahl: Luthers Werke in Auswahl. Unter Mitwirkung von Albert Leitzmann herausgegeben von Otto Clemen (Bd. 5: Erich Vogelsang). Fünfte verbesserte Auflage (Bd. 5: Dritte Auflage). Berlin 1959 (Bd. 5: Berlin 1963).

Marx(/Engels), (Kurztitel), *MEW* + Bandzahl, Seitenzahl: Karl Marx – Friedrich Engels, Werke. Herausgegeben vom Institut für Marxismus-Leninismus beim ZK der SED. Berlin 1958ff.

Schelling, (Kurztitel), *WW* + Bandzahl (die zweite Abtheilung der WW wird als Bd. 11-14 gezählt), Seitenzahl: Friedrich Wilhelm Joseph von Schellings sämmtliche Werke. Herausgegeben von K. F. A. Schelling. Stuttgart und Augsburg 1856-1861.

Adorno, Theodor W. (1956) Zur Metakritik der Erkenntnistheorie. Studien über Husserl und die phänomenologischen Antinomien; in: Adorno, Zur Metakritik der Erkenntnistheorie. Drei Studien zu Hegel. (Gesammelte Schriften Bd. 5). Frankfurt 1971, 7-245.

– (1970) Ästhetische Theorie. (Gesammelte Schriften Bd. 7). Frankfurt.

Althaus, Paul (1963) Paulus und Luther über den Menschen. Gütersloh 4. Aufl.

– (1966) Die christliche Wahrheit. Lehrbuch der Dogmatik. Gütersloh 7. Auflage.

Argelander, Hermann (1972) Der Flieger. Eine charakteranalytische Fallstudie. Frankfurt.

Bachelard, Gaston (1953) Le matérialisme rationnel. Paris.

– (1978a) Die Philosophie des Nein. Versuch einer Philosophie des neuen wissenschaftlichen Geistes (1940). Wiesbaden.

– (1978b) Die Bildung des wissenschaftlichen Geistes. Beitrag zu einer Psychoanalyse der objektiven Erkenntnis (1938). Mit einer Einleitung von Wolf Lepenies. Frankfurt.

Bader, Günter (1981) Römer 7 als Skopus einer theologischen Handlungstheorie; in Zeitschrift für Theologie und Kirche 78, 1981, 30-56.

Bahr, Hans-Eckehard (1974) Religion 1, Religion 2 – Zur Doppelfunktion religiöser Sinnvergewisserung in der Gesellschaft; in: Wissenschaft und Praxis in Kirche und Gesellschaft 63, 1974, 280-288.

– (1975) Kontingenz im Koffer. Was wir der funktionalen Theorie gegenwärtiger Religion danken; in: Theologia Practica 10, 1975, 220-224.

Baier, Horst (Hg.) (1977) Freiheit und Sachzwang. Beiträge zu Ehren Helmut Schelskys. Opladen.

Balint, Michael (1972) Angstlust und Regression. Beitrag zur psychologischen Typenlehre. Mit einer Studie von Enid Balint. Hamburg.

Barth, Karl (1919) Der Römerbrief. Bern.

– (1929) Der Römerbrief. München 6. Aufl. (Fünfter Abdruck der neuen Bearbeitung)

Bataille, Georges (1974) Der heilige Eros (L'Erotisme). Frankfurt. Berlin. Wien.

Becker-Freyseng, Albrecht (1938) Die Vorgeschichte des philosophischen Terminus ›contingens‹. Die Bedeutungen von ›contingere‹ bei Boethius und ihre Verhältnis zu den aristotelischen Möglichkeitsbegriffen. Heidelberg.

Benjamin, Walter (1921) ›Theologisch-politisches Fragment‹; in: Benjamin 1972ff, II 1, 203-204.

– (1924/25) Goethes Wahlverwandtschaften; in: Benjamin 1972ff I 1, 123-201.

– (1972 ff) Gesammelte Schriften (6 Bde.). Unter Mitwirkung von Theodor W. Adorno und Gershom Scholem hg. von Rolf Tiedemann und Hermann Schweppenhäuser. Frankfurt.

Berger, Peter L. (1970) The Problem of Multiple Realities: Alfred Schutz and Robert Musil; in: Maurice Natanson (Hg.), Phenomenology and Social Reality. Essays in Memory of Alfred Schutz. Haag 1970, 213-233.

Bettelheim, Bruno (1964) Aufstand gegen die Masse. Die Chance des Individuums in der modernen Gesellschaft. München.

Beyer, Wilhelm Raimund (1976) Systemtheorie im Griff des Marxismus. Gedanken über intersystemare Relationen. Meisenheim.

Blass, Josef Leonhard (1978) Modelle pädagogischer Theoriebildung. Bd. 2: Pädagogik zwischen Ideologie und Wissenschaft. Stuttgart.
Blumenberg, Hans (1974) Säkularisierung und Selbstbehauptung. Frankfurt.
Böhme, Hartmut (1974) Anomie und Entfremdung. Literatursoziologische Untersuchungen zu den Essays Robert Musils und seinem Roman »Der Mann ohne Eigenschaften«. Kronberg.
Bornkamm, Günther (1950) Sünde, Gesetz und Tod (Röm. 7); in: Bornkamm, Das Ende des Gesetzes. Paulusstudien (Gesammelte Aufsätze Bd. 1). München 5. Aufl. 1966, 51-69.
Brand, Gerd (1955) Welt, Ich und Zeit. Nach unveröffentlichten Manuskripten Edmund Husserls. Den Haag.
Brecht, Bertolt (1967) Geschichten vom Herrn Keuner; in: Brecht, Gesammelte Werke in 20 Bänden, Bd. 12, Frankfurt 1967, 375-415.
Brock, Bazon (1971) Gegen das Chaos der Möglichkeiten. Die Debatte zwischen Jürgen Habermas und Niklas Luhmann; in: Bazon Brock, Ästhetik als Vermittlung. Arbeitsbiographie eines Generalisten. Hg. von Karla Fohrbeck. Köln 1977, 94-98.
Brugger, Walter (1976) Art. Kontingenz I; in: Historisches Wörterbuch der Philosophie Bd. 4, Basel 1976, Sp. 1027-1034.
Bubner, Rüdiger (1973) Wissenschaftstheorie und Systembegriff. Zur Position von N. Luhmann und deren Herkunft; in: Bubner, Dialektik und Wissenschaft. Frankfurt/M. 1973, 112-128.
Bultmann, Rudolf (1940) Christus des Gesetzes Ende; in: Bultmann, Glauben und Verstehen Bd. 2. Tübingen, 5., erweiterte Auflage 1968, 32-58.
– (1965) Theologie des Neuen Testaments. Tübingen 5. Aufl.
Busshoff, Heinrich (1975) Systemtheorie als Theorie der Politik. München.
Calogeras, Roy C./Schupper, Fabian X. (1972) ›Verschiebung‹ der Abwehrformen und einige ihrer Konsequenzen für die analytische Arbeit; in: K. Horn (Hg.) 1972a, 312-348.
Claesges, Ulrich (1976) Art. Intentionalanalyse; in: Historisches Wörterbuch der Philosophie Bd. 4, Basel 1976, Sp. 747.
von Cranach, Mario (1974) Duplizität und Dubiosität. E. A. Dölles Eventual-Relation zur Bi-ologie des Zweifels; in: Theo W. Herrmann (Hg.), Dichotomie und Duplizität. Grundfragen psychologischer Erkenntnis. Ernst August Dölle zum Gedächtnis. Bern 1974, 200-216.
Dahm, Karl-Wilhelm (1972) Religiöse Kommunikation und kirchliche Institution; in: K. W. Dahm/N. Luhmann/D. Stoodt 1972, 139-188.
– (1974) Beruf: Pfarrer. Empirische Aspekte zur Funktion von Kirche und Religion in unserer Gesellschaft (1971). München 3. Aufl.
– (1975) Gesellschaftliche Bestimmung von Unbestimmbarem: Niklas Luhmann; in: Karl-Wilhelm Dahm / Volker Drehsen / Günter Kehrer,

Das Jenseits der Gesellschaft. Religion im Prozeß sozialwissenschaftlicher Kritik. München 1975, 269-279.
– (1978) »Funktionale Theorie« und kirchliche Praxis. Zum Verarbeitungsprozeß von sozialwissenschaftlichen Theoriefragmenten in gesellschaftlichen Institutionen; in: Friedrich Kaulbach / Werner Krawietz (Hg.), Recht und Gesellschaft. Festschrift für Helmut Schelsky zum 65. Geburtstag. Berlin 1978, 63-85.
Dahm, Karl-Wilhelm / Luhmann, Niklas / Stoodt, Dieter (1972) Religion – System und Sozialisation. Darmstadt/Neuwied.
Dahm, Karl-Wilhelm / Hörner, Volker (1976) Religiöse Sinndeutung und gesellschaftliche Komplexität. Religionssoziologische Beobachtungen zur evolutionären Differenzierung der Religionen; in: R. Volp (Hg.), Chancen der Religion, Gütersloh 1976, 76-89.
Deuser, Hermann (1979) Glaubenserfahrung und Anthropologie. Röm 7, 14-25 und Luthers These: totum genus humanum carnem esse; in: Evangelische Theologie 39, 1979, 409-431.
Duerr, Hans-Peter (1976) Können Hexen fliegen?; in: Unter dem Pflaster liegt der Strand Bd. 3. Berlin 1976, 55-76.
Ebeling, Hans (Hg.) (1976) Subjektivität und Selbsterhaltung. Beiträge zur Diagnose der Moderne. Frankfurt.
Eichholz, Georg (1977) Die Theologie des Paulus im Umriß. Neukirchen 2. Aufl.
Eigen, Manfred (1971) Self-Organization of Matter and the Evolution of Biological Macromolecules; in: Die Naturwissenschaften 58, 1971, 465-528.
Elias, Norbert (1976) Über den Prozeß der Zivilisation. Soziogenetische und psychogenetische Untersuchungen. 2 Bände. Bern 2. Aufl. 1969. Frankfurt.
Esser, Josef (1970) Vorverständnis und Methodenwahl in der Rechtsfindung. Frankfurt/M.
Faust, August (1932) Der Möglichkeitsgedanke. Systemgeschichtliche Untersuchungen. Zweiter Teil: Christliche Philosophie. Heidelberg.
Feyerabend, Paul (1976) Wider den Methodenzwang. Skizze einer anarchistischen Erkenntnistheorie (1975). Frankfurt.
Fingerle, Karlheinz (1973) Funktionen und Probleme der Schule. München.
Folkers, Horst (1974) Das schwierige Recht der systemtheoretischen Soziologie; in: Archiv für Rechts- und Sozialphilosophie 60, 1974, 413-419.
– (1977) Die Logik der Funktion in gesellschaftlichen Verhältnissen; in: Ist systematische Philosophie möglich? Stuttgarter Hegel-Kongress 1975. Hg. von Dieter Henrich, Bonn 1977, 505-514.
Frey, Christofer (1973) Reflexion und Zeit. Ein Beitrag zum Selbstverständnis der Theologie in der Auseinandersetzung vor allem mit Hegel, Gütersloh.

Gehlen, Arnold (1961) Über kulturelle Kristallisation; in: Gehlen, Studien zur Anthropologie und Soziologie. Neuwied 1963, 311-328.
Giegel, Hans J. (1975) System und Krise. Kritik der Luhmannschen Gesellschaftstheorie. Frankfurt.
Greshake, Gisbert (1972) Gnade als konkrete Freiheit. Eine Untersuchung zur Gnadenlehre des Pelagius. Mainz.
Grimm, Klaus (1974) Niklas Luhmanns »Soziologische Aufklärung« oder das Elend der aprioristischen Soziologie. Ein Beitrag zur Pathologie der Systemtheorie im Licht der Wissenschaftslehre Max Webers. Hamburg.
Habermas, Jürgen (1965) Erkenntnis und Interesse; in: Habermas 1968, 146-168.
– (1968) Technik und Wissenschaft als ›Ideologie‹. Frankfurt.
– (1968a) Technik und Wissenschaft als ›Ideologie‹; in: Habermas 1968.
– (1968b) Seminarthesen (14. Dezember 1968); in: Habermas, Protestbewegung und Hochschulreform. Frankfurt 1969, 245-248.
– (1971a) Theorie der Gesellschaft oder Sozialtechnologie? Eine Auseinandersetzung mit Niklas Luhmann; in J. Habermas / N. Luhmann 1971, 142-290.
– (1971b) Vorbereitende Bemerkungen zu einer Theorie der kommunikativen Kompetenz; in: J. Habermas / N. Luhmann 1971, 101-141.
– (1973) Legitimationsprobleme im Spätkapitalismus. Frankfurt.
– (1973b) Nachwort (1973); in: Habermas, Erkenntnis und Interesse. Mit einem neuen Nachwort. Frankfurt 1973, 367-417.
– (1974) Können komplexe Gesellschaften eine vernünftige Identität ausbilden?; in: Habermas/Dieter Henrich, Zwei Reden. Aus Anlaß der Verleihung des Hegel-Preises 1973 der Stadt Stuttgart an Jürgen Habermas am 19. Januar 1974. Frankfurt 1974, 23-84.
– (1976) Diskussionsbemerkung; in: Zwischenbilanz, 1976, 78-80.
Habermas, Jürgen / Luhmann, Niklas (1971) Theorie der Gesellschaft oder Sozialtechnologie – Was leistet die Systemforschung? Frankfurt.
Hartmann, Klaus (1973) Systemtheoretische Soziologie und kategoriale Sozialphilosophie; in: Philosophische Perspektiven 5, 1973, 130-161.
Hegselmann, Rainer (1976) Die Systemtheorie Luhmanns als technokratischer Institutionalismus und administrative Hilfswissenschaft; in: Blätter für deutsche und internationale Politik 21, 1976, 38-57.
Heidegger, Martin (1961) Nietzsche. 2 Bde. Pfullingen.
Heidtmann, Bernhard (1974) Traditionelle und ideologische Determinanten einer Theorie sozialer Systeme und ihrer Kritik; in: F. Maciejewski 1974, 154-185.
Heinrich, Klaus (1964) Versuch über die Schwierigkeit nein zu sagen. Frankfurt.
– (1966a) Parmenides und Jona. Vier Studien über das Verhältnis von Philosophie und Mythologie. Frankfurt.

– (1966b) Antike Kyniker und Zynismus in der Gegenwart; in: Heinrich 1966a, 129-156.
Hejl, Peter (1974) Zur Diskrepanz zwischen struktureller Komplexität und traditionalen Darstellungsmitteln der funktionalstrukturellen Systemtheorie; in: F. Maciejewski 1974, 186-235.
Henrich, Dieter (1967) Fichtes ursprüngliche Einsicht, Frankfurt.
– (1973) Selbsterhaltung und Geschichtlichkeit; in: H. Ebeling (Hg.) 1976, 303-319.
– (1976a) Die Grundstruktur der modernen Philosophie; in: H. Ebeling (Hg.), 1976, 97-121.
– (1976b) Hegels Grundoperation; in: Der Idealismus und seine Gegenwart (FS für Werner Marx). Hamburg 1976, 208-230.
Herms, Eilert (1974) Das Problem von »Sinn als Grundbegriff der Soziologie« bei Niklas Luhmann; in: Zeitschrift für Evangelische Ethik 18, 1974, 341-359.
– (1977) Theologische Implikationen der Gesellschaftstheorie; in: Zeitschrift für Evangelische Ethik 21, 1977, 61-67.
Hondrich, Karl Otto (1972a) Systemanalyse, politische Ökonomie, Bedürfnistheorie. Zur forschungspragmatischen Integration divergierender Theorieansätze; in: Kölner Zeitschrift für Soziologie und Sozialpsychologie 24, 1972, 232-247.
– (1972b) Systemtheorie als Instrument der Gesellschaftsanalyse; in: F. Maciejewski 1973, 88-114.
– (1973) Theorie der Herrschaft. Frankfurt.
Horn, Klaus (1968) Über den Zusammenhang von Angst und politischer Apathie; in: Aggression und Anpassung in der Industriegesellschaft. Frankfurt, 59-79.
– (1972a) (Hg.) Gruppendynamik und der ›subjektive Faktor‹. Repressive Entsublimierung oder politisierende Praxis. Frankfurt.
– (1972b) Einleitung: Bemerkungen zur Situation des ›subjektiven Faktors‹ in der hochindustrialisierten Gesellschaft kapitalistischer Struktur; in: Horn 1972a, 17-116.
Hübener, Wolfgang (1975) Perfektion und Negation; in: H. Weinrich (Hg.) 1975, 470-475.
Husserl, Edmund (1948) Erfahrung und Urteil. Untersuchungen zur Genealogie der Logik. Redigiert und hg. von Ludwig Landgrebe (zuerst Prag 1939). Hamburg.
– (1962) Die Krisis der europäischen Wissenschaften und die transzendentale Phänomenologie. Eine Einleitung in die phänomenologische Philosophie. Hg. von Walter Biemel (Husserliana Bd. VI) (1954). Den Haag 2. Aufl.
– (1963) Cartesianische Meditationen und Pariser Vorträge. Hg. und eingeleitet von Stephan Strasser (Husserliana Bd. I) (1950). Den Haag 2. Aufl.

Iwand, Hans Joachim (1930a) Die grundlegende Bedeutung der Lehre vom unfreien Willen für den Glauben; in: Iwand 1965, 13-30.
– (1930b) Studien zum Problem des unfreien Willens; in: Iwand 1965, 31-61.
– (1957) Die Freiheit des Christen und die Unfreiheit des Willens; in: Iwand 1965, 247-268.
– (1965) Um den rechten Glauben. Gesammelte Aufsätze. München.
Jacobson, Edith (1973) Das Selbst und die Welt der Objekte. Frankfurt.
Joas, Hans (1977) Motivationskrise der Jugend?; in: Leviathan 5, 1977, 271-282.
Joest, Wilfried (1967) Ontologie der Person bei Luther. Göttingen.
Jonas, Hans (1964) Philosophische Reflexion über Paulus, Römerbrief Kap. 7; zitiert nach: Jonas 1965, 93-105.
– (1965) Augustin und das paulinische Freiheitsproblem. Eine philosophische Studie zum pelagianischen Streit. Zweite, neubearbeitete und erweiterte Auflage mit einer Einleitung von James M. Robinson. Göttingen.
Jüngel, Eberhard (1969) Die Welt als Möglichkeit und Wirklichkeit. Zum ontologischen Ansatz der Rechtfertigungslehre; in: Eberhard Jüngel, Unterwegs zur Sache. Theologische Bemerkungen. München 1972, 206-233.
Kaefer, Herbert (1977) Religion und Kirche als soziale Systeme. N. Luhmanns soziologische Theorien und die Pastoraltheologie. Freiburg/ Basel/Wien.
Käsemann, Ernst (1973) An die Römer. (Handbuch zum Neuen Testament 8a). Tübingen.
v. Kleist, Heinrich (1810) Über das Marionettentheater (1810); zitiert nach: Kleist, dtv-Gesamtausgabe (= Hanser Ausgabe: Sämtliche Werke und Briefe. Hrsg. von Helmut Sembdner. Zweite, vermehrte und auf Grund der Enddrucke und Handschriften völlig revidierte Auflage. München 1961). Bd. 5, München 1964, 71-78.
Kodalle, Klaus-Michael (1973) Politik als Macht und Mythos. Carl Schmitts »Politische Theologie«. Stuttgart.
Kohut, Heinz (1966) Formen und Umformungen des Narzißmus; in: Kohut 1975b, 140-172.
– (1973) Narzißmus. Eine Theorie der psychoanalytischen Behandlung narzißtischer Persönlichkeitsstörungen. Frankfurt.
– (1975a) Kreativität, Charisma, Gruppenpsychologie; in: Kohut 1975b, 93-139.
– (1975b) Die Zukunft der Psychoanalyse. Aufsätze zu allgemeinen Themen und zur Psychologie des Selbst. Frankfurt.
Korsch, Dietrich (1980) Der Grund der Freiheit. Eine Untersuchung zur Problemgeschichte der positiven Philosophie und zur Systemfunktion des Christentums im Spätwerk F. W. J. Schellings. München.

Koselleck, Reinhart (1975) Zur historisch-politischen Semantik asymmetrischer Gegenbegriffe; in: H. Weinrich (Hg.) 1975, 65-104.
Krewani, Wolfgang (1975) Die Instrumentalisierung des Sinnbegriffs in der Systemtheorie N. Luhmanns; in: W. Czapiewski (Hg.), Verlust des Subjekts? Zur Kritik neopositivistischer Theorien. Kevelaer 1975, 143-161.
Kümmel, Werner Georg (1929) Römer 7 und die Bekehrung des Paulus; in: Kümmel, Römer 7 und das Bild des Menschen im Neuen Testament. München 1974, IX-XX, 1-160.
Lacan, Jacques (1949) Das Spiegelstadium als Bilder der Ichfunktion, wie sie uns in der psychoanalytischen Erfahrung erscheint; in: Jacques Lacan, Schriften I. Ausgewählt und herausgegeben von Norbert Haas. Olten 1973, 61-70.
Laermann, Klaus (1970) Eigenschaftslosigkeit. Reflexionen zu Musils Roman »Der Mann ohne Eigenschaften«. Stuttgart.
Landgrebe, Ludwig (1949) Welt als phänomenologisches Problem; in: Ludwig Landgrebe, Der Weg der Phänomenologie. Das Problem einer ursprünglichen Erfahrung. Gütersloh 3. Aufl. 1969, 41-62.
– (1975) Der Streit um die philosophischen Grundlagen der Gesellschaftstheorie. Opladen.
de Lazzer, Dieter (1972) Systemtheorie und Aufklärungsanspruch; in: Archiv für die civilistische Praxis 172, 1972, 356-364.
Link, Christian (1977) Die theologischen Wurzeln der Unterscheidung von Theorie und Praxis in der Philosophie der Neuzeit; in: Zeitschrift für Evangelische Ethik 21, 1977, 3-26.
Lipp, Wolfgang (1972) Anomie, Handlungsmöglichkeit, Opportunismus: Grenzfragen der Systemtheorie; in: Zeitschrift für die gesamte Staatswissenschaft 128, 1972, 344-370.
Loh, Werner (1972) Kritik der Theorieproduktion von N. Luhmann und Ansätze für eine kybernetische Alternative. Frankfurt.
Lübbe, Hermann (1974) Vollendung der Säkularisierung – Ende der Religion?; in: Lübbe, Fortschritt als Orientierungsproblem. Aufklärung in der Gegenwart. Freiburg 1975, 169-181.
Lukács, Georg (1973) Die Zerstörung der Vernunft. Band I: Irrationalismus zwischen den Revolutionen (1954). Darmstadt/Neuwied.
Maciejewski, Franz (Hg.) (1973) Theorie der Gesellschaft oder Sozialtechnologie. Beiträge zur Habermas-Luhmann-Diskussion. Frankfurt.
– (1974) Theorie der Gesellschaft oder Sozialtechnologie. Neue Beiträge zur Habermas-Luhmann-Diskussion. Frankfurt.
Marcuse, Herbert (1967) Triebstruktur und Gesellschaft. Ein philosophischer Beitrag zu Sigmund Freud. (1957). Frankfurt.
Marquard, Odo (1964) Hegel und das Sollen; in: Marquard 1973, 37-51. 153-167.
– (1972) Wie irrational kann Geschichtsphilosophie sein?; in: Marquard 1973, 66-82. 178-185.

– (1973) Schwierigkeiten mit der Geschichtsphilosophie. Aufsätze. Frankfurt.
Marquard, Odo / Stierle, Karlheinz (Hg.) (1979) Identität (Poetik und Hermeneutik VIII). München.
Marwedel, Peter (1976) Funktionalismus und Herrschaft. Die Entwicklung eines Theorie-Konzepts von Malinowski zu Luhmann. Köln.
Matthes, Joachim (1978) Niklas Luhmann: Funktion der Religion; in: Soziologische Revue 1, 1978, 5-10.
Meurer, Bärbel (1973) Kritische Bemerkungen zur Systemtheorie. Das Beispiel Niklas Luhmann; in: Das Argument (Bd. 83) 15, 1973, 883-908.
Michel, Otto (1978) Der Brief an die Römer. 5., bearbeitete Auflage dieser Auslegung (Meyers Kritisch-exegetischer Kommentar IV, 14. Auflage). Göttingen.
Mitscherlich, Alexander (1963) Auf dem Weg zur vaterlosen Gesellschaft. Ideen zur Sozialpsychologie. München.
Münstermann, Jörg (1969) Zur Rechtstheorie Niklas Luhmanns; in: Kritische Justiz 1969, 325-338.
Musil, Robert (1957) Prosa. Dramen. Späte Briefe. Hamburg.
– (1970) Der Mann ohne Eigenschaften. Roman. Hrsg. von Adolf Frisé. Sonderausgabe der 5. Auflage von 1960. o. O. (Hamburg).
– (1978) Der Mann ohne Eigenschaften. Roman. (Gesammelte Werke. Hrsg. von Adolf Frisé. Bd. 1). Reinbek.
Narr, Wolf-Dieter / Runze, Dieter H. (1974) Zur Kritik der politischen Soziologie; in: F. Maciejewski 1974, 7-91.
Naschold, Frieder (1968) Demokratie und Komplexität; in: Politische Vierteljahresschrift 9, 1968, 494-518.
Pannenberg, Wolfhart (1973a) Wissenschaftstheorie und Theologie. Frankfurt.
– (1973b) Erfordert die Einheit der Geschichte ein Subjekt?; in: Reinhart Koselleck / Wolf-Dieter Stempel (Hg.), Geschichte – Ereignis und Erzählung. (Poetik und Hermeneutik V). München 1973, 478-490.
– (1978a) Religion in der säkularen Gesellschaft. Niklas Luhmanns Religionssoziologie; in: Evangelische Kommentare 11, 1978, 99-103.
– (1978b) Die Allgemeingültigkeit der Religion. Diskussion; in: Evangelische Kommentare 11, 1978, 356-357.
Pape, Ingetrud (1968) Von den »möglichen Welten« zur »Welt des Möglichen«. Leibniz im modernen Verständnis; in: Studia Leibnitiana Supplementa Vol. I. Wiesbaden 1968, 266-287.
Picht, Georg (1964) Der Sinn der Unterscheidung von Theorie und Praxis in der griechischen Philosophie; in: Picht 1969, 108-135.
– (1968) Die Reformation als Auftrag und Wagnis; in: Picht 1969, 163-182.
– (1969) Wahrheit, Vernunft, Verantwortung. Philosophische Studien. Stuttgart.

– (1973) Die Dialektik von Theorie und Praxis und der Glaube; in: Zeitschrift für Theologie und Kirche 70, 1973, 101-120.

Prewo, Rainer / Ritsert, Jürgen / Stracke, Elmar (1973) Systemtheoretische Ansätze in der Soziologie. Eine kritische Analyse. Reinbek.

Rendtorff, Trutz (1972a) Gott – Ein Wort unserer Sprache? Ein theologischer Essay. München 1972.

– (1972b) Theorie des Christentums. Historisch-theologische Studien zu seiner neuzeitlichen Verfassung. Gütersloh.

– (1972c) Theologie in der Welt des Christentums. Über das Theoriebedürfnis christlicher Praxis; in: Rendtorff 1972b, 150-160.

– (1972d) Theologie als Kritik und Konstruktion. Die exemplarische Bedeutung der Frage der Theologie nach sich selbst; in: Rendtorff 1972b, 182-200.

– (1974) Religion als Thema wissenschaftlicher Theoriebildung, oder: Das Subjekt interdisziplinärer Orientierung; in: Internationales Jahrbuch für interdisziplinäre Forschung, Bd. I, 1974, 365-383.

– (1975) Gesellschaft ohne Religion? Theologische Aspekte einer sozialtheoretischen Kontroverse (Luhmann/Habermas). München.

– (1977) Kann Freiheit eine soziale Tatsache sein? Zum theologischen Gespräch mit Helmut Schelsky; in: H. Baier 1977, 87-101.

– (1980) Ethik. Grundelemente, Methodologie und Konkretionen einer ethischen Theologie. Band I. Stuttgart.

Rescher, Nicholas (1968) Logische Schwierigkeiten der Leibnizschen Metaphysik; in: Studia Leibnitiana Supplementa, Vol. I. Wiesbaden 1968, 253-265.

Richter, Peter H. (1975) Theorie der Evolution biologischer Systeme. Unveröffentl. Manuskript. MPI für Biophysikalische Chemie. Göttingen.

Riedmüller, Barbara (1976) Marktrationalität oder Systemplanung. Zur Kritik des systemtheoretischen Planungsbegriffes. Gießen.

Rössler, Dietrich (1970) Positionelle und kritische Theologie; in: Zeitschrift für Theologie und Kirche 67, 1970, 215-231.

Rottleuthner, Hubert (1973) Rechtswissenschaft als Sozialwissenschaft. Frankfurt.

Rudolph, Enno (1977) Zur Frage der Vermittlung von Theorie und Praxis bei Jürgen Habermas; in: Zeitschrift für Evangelische Ethik 21, 1977, 46-61.

Schelsky, Helmut (1961) Der Mensch in der wissenschaftlichen Zivilisation; in: Helmut Schelsky, Auf der Suche nach Wirklichkeit. Gesammelte Aufsätze. Düsseldorf 1965, 439-480.

Schiller, Friedrich (1801) Über die ästhetische Erziehung des Menschen in einer Reihe von Briefen. Zitiert nach: Friedrich Schiller, Sämtliche Werke in fünf Bänden (Winkler-Ausgabe). Nach den Ausgaben letzter Hand unter Hinzuziehung der Enddrucke und Handschriften. Verant-

wortlich für die Textredaktion: Jost Perfahl. Bd. V, München o. J., 311-408.
Schmid, Günther (1970) Niklas Luhmanns funktional-strukturelle Systemtheorie: Eine wissenschaftliche Revolution?; in: Politische Vierteljahresschrift 11, 1970, 186-218.
Schmidt, Alfred (1971) Geschichte und Struktur. Fragen einer marxistischen Historik, München-Wien.
Schmidt, Walter (1971) Die Programmierung von Verwaltungsentscheidungen; in: Archiv für Öffentliches Recht 96, 1971, 321-354.
Schmitt, Carl (1950a) Ex captivitate salus – Erfahrungen der Zeit 1945/47. Köln.
– (1950b) Der Nomos der Erde im Völkerrecht des Ius Publicum Europaeum. Berlin.
– (1958) Verfassungsrechtliche Aufsätze aus den Jahren 1924-1954. Materialien zu einer Verfassungslehre. Berlin.
– (1970) Politische Theologie II. Die Legende von der Erledigung jeder politischen Theologie. Berlin.
Schneider, Friedhelm (1976) Systemtheoretische Soziologie und dialektische Sozialphilosophie. Ihre Affinität und Differenz. Meisenheim.
Schöne, Albrecht (1961) Zum Gebrauch des Konjunktivs bei Robert Musil; in: Euphorion 55, 1961, 196-220.
Scholz, Frithard (1978) Die Theologie Carl Schmitts; in: Alfred Schindler (Hg.) Monotheismus als politisches Problem? Erik Peterson und die Kritik der politischen Theologie. Gütersloh 1978, 149-169.
Schütz, Alfred (1955) Symbol, Wirklichkeit und Gesellschaft; in: Alfred Schütz, Gesammelte Aufsätze. Bd. I: Das Problem der sozialen Wirklichkeit. Den Haag 1971, 331-411.
Schuhmann, Karl (1971) Die Fundamentalbetrachtung der Phänomenologie. Zum Weltproblem in der Philosophie Edmund Husserls. Den Haag.
Schulz, Walter (1972) Philosophie in der veränderten Welt. Pfullingen.
Schwarzwäller, Klaus (1969) sibboleth. Die Interpretation von Luthers Schrift De servo arbitrio seit Theodosius Harnack. Ein systematisch-kritischer Überblick. München.
Siemers, Helge / Reuter, Hans Richard (Hg.) (1970) Theologie als Wissenschaft in der Gesellschaft. Göttingen.
Sievers, Burkard (1971) System – Organisation – Gesellschaft – Niklas Luhmanns Theorie sozialer Systeme; in: Jahrbuch für Sozialwissenschaft 22, 1971, 24-57.
Theunissen, Michael (1969) Gesellschaft und Geschichte. Zur Kritik der kritischen Theorie. Berlin.
– (1970) Hegels Lehre vom absoluten Geist als theologisch-politischer Traktat. Berlin.
– (1975) Begriff und Realität. Hegels Aufhebung des metaphysischen

Wahrheitsbegriffs; in: Denken im Schatten des Nihilismus. Festschrift für Wilhelm Weischedel. Hg. von Alexander Schwan. Darmstadt 1975, 164-195.
- (1976a) Die Aufhebung des Idealismus in der Spätphilosophie Schellings; in: Philosophisches Jahrbuch 83, 1976, 1-29.
- (1976b) ʿO αἰτῶν λαμβάνει. Der Gebetsglaube Jesu und die Zeitlichkeit des Christseins; in: Jesus – Ort der Erfahrung Gottes (Festschrift für Bernhard Welte). Freiburg 1976, 13-68.
Tjaden, Karl-Hermann (1969) Zur Kritik eines funktional-strukturellen Entwurfs sozialer Systeme; in: Kölner Zeitschrift für Soziologie und Sozialpsychologie 21, 1969, 752-769.
Viehweg, Theodor (1974) Topik und Jurisprudenz. Ein Beitrag zur rechtswissenschaftlichen Grundlagenforschung. Fünfte, durchgesehene und erweiterte Auflage. München.
Wagner, Claus (1970/71) Funktionale Differenzierung und soziales System. Zur Systemtheorie von Niklas Luhmann; in: Soziale Welt 21/22, 1970/71, 306-320.
Wagner, Falk (1975) Systemtheorie und Subjektivität. Ein Beitrag zur interdisziplinären theologischen Forschung; in: Internationales Jahrbuch für Wissens- und Religionssoziologie 10, 1975, 151-177.
Warnke, Camilla (1974) Die ›abstrakte‹ Gesellschaft. Systemwissenschaften als Heilsbotschaft in den Gesellschaftsmodellen Parsons', Dahrendorfs und Luhmanns. Frankfurt/M.
Weinrich, Harald (Hg.) (1975) Positionen der Negativität. (Poetik und Hermeneutik VI). München.
Wilckens, Ulrich (1980) Der Brief an die Römer (Röm 6-11). (Evangelisch-katholischer Kommentar zum Neuen Testament VI/2) Zürich/ Einsiedeln/Köln und Neukirchen.
Willms, Bernard (1973) Kritik und Politik. Jürgen Habermas oder das politische Defizit der »kritischen Theorie«. Frankfurt.
Ziehe, Thomas (1975) Pubertät und Narzißmus. Sind Jugendliche entpolitisiert? Frankfurt.
Zippelius, Reinhart (1973) »Legitimation durch Verfahren?«; in: Festschrift für Karl Larenz zum 70. Geburtstage, München 1973, 293-304.
Zwischenbilanz (1976) Zwischenbilanz der Soziologie. Verhandlungen des 17. deutschen Soziologentages. Hrsg. von M. Rainer Lepsius. Stuttgart.

Personenregister

(A = Anmerkung)

Adorno, Theodor W. 29, 29 A 2, 175 A 115, 176 A 115
Althaus, Paul 212 A 18, 213 A 18
Ambrosius v. Mailand 215
Angelus Silesius 257
Argelander, Hermann 28 A 5
Aristoteles 15, 15 A 2, 208 f., 211 A 15, 224, 224 A 48, 226
Ashby, W. Ross 19
Augustinus, Aurelius 213 A 18, 215, 215 A 21, 216 ff., 216 A 24.25, 223, 223 A 47

Bachelard, Gaston 146 A 44, 147 A 44, 151 A 57, 173 A 107, 174 A 109
Bader, Günter 214 A 19
Bahr, Hans-Eckehard 184, 184 A 9.10, 204, 204 A 5
Balint, Michael 239, 239 A 3
Barth, Karl 215, 215 A 21.22, 225 A 52
Bataille, Georges 26 f., 26 A 2
Becker-Freyseng, Albrecht 205 A 9
Benjamin, Walter 27, 27 A 3, 227, 227 A 58, 230 A 68
Bettelheim, Bruno 23 A 2
Beyer, Wilhelm Raimund 35 A 2
Blass, Josef Leonhard 35 A 1
Blumenberg, Hans 137 A 21, 208 A 12, 226 A 54
Böhme, Hartmut 235 A 1
Bornkamm, Günther 213 A 18
Brand, Gerd 142 A 37
Brecht, Bertolt 29, 29 A 1
Brock, Bazon 55 A 1, 135 A 19
Brugger, Walter 205 A 9
Bubner, Rüdiger 55 A 3, 163 A 80
Bultmann, Rudolf 215 A 22, 261, 261 A 19
Buridan, Johannes 244
Busshoff, Heinrich 35 A 2

Calogeras, Roy C. 24 A 4
Claesges, Ulrich 168 A 93
Cranach, Mario von 139 A 25

Dahm, Karl-Wilhelm 184, 184 A 7.8, 204, 204 A 3
Descartes, René 210, 210 A 14
Deuser, Hermann 213 A 18, 215 A 22
Duerr, Hans Peter 174 A 109
Durkheim, Emile 89 A 63
Duns Scotus, Johannes 183, 209, 229

Eichholz, Georg 215 A 22
Eigen, Manfred 73 A 13, 148 A 46
Elias, Norbert 167 A 89
Erasmus v. Rotterdam, Desiderius 219, 221, 230
Esser, Josef 51 A 15
Faust, August 205 A 9
Feyerabend, Paul 174 A 109

Fichte, Johann Gottlieb 15 f., 16 A 4, 185 A 15, 210, 223, 223 A 47
Fingerle, Karlheinz 35 A 1
Fink, Eugen 128 A 6
Folkers, Horst 11, 112 A 142, 137 A 21, 142 A 37, 171 A 99, 229 A 63, 230 A 68, 231 A 71
Freud, Sigmund 26
Frey, Christofer 212 A 17, 223 A 46, 235 A*

Galtung, Johan 98 A 98
Gehlen, Arnold 48 A 3, 257, 257 A 15
Giegel, Hans Joachim 136 A 20, 166 A 89
Goethe, Johann Wolfgang von 27
Greshake, Gisbert 216 A 25
Grimm, Klaus 42 A 5
Günther, Gotthard 36 A 3

Habermas, Jürgen 11, 24 A 4, 30, 30 A 6, 35 A 2, 48 A 3, 51 A 14, 55, 59, 59 A 6, 61, 62 A 1, 103 A 122, 151 A 58, 152 A 58, 161 A 79, 162 A 79, 163 A 79, 166 A 89, 170 A 98, 174 A 109, 183, 183 A 3, 189 f., 190 A 30, 192 f., 194 A 40, 201 f., 203 A 77, 224 A 48, 225 A 48, 228
Hartmann, Klaus 35 A 2, 144 A 42
Hegel, Georg Wilhelm Friedrich 16, 28, 30 f., 30 A 7, 37 A 5, 39 A 9, 40 A 10, 71, 72 A 12, 106 A 129, 130 A 8, 135 A 19, 137 A 23, 144 A 42, 145 A 44, 146 A 44, 149 A 52, 150 A 52, 189 A 29, 196 A 43.45, 209 A 13, 211 A 15, 227 A 56, 259
Hegselmann, Rainer 35 A 2
Heidegger, Martin 17, 56 A 4, 175 A 115, 208 A 12, 210 A 14
Heidtmann, Bernhard 35 A 2
Heinrich, Klaus 16 A 5, 17 A 8, 130 A 8, 175 A 115, 240, 241 A 4
Hejl, Peter 36 A 3
Henrich, Dieter 40 A 10, 145 A 44, 172 A 105, 208 A 12, 210 A 14
Herms, Eilert 185 ff., 185 A 13.15, 186 A 16, 187 A 20.21, 188 A 27, 197 A 51
Hobbes, Thomas 167 A 89
Hörner, Volker 184 A 8
Hondrich, Karl Otto 47 A 3
Horkheimer, Max 30 A 3
Horn, Klaus 23 A 2
Huber, Wolfgang 11, 235 A*
Hübener, Wolfgang 15 A 1
Husserl, Edmund 20 ff., 72 A 12, 75 A 22, 79, 79 A 32, 80 A 33, 89 A 64, 93 A 78, 93 A 82, 116 A 166, 130 A 7, 133 A 14, 135 A 19, 142 A 37, 146 A 44, 149 A 52, 164 A 83, 168 A 93, 170 A 98, 172 A 104, 176 A 115 und 116, 177 A 116, 183, 185 A 15, 192 A 36, 210, 223, 223 A 47

Iwand, Hans Joachim 219 A 36, 223 A 46

Jacobi, Friedrich Heinrich 185 A 15
Jacobson, Edith 25 A 5
Joas, Hans 23 A 2
Joest, Wilfried 216 A 23, 218 A 28.31, 221 A 44
Jonas, Hans 213 A 18, 215 A 21, 216 A 24, 217 A 26
Jüngel, Eberhard 219 A 34

Kaefer, Herbert 187, 187 A 22, 188 A 23.24.25
Käsemann, Ernst 213 A 18, 215 A 22, 225 A 49
Kant, Immanuel 15 f., 15 A 3, 80 A 35, 210, 224
Kierkegaard, Sören 27
Kleist, Heinrich von 227, 227 A 57, 246, 246 A 6
Kodalle, Klaus-Michael 135 A 19
Kofler, Leo 30 A 3
Kohut, Heinz 25 A 5, 28 A 5
Korsch, Dietrich 227 A 56
Koselleck, Reinhart 135 A 19

Krewani, Wolfgang 35 A 2
Kümmel, Werner Georg 213 A 18, 214 A 20, 215 A 21

Lacan, Jacques 253, 254 A 14
Laermann, Klaus 235 A 1
Landgrebe, Ludwig 42 A 8, 142 A 37
Lazzer, Dieter de 36 A 3, 130 A 8, 169 A 94
Leibniz, Gottfried Wilhelm 160 A 78, 183
Lejeune, Robert 235 A 2
Lepenies, Wolf 174 A 109
Lienemann, Wolfgang 11
Link, Christian 204, 204 A 6, 208 A 12, 210 A 14, 229 A 61
Lipp, Wolfgang 35 A 2, 159 A 77, 196 A 43, 229 A 63
Loh, Werner 36 A 4, 74 A 19
Lübbe, Hermann 204, 204 A 3
Lukács, Georg 30, 30 A 3
Luther, Martin 212 A 18, 213 A 18, 215, 215 A 21.22, 216 bis 219, 216 A 23, 217 A 27.28, 218 A 28-32, 219 A 33-37, 220 A 39 bis 43, 221 f., 225 f., 225 A 50.51.52, 230, 230 A 69, 262 A 21

Mach, Ernst 245
Malinowski, Bronislaw 42 A 4
Marcuse, Herbert 26, 26 A 1
Marquard, Odo 30 f., 30 A 8, 31 A 9, 137 A 23, 189 A 29, 241, 241 A 5
Marwedel, Peter 35 A 2
Marx, Karl 71 ff., 72 A 10.11.12, 73 A 15, 101, 101 A 111, 133 A 15, 136 A 20, 145 A 44, 156 A 68, 164 A 84, 206, 209 A 13, 247, 261 A 17.18, 262, 262 A 20
Matthes, Joachim 36 A 3, 130 A 8
Meurer, Bärbel 35 A 2
Michel, Otto 213 A 18
Mitscherlich, Alexander 23 A 2
Möbius 253
Münstermann, Jörg 51 A 15
Musil, Robert 174 A 111, 229, 229 A 62.63, 235 ff., 235 A 1.2, 245, 247 ff., 253, 256, 261

Narr, Wolf-Dieter 128 A 4, 135 A 20, 137 A 23, 176 A 115, 178 A 126
Naschold, Frieder 51 A 17
Nietzsche, Friedrich 27

Pannenberg, Wolfhart 183 A 1, 184, 185 A 11.12, 187 A 20
Pape, Ingetrud 86 A 52
Parsons, Talcott 24, 36 A 2, 41, 44, 84, 106 A 129, 146 A 44
Paulus 212-216, 212 A 18, 213 A 18, 215 A 20.21, 218 A 30, 221, 225, 225 A 49, 235 f.
Pelagius 216, 216 A 25
Petrus Damiani 205 A 8
Picht, Georg 208 A 12, 219 A 38, 226 A 53.55
Plenkers, Irmhild 11
Prewo, Rainer 35 A 2

Rendtorff, Trutz 169 A 96, 188 bis 203, 188 A 26.27, 189 A 28.29, 190 A 32, 193 A 38, 194 A 40, 195 A 41.43, 197 A 49.51.53, 198 A 55.56, 199 A 57.59.62, 200 A 64.66, 201 A 69.70, 202 A 74.75.76, 211 A 15, 215 A 22
Rescher, Nicholas 160 A 78
Reuter, Hans-Richard 11, 183 A 2
Richter, Hans 174 A 109
Richter, Peter H. 35 A 1
Rickert, Heinrich 55 A 3
Riedmüller, Barbara 55 A 3
Ritsert, Jürgen 35 A 2
Ritter, Joachim 189 A 29

Rössler, Dietrich 190 A 31
Rottleuthner, Hubert 51 A 15
Rudolph, Enno 225 A 48
Runze, Dieter H. 128 A 4, 135 A 20, 137 A 23, 176 A 115, 178 A 126

Schelling, Friedrich Wilhelm Joseph 16, 16 A 7, 22, 28, 28 A 4.5, 170 A 99, 227 A 56, 259, 259 A 16
Schelsky, Helmut 169 A 96, 196 A 44
Schiller, Friedrich von 16, 16 A 6
Schleiermacher, Friedrich 185 A 15, 187 A 21, 188 A 27
Schmid, Günther 48 A 3, 119 A 178
Schmidt, Alfred 146 A 44
Schmidt, Walter 51 A 16
Schmitt, Carl 135 A 19, 136 A 21, 167 A 89
Schneider, Friedhelm 144 A 42
Schöne, Albrecht 235 A 1
Scholz, Frithard 136 A 21
Schopenhauer, Arthur 30 A 3
Schütz, Alfred 79 A 32
Schuhmann, Karl 176 A 116
Schulz, Walter 48 A 3
Schupper, Fabian X. 24 A 4
Schwarzwäller, Klaus 222 A 45
Siemers, Helge 183 A 2
Sievers, Burkard 37 A 6
Spinoza, Baruch 90 A 67
Stracke, Elmar 35 A 2
Streeck, Wolfgang 48 A 3, 161 A 79

Theunissen, Michael 10 f., 134 A 15, 149 A 52, 150 A 52, 151 A 58, 156 A 68, 211 A 15, 225 A 48, 232 A 72
Tjaden, Karl-Hermann 35 A 2
Tödt, Heinz Eduard 10, 235 A*
Troeltsch, Ernst 194

Viehweg, Theodor 128 A 6, 130 A 7

Wagner, Claus 50 A 9
Wagner, Falk 192 A 35, 197 A 49, 198 A 54.55, 201 A 67.68
Warnke, Camilla 35 A 2
Weber, Max 55 A 3
Weinrich, Harald 35 A 1
Weischedel, Wilhelm 131
Wilckens, Ulrich 213 A 18, 215 A 21.22, 216 A 24
Willms, Bernard 144 A 42, 229 A 63
Wittgenstein, Ludwig 92

Ziehe, Thomas 23 A 2
Zippelius, Reinhart 51 A 15